U0924257

编委会

主　编：陈志伟　林致诚　林顺英

副主编：何元春　吴飞腾

编　委（按姓氏笔画顺序）：

卜祥伟（医学院）　王孝艳（厦大附属翔安医院）　叶本兰（医学院）

冯　菲　刘小龙　李　生　朱丽冰（医学院）　刘　婷　杨广波　陈文锋

邹　红　陈志辉　张建敏　孟　蒙　林秋华　林香菜　林晓群　周金友

胡云霞　胡立虹　赵　宏（厦大附属翔安医院）　赵秋爽　柯惠芬　骆腾昆

谈广言　唐文玲　翁兴和　莫　菲　黄力生　黄桑波　黄惠玲　焦芳钱

曾秀端　傅　亮　谭江明

大学体育与健康教程

主　编：陈志伟　林致诚　林顺英
副主编：何元春　吴飞腾　王清生

厦门大学出版社 XIAMEN UNIVERSITY PRESS
国家一级出版社
全国百佳图书出版单位

图书在版编目(CIP)数据

大学体育与健康教程/陈志伟，林致诚，林顺英主编.—2版.—厦门：厦门大学出版社，2019.9(2021.8重印)
ISBN 978-7-5615-7557-4

Ⅰ.①大… Ⅱ.①陈…②林…③林… Ⅲ.①体育—高等学校—教材②健康教育—高等学校—教材 Ⅳ.①G807.4②G647.9

中国版本图书馆CIP数据核字(2019)第187623号

出版人 郑文礼
责任编辑 郑 丹 黄雅君
封面设计 蒋卓群
技术编辑 许克华

出版发行 厦门大学出版社
社址 厦门市软件园二期望海路39号
邮政编码 361008
总机 0592-2181111 0592-2181406(传真)
营销中心 0592-2184458 0592-2181365
网址 http://www.xmupress.com
邮箱 xmup@xmupress.com
印刷 厦门市明亮彩印有限公司

开本 787 mm×1 092 mm 1/16
印张 25.75
插页 2
字数 660千字
版次 2019年9月第2版
印次 2021年8月第5次印刷
定价 45.00元

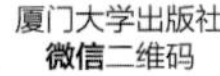

厦门大学出版社
微博二维码

内容提要

本书共包括10章内容，理论与实践并重。理论部分包括第一章至第三章：第一章主要阐述了高等学校体育的地位、特点、任务、目标、行政法规等方面的内容；第二章主要介绍了执行《国家学生体质健康标准(2014年修订)》测试的相关信息；第三章主要从生理、疾病、营养、中医体质、卫生、运动处方6个方面来阐述健康与运动的关系。实践部分包括第四章到第十章，分别介绍了三大球类运动、小球类运动、操舞类运动、武术类运动、户外冒险、水上项目、体育养生这七大类运动项目，多达35门体育课程的概述、技战术或套路、竞赛规则、考核内容、评价标准等。

为求更直观、更有效地教授学生各类运动的方法和技巧，本书还新增了视频影像教学内容。扫描书中二维码，即能观看相关运动的真人演示。

前 言

大学体育课程的教材建设是高校体育教育教学工作的基本建设内容之一。《大学体育与健康教程》是为了适应高等学校体育改革与发展的需要，进一步深化提高大学体育课程的教学质量，增强大学生的体质健康，根据教育部印发的《全国普通高等学校体育课程教学指导纲要》《关于全面深化课程改革落实立德树人根本任务的意见》《高等学校体育工作基本标准》《普通高等学校健康教育指导纲要》《“健康中国 2030”规划纲要》的有关精神和《国家学生体质健康标准(2014 年修订)》的有关规定，结合我校体育教育教学工作开展的实际情况而编写的。本书以“以人为本、健康第一、终身体育”为指导思想，力求做到健身性与科学性、时尚性与民族性、教育性与实用性相结合，重视课程内容的体育文化与体育人文含量；同时，根据学校所处的地域特点和实际情况，力求做到选择性与实效性、发展性与多样性、地域性与文化性相结合，使课程内容贴近学生、贴近生活，为学生的身体锻炼提供较大的选择空间。

本书分理论和实践两部分，理论部分主要阐述了高等学校体育的地位、特点、任务、目标、行政法规，以及《国家学生体质健康标准(2014 年修订)》测试的相关信息、健康与运动等；实践部分主要介绍了三大球类运动、小球类运动、操舞类运动、武术类运动、户外冒险、水上项目、体育养生这七大类运动项目，多达 35 门体育课程的概述、技战术或套路、竞赛规则、考核内容、评价标准等。针对实践部分，本版教材采用理论与视频相结合的形式，让学生在阅读完理论后可以扫对应动作的二维码观看分解、完整示范动作。直接视觉冲击加深了学生对技术动作的理解和印象，从全方位的角度来提升学生参与运动的动力。这也是本教材修订的宗旨。

本教程由陈志伟、林致诚、林顺英任主编，何元春、吴飞腾任副主编。全书共 10 章，由陈志伟和林顺英整理、统编。各章内容编写主要负责人员分别为：第一章至第二章理论部分由陈志伟和林顺英负责；第三章由叶本兰、赵宏、朱丽冰、卜祥伟、王孝艳、孟蒙负责；第四章三大球类运动由莫菲、陈志辉、林顺英、柯惠芬负责；第五章小球类运动由刘婷、刘小龙、张建敏、林香菜、傅亮、陈文锋负责；第六章操舞类运动由唐文玲、赵秋爽、焦芳钱、邹红、冯菲、胡云霞、孟蒙负责；第七章武术类运动由曾秀端、胡立虹、杨广波、林晓群、李生负责；第八章户外冒险运动由黄力生、骆腾昆、谭江明、谈广言负责；第九章水上项目运动由翁兴和、黄桑波、林秋华、谈广言负责；第十章体育养生由黄惠玲、杨广波负责。希望通过本教程的学习，能实现增强学生体质、增进学生健康及养成终身体育意识的目标。

由于时代处于不断地改革与发展之中，所以教材在使用过程中必然会出现一些新的问题和不足，我们将不断地研究，在深入全面了解学生使用和实践的基础上积极地进行改进。在本书的编写过程中，参考、吸收与引用了一些其他教材的内容与资料，借鉴了一些专家、学者的研究成果，在此一并表示衷心的感谢！由于水平有限，书中难免有错漏与不妥之处，真诚地欢迎广大师生、专家、学者、同行提出批评与建议，以便我们改正、提高。

《大学体育与健康教程》编写组

2020 年 6 月

目 录

第一章

高等学校体育概述

第一节　高等学校体育的地位和主要特点

一、高等学校体育的地位

2015年，中华人民共和国第十二届全国人民代表大会常务委员会第十八次会议通过的《中华人民共和国教育法(2016年修正版)》第5条规定："教育必须为社会主义现代化建设服务、为人民服务，必须与生产劳动和社会实践相结合，培养德、智、体、美等方面全面发展的社会主义建设者和接班人。"明确了德、智、体、美全面发展的教育方针，从而也明确了体育在高等教育中担负的特殊使命和重要地位。

《中华人民共和国体育法(2016年修正版)》第三章第17条指出："教育行政部门和学校应当将体育作为学校教育的组成部分，培养德、智、体等方面全面发展的人才。"高等学校的体育既担负着增强体质、增进健康的重任，又必须与德育、智育、美育相互配合、密切联系，共同实现培养全面发展的高级专门人才的教育目标。可以看出，学校体育是我国高等教育事业和体育事业的重要组成部分，是我国社会主义建设中一项重要内容。

二、高等学校体育的主要特点

高等学校体育是高等教育系统的重要组成部分，是学生接受正规学校体育教育的最后阶段，也是学校体育向社会体育的过渡时期，更是建设学校社会主义精神文明和促进学生全面发展的关键时期。

(一)高等学校体育教育是我国培养身心健康的高级专门人才的需要

学校的根本任务是培养德、智、体全面发展的高级专门人才，使其成为社会主义现代化事业的建设者和接班人，以适应社会发展的需要。高等体育作为高等教育的重要组成部分，应围绕"以人为本、健康第一"的指导思想，通过体育课教学、课外体育等基本组织形式，全面实现学校体育的各项任务。

(二)高等学校体育教育是全民体育的基础，是发展我国体育事业的需要

高校体育对大学生身心自我完善，乃至提高全民族身体素质水平都有着深远的意义。在高等体育教育影响下，大学生须具备良好的体育素养，熟练地掌握一两项体育运动项目，提高

运动技能水平，做到身体上的强健、心理上的健康和对自然、社会良好的适应能力，这些不仅是自身完善和推动学校群体活动的需要，也是毕业后走向社会，坚持终身体育，推动我国体育事业发展的需要。

（三）高等学校体育教育是丰富大学生课余文化生活、建设社会主义精神文明的需要

为了使身心健康全面发展，除了既紧张又有压力的学习外，大学生还需要拥有一个健康、文明、和谐、乐观、积极向上的课余文化生活。体育运动既能使大学校园充满活力和生机，促进校园体育文化的发展，又可丰富大学生的课余文化生活，促进校园精神文明建设。此外，举办丰富多彩的体育活动和赛事，学生参与和观赏的机会多了，不仅可以促进学生德育、智育、体育的协调发展，而且可以培养学生遵纪守法、团结协作、不屈不挠、勇敢顽强、拼搏进取的意志品质和集体主义精神，帮助学生树立正确的审美观，这些对学生形成优良品质有着非常积极的作用。

（四）高等学校体育教育是奠定大学生未来健康生活方式和锻炼习惯养成的需要

身体是革命的本钱。没有健康的体魄，人的生活、学习、工作等所有的一切都没有了意义。大学生是国家的未来和希望，是社会主义建设和发展科学技术的生力军，他们肩负着神圣的使命。在校期间，每一位大学生都应该在刻苦钻研、勤奋学习的同时，努力锻炼身体，掌握一两项体育项目的知识、技术、技能，使其成为生活的一部分；应该把体育的近期效益与长远效益有机结合起来，既能保证在校期间健康地、快乐地、精力充沛地学习、生活，又有利于毕业后继续科学地、合理地、有效地进行锻炼，从而能够长期为祖国、为人民、为家庭健康高效地工作。

第二节　高等学校体育的任务和目标

一、高等学校体育的任务

《学校体育工作条例》第一章第3条指出：学校体育工作的基本任务是，增进学生身心健康，增强学生体质，使学生掌握体育基本知识，培养学生体育运动能力和习惯；提高学生运动技能水平，为国家培养体育后备人才；对学生进行品德教育，增强组织纪律性，培养学生的勇敢、顽强、进取精神。由此可见，高等学校体育的任务主要包括以下几个方面。

（一）全面开展各项体育活动，增进学生身心健康，增强学生体质

体育活动是大学生从事体育锻炼的载体，开展体育活动不仅是国家教育制度规定的，也是全面培养高级专门人才所必需的。

增进学生身心健康、增强学生体质是高等学校体育的首要任务，也是高等学校体育的出发点和归宿。高等学校体育教育以其特有的组织形式增进学生身心健康，提高其对外界环境的适应能力以及对疾病的抵抗能力，通过体育活动来开发学生的智力潜能，提高学生体育欣赏水平，使得学生在身体、心理和智力上得到全面发展。

（二）传授体育知识、技术和技能，培养大学生体育运动能力和习惯，树立终身体育的思想

大学阶段是大学生从青少年向成年人转化的一个重要阶段，高等学校体育是完善人体发育的重要手段。在求知欲最旺盛的大学期间，系统地学习体育知识、技术、技能和科学、有效的锻炼方法，能够提高体育文化素养，养成良好的锻炼习惯，为终身体育奠定良好的基础。

（三）提高学生运动水平，为国家培养体育后备人才

高等学校为国家培养优秀体育人才，这是世界竞技体育发展的一条重要途径。世界上一些体育强国培养优秀运动员有一个共同特点：把学校作为培养和输送优秀运动员的摇篮。高等学校高水平运动队是学校竞技体育的最高层次，可以利用良好的教育氛围、物质条件和科学技术为国家培养优秀的体育运动人才。高水平运动队的表现展现了一个学校的综合实力和精神风貌，可以说学校竞技体育的开展，是向外界展示学校的窗口，是与外界联系的纽带。

（四）对学生进行思想品德的教育

体育作为文化教育的组成部分，对学生的教育是多方面的。众所周知，体育活动本身就有自己的道德规范。大学的体育课教学、课余体育活动和运动竞赛都是有目的、有领导、有组织地进行的，这既是集体活动的过程，又是思想品德教育的过程。通过体育活动的开展，增强学生的组织纪律性，培养学生热爱祖国、热爱集体、团结友爱、互相协作、服务社会的品质及勇敢顽强、拼搏进取的精神，激励学生勤奋学习、勇攀高峰、勇于拼搏、勇于竞争。

二、高等学校体育的目标

教学是实现教育目的的基本途径，体育教学是实现学校体育目标的基本途径，为此，与时俱进地明确体育教学目标，对学校体育目标的实现具有重要意义。

（一）确定体育教学目标的基本依据

（1）反映时代、社会和学生的发展需求。

（2）因时、因地、因人制宜，立足体育教育的实际情况。

（3）符合学生的身心特点。

（4）遵循体育教育的功能。

（二）高等学校体育教学目标

（1）传授体育与健康的基本知识，提高学生的健康意识和知识水平：使学生能够科学、有效地进行体育锻炼，可以制订锻炼计划，不断提高自身的运动能力；帮助学生掌握一些常见运动损伤的预防和处理方法。

（2）养成良好的行为和生活习惯，增强体质：使学生基本上能参与测试并评价体质健康状况，掌握有效提高体质、发展体能的锻炼方法；更新观念，科学营养膳食，养成良好的行为习惯及健康的生活方式，具备强壮的体魄。

（3）进行思想品德教育，促进学生心理健康，培养优良品质。通过体育运动来改善学生的心理状态、帮助学生克服心理障碍，养成积极、乐观、上进的生活态度，并能够调节、控制自己的情绪，设立符合自身发展的运动目标，从中体验运动的乐趣和成功的喜悦。

（4）培养体育兴趣，养成体育运动习惯，培养终身体育的能力。通过体育理论和体育实践的过程来提高学生的体育素养，帮助学生学习并掌握一两项有兴趣，并能成为特长的终身体育

运动项目的基本知识、技术、技能和科学的锻炼手段，养成经常锻炼身体的习惯，使学生受益终身。

因此，以体育锻炼为基本手段，增强学生体质，促进学生身心全面发展，达到学校教育的要求，培养出能够更好地为社会主义现代化建设服务、德智体全面发展的高素质人才是高等学校体育教育的最终目的。

第三节　高等学校体育的行政法规

1990 年 3 月 12 日，中华人民共和国国家教育委员会令第 8 号发布的《学校体育工作条例》第 9 条规定："体育课是学生毕业、升学考试科目。"为此，体育课考试不及格应该补考，补考不及格应重修，重修不及格不予毕业，作结业处理。

1999 年 6 月 13 日，《中共中央国务院关于深化教育改革，全面推进素质教育的决定》中指出："学校教育要树立健康第一的指导思想，切实加强体育工作，使学生掌握基本的运动技能，养成坚持锻炼身体的良好习惯。"

2002 年 6 月 21 日，中华人民共和国教育部颁布的《全国普通高等学校体育课程教学指导纲要》(教体艺〔2002〕13 号)(以下简称 2002 年《纲要》)中第 1 条指出："体育课程是大学生以身体练习为主要手段，通过合理的体育教育和科学的体育锻炼过程，达到增强体质、增进健康和提高体育素养为主要目标的公共必修课程；是学校课程体系的重要组成部分；是高等学校体育工作的中心环节。"第 5 条规定："普通高等学校的一、二年级必须开设体育课程(四个学期共计 144 个学时)。修满规定学分、达到基本要求是学生毕业、获得学位的必要条件之一。"第 6 条规定："普通高等学校对三年级以上学生(包括研究生)开设体育选修课。"

2002 年《纲要》第三条规定了高校体育课程的基本目标，根据大多数学生的基本要求而确定为 5 个领域目标。

(一)运动参与目标

积极参与各种体育活动并基本形成自觉锻炼的习惯，基本形成终身体育的意识，能够编制可行的个人锻炼计划，具有一定的体育文化欣赏能力。

(二)运动技能目标

熟练掌握两项以上健身运动的基本方法和技能；能科学地进行体育锻炼，提高自己的运动能力；掌握常见运动创伤的处置方法。

(三)身体健康目标

能测试和评价体质健康状况，掌握有效提高身体素质、全面发展体能的知识与方法；能合理选择人体需要的健康营养食品；养成良好的行为习惯，形成健康的生活方式；具有健康的体魄。

(四)心理健康目标

根据自己的能力设置体育学习目标；自觉通过体育活动改善心理状态、克服心理障碍，养成积极乐观的生活态度；运用适宜的方法调节自己的情绪；在运动中体验运动的乐趣和成功的感觉。

(五)社会适应目标

表现出良好的体育道德和合作精神；正确处理竞争与合作的关系。

2014 年 6 月 11 日，教育部印发的《高等学校体育工作基本标准》(教体艺〔2014〕4 号)中指出："严格执行《全国普通高等学校体育课程教学指导纲要》，必须为一、二年级本科学生开设不少于 144 学时(专科生不少于 108 学时)的体育必修课，每周安排体育课不少于 2 学时，每学时不少于 45 分钟。为其他年级学生和研究生开设体育选修课，选修课成绩计入学生学分。""深入推进课程改革，合理安排教学内容，开设不少于 15 门的体育项目。每节体育课须保证一定的运动强度，其中提高学生心肺功能的锻炼内容不得少于 30%；要将反映学生心肺功能的素质锻炼项目作为考试内容，考试分数的权重不得少于 30%。"

《中华人民共和国体育法(2016 年修正版)》第三章第 18 条指出："学校必须开设体育课程，并将体育课列为考核学生学业成绩的科目。学校应当创造条件为病残学生组织适合其特点的体育活动。"

第二章

执行《国家学生体质健康标准》测试

第一节　《国家学生体质健康标准》的说明

为建立健全国家学生体质健康监测评价机制，激励学生积极参加身体锻炼，教育部印发《国家学生体质健康标准(2014 年修订)》(以下简称《标准》)，要求各学校每学年开展覆盖本校各年级学生的《标准》测试工作，并根据学生学年总分评定等级。只有达到良好以上的学生，方可参加评优与评奖。

新修订的《国家学生体质健康标准》适用于全日制普通小学、初中、普通高中、中等职业学校、普通高等学校的学生，将学生按照年级划分为不同组别，身体形态类中的身高、体重，身体机能类中的肺活量，以及身体素质类中的 50 米跑、坐位体前屈为各年级学生共性指标。

(1)《国家学生体质健康标准》是国家学校教育工作的基础性指导文件和教育质量基本标准，是评价学生综合素质、评估学校工作和衡量各地教育发展的重要依据，是《国家体育锻炼标准》在学校的具体实施，适用于全日制普通小学、初中、普通高中、中等职业学校、普通高等学校的学生。

(2)本标准的修订坚持健康第一，落实《国家中长期教育改革和发展规划纲要(2010—2020 年)》、《国务院办公厅转发教育部等部门关于进一步加强学校体育工作若干意见的通知》(国办发〔2012〕53 号)和《教育部关于印发〈学生体质健康监测评价办法〉等三个文件的通知》(教体艺〔2014〕3 号)有关要求，着重提高《标准》应用的信度、效度和区分度，着重强化其教育激励、反馈调整和引导锻炼的功能，着重提高其教育监测和绩效评价的支撑能力。

(3)本标准从身体形态、身体机能、身体素质等方面综合评定学生的体质健康水平，是促进学生体质健康发展、激励学生积极进行身体锻炼的教育手段，是国家学生发展核心素养体系和学业质量标准的重要组成部分，是学生体质健康的个体评价标准。

(4)本标准将适用对象划分为以下组别：小学、初中、高中按每个年级为一组，其中小学为 6 组，初中为 3 组，高中为 3 组。大学一、二年级为一组，三、四年级为一组。

(5)小学、初中、高中、大学各组别的测试指标均为必测指标。其中，身体形态类中的身高、体重，身体机能类中的肺活量，以及身体素质类中的 50 米跑、坐位体前屈为各年级学生共性指标。

(6)本标准的学年总分由标准分与附加分之和构成，满分为 120 分。标准分由各单项指标得分与权重乘积之和组成，满分为 100 分。附加分根据实测成绩确定，即对成绩超过 100 分的加分指标进行加分，满分为 20 分；小学的加分指标为 1 分钟跳绳，加分幅度为 20 分；初中、高中和大学的加分指标为男生引体向上和 1000 米跑，女生 1 分钟仰卧起坐和 800 米跑，各指标加分幅度均为 10 分。

(7)根据学生学年总分评定等级:90.0 分及以上为优秀,80.0～89.9 分为良好,60.0～79.9 分为及格,59.9 分及以下为不及格。

(8)每个学生每学年评定一次,记入"《国家学生体质健康标准》登记卡"。特殊学制的学校,在填写登记卡时可以按规定和需求相应地增减项目。学生毕业时的成绩和等级,按毕业当年学年总分的 50%与其他学年总分平均得分的 50%之和进行评定。

(9)学生测试成绩评定达到良好及以上者,方可参加评优与评奖;成绩达到优秀者,方可获体育奖学分。测试成绩评定不及格者,在本学年度准予补测一次,补测仍不及格,则学年成绩评定为不及格。普通高中、中等职业学校和普通高等学校学生毕业时,《标准》测试的成绩达不到 50 分者按结业或肄业处理。

(10)学生因病或残疾可向学校提交暂缓或免予执行《标准》的申请,经医疗单位证明,体育教学部门核准,可暂缓或免予执行《标准》,并填写"免予执行《国家学生体质健康标准》申请表",存入学生档案。确实丧失运动能力、被免予执行《标准》的残疾学生,仍可参加评优与评奖,毕业时《标准》成绩需注明免测。

(11)各学校每学年开展覆盖本校各年级学生的《标准》测试工作,《标准》测试数据经当地教育行政部门按要求审核后,通过"中国学生体质健康网"上传至"国家学生体质健康标准数据管理系统"。测试和数据上传时间由教育行政部门确定。

(12)本标准由教育部负责解释。

第二节　《国家学生体质健康标准》评价指标和测试方法

一、评价指标与权重

2014 年 7 月 18 日,教育部公布了最新修订的《国家学生体质健康标准》,其评价指标与权重见表 3-2-1。要求初中、高中、大学学生的必测项目全部一致:身高、体重、肺活量、50 米跑、立定跳远、坐位体前屈、仰卧起坐(女)、引体向上(男)、800 米跑(女)、1000 米跑(男)。

表 3-2-1　《国家学生体质健康标准》评价指标与权重

单项指标	权重/%
体重指数(BMI)	15
肺活量	15
50 米跑	20
坐位体前屈	10
立定跳远	10
引体向上(男)/1 分钟仰卧起坐(女)	10
1000 米跑(男)/800 米跑(女)	20

注:体重指数(BMI)=体重(千克)/身高^2(米^2)。

二、测试项目的内容与方法

(一)身高

(1)受试者赤脚,以"立正"姿势站在身高计的底板上,上肢自然下垂,足跟并拢,足尖分开约成60度角，脚跟、骶骨部及两肩胛骨(三点)紧靠身高计的立柱。

(2)测量者站在受试者一侧，移动身高计的水平板至受试者的头顶，使其松紧度适当，即可测量出身高。测试人员读数时双眼应与压板水平面(两点)等高。

(3)测试单位为厘米，保留小数点后一位。

(二)体重

(1)连接体重测试仪的电源接口，并检查电源线及接口是否牢固，按工作键，液晶屏显示"0"即表示机器进入工作状态，预热1分钟后测试准确性较佳。

(2)受试者赤足，身着轻装以立正姿势站在体重测量仪的底板上(上肢自然下垂，足跟并拢)。测量时不要左右摇晃，等体重值锁定后，仪器会显示相应的数值，测试者记录数值，而后进入下一轮的测试。

(3)测试单位为千克，保留小数点后一位。

(三)肺活量

(1)房间通风良好；使用干燥的一次性口嘴。肺活量计主机放置于平稳桌面上，检查电源线及接口是否牢固，按工作键液晶屏显示"0"即表示机器进入工作状态，预热5分钟后测试准确性较佳。

(2)首先告知受试者不必紧张，并且要尽全力，以中等速度和力度吹气效果最好。被测试者应面对仪器站立，手持吹气口嘴，面对肺活量计站立试吹一两次，首先看仪表有无反应，还要试口嘴或鼻处是否漏气，调整口嘴和使用鼻夹(或自己捏鼻孔)；学会深吸气(避免耸肩提气，应该像闻花一样慢吸气)。受试者进行一两次较平日深一些的呼吸动作后，更深地吸一口气，屏住气向口嘴处慢慢呼出至不能再呼为止，此时防止从口嘴处吸气，测试中不得中途两次吸气。

(3)吹气完毕后，液晶屏上最终显示的数字即肺活量毫升值。每位受试者测两次，每次间隔15秒，记录两次数值，选取最大值作为测试结果。

(4)测试以毫升为单位，不保留小数。

(四)坐位体前屈(男、女)

(1)受试者脱鞋在测试仪器板上呈直角坐，两腿并拢伸直，两脚平蹬抵住测试纵板，上体前屈，两臂伸直向前，用双手的中指逐渐向前推动游标，直至不能前推为止。

(2)测试的纵板内沿平面为0，向后为负值，向前为正值，读取游标上的数值。

(3)测试单位为厘米，保留小数点后一位。

(五)50米跑(男、女)

(1)一般两人一组，受试者站在50米起跑线后，采用蹲踞式或者站立式起跑姿势均可，听到测试人员发出"各就位——跑"的口令时迅速跑向终点，距离为50米，直至胸部冲过终点线为止，记录所用的时间。

(2)测试过程中，不得穿钉子鞋，不得抢跑和串道，否则成绩无效。

(3)测试单位为秒，保留小数点后一位。

(六)立定跳远(男、女)

(1)以起跳板为起点，受试者双腿稍分开。双脚蹬地，双臂向上摆动，而后双臂向后摆动，双腿弯曲，双臂向前上方摆动的同时，双脚用力蹬地，大腿向前上方收起的同时，双臂向前下方落下。

(2)以起点到落地后离起跳点最近的距离为最终成绩。正常情况下以起点到脚后跟的距离为成绩,如果跳出去以后人向后摔倒,则按身体着地的部位来计算,比如手或者屁股。

(3)测试单位是厘米,不保留小数。

(七)一分钟仰卧起坐(女)

(1)受试者仰卧于垫上,双腿稍分开,屈膝成 90 度角左右,两手指交叉贴于脑后。另一同伴压住其踝关节,以固定下肢。受试者双手放置于头后保持不动,利用腹肌收缩,直至坐起时两肘触及或超过双膝为完成一次。

(2)仰卧时背部必须触垫。测试人员发出“开始”口令的同时开表计时,记录 1 分钟内完成次数。1 分钟到时,受试者虽已坐起但肘关节未达到双膝者不计该次数。

(3)测试单位为个数。

(八)引体向上(男)

(1)受试者位于杠下,跳起,双手正握杠,直臂悬垂,身体保持静止状态,而后屈臂向上引体直至下颚超过杠的下沿,恢复直臂悬垂后为完成一次。

(2)为避免测试者肘关节受伤,肘关节可适当微屈。从双手握杠开始,直至双手离杠为考试结束,计算完成的引体次数。

(3)测试单位是个数。

(九)800 米跑(女)和 1000 米跑(男)

(1)一般 8～10 人一组,受试者站在 800 米(女)或 1000 米(男)起跑线后,采用蹲踞式或者站立式起跑姿势均可,听到测试人员发出“各就位——跑”的口令时迅速跑向终点,距离为 800 米(女)或 1000 米(男),直至胸部冲过终点线为止,记录所用的时间。

(2)测试过程中,不得穿钉子鞋,不得抢跑和串道,否则成绩无效。

(3)测试单位为秒,保留小数点后两位。

第三节　《国家学生体质健康标准》评分表

测试成绩的评价,使用 2014 年新修订的评分表进行。表 3-3-1 为大学男生、女生体重指数单项评分表;表 3-3-2 和表 3-3-3 分别为大一、大二男生、女生各单项评分表;表 3-3-4 和表 3-3-5 分别为大三、大四男生、女生各单项评分表。

表 3-3-1　大学男生、女生体重指数(BMI)单项评分表

单位:千克/米^2

等　级	单项得分	男　生	女　生
正常	100	17.9～23.9	17.2～23.9
低体重	80	≤17.8	≤17.1
超重		24.0～27.9	24.0～27.9
肥胖	60	≥28.0	≥28.0

表 3-3-2　大学男生各单项评分表(大一、大二)

等级	单项得分	肺活量/毫升	50米跑/秒	坐位体前屈/厘米	立定跳远/厘米	引体向上/次	1000米
优秀	100	5040	6.7	24.9	273	19	3′17″
	95	4920	6.8	23.1	268	18	3′22″
	90	4800	6.9	21.3	263	17	3′27″
良好	85	4550	7.0	19.5	256	16	3′34″
	80	4300	7.1	17.7	248	15	3′42″
及格	78	4180	7.3	16.3	244		3′47″
	76	4060	7.5	14.9	240	14	3′52″
	74	3940	7.7	13.5	236		3′57″
	72	3820	7.9	12.1	232	13	4′02″
	70	3700	8.1	10.7	228		4′07″
	68	3580	8.3	9.3	224	12	4′12″
	66	3460	8.5	7.9	220		4′17″
	64	3340	8.7	6.5	216	11	4′22″
	62	3220	8.9	5.1	212		4′27″
	60	3100	9.1	3.7	208	10	4′32″
不及格	50	2940	9.3	2.7	203	9	4′52″
	40	2780	9.5	1.7	198	8	5′12″
	30	2620	9.7	0.7	193	7	5′32″
	20	2460	9.9	−0.3	188	6	5′52″
	10	2300	10.1	−1.3	183	5	6′12″

表 3-3-3　大学女生各单项评分表(大一、大二)

等级	单项得分	肺活量/毫升	50米跑/秒	坐位体前屈/厘米	立定跳远/厘米	1分钟仰卧起坐/次	800米
优秀	100	3400	7.5	25.8	207	56	3′18″
	95	3350	7.6	24.0	201	54	3′24″
	90	3300	7.7	22.2	195	52	3′30″
良好	85	3150	8.0	20.6	188	49	3′37″
	80	3000	8.3	19.0	181	46	3′44″
及格	78	2900	8.5	17.7	178	44	3′49″
	76	2800	8.7	16.4	175	42	3′54″
	74	2700	8.9	15.1	172	40	3′59″
	72	2600	9.1	13.8	169	38	4′04″
	70	2500	9.3	12.5	166	36	4′09″
	68	2400	9.5	11.2	163	34	4′14″
	66	2300	9.7	9.9	160	32	4′19″
	64	2200	9.9	8.6	157	30	4′24″
	62	2100	10.1	7.3	154	28	4′29″
	60	2000	10.3	6.0	151	26	4′34″

续表

等级	单项得分	肺活量/毫升	50米跑/秒	坐位体前屈/厘米	立定跳远/厘米	1分钟仰卧起坐/次	800米
不及格	50	1960	10.5	5.2	146	24	4′44″
	40	1920	10.7	4.4	141	22	4′54″
	30	1880	10.9	3.6	136	20	5′04″
	20	1840	11.1	2.8	131	18	5′14″
	10	1800	11.3	2.0	126	16	5′24″

表 3-3-4　大学男生各单项评分表(大三、大四)

等级	单项得分	肺活量/毫升	50米跑/秒	坐位体前屈/厘米	立定跳远/厘米	引体向上/次	1000米
优秀	100	5140	6.6	25.1	275	20	3′15″
	95	5020	6.7	23.3	270	19	3′20″
	90	4900	6.8	21.5	265	18	3′25″
良好	85	4650	6.9	19.9	258	17	3′32″
	80	4400	7.0	18.2	250	16	3′40″
及格	78	4280	7.2	16.8	246		3′45″
	76	4160	7.4	15.4	242	15	3′50″
	74	4040	7.6	14.0	238		3′55″
	72	3920	7.8	12.6	234	14	4′00″
及格	70	3800	8.0	11.2	230		4′05″
	68	3680	8.2	9.8	226	13	4′10″
	66	3560	8.4	8.4	222		4′15″
	64	3440	8.6	7.0	218	12	4′20″
	62	3320	8.8	5.6	214		4′25″
	60	3200	9.0	4.2	210	11	4′30″
不及格	50	3030	9.2	3.2	205	10	4′50″
	40	2860	9.4	2.2	200	9	5′10″
	30	2690	9.6	1.2	195	8	5′30″
	20	2520	9.8	0.2	190	7	5′50″
	10	2350	10.0	−0.8	185	6	6′10″

表 3-3-5　大学女生各单项评分表(大三、大四)

等级	单项得分	肺活量/毫升	50米跑/秒	坐位体前屈/厘米	立定跳远/厘米	1分钟仰卧起坐/次	800米
优秀	100	3450	7.4	26.3	208	57	3′16″
	95	3400	7.5	24.4	202	55	3′22″
	90	3350	7.6	22.4	196	53	3′28″
良好	85	3200	7.9	21.0	189	50	3′35″
	80	3050	8.2	19.5	182	47	3′42″

续表

等级	单项得分	肺活量/毫升	50米跑/秒	坐位体前屈/厘米	立定跳远/厘米	1分钟仰卧起坐/次	800米
及格	78	2950	8.4	18.2	179	45	3′47″
	76	2850	8.6	16.9	176	43	3′52″
	74	2750	8.8	15.6	173	41	3′57″
	72	2650	9.0	14.3	170	39	4′02″
	70	2550	9.2	13.0	167	37	4′07″
	68	2450	9.4	11.7	164	35	4′12″
	66	2350	9.6	10.4	161	33	4′17″
	64	2250	9.8	9.1	158	31	4′22″
	62	2150	10.0	7.8	155	29	4′27″
	60	2050	10.2	6.5	152	27	4′32″
不及格	50	2010	10.4	5.7	147	25	4′42″
	40	1970	10.6	4.9	142	23	4′52″
	30	1930	10.8	4.1	137	21	5′02″
	20	1890	11.0	3.3	132	19	5′12″
	10	1850	11.2	2.5	127	17	5′22″

第三章 健康与运动

第一节 生理与运动

人在运动时，身体会相应出现一系列变化。为了更好地达到运动健身的目的，我们有必要了解人体结构与功能的相关基础知识。本节介绍人体各系统的结构与功能，以及运动对人体各系统功能的影响。

一、人体结构与功能概述

（一）人体结构简介

人体结构的基本单位是细胞。形态相似、功能一致的一群细胞以及细胞间质按照一定的规律组合起来，形成组织。组织是构成器官的基本成分，人体的组织分为上皮组织、结缔组织、神经组织和肌肉组织四大类别。每类组织按照其细胞的结构与功能特点又可细分为不同的类型，如肌肉组织又分为骨骼肌、平滑肌、心肌三种。各类组织按照特定的模式结合起来，组成各具形态并能完成相应生理功能的结构，称为器官，如心脏、肺脏、肝脏、肾脏等。

几种组织器官联系起来，形成能完成一系列生理机能的体系，称为系统，如由心脏、血管、淋巴管构成循环系统，形成维持血液在体内流动的封闭管道系统。再如，由口腔、咽、食管、胃、小肠、大肠等构成的消化道和肝、胆、胰等器官联系起来，构成消化系统，共同完成食物的消化和吸收功能。

从结构与功能相结合的角度进行分类，人体可分为 8 个系统，分别是呼吸系统、血液循环系统、消化系统、泌尿系统、生殖系统、运动系统、内分泌系统、神经系统。也有人将参与免疫功能的组织、器官单独汇为第 9 个系统，称为免疫系统。这些系统协调配合，使人体的各种复杂的生命活动能够正常进行。

（二）人体功能的调节

人体置身于复杂的外部环境中，环境的各种因素以及自身体内的变化都会对人体产生影响。但是，人体具有完善的功能调节系统，能在一定的范围内应对这些因素的影响，从而维持各系统、器官、组织和细胞的生理功能活动正常，同时，也通过有效的调节使机体对外界环境变化做出适应性反应。

1.人体功能调节途径

人体功能的调节主要通过神经调节、体液调节和自身调节三个途径进行。

(1)神经调节:在神经系统的直接参与下进行的生理功能调节过程。在神经系统参与下,机体对各种刺激做出反应的过程称为反射。因此,反射是神经调节的基本方式,其结构基础是由以下5个部分组成的反射弧:①感受器,指接受某种刺激的特殊装置;②传入神经,指从感受器到中枢的神经通路;③神经中枢,指位于中枢神经系统内的调节某一特定功能的神经元群;④传出神经,指从中枢到效应器的神经通路;⑤效应器,指最终产生反应的器官。

例如,肢体被火灼痛时回撤,是一种反射活动。在这个过程中:①火灼烧的高温刺激皮肤上分布的感受器;②感受器将此感觉沿着感觉神经传入神经中枢;③神经中枢对接收到的信号进行分析处理,产生痛觉;④将处理后的信号沿运动神经传出到肢体相关的骨骼肌;⑤相关骨骼肌收缩使肢体回缩,从而避免肢体继续被火灼。由此可见,反射弧的这5个环节共同构成一个反射活动。倘若反射弧的任何一个环节被阻断,反射将不能完成。因此,反射是在反射弧的结构和功能完整的基础上进行的。

(2)体液调节:通过体内生物活性物质作用而进行的生理功能调节过程。这些生物活性物质包括各种激素,它们由内分泌细胞分泌后进入血液,随着血液循环到达全身,作用于相应的靶细胞,产生相应的调节作用。例如,胰岛β细胞分泌的胰岛素,随着血液循环到达全身,调节组织、细胞的糖代谢。除激素外,还有一些组织、细胞能合成一些具有生物活性的化学物质,它们可在局部组织液内扩散,改变邻近组织细胞的活动,这种调节途径被称为旁分泌调节,也叫局部性体液调节。例如,胃黏膜某些细胞分泌的组织胺,即以旁分泌的方式作用于邻近的壁细胞,调节壁细胞的泌酸活动。

神经调节与体液调节相比较,神经调节迅速且精确,体液调节缓慢但作用持久且弥散。然而,神经调节与体液调节并非完全各自独立的,内分泌腺体通常也有神经支配。神经调节与体液调节两者共同作用,使机体的生理功能调节更完善,因此,二者共同被称为神经—体液调节。

(3)自身调节:组织、细胞不依赖于神经或体液因素,自身对环境刺激做出适应性反应的过程。例如,肾动脉灌注压在80~180 mmHg范围内变动时,肾血流量基本保持稳定,从而保证肾脏尿生成活动在一定范围内不受动脉血压改变的影响。相对于神经调节与体液调节而言,自身调节的作用范围较小。

2.人体自动控制系统

运用控制论原理分析人体的调节活动,总结人体各种功能调节的一般规律,可以将人体内各种调节活动归纳为反馈控制系统和前馈控制系统两类。此外,人体还存在非控制系统,它是一个开环系统,但由于其在体内并不多见,在此不做讨论。

(1)反馈控制系统是一个闭环系统,是控制部分发出信号调节受控部分的活动,而受控部分在接受控制部分调节的同时,也发出反馈信号返回到控制部分,使控制部分根据反馈信号来调整自己发出的信号,从而修正对受控部分活动的调节。在这个过程中,如果受控部分的反馈信息能减弱控制部分发出的调节信号,这样的反馈称为负反馈。反之,如果受控部分的反馈信息能促进或加强控制部分发出的调节信号,这种反馈则称为正反馈。

换言之,如果原先的调节是使活动加强,通过负反馈后,这种加强效应会减小;反之,如果原先的调节是使活动减弱,通过负反馈后,这种减弱效应会减小,其最终的结果均是使变化限定在一个较小的范围内,不至于出现过大的偏差。因此,负反馈是维持人体生理机能活动经常处于稳态的重要调节机制。人体内的反馈调节多数是负反馈调节。

与负反馈相反,如果一个活动通过正反馈调节,则是不断增强的调控过程,直到整个生理过程结束为止。例如,排尿反射、分娩过程、血液凝固等属于正反馈调控过程。

(2)前馈控制系统是有监测装置参与的控制系统,在受控部分的状态尚未发生改变之前,机体已通过监测装置得到信息,并作用于控制系统,同时对抗干扰信息对受控系统的作用,以更快捷的方式进行调节。例如,动物见到食物会分泌唾液,这种食物的外观、气味等有关信号在食物刺激口腔之前就能引起唾液分泌,且比食物进入口中后引起的唾液分泌来得更快,而且富有预见性与适应性。

上述两种控制系统的区别在于,反馈控制是根据最终结果产生的偏差来进行调整,从而维持计划实施,具有滞后性和波动性。前馈控制则是在事件发生之前的预测与控制,是一种事先行为,具有快速性预见性。人体是一个复杂的系统,许多活动的调节是由前馈控制与反馈控制共同完成的。例如,正常人能动作准确而稳定地伸手抓取物品。在这个动作的过程中,神经中枢发出运动指令,通过前馈控制,受控的肌群协调地收缩与舒张,手伸向目标明确的物品。同时,通过反馈控制,肌肉和关节不断发回反馈信息,以纠正手在定向运动时可能出现的偏差。倘若只有前馈调节而没有反馈调节,动作可能会出现偏差。倘若只有反馈调节而没有前馈调节,肌肉运动时可能出现震颤,动作不能快速、准确和协调地进行。

二、人体各系统结构与功能

(一)运动系统

运动系统由骨、关节和骨骼肌组成。骨通过关节和韧带互相连接,构成骨骼。骨骼肌的两端跨关节分别附着在相邻的两块骨头上。在神经支配下,骨骼肌收缩,牵拉其所附着的骨以关节为枢纽,产生杠杆运动。

1.运动系统的结构

(1)骨:分为骨质、骨髓和骨膜三部分,含有丰富的血管和神经组织。成人骨共206块,依其存在部位可分为颅骨、躯干骨和四肢骨。不同部位的骨骼形态各异,大体可分为长骨、短骨、扁骨和不规则骨四大类。

颅骨包括23块形状和大小不同的扁骨和不规则骨,此外,另有中耳的3对听小骨。除下颌骨及舌骨外,其余各骨彼此通过骨缝或软骨相连接,起着保护和支持脑、头部感觉器官以及消化器和呼吸器的起始部分的作用。

躯干骨包括24块椎骨、1块骶骨、1块尾骨、1块胸骨和12对肋骨,分别参与构成脊柱、胸廓和骨盆。

四肢骨分为上肢骨和下肢骨,上肢骨包括锁骨、肩胛骨、肱骨、桡骨、尺骨、腕骨、掌骨和指节骨,其中,锁骨和肩胛骨称为上肢带骨。下肢骨包括髋骨(由髂骨、耻骨和坐骨组成)、股骨、髌骨、胫骨、腓骨、跗骨(由距骨、跟骨、舟骨、楔骨组成)、跖骨和趾骨。

(2)骨与骨之间互相连接的方式有直接连接和间接连接。直接连接较牢固,骨与骨之间不活动或者活动范围很小。间接连接也称为关节,由关节面、关节囊和关节腔构成,通过韧带等辅助结构将相邻的骨连接起来。由此,相邻的两骨可以因关节的枢纽作用而在一定的范围内做相对运动。

(3)人体肌肉组织根据其组织结构与功能,分为骨骼肌、心肌和平滑肌。骨骼肌因其附着于骨骼而得名。人体有600多块骨骼肌,其形态多样,大体可分为长肌、短肌、扁肌和轮匝肌。每块骨骼肌(轮匝肌除外)包括肌腹和肌腱两部分。肌腹由肌纤维构成,具有收缩能力;其两端为肌腱,附着于相邻的两块骨上。骨骼肌的收缩与舒张活动拉动相邻两骨进行相对运动,因此，骨骼肌的收缩是运动系统的动力。骨骼肌周围有筋膜、滑膜囊、腱鞘、籽骨等辅助装置，具有保持骨骼肌位置、保护和协助骨骼肌活动的作用。

2.运动系统的功能

(1)运动：运动系统的主要功能是运动。人的运动很复杂，包括简单的移位和高级活动，如语言、书写等，都是在神经系统支配下，通过骨骼肌的收缩与舒张相协调而实现的。

(2)支持：运动系统的支持功能包括构成人体体形、支撑体重和内部器官以及维持人体姿势。人体姿势的维持除了骨与关节的支架作用外，还依赖于骨骼肌的紧张性收缩。

(3)保护：人体的骨骼和骨骼肌构成了颅腔、胸腔、腹腔、盆腔等多个体腔，保护和支持各体腔内容纳的各个脏器。

(4)造血：骨髓为主要造血器官，分布在长骨的骨髓腔和海绵骨的空隙，分为红骨髓和黄骨髓，其中，红骨髓具有造血功能，黄骨髓具有造血潜能。

(5)贮存：在成骨细胞逐渐成熟为骨细胞的过程中，有钙和磷沉积其中，使骨组织具有一定硬度。同时，骨组织的生长还有破骨的过程，破骨细胞进行骨吸收，在骨发育、生长、修复、重建中具有重要的作用。成骨和破骨两者处于动态平衡。在破骨过程中，沉积在骨组织中的钙和磷被释放出来。因此，骨也起着贮存钙和磷的功能，而钙离子还参与机体其他很多很多功能。

(二)血液循环系统

血液循环系统由血液系统和循环系统共同构成。循环系统是由心脏、动脉、毛细血管、静脉和淋巴管道共同构成的分布于全身各部的连续封闭管道系统，是维持血液在体内流动的通道。其中，心脏是血液循环的动力器官，动脉将心脏输出的血液运送到全身各器官，静脉则把全身各器官的血液带回心脏，毛细血管是位于小动脉与小静脉间的微细管道，是进行物质交换和气体交换的场所。淋巴管内流动的淋巴液最终汇入静脉，是静脉系统的辅助部分。

1.血液循环系统的结构

(1)血液：由血浆和悬浮于血浆中的血细胞组成，约为体重的8%。血浆内含血浆蛋白(白蛋白、球蛋白、纤维蛋白原)、脂蛋白等各种营养成分以及水、无机盐、氧、二氧化碳、激素、酶、抗体、细胞代谢产物等。血细胞包括红细胞、白细胞和血小板。

(2)心脏：心脏位于胸腔两肺之间，分为左心和右心两部分，每一部分又分为心房与心室，因此，心脏分为左、右心房和左、右心室4个腔。其中，左心室通过左房室口接受左心房的血液，收缩时把血液压入主动脉，推动体循环。体循环的静脉血通过上、下腔静脉汇入右心房，继而通过右房室口进入右心室。右心室收缩推动血液流入肺动脉。血液流经肺内时与呼吸功能相配合，氧合成含氧量高的动脉血，通过肺静脉汇入左心房，再次通过左房室口进入左心室，由此循环往复。

(3)血管：血管分为动脉、静脉和毛细血管3种。从心脏运送血液到全身各器官的血管叫动脉，动脉逐级分支，由大到小，越分越细，最后分成毛细血管。毛细血管由单层的不连续的内皮细胞构成，通透性大，是血液与组织液进行物质交换的场所。毛细血管管径细，管壁薄，分布广，而且总截面积非常大，血流缓慢，保证了血液与组织液之间的物质交换。血液流经毛细血管后再逐级汇合成静脉，返回心脏。

动脉和静脉都是运送血液的管道，管壁都有外膜、中膜和内膜3层，但动脉的管腔小、管壁厚、弹性大，所以动脉可以承受从心脏搏出的压力较高的血液，并借助平滑肌的收缩，在心脏处于舒张期时推动血液继续前进。静脉比动脉多，管径大，管腔也比较不规则。此外，静脉具有静脉瓣，可防止血液倒流。

(4)淋巴管：淋巴管、淋巴组织与淋巴器官共同构成淋巴系统。其中，淋巴管包括毛细淋巴管、淋巴管、淋巴干与淋巴导管；淋巴组织包括弥散淋巴组织与淋巴小结；淋巴器官包括胸腺、骨髓、脾、扁桃体等。

淋巴管是一个单向的回流管道，以盲端起始于组织内，互相吻合成网，最终通过胸导管和右淋巴导管汇入静脉。因此，淋巴管道是心血管系统的辅助系统，协助静脉引流组织液。

2.血液循环系统的功能

(1)血液的生理功能：

①运输功能。通过血液及血浆蛋白的运输作用，可以将氧气、营养物质、激素等运输至各细胞、组织、器官，将细胞、组织、器官产生的代谢废物、二氧化碳等运送至排泄器官而排出体外。

②维持内环境相对稳定。血液中含有多种缓冲酸碱平衡的物质，可以维持血液的酸碱平衡，对维持内环境稳态、实现机体各部位生理功能的正常进行起着极其重要的作用。

③参与体液调节。细胞产生的激素通过体液(血液、组织液)作用于靶细胞，对靶细胞的功能进行调节。

④防御和保护功能。血液中的白细胞进入组织，成为吞噬细胞，可以吞噬炎症部位的细菌或病毒等。血液中的抗体、补体以及白细胞产生的白介素等，参与炎症和免疫反应的调控，实现机体的防御和保护功能。

(2)心脏血管的功能：心脏有节律地跳动，推动血液在血管中按照一定的方向周而复始地流动，使身体的各个部分都能得到血液供给。因此，心脏与血管功能正常是保证血液发挥生理功能的前提。

(3)淋巴管的功能：血液流经毛细血管动脉端时，一些成分经毛细血管壁进入组织间隙，形成组织液，组织液与细胞进行物质交换后，大部分经毛细血管静脉端回流入静脉；小部分水分和大分子物质进入毛细淋巴管，形成淋巴液。淋巴液沿淋巴管道逐级汇合，最后流入静脉。因此，淋巴管是心血管系统的辅助系统，协助静脉引流组织液。

此外，淋巴系统中的淋巴组织和淋巴器官能够产生淋巴细胞、过滤淋巴液和进行免疫应答活动，在人体的免疫功能方面起着重要作用。

(三)呼吸系统

呼吸系统是参与人体与外界空气进行气体交换的一系列器官的总称，包括鼻、咽、喉、气管、支气管、肺、胸膜等组织。其中，鼻、咽、喉称为上呼吸道，气管以下的气体通道(包括肺内各级支气管)称为下呼吸道。

1.呼吸系统的结构

(1)鼻：鼻为呼吸通道的起始部分，也是嗅觉器官，由鼻骨、鼻软骨、鼻肌及被覆皮肤组成，包括外鼻、鼻腔及鼻旁窦 3 个部分。其后连通于咽部。

(2)咽：咽是一个肌性管道，其上部与鼻腔和口腔相通，下部与喉和食管相通。换言之，咽是呼吸道中联系鼻腔与喉腔之间的通道，也是消化管从口腔到食管之间的通道，是呼吸道和消化道的共同通路。此外，中耳也通过咽鼓管与咽相通，调节中耳的压力。

(3)喉：喉位于咽与气管之间，与舌骨、气管相连，由喉部的软骨、韧带、肌肉构成。其中，会厌软骨在吞咽运动时随咽上提并前移，封闭喉头，使食物进入食道而不进入喉。在喉室的中央，声韧带周围肌肉的收缩与舒张控制着声带的松紧与声门的开合，声带的振动与气流通过声门可产生声音。因此，喉也是发音器官。

(4)气管、支气管：气管与支气管连接于喉与肺之间，气管分支为左、右支气管，支气管再逐级分支为小支气管。它们由“C”形软骨环和其间的平滑肌构成，软骨维持气道开放状态，保持气体通畅。平滑肌可调节气管口径。

(5)肺：肺是呼吸系统中最重要的器官。小支气管在肺内继续分支为细支气管、终末细支气管，与肺泡管、肺泡囊、肺泡相延续。肺泡由单层上皮细胞构成，外面包绕着毛细血管网，是气体交换的场所。

人体通过胸廓的运动引起胸腔有节律地扩大和缩小，并通过胸膜腔的作用牵拉肺的扩张与缩小，进而形成呼吸运动，因此，常常将胸廓、胸膜腔等归为呼吸系统的辅助结构。

2.呼吸系统的功能

呼吸系统的主要功能是呼吸，指机体与外界环境之间的气体交换过程，即机体从外界环境摄取氧气，并将代谢产物二氧化碳排出体外。因此，呼吸是维持机体新陈代谢和其他功能活动所必需的基本生理过程之一，一旦呼吸停止，生命也将终止。

呼吸的过程包括：

(1)外呼吸，指肺毛细血管血液与外界环境之间的气体交换过程。

(2)气体在血液中的运输。

(3)内呼吸或组织呼吸，即血液与组织、细胞之间的气体交换过程，有时人们把细胞内的氧化过程也包括在内呼吸之中。

这三个过程相互衔接，并且需要血液循环系统的配合，才能有效地达成其气体交换的功能，而且，它还受到神经和体液因素的调节，从而与机体的代谢水平相适应。

此外，呼吸系统还具有：

①防御功能：呼吸系统的防御功能通过呼吸管道的物理机制和气道—肺泡的免疫机制等得以实现。

②代谢功能：某些生物活性物质、脂质、蛋白质、结缔组织、活性氧等物质，在肺内失活与分解。

③神经内分泌功能：肺组织存在多种具有神经内分泌功能的细胞，参与机体功能的调节。

(四)消化系统

消化系统由消化道和消化腺组成，其从外界摄食并对食物进行消化，为机体提供水、电解质及各种营养物质，以满足机体新陈代谢的需要。

1.消化系统的结构

(1)消化道：消化道是一条起自口腔，延续咽、食道、胃、小肠、大肠到肛门的肌性管道，其中小肠分为十二指肠、空肠和回肠，大肠分为盲肠、结肠和直肠等部分。

在组织学结构上，除口腔和咽外，消化道的管壁一般有黏膜、黏膜下层、肌层和外膜四层，其中，平滑肌有节律地收缩与舒张使消化道内的食物向前推进并被消化与吸收。

(2)消化腺：消化腺主要指唾液腺、肝脏和胰脏。唾液腺有3对，分别是腮腺、下颌下腺和舌下腺。它们借助导管，将分泌物排入消化道内。此外，还有一类小消化腺，它们散在于消化道各部的管壁内。

消化腺由分泌部和排泄部组成。各种消化腺的分泌物和酶各不相同，它们协同作用，将食物分解为各种小分子，以便被机体吸收和利用。

2.消化系统的功能

消化系统的基本功能是食物的消化和吸收，以提供机体所需的物质和能量。食物中的营养物质除维生素、水和无机盐可以被直接吸收利用外，蛋白质、糖类、脂肪等物质均不能被机体直接吸收利用，需在消化道内被分解为氨基酸、葡萄糖、甘油、脂肪酸，才能被吸收利用。

食物在消化管内被分解成结构简单、可被吸收的小分子物质的过程称为消化，它包括通过消化道运动的机械研磨作用将食物由大块变成小块，以及通过消化腺分泌消化酶的作用将大分子物质降解为小分子物质这两个方面。前者称为机械性消化，后者称为化学性消化。在化学性消化过程中，唾液腺分泌唾液，其中的唾液淀粉酶将淀粉初步分解成麦芽糖；胃腺分泌胃液，将蛋白质初步分解成多肽；肝脏分泌胆汁并储存在胆囊中，胆汁中的胆汁酸在脂肪代谢中起着重要作用；胰腺分泌胰液，其中含有胰蛋白酶、胰淀粉酶和胰脂肪酶，分别消化分解蛋白质、糖与脂肪。

这些被消化成小分子的营养物质透过消化道黏膜上皮细胞进入血液和淋巴液的过程称为吸收。小肠是物质吸收的主要场所，因为：①小肠的组织结构学特点为小肠的吸收创造了良好的条件；②小肠的生理功能表现为小肠的运动、分泌、消化、吸收等方面，如小肠平滑肌各种形式的运动可以完成对食糜的研磨、混合、搅拌等机械消化；③小肠内胆汁、胰液等一起完成食糜的化学消化。小肠黏膜散在分布着许多内分泌细胞，它们对胃肠运动和分泌起着重要的调节作用。

未被消化吸收的食物残渣通过消化道后以粪便形式排出体外。

上述这些生理活动的完成有赖于整个胃肠道协调的功能活动，也受到神经系统与体液系统的共同调节。

（五）泌尿系统

人体有3个排泄途径：

（1）通过呼吸排泄，排出二氧化碳和一定量的水，水以水蒸气形式随呼出气体排出。

（2）通过皮肤排泄，由汗腺分泌汗的形式将水、氯化钠、尿素等排出体外。

（3）通过泌尿系统以尿的形式排泄。其中，泌尿系统排尿是人体最重要的排泄途径，该系统由肾、输尿管、膀胱及尿道组成。

1.泌尿系统的结构

（1）肾：人有2个肾，其形似蚕豆，内侧缘中部凹陷称为肾门，是肾的血管、神经、淋巴管、肾盂等出入的门户。肾门向肾实质凹陷形成的腔隙称肾窦，内含肾盂、肾盏、肾血管、淋巴管、神经、脂肪组织等结构。

每个肾脏有120万个肾单位。肾单位是肾脏的最小的功能单位，由肾小体和肾小管组成，肾小体又包括肾小球、肾小囊。

（2）输尿管：输尿管是一对细长的肌性管道，起自肾盂下端，终于膀胱，在成人长25～30厘米。通过平滑肌的节律性蠕动，可将尿液不断排入膀胱。尿道是膀胱与体外相通的一段管道，男、女性尿道结构差异大。

（3）膀胱及尿道：膀胱是储存尿液的囊状肌性器官，其借平滑肌收缩将尿液排入尿道。膀胱的形状、大小、位置及壁的厚度均随尿液的充盈程度、年龄、性别不同而异。

2.泌尿系统的功能

泌尿系统最重要的功能是生成尿液，以排尿的形式将体内的代谢产物排出体外，从而维持机体的内环境稳定。

尿在肾单位中生成，其通过肾小球的滤过将血浆中的代谢产物随水而滤出到肾小囊，囊中的滤出液流经肾小管时被重吸收与分泌，最终成为尿液，经输尿管流入膀胱，在膀胱中贮存，当贮积到一定量之后被排出体外。

肾脏还通过调节细胞外液量和渗透压、调节机体的电解质水平、排出氢、维持酸碱平衡，来保持内环境的相对稳定。

此外，肾脏还可生成某些激素，如肾素、促红细胞生成素等，所以肾脏也具有内分泌功能。

（六）生殖系统

生殖系统是人类通过生殖子代个体以繁衍后代的系统，其结构与功能男女有别。

1.男性生殖系统

男性生殖系统包括生殖腺、输送管道、附属腺体和外生殖器。男性生殖腺是睾丸；输送管道包括附睾、输精管、射精管和尿道；附属腺体包括精囊腺和前列腺。精囊腺分泌黄色黏稠液体，排泄管与输精管会合成射精管，前列腺分泌乳白色的浆液，与精囊腺分泌物共同组成精液，其排泄口开口于尿道。外生殖器包括阴茎和阴囊。

2.女性生殖系统

女性生殖系统包括生殖腺、输送管道、附属腺体和外生殖器。女性生殖腺是卵巢；输送管道包括输卵管、子宫与阴道。输卵管是一对弯而长的喇叭形肌性管道，内侧端开口于子宫腔，外侧端开口于腹膜腔；子宫是胚胎发育的场所；阴道是肌性管道，伸展性大，是月经和胎儿娩出的通路；附属腺体包括前庭大腺、尿道球腺等。外生殖器又称外阴，包括阴阜、大小阴唇、阴蒂、阴道前庭等。

（七）内分泌系统

内分泌系统由内分泌腺以及散在分布的具有内分泌功能的组织细胞共同组成，它们通过分泌各种激素或一些具有生物活性的物质，对机体功能进行调节。内分泌系统是除神经系统外机体内又一大调节系统，并与神经系统相互协同，共同调节、整合机体各器官系统的功能活动，维持内环境稳态，以使机体适应内外环境的变化，确保机体生命活动的正常进行。

人体主要的内分泌腺包括：甲状腺、甲状旁腺、肾上腺、垂体、松果体、胰岛、胸腺、性腺等。而来源于散在分布于各器官组织中的内分泌细胞的激素有很多，如心肌的主要功能是通过收缩与舒张实现心脏泵血功能，但还分泌心房钠尿肽，参与调节血容量。

与机体其他系统不同，内分泌系统的各器官之间并无直接的结构关系，它们以体液为媒介形成调节体系。内分泌腺分泌的激素进入血液循环并被运送到全身各靶器官，作用于各器官的相应受体，从而发挥调节功能。也有一些内分泌细胞分泌的生物活性物质，它们扩散到邻近的组织而发挥局部调节的作用。

内分泌系统对人体功能的调节作用可大致归纳为以下几个方面：

(1)维持机体稳态：激素参与水电解质平衡、酸碱平衡、体温与血压等的调节过程，还直接参与应激反应等，与神经系统、免疫系统协调、互补，全面协调机体功能，以适应体内外的环境变化。

(2)调节新陈代谢:多数激素都参与调节组织细胞的物质代谢和能量代谢,维持机体的营养和能量平衡,为机体的各种生命活动奠定基础。

(3)维持生长发育:促进全身组织细胞的生长、增殖、分化和成熟,参与细胞凋亡过程等,维持各系统器官的正常生长发育和功能活动。

(4)维持生殖过程:维持生殖器官的正常发育成熟以及生殖的全过程,包括维持生殖细胞的生成直到妊娠、哺乳,以保证个体生命的绵延和种系的繁衍。

(八)神经系统

人体是一个极为复杂的整体,其所处的内、外环境也不断变化,因此,体内各器官、系统功能之间需要相互协调才能使机体处于健康状态。神经系统是体内起主导作用的调节系统,当神经系统功能活动发生异常时,可引起机体感觉、运动和内脏功能异常,甚至导致精神和认知功能障碍。

神经系统由神经元和神经胶质细胞组成,分为中枢神经系统和外周神经系统两大部分。

1.中枢神经系统

中枢神经系统包括脑和脊髓。脑在颅腔内,向后下在枕骨大孔处与脊髓相延续。脑可分为 4 部分:大脑、间脑、小脑、脑干。大脑两半球分为额叶、顶叶、枕叶、颞叶与岛叶,各有特定的功能。脑干又包括中脑、脑桥和延髓。脑内各部的腔隙称脑室,充满脑脊液。脊髓位于椎管内,上端在枕骨大孔处与延髓相连,下端呈圆锥状,称脊髓圆锥,圆锥尖端延续为细丝,称终丝,终丝向下经骶管终于第 2 尾椎的背面。脊髓共发出 31 对脊神经,与每一对脊神经相对应的脊髓部分,称脊髓节,共有 31 节,分别是 8 个颈节、12 个胸节、5 个腰节、5 个骶节和 1 个尾节。

脑和脊髓均分布着很多由神经细胞集中而成的神经核或神经中枢,构成网络或回路,并有大量上、下行的神经纤维束通过。脑的功能主要包括传递、储存和加工信息,产生各种心理活动,包括进行思维活动、支配与控制机体的行为等,在形态上和机能上把中枢神经各部分联系为一个整体。脊髓的功能有两个方面:

(1)传导功能:全身(除头外)深、浅部的感觉以及大部分内脏器官的感觉,都要通过脊髓向上传导到脑,才能产生感觉。而脑对躯干、四肢运动的调节以及内脏器官的支配调节,也要通过脊髓的传导才能实现。若脊髓受损,其上传下达功能便发生障碍,引起感觉障碍和瘫痪。

(2)反射功能:脊髓灰质中有许多低级反射中枢,可完成某些基本的反射活动,如肌肉的牵张反射等。

2.外周神经系统

外周神经系统是神经系统的外周部分,它一端与中枢神经系统的脑或脊髓相连,另一端通过各种末梢装置与机体其他器官、系统相联系。按其分布部位与功能特点,外周神经系统可分为:①分布于躯体的躯体神经系统;②分布于脏器的内脏神经系统。

躯体神经系统包括通过支配躯体肌肉产生和控制身体运动的运动神经,以及接受各类刺激后向中枢神经传导信号并产生特定感觉的感觉神经。这类神经按照其与中枢神经的连接部位和其分布范围,可分为 12 对脑神经和 31 对脊神经。

内脏神经系统包括交感神经和副交感神经。每个系统器官都同时受到这两类神经的双重支配(肾脏除外,肾脏只有交感神经而无副交感神经支配)。这两类神经对同一个器官的作用多数是相互拮抗。通常来说,交感神经的功能在于唤醒机体,调动机体的能量,而副交感神经的功能则在于使机体恢复或维持安静状态,使机体储备能量,二者协调维持人体的机能平衡。

三、运动对人体功能的影响

运动对人体的结构和功能的影响非常显著,从1889年法国出版第一部《人体运动生理学》以来,人们在这个领域的研究已经很系统且深入。了解一些该领域的基础知识,有利于指导我们更好地通过运动来促进身体健康。

(一)运动对运动系统的影响

运动器官的结构和功能的变化与体育运动关系密切。科学合理的运动会使骨骼、肌肉产生良性的适应性变化。不当或者过度的运动则会对骨骼、肌肉产生不良的影响,甚至是伤害。

1.对骨的影响

长期适当的运动可刺激骨的增生,包括骨密质增厚、骨径增厚、骨面肌肉附着处突起明显、骨小梁顺着张力与压力方向排列加强、骨胶原单边含量增加等。这些变化能提高骨的抗折、抗压、抗扭转等性能。超负荷的、不合理的运动则会引起骨的轻微损伤,这种状态持续过久会导致骨塑建、重建频繁,自我更新能力降低。

2.对关节的影响

长期适当的运动对关节能产生良好的影响,主要表现在使骨关节面的骨密质增厚,关节能承受更大的负荷;关节周围的韧带、关节囊和肌腱增粗增厚,关节的稳固性增加;关节周围的肌肉体积增大,收缩力加强;加强对关节的保护作用,等等。但是,超负荷的、不合理的运动以及逆关节结构的运动会引起关节损害。

3.对肌肉的影响

长期、系统、科学的运动对肌肉的影响非常显著,可使肌肉体积增大;肌纤维中线粒体数量增加、体积增大,为运动提供的能量增加,从而增加运动能力;肌肉中脂肪减少、结缔组织增加,肌肉更结实;肌肉中毛细血管增多,改善肌肉的血液循环;加强神经对肌肉的控制能力,加强机体的协调性。超负荷的、不合理的运动会导致肌肉、肌腱损伤。

(二)运动对血液循环功能的影响

运动引起的机体对循环血量的需求增加及运动对血液回心的促进作用,使心脏容量负荷增加,心脏充盈增加达到最适宜的前负荷,从而增强心肌收缩力量,加强泵血功能;长此以往,心壁厚度也相应增加,同时,心率减慢,心肌耗氧量降低,心脏功能得到改善。这是心脏适应性调节的结果。同时,运动还增加心肌毛细血管密度和扩大冠状动脉及其侧支的腔径,为功能加强的心脏提供充分的血液供应。长期运动还能使机体氧利用率提高、血液循环效率提高、心率储备增加,使心脏具有良好的泵血功能。

另一方面,运动可促进儿茶酚胺、生长激素、血睾酮等激素分泌,这些激素变化也对心脏结构与功能产生直接影响。同时,心血管自身可以分泌多种激素,如心钠素(也称心房钠尿肽),具有舒张血管、降低血压、减少静脉回流和心房充盈压、改善心律失常等作用。

需要注意的是,由于运动的形式多种多样,不同性质的运动引起心脏形态与功能的改变有所不同。有氧运动主要加强循环,使回心血量增加,以增大心脏的容量负荷为主,同时伴随心室壁肥厚;而力量性运动则以心室壁肥厚为主。从提高和改善心血管系统功能的角度来说,主要应进行有氧运动或低强度长时间运动。要想获得理想的锻炼效果,在进行这类锻炼时要遵守以下的一些原则:

（1）明确的目标：针对锻炼者的具体情况确定明确的目标。

（2）选择合适的方案：进行心血管系统功能锻炼时，选择合适的运动方式和运动强度及运动量十分重要。

（3）控制好运动量、运动强度和持续运动的时间。

（4）重视准备活动：在进行运动之前应进行充分的准备活动，减少意外发生。

（5）遵循循序渐进原则。

（6）遵循锻炼的有效性原则。

从运动对心血管系统疾病的作用角度来看，运动对心血管系统疾病有一定程度上的预防和治疗作用。防治心血管系统疾病的运动方式主要是有氧运动，如长距离跑和游泳、马拉松、越野滑雪、韵律健美操以及在跑步机、登山机、划船器、健身车等器械上进行的运动。其特点是运动时的耗氧量小于机体的摄氧量，即人体可以在氧供应充足的情况下进行长时间运动，这时的能量供应主要来源于脂肪代谢供能，可以消耗大量脂肪，从而起到预防动脉硬化、减少冠心病发病的作用。由于有氧运动的强度较低，锻炼者可以进行较长时间的持续运动，从而给心脏增加一定的负担，使心肌力量增强、心肌内毛细血管数量增加。同时，运动中肌肉的收缩作用，有促进静脉血液回流的作用，使回心血量增加。长期运动可以使心脏的容积增大，在心肌力量同步增长的配合下，使心脏的每搏输出量增加、心率降低、心肌耗氧量下降，从而达到预防或减少冠心病发病的机会。此外，有氧代谢运动在降低极低密度脂蛋白的同时，可升高血中的高密度脂蛋白，使脂类在血管壁的沉积减少，从而达到预防或治疗冠心病的目的；另外，有氧运动有利于促进高血压病患者的血压下降。轻度高血压患者若坚持有氧运动，不用药物也可有效降压。

过度的运动可导致心脏功能、结构的损伤，出现心律失常、心肌组织缺氧损伤等，同时，心脏的毛细血管也可发生病理性损害。

（三）运动对呼吸功能的影响

经常进行运动的人其呼吸器官的功能会发生良好的变化，主要表现在以下几个方面：

1.对肺通气的影响

大气和肺泡气之间存在着压力差，因而气体能够进、出肺，即肺通气。但是，肺组织本身不具有主动运动的能力，它的扩张和收缩是由胸廓的扩大和缩小引起的，而胸廓的扩大和缩小由呼吸肌的收缩和舒张引起。当吸气肌收缩时，胸廓扩大，肺随之扩张，肺容积增大，肺内压暂时下降并低于大气压，空气顺此压力差而进入肺，即吸气。反之，当吸气肌舒张及呼气肌收缩时，胸廓缩小，肺也随之缩小，肺内压暂时升高并高于大气压，肺内气便顺此压力差流出肺，即呼气。经常运动，特别是做一些伸展扩胸运动，可使呼吸运动加强，肺通气功能加强。

2.对肺换气和组织换气的影响

呼吸的目的是氧和二氧化碳在体内进行气体交换，包括肺换气和组织换气。肺换气是在肺内进行肺泡与血液之间的气体交换，组织换气是在组织内进行血液和组织之间的气体交换。这些过程均有赖于血液循环功能的正常运转。运动时血液循环功能加强，肺换气与组织换气增加，此外，伴随着运动的代谢加强，氧消耗加强，二氧化碳生成增加，也促进组织换气。

3.对气体在血液中的运输的影响

肺的通气与换气过程以及和组织换气的过程通过血液循环紧密联系起来，而运动促进血液循环，从而有效地促进气体在血液中的运输过程，促进呼吸。

此外，运动还可促进肺的良好发育，使肺泡的弹性和通透性加大，有利于进行气体交换。

需要注意的是，呼吸肌的收缩与舒张是可控制的随意运动，人体在运动过程中采取何种呼吸形式，直接影响呼吸的效果。因此，呼吸的频率与深度和运动的技术动作相配合，才能更好地达到运动效果。反之，不适当的运动形式也会影响运动的效果，甚至会造成伤害。同时，还要注意运动环境，避免吸入不洁气体等。

（四）运动对消化功能的影响

经常运动可增加人体能量物质的消耗，进而间接促进胃肠道的消化和吸收功能。同时，运动时膈肌的大幅度升降活动，对胃肠起按摩作用，也能增强胃的消化功能。此外，运动引起的神经、体液因素的调节也对消化系统的功能产生影响。

同时也应注意到，如果运动时间安排不当，如饭后激烈运动，由于饭后血液重新分配，因此此时激烈运动对消化腺的分泌活动和胃肠的蠕动产生影响，也会影响胃肠的消化和吸收机能。如运动负荷过大或运动时间过长，出现过度疲劳，则有可影响消化功能。因此，适当的运动对消化系统的功能有良好的影响，反之，会带来不良影响。

（五）运动对肾脏功能的影响

运动对泌尿系统的影响主要表现在对肾脏的影响方面。适当运动时，机体代谢功能加强，产生的代谢产物增加，这些增加的代谢产物通常可以通过肾脏排泄功能的相应增加而排出体外。但是，运动强度过度，可对肾脏产生负面的影响。

短时间大强度的运动后，可使肾小管上皮细胞对低分子蛋白质的重吸收机能加强。而长时间大强度的运动可引起肾小球毛细血管出现扩张和充血，内皮细胞结构变化，从而导致肾小体滤过膜的通透性提高，出现蛋白尿。同时，肾小管上皮细胞也出现结构变化，降低肾小管重吸收机能。

短时间大强度的运动后肾脏功能的变化是一种与运动时间有关的可逆性病理变化，是肾功能增强的一种暂时的适应性反应。然而，长时间大强度运动对肾结构带来的不同程度的影响，通常不容易在短期内完全恢复。

（六）运动对内分泌系统与能量代谢的影响

运动对内分泌系统功能影响显著，同时，内分泌系统的功能也对运动的功效发挥起到非常重要的作用。其中，垂体、肾上腺、甲状腺、胰岛等的分泌功能与运动关系密切，同时，这些腺体又通过其分泌的各种激素而影响机体各系统的功能和运动功效。

此外，运动对性腺的发育与激素的分泌也有显著的影响；对女性来说还可影响其月经周期。

运动本身以及内分泌系统都显著影响机体的代谢，包括糖代谢、脂肪代谢以及水盐平衡。运动促进糖与脂肪的分解，这对肥胖、糖尿病等代谢性疾病是很有益的，但是，对于有代谢性疾病的病人，由于其功能状态有异于常人，其运动需要在医生的指导下进行。

运动除外对人体上述各方面的影响外，适当的运动还可增强人体的免疫功能；对人的视觉和听力也有一定的提升；还可提高皮肤的调节能力，使皮肤更健康靓丽。此外，适当的运动还有利于促进睡眠，也可在一定程度上改善人的情绪。

总之，在遵循人体生长发育规律的前提下进行适当的运动，在提高运动技术水平、丰富社会文化生活的同时，也可以达到强身健体的效果。有意识、有组织、有目的的运动是有益于身心健康的社会活动。

第二节　疾病与健康

疾病是机体在一定的条件下，受致病因素损害作用后，因自稳调节紊乱而发生的异常生命活动过程，并引发一系列代谢、功能、结构的变化，表现为症状、体征和行为的异常。

传统的健康概念认为，“机体处于正常运作状态，没有疾病”即为健康。世界卫生组织给健康下的定义为：不仅是没有疾病，而是生理、心理以及社会适应能力的全面完好状态

从健康的定义中可以看出，与我们传统的理解有明显区别的是：它包涵了三个基本要素，即①躯体健康；②心理健康；③具有社会适应能力。具有社会适应能力是国际上公认的心理健康的首要标准，全面健康包括躯体健康和心理健康两大部分，两者密切相关，相互联系、相互作用、相互影响。

一、心理疾病与健康

（一）心理健康

1.心理健康的定义

心理健康的基本含义是指心理的各个方面及活动过程处于一种良好或正常的状态。心理健康的理想状态是指一个性格完美、智力正常、认知正确、情感适当、意志合理、态度积极、行为恰当、适应良好的状态。心理学家认为，人的心理健康包括以下7个方面：智力正常、情绪健康、意志健全、行为协调、人际关系适应、反应适度、心理特点符合年龄。

心理健康与否反映的是某一段时间内的特定状态，而不应认为是固定的和永远如此的。与心理健康相对应的是心理亚健康以及心理病态。

2.心理健康的具体标准

心理学家将心理健康的标准描述为以下几点：

(1)有适度的安全感，有自尊心，对自我的成就有价值感。

(2)适度地自我批评，不过分夸耀自己也不过分苛责自己。

(3)在日常生活中，具有适度的主动性，不为环境所左右。

(4)理智，现实，客观，与现实有良好的接触，能容忍生活中挫折的打击，无过度的幻想。

(5)适度地接受个人的需要，并具有满足此种需要的能力。

(6)有自知之明，了解自己的动机和目的，能对自己的能力做客观的估计。

(7)能保持人格的完整与和谐，个人的价值观能适应社会的标准，对自己的工作能集中注意力。

(8)有切合实际的生活目标。

(9)具有从经验中学习的能力，能适应环境的需要改变自己。

(10)有良好的人际关系，有爱人的能力和被爱的能力。在不违背社会标准的前提下，能保持自己的个性，既不过分阿谀，也不过分寻求社会赞许，有个人独立的意见，有判断是非的标准。

3.大学生心理健康的标准

在实践中，我们认为，大学生心理健康应从以下几个方面把握：

(1)智力正常。这是大学生学习、生活与工作的基本心理条件，也是适应周围环境变化所

必需的心理保证。因此，衡量智力是否正常时，关键在于是否正常地、充分地发挥了效能：有强烈的求知欲，乐于学习，能够积极参与学习活动。

(2)情绪健康。其标志是情绪稳定和心情愉快，包括：愉快情绪多于负性情绪，乐观开朗，富有朝气，对生活充满希望；情绪较稳定，善于控制与调节自己的情绪，既能克制又能合理宣泄；情绪反应与环境相适应。

(3)意志健全。意志是人在完成一种有目的的活动时，所进行的选择、决定与执行的心理过程。意志健全者在行动的自觉性、果断性、顽强性、自制力等方面都表现出较高的水平。意志健全的大学生在各种活动中都有自觉的目的性，能适时地做出决定并运用切实、有准备的方式解决所遇到的问题；在困难和挫折面前，能采取合理的反应方式，能在行动中控制情绪和言行，而不是盲目行动、畏惧困难、顽固执拗。

(4)人格完整。人格指的是个体比较稳定的心理特征的总和。人格完善就是指有健全统一的人格，即个人的所想、所说、所做都是协调一致的。人格结构的各要素完整统一；具有正确的自我意识，不产生自我同一性混乱，以积极进取的人生观作为人格的核心，并以此为中心把自己的需要、目标和行动统一起来。

(5)自我评价正确。正确的自我评价是大学生心理健康的重要条件，大学生和应积极主动地自我观察、自我认定、自我判断和自我评价，做到自知，恰如其分地认识自己，摆正自己的位置，既不以自己在某些方面高于别人而自傲，也不以某些方面低于别人而自惭形秽，能够自我接纳，喜欢自己，接受自己，应保持适度的自尊、自强、自制、自爱，正视现实，积极进取。

(6)人际关系和谐。良好而深厚的人际关系，是事业成功与生活幸福的前提。其表现为乐于与人交往，既有广泛而深厚的人际关系，又有知心朋友；在交往中保持独立而完整的人格，有自知之明，不卑不亢；能客观评价别人和自己，善于取人之长，补己之短，宽以待人，乐于助人；积极的交往态度多于消极态度，交往动机端正。

(7)社会适应正常。个体与客观现实环境保持良好秩序。应能够客观观察以取得正确认识，以有效的办法对应环境中的各种困难，不退缩，还要根据环境的特点和自我意识的情况努力进行协调，或改变环境适应个体需要，或改造自我适应环境。

(8)心理行为符合大学生的年龄特征。大学生是处于特定年龄阶段的特殊群体，大学生应具有与其年龄和角色相对应的心理行为特征。

(二)异常心理

异常心理的实质，就是异常心理的原因、机理和心理结构问题。心理异常是大脑的结构或机能失调，或者人对客观现实反应的紊乱和歪曲，既反映为个人自我概念和某些能力的异常，也反映为社会人际关系和个人生活上的适应障碍。

要能够清晰地判别正常心理和异常心理，目前最常用的区分标准是：自我评价标准、心理测验标准、病因病理学分类标准、外部评价标准和社会适应性标准。普通人也可以使用国际上常用的 90 项症状自评量表进行心理健康测评，或寻求专业的心理医生、心理咨询师的帮助。

7 种不健康心理：

(1)忧郁：由于种种原因，青少年会出现闷闷不乐、愁眉苦脸、沉默寡言的现象。如果长时期地处于这种状态，就应当予以充分重视。

(2)狭隘：表现为斤斤计较，心胸太狭窄，不能容人也不理解别人，对小事也耿耿于怀，爱钻牛角尖。

(3)嫉妒：当别人比自己好时，表现出不自然、不舒服甚至怀有敌意，更有甚者竟用打击、中伤手段来发泄内心的嫉妒。

(4)惊恐：对环境和事物有恐怖感，如怕黑、怕暗、怕鬼怪。轻者心跳加快、手发抖；重者睡不着觉、失眠、梦中惊叫等。

(5)残暴：自己因为一点不如意的事而不快，便向他人发泄，摔摔打打，骂骂咧咧；有的则以戏弄别人为乐，对别人冷嘲热讽，没有温暖之心。

(6)敏感：神经过敏，多疑，常常把别人无意中的话、不相干的动作当作对自己的轻视或嘲笑，为此而喜怒无常，情绪变化很大。

(7)自卑：对自己缺乏信心，认为自己在各方面都不如人家，无论在学习上，还是在生活中，总把自己看得低人一等，抬不起头来。这种心理会严重影响自己的情绪，对自己都不认可和喜爱，压抑感太强。

(三)常见的心理疾病

1.精神病型障碍

精神病性障碍是一类严重的心理障碍。大多数患者在患病期间对自己的异常心理表现完全丧失自我辨认能力，不承认自己有病，也不会主动求治。有些精神病是由躯体疾病引起的，另一些精神病病因不明。不管是由什么原因引起的，都需要精神科专科医生来诊治，不是心理咨询服务可以解决的。精神病型障碍的主要疾病类型有：

(1)精神分裂症。

(2)偏执性精神病。

(3)反应性精神病。

(4)器质性精神病与症状性精神病。

2.心境障碍

心境障碍是以明显而持久的心境高涨或心境低落为主的一组精神障碍，并有相应的思维和行为的改变，又称情感性精神障碍。多数患者有反复发作的倾向。心境高涨时会出现思维奔逸和精神运动性兴奋，有时会出现易激惹、自负自傲、行为莽撞等；症状表现持续一周以上则称躁狂症。心境低落时会出现思维缓慢、语言动作减少或缓慢，常伴有失眠、乏力、食欲不振、工作效率低、内感性不适等；症状持续两周以上则为抑郁症。心境障碍患者抑郁和躁狂症状混合性发作，称为双向障碍。心境障碍主要疾病类型：

(1)躁狂症。

(2)抑郁症。

(3)双向障碍。

(4)持续性心境障碍。

3.神经症性障碍

神经症，过去称神经官能症，是一组精神障碍的总称，主要可表现为烦恼、紧张、焦虑、恐惧、强迫症状、疑病症状、神经衰弱症状等。患者没有精神病性障碍，起病常与心理社会因素有关。其症状无肯定的器质性病变基础。根据临床表现可分为以下类型：

(1)恐怖症。

(2)焦虑症。

(3)强迫症。

(4)神经衰弱。

(5)躯体形式障碍。

4.反应性精神障碍及癔症

(1)反应性精神障碍:又称应激相关障碍,是指一组主要由心理、社会环境因素引起异常心理反应而导致的精神障碍。决定这种精神障碍疾病的发生发展因素有:①生活事件和生活处境,如剧烈的超强精神创伤或生活事件,或持续的困难处境;②社会文化背景;③人格特点、教育程度、智力水平、生活态度和信念等。

反应性精神障碍包括:

①急性应激障碍。

②创伤后应激障碍。

③适应性应激障碍。

(2)癔症:一种以解离症状或转换症状为主的精神障碍,这些症状没有可证实的器质性病变基础。癔症的起病常受社会、心理、环境因素影响,常见于青年期和更年期,女性较多。癔症的解离症状是指部分或全部丧失对自我身份的识别和对过去的记忆。转换症是指在遭遇无法解决的问题和冲突时产生的不快心情,这些情绪以转化成躯体症状的方式出现。

(3)人格障碍:人格特征明显偏离正常,使患者形成一贯的反映个人生活风格和人际关系的异常行为模式。具体表现为:对人和事物的感知及解释即认知的偏离;情感反应的异常偏离;控制冲动及满足个人需要的异常偏离;人际关系的异常偏离。临床常见的人格障碍有:

①偏执型人格障碍:以猜疑和偏执为特点。

②分裂型人格障碍:以观念、行为、外貌装饰的奇特,情感冷漠,人际关系明显缺陷为特点。

③反社会型人格障碍:以行为不符合社会规范、经常违法乱纪、对人冷酷无情为特点。

④冲动型人格障碍:以阵发性情感爆发,伴随明显冲动性行为为特征,又称攻击型人格障碍。

⑤表演型人格障碍:又称癔症型人格障碍,以过分感情用事或夸张言行以吸引他人注意为特点。

⑥强迫型人格障碍:以过分要求严格与完美无缺为特征。

⑦其他类型:依赖型人格障碍、焦虑型人格障碍等。

5.心理生理障碍

心理生理障碍又称心理因素障碍,是指一组与心理社会有关的,以进食、睡眠及性行为异常为主的精神障碍。临床常见的心理生理障碍有:

(1)进食障碍:神经性厌食、神经性贪食、神经性呕吐等。

(2)睡眠障碍:失眠症、嗜睡症、发作性睡眠障碍等。

(3)性功能障碍:性欲减退、阳痿早泄、性高潮缺乏、阴道痉挛、性交疼痛等。

(四)大学生心理

1.大学生情绪心理

大学生正处在青春期向青年期的过渡时期,生理发育基本成熟,心理上经历着急剧的变化,尤其反映在情绪上。主要有以下特点:

(1)情绪的外向性与内隐性。

(2)情绪的丰富性与狭隘性。

(3)情绪的稳定性与波动性。

(4)情绪的强烈性与细腻性。

大学生常见的不良情绪主要有:①愤怒;②过度焦虑;③应激状态;④抑郁;⑤冷漠;⑥自卑。

可以通过提高以下几种能力来调节情绪：①认识自己的能力；②调控自己情绪的能力；③认知他人情绪的能力；④使用情绪的能力；⑤自我激励能力。

2.大学生人际交往心理

人际交往也称人际关系，是人与人之间心理上的关系。人际关系就是人们在生产或生活中所建立的一种社会关系。

（1）大学生处于一种渴求交往、渴求理解、渴望友谊的心理发展时期。在这种心理作用下，大学生的人际交往具有以下特点：①平等意识强；②情感色彩浓；③富于理想化；④独立性；⑤开放性趋势。

（2）大学生常见的人际关系类型有：①同学关系；②师生关系；③大学校园里的学生交际圈；④网络人际关系。

大学生人际交往的原则有：①平等尊重原则；②真诚信任原则；③理解宽容原则；④互惠共进原则；⑤适度原则。

（3）大学生大都能进行正常的交往，但也有部分同学存在交往障碍和问题，应摆脱自卑心理，正确认识自己，学会自我激励，以积极的暗示鼓励和肯定自己；消除害羞心理，树立自信心；摆脱过分的自我关注，鼓励自己勇于实践，在课堂上积极争取发言机会；克服嫉妒心理，认清嫉妒的危害，心胸宽广，既不嫉妒别人，也正确处理被人嫉妒。

3.大学生爱情心理

（1）大学生年龄大都在 18～25 岁，生理上已基本发育成熟，伴随着生理成熟也产生了谈恋爱的要求和与异性交往的强烈愿望。而且，大学校园是妙龄男女集中的地方，也就是说，恋爱是大学生生理发育和心理发展的结果。

（2）大学生恋爱心理有 3 个阶段：①对异性的敏感、疏远期；②对异性的亲近向往期；③浪漫的恋爱期。

大学生恋爱常见的心理问题：①单恋与爱情错觉；②自恋；③多角恋；④交不到男/女朋友；⑤恋爱中的矛盾冲突；⑥失恋；⑦畸形网恋；⑧因寂寞而恋爱；⑨贪图虚荣的恋爱；⑩从众心理。

大学生应该正确对待爱情，树立正确的恋爱观，不能认为恋爱能消除孤独感。爱情不是生活的全部，不要过高地估计恋人的优点，不要偏爱身体的魅力。应该提倡志同道合的爱情，摆正爱情与学业的关系；懂得爱是一种责任和奉献；正确处理友情与爱情的关系；培养爱情的道德意识；提高恋爱中受挫折的承受能力。在恋爱中矫正亲昵过度、三角恋爱等不良行为。

4.大学生网络心理

网络对大学生而言，在某种程度上已成为其生活的组成部分，是当代大学生学习知识、交流思想、休闲娱乐的重要平台，无孔不入地渗透到大学生的学习、生活、情感等各个领域中。

（1）大学生的网络心理特点包括积极的方面：强烈的求知欲望；自由平等的参与意识与自我实现欲望；追求开放性和多元性；排解压力与情感宣泄的需要；沟通与交往的需要。同时，也包括消极的方面：猎奇心理；急功近利心理；发泄欲求；逃避现实的解脱心理；虚拟的自我实现心理；焦虑心理；自卑心理与抵触情绪。

（2）大学生网络心理障碍主要有以下 5 类：①网络恐惧；②网络依赖；③网络孤独；④网络自我迷失与自我认同混乱；⑤网络成瘾综合征。

大学生要培养健康的网络心理，可以通过：

①形成正确的网络认知，保持网络心理健康。

②加强自律与自我管理，提升大学生的素质，培养健康文明的网络心理。

③通过团体心理辅导技术，帮助学生解除困惑。

④改善网络环境，营造良好的学校教育氛围。

(3)手机依赖症：一天之中只专注于人机互动，而淡漠了人与人的交流。长此以往，身体长久静止不动，重复相同的低头看手机动作，不仅对人的颈椎、视力等造成伤害，甚至会因为缺乏正常的人际交流，影响人的身心健康。可以通过以下方法摆脱手机依赖症：①减少手机作为工作工具的时间；②使用微信消息的免打扰功能；③刷朋友圈不如约见面；④学会给自已断网；⑤早起和睡前不要碰手机，等等。

（五）体育运动与心理健康

1.体育运动可促进心理健康

(1)体育运动能改善情绪状态。运动能直接给人带来愉快和喜悦，并能有效降低紧张和不安，使不良情绪得到宣泄和转移。

(2)体育运动使人正确认识自我。运动使身体状态得到改善，可以增强自信、提高自尊，帮助确立良好的自我概念，提升自我评价。

(3)体育运动能培养坚强的意志品质。体育运动有助于培养人的果断性、坚韧性、自制力以及勇敢顽强和主动独立的精神。坚持不懈的作风和克服困难的意志品质。

(4)体育运动能协调人际关系。由于体育运动的集体性和公开性，因此，积极参加体育运动能扩大社会交往，发展和谐的人际关系和团结协作的集体主义精神，提高社会适应力。

(5)体育运动能帮助消除疲劳。疲劳是生理上和心理上的一种综合性症状。适当强度的运动可以提高身体素质和运动能力，使身心得到放松，提高身体抵抗疲劳的能力。

(6)体育运动能控制应激水平。应激是个体对应激源和刺激所做出的反应。应激源是指那些唤起机体适应反应的环境事件与情境。运动可产生积极的应激以及缓冲、减少消极的应激，使激烈的情绪状态得到缓和直至平静。

(7)体育运动能帮助治疗心理疾病。体育运动可以使焦虑症状得到缓解和消除。散步慢跑等有氧体育运动，也可以使抑郁的症状减轻和好转，是治疗抑郁症的有效手段之一，对神经衰弱也具有特别显著的治疗效果。

2.体育运动对心理疾病的治疗作用

在生物免疫学和医学病理学的研究中发现，体育运动能影响大脑内啡肽的分泌。内啡肽是大脑分泌物质中能令人产生愉快情绪的生物活性最强的物质。它能使人体保持良好的心理状态，可预防和改善躯体和心理疾病。不同的体育活动项目，不同的运动强度、速度对人的心理施加不同的影响，能使心理疾病患者的消极心理导向得到缓解，消耗长期聚集的不利心理能量，为积压的各种消极情绪提供公开的、合理化的发泄口，也可使人因遭受挫折而产生的冲动得到转移。

(1)趣味性运动项目对心理疾病的作用：参加趣味性强的体育运动，如羽毛球、乒乓球、体育游戏、游泳、爬山等，可增进与他人的协调配合，享受与他人的交流乐趣，同时心理上能够感受到欣慰和满足，克服孤僻和怪异的心理。与他人一起郊游、登山等活动，可有效调整中枢神经系统的活动，使兴奋和抑制趋于平衡，稳定情绪，开阔胸襟，提高自我控制能力，对治疗焦虑症和强迫症有很大帮助。

(2)集体性运动项目对心理疾病的作用：选择有技巧性的集体运动项目，如足球、排球、篮

球等，可提高情绪的兴奋性和合作精神，增强团队意识，可使参与者体验到合作后取得成功的喜悦，能有效治疗孤僻症和抑郁症。

(3)重意念的运动项目对心理疾病的作用：运动者较易感兴趣的重意念运动项目包括长跑、自行车、太极拳、瑜伽、气功等，这些项目运动强度适中，幅度大，速度节奏缓慢，能使运动者意念集中，忘却自我，放松神经，摆脱苦恼，对抑郁、焦虑、神经衰弱有较大帮助。长时间的有氧运动可促进新陈代谢，改善心境，帮助睡眠，对各种神经症患者均有较好的帮助和治疗效果。

(4)参加体育比赛对心理疾病的作用：大学生可通过参加体育比赛，通过人与人之间的平等交流来克服胆怯畏缩、紧张消极、孤僻不合群的性格缺陷。体育活动的竞争性可帮助运动员培养克服困难、勇敢果断、坚韧顽强的意志品质，从而达到改善心理疾病、促进身体健康的目的。经常参加体育比赛对患有疑虑症、恐惧症的患者帮助很大。

(5)欣赏高水平体育赛事对心理疾病的作用：通过欣赏高水平的体育赛事，感受赛场的激烈场面和复杂多变的战略战术，可掌握一定运动常识和比赛规则，充分体验竞技体育带来的乐趣，可在紧张刺激的比赛中忘却自我和放松神经，发泄内心的消极情绪，摆脱烦恼，对自闭症和抑郁症患者有较好的帮助。

3.体育运动对心理健康作用的影响因素

(1)要选择适宜的和喜爱的运动项目，且本人能从中获得乐趣。

(2)要掌握运动的基本常识和规律，做好准备工作，预防损伤。

(3)体育锻炼以有氧运动为主，运动量以中等强度为宜。

(4)注意体育运动的长期性，持之以恒地进行体育锻炼。

二、躯体疾病与健康

躯体疾病种类繁多，以下主要介绍与大学生关系较为密切的躯体疾病：代谢性疾病和传染性疾病。

(一)代谢性疾病

1.血脂异常与肥胖症

(1)血脂异常：血浆中脂质的量和质的异常，通常指血浆中胆固醇和(或)甘油三酯升高，也包括高密度脂蛋白胆固醇降低。诊断标准见表3-2-1。

表3-2-1　血脂异常的诊断标准

单位：mmol/L

	TC	TG	HDL-C	LDL-C
合适范围	＜5.18	＜1.76	＞1.04	＜3.37
边缘升高	5.18～6.18	1.76～2.26		3.37～4.13
升高	≥6.19	≥2.27		≥4.14
降低			≤1.04	

(2)肥胖症：一种以体内脂肪过度蓄积和体重超标为特征的慢性代谢性疾病，由遗传因素、环境因素等多种因素相互作用所引起的。环境因素变化是近年来肥胖症增加的主要原因，其中主要是饮食因素和体力活动因素。进食多、喜甜食或油腻食物、经常在外用餐等使热量摄入

增多，体力活动不足使能量消耗减少。

判定方法：

①理想体重(ideal body weigh，IBW)：IBW(kg)＝身高(cm)－105 或 IBW＝[身高(cm)－100]×0.9(男性)或×0.85(女性)。判定标准：理想体重±10%为正常；理想体重＋(10%～19.9%)为超重；理想体重＋20%及以上为肥胖(20%～30%为轻度肥胖，30%～50%为中度肥胖，＞50%为重度肥胖)。

②体重指数(body mass index，BMI)＝体重(kg)/身长^{2}(m^{2})。

判定标准：18.5～23.9 为正常；24～27.9 为超重；≥28 为肥胖。

③腰围：受试者取站立位，双足分开 25～30 cm，髂前上棘和第 12 肋下缘连线的中点水平为腰围测量处。判定标准：男性腰围≥85 cm，女性腰围≥80 cm 则可诊断为中心性肥胖。

④腰臀比(waist/hip ratio，WHR)：受试者取站立位，双足分开 25～30 cm，髂前上棘和第 12 肋下缘连线的中点水平为腰围测量处，环绕臀部最突出点的周径为臀围。判定标准：WHR 男性＞0.9，女性＞0.85 可诊断为中心性肥胖。

我国有 1.8 亿人血脂异常，也是全世界肥胖率升高速度最快的国家之一。肥胖是引起高血压、糖尿病、心脑血管病、肿瘤等慢性非传染性疾病的危险因素和病理基础。生活方式是控制高脂血症和肥胖的首要方法：平衡膳食、控制高胆固醇食物(肥肉、黄油、奶油、动物内脏、鱼籽等)摄入等。有条件的可在健康管理师指导下制定运动处方(选择合适的运动项目，掌握适当的运动强度、运动频率，合理的运动时间)，运动可促进脂质代谢，降低胆固醇和甘油三酯，提高高密度脂蛋白胆固醇。将体育运动与医学营养治疗相结合并长期坚持，可以预防肥胖或使肥胖病人体重减轻。

2.糖调节受损与糖尿病

糖代谢异常是目前严重威胁人类健康的世界性公共卫生问题，随着经济高速发展、生活方式改变以及人口老龄化，糖尿病患病率呈现快速上升的趋势。2013 年，我国成人糖尿病患病率达 10.9%，糖尿病前期的比例更高；2015 年，我国成人糖尿病病人数量达到1.096 亿。

(1)糖调节受损(impaired glucose regulation，IGR)：介于糖耐量正常与糖尿病之间，是糖尿病及心血管病的高危因素和标志，包括空腹血糖受损(impaired fasting glucose，IFG)和糖耐量减低(impaired glucose tolerance，IGT)，在危害程度上，一般 IGT 大于 IFG。

IFG：空腹静脉血浆葡萄糖大于 6.1 mmol/L、小于 7.0 mmol/L 并且糖负荷后 2 小时小于 7.8 mmol/L。

IGT：空腹静脉血浆葡萄糖小于 7.0 mmol/L，并且糖负荷后 2 小时大于 7.8 mmol/L、小于 11.1 mmol/L。

IGR 阶段可造成多个组织器官结构和功能改变，此阶段存在胰岛素抵抗和胰岛分泌缺陷，如不加以控制和调整，最终会导致糖和脂质代谢异常，发生糖尿病及其他各种并发症，因此，必须在糖调节受损阶段及早进行干预。研究证明，中国人 IGT 转变为糖尿病的年转变率为 10%，经干预后可减少 30%～50%。生活方式干预主要包括饮食指导及制定个体化的体力活动及体育锻炼计划。

(2)糖尿病：一组由多病因引起的以慢性高血糖为特征的代谢性疾病，是由胰岛素分泌和(或)利用缺陷所引起。

诊断标准：空腹血糖指至少 8 小时无任何热量摄入后测定的血糖；随机血糖指一日内任何

时间测定的血糖，无论上一次进餐时间及食物摄入量多少。糖尿病症状“三多一少”指多尿、多食、烦渴多饮和难以解释的体重减轻。口服葡萄糖耐量试验试验(oral glucose tolerance test，OGTT)：在无摄入任何热量8小时后，清晨空腹进行血糖测定(成人)，将75 g无水葡萄糖溶于250～300 mL水中，5～10分钟内饮完，测定空腹及开始饮葡萄糖水后2小时的静脉血浆葡萄糖。诊断标准见表3-2-2。

表3-2-2　糖尿病OGTT诊断标准

诊断标准	静脉血浆葡萄糖水平/mmol·L^{-1}
糖尿病症状加随机血糖	≥11.1
空腹血糖(FPG)	≥7.0
OGTT 2小时血糖(2hPG)	≥11.1

注：以上3条标准符合任一条可诊断为糖尿病，若无典型“三多一少”的症状，需再测一次予以证实，诊断才能成立。随机血糖不能用来诊断IFG或IGT。

长期慢性高血糖可引起全身多种并发症，涉及神经、血管、眼睛、肾脏、心脑等各个器官，严重危害身体健康及影响生活质量，甚至危及生命。早期预防糖尿病发生及产生并发症是我国慢性疾病管理的一项国策。而合理的生活方式是预防糖尿病最主要和最有效的手段。运动能消耗热量，增加血糖的去路，提高胰岛素敏感性，缓解胰岛素抵抗，减少内脏脂肪，因此，合理有效的运动也可以用于预防糖尿病及治疗糖尿病。

3.高尿酸血症与痛风

高尿酸血症是嘌呤代谢障碍引起的代谢性疾病，常与肥胖、糖脂代谢紊乱、高血压、动脉硬化、冠心病等聚集发生。尿酸作为嘌呤代谢的终产物，主要由细胞代谢分解的核酸和其他嘌呤类化合物以及食物中的嘌呤经酶的作用分解而来。部分高尿酸血症可发展为痛风，多数临床表现为急性关节炎。

诊断标准：日常饮食下，非同日两次空腹血尿酸水平＞420 μmol/L可诊断为高尿酸血症。如出现特征性关节炎表现、尿路结石或肾绞痛发作，伴有高尿酸血症便可诊断为痛风。

由于运动会使机体出汗过多，因此血尿酸水平会急速升高，并且剧烈运动后体内乳酸含量会增加，抑制肾小管内尿酸的排泄，从而导致尿酸暂时性升高。但是，适宜的运动可以增强体质，改善代谢，对减缓关节疼痛、防止关节挛缩及肌肉废用性萎缩大有益处，所以痛风病人在运动之前，应该接受专科医生的指导，先做相关检查，对自身体质做出恰当评估。

(二)传染性疾病

传染性疾病是由病原体(如细菌、病毒、寄生虫等)感染人体所致的具有传染性的疾病。传染病流行过程的发生必须具备3个基本条件：传染源、传播途径、易感人群。传染源是体内带有病原体，并不断向体外排出病原体的人和动物。传播途径包括饮水与食物传播、空气飞沫与尘埃传播、虫媒传播、接触传播、血液/体液传播、垂直传播。易感人群是指对某种传染病缺乏免疫力或抵抗力而容易感染该病的人群。

常见的传染病包括呼吸道传染病、肠道传染病、自然疫源及虫媒传染病。

1.呼吸道传染病

呼吸道传染病指病原体从人体的鼻腔、咽喉、气管、支气管等呼吸道感染侵入而引起的具有传染性的疾病。常见的呼吸道传染病有流行性感冒、麻疹、风疹、流行性腮腺炎、流脑、肺结核等。

(1)感冒与流行性感冒:感冒就是俗称的“伤风”,是一种由多种病毒引起的呼吸道常见病,其中相当部分是由某种血清型的鼻病毒引起。普通感冒可发生于全年的任何季节,冬、春季节更易发生,普通感冒多数是散发性,不引起流行。流行性感冒俗称“流感”,是一种由流感病毒引起的疾病,传染性极高,可于短时间内在大范围人群中流行,流感流行常见于冬、春季,主要包括 3 种类型:甲型、乙型和丙型,其中以甲型比较常见。二者症状不同,治疗方法也不同,普通感冒起病较急,早期症状有咽部干痒或灼热感、喷嚏、鼻塞、流涕,开始为清水样鼻涕,2～3 天后可变稠,可伴有咽痛,一般无发热及全身症状,或仅有低热、头痛,无并发细菌感染者,一般 5～7 天可痊愈。流感潜伏期通常为 1～3 天,起病很急,一开始就发烧,体温可高达 39～40℃,畏寒,全身不适,头昏头痛,四肢酸痛,打喷嚏及流涕,高热持续 3～5 天后,全身症状减轻,咳嗽等呼吸道症状逐渐加重。根据临床表现及病情轻重可分为单纯型、肺炎型、中毒型、胃肠型4 种,病轻者可于 2～3 日恢复,重者需 1～2 周,也有病程迁延 1 月甚至以上者。流感常见的并发症有肺炎、病毒性心肌炎和神经系统并发症。

(2)肺结核:肺结核是由结核分枝杆菌引起的慢性传染病,可侵及许多脏器,以肺部受累发生肺结核最为常见。其感染途径最常见的为呼吸道飞沫传染,偶由消化道传染而来。感染后临床可出现全身乏力、盗汗、低热、体重减轻、食欲减退等症状。结核治疗的总原则是要规律休息,适量活动,不可过度运动,按医嘱坚持全疗程规律服药。

预防呼吸道疾病,要做到早发现、早报告、早隔离、早治疗,尽量减少和患者及其家属接触,保持空气流通,要坚持体育锻炼,适当增加户外运动,增强抗病能力。运动能促进身体的血液循环,增强心肺功能。日常生活中,应注意勤洗手、多喝水,均衡饮食,适量运动,充足休息,避免过度疲劳。

2.肠道传染病

肠道传染病主要通过粪—口途径传播,其病原体随病人和病原携带者的粪便、尿液、呕吐物等排出,然后通过水、食物、手、苍蝇、蟑螂等媒介经口腔进入人的胃肠道,在人体内繁殖,产生毒素并引起相应的临床表现。常见的肠道传染病有细菌性痢疾、甲型病毒性肝炎、戊型病毒性肝炎、手足口病、诺如病毒感染、霍乱等。

(1)细菌性痢疾:简称菌痢,是由志贺菌属引起的肠道传染病,也称为志贺菌病;常发生于夏秋季,传染源为菌痢病人及带菌者,传播途径为接触不洁用水、食物、生活用品、手等。临床表现为急性起病,主要为腹痛、腹泻、里急后重、黏液脓血便,大便一日数次至数十次,开始为黄色稀便,黄色水样便,后转为典型黏液脓血便,无粪质,不臭,严重者可出现感染性休克和中毒性脑病。

(2)甲型肝炎:由甲肝病毒引起的急性肠道传染病,是病毒性肝炎中发病率最高的一种。秋冬和早春季节发病率高,临床表现为急性起病,畏寒、发热、腹痛、腹泻、消化不良、食欲减退、恶心、疲乏、肝肿大及肝功能异常。粪—口途径是甲肝传播的主要途径,接种甲肝疫苗是目前预防和控制甲肝最有效的措施。

肠道传染病的控制着重在管理饮食、管理粪便、保护水源、除四害、个人卫生等方面。要严把病从口入关,重点牢记“勤洗手、吃熟食、喝开水”,注意劳逸结合,加强体育锻炼,增强对疾病的抵抗力。

3.自然疫源及虫媒传染病

依靠虫媒传播的传染病称为虫媒传染病;而可同时感染人和动物并在动物与人之间传播

的传染病称为人兽共患传染病，其中不依赖人类可长期在自然界的动物中存在和流行的疾病称为自然疫源性疾病。常见的虫媒传染病有流行性乙型脑炎，常规的病媒昆虫有蚊子、苍蝇、蟑螂、臭虫、跳蚤等。预防虫媒传染病的关键在于加强个人卫生、扑灭有害昆虫、加强水源管理以及做好职业性防护。

三、常见运动损伤与处理

在体育运动过程中发生的各种损伤，是运动医学的重要组成部分。其损伤部位与运动项目以及专项技术特点有关，按时间可分为新伤与旧伤；按病程可分为急性损伤与慢性损伤；按性质可分为开合性损伤与闭合性损伤；按程度可分为轻、中、重度损伤。

常见的运动损伤及处理：

（一）擦伤

擦伤属于开放性软组织损伤，是皮肤被粗糙物摩擦引起的皮肤表面损伤。运动中容易发生皮肤擦伤，伤处皮肤被擦破或剥脱，有小出血点和组织液渗出。

处理：小面积皮肤擦伤，污染不重者可用碘伏涂抹即可，无须包扎；关节部位的擦伤一般不能裸露治疗，否则容易干裂而影响正常活动，一旦感染，容易波及关节，处理时可在创面上涂抹消毒药水和消炎软膏后包扎。大面积擦伤，污染较重者要用生理盐水冲洗伤口，将污物洗净，再用凡士林纱布覆盖伤口，并以绷带加压包扎。

（二）脑震荡

脑震荡是头部受外力作用后，即刻发生的中枢神经系统一过性功能障碍，其病理解剖和神经系统检查无明显器质性病变。根据程度可分为 5 级：

1 级——只有短时间的头晕眼花，仅有轻微的思维混乱，可在 5～15 分钟完全清醒，无其他明显不舒服的感觉。

2 级、3 级——有轻微的混乱和明显的创伤后遗忘，常伴有头痛、头昏、耳鸣、心悸、失眠等，少数人伴有恶心、呕吐、心烦不安、注意力不集中。

4 级——患者意识丧失小于或等于 5 分钟。

5 级——患者经历了 5 分钟或更长时间的麻痹性昏迷或意识丧失。

处理：要立即让伤员平卧，保持安静，不可随意搬动和让伤员站立。轻度脑震荡一般叮嘱患者短期卧床休息，保持安静和良好的睡眠环境，消除思想顾虑，脑力即可恢复。若伤员出现昏迷，则应把病人仰卧放在平坦的地方，头部微垫高，并立即送医院治疗。

（三）网球肘

网球肘多发生在网球、羽毛球、乒乓球、投掷等体育项目中。打球时由于用力过猛，球的冲击力作用于腕伸肌或腕伸肌被动牵扯可造成网球肘，肘关节外侧剧烈疼痛并向外放射，尤其在前旋前臂时加剧。

处理：停止运动，休息，避免引起疼痛的活动，疼痛消失前不要运动；冰敷肘外侧，一天 4 次，一次 15～20 分钟；牵拉及力量练习，当疼痛消失后可按医嘱开始轻柔牵拉肘部和腕部，以不产生疼痛为宜，保持牵拉状态 10 秒钟，重复 6 次；适当进行加强腕伸肌肌肉力量的训练。还可应用护具，在运动前做好充分的准备。

（四）踝关节扭伤

踝关节扭伤是体育运动中最常见的一种关节韧带损伤，多发生于篮球、足球、跳远、跳高、赛跑、滑雪和滑冰等运动中。原因包括踝关节的准备活动未充分做好、跑跳时用力过猛、落地的姿势不当、地面不平等。

处理:应立即停止运动,扭伤部位根据严重程度于12～24小时内冷敷或用医用外伤喷雾对症治疗;抬高患肢,加压包扎,固定休息。24～36小时后可热敷以及进行恢复性练习。若是严重扭伤,出现韧带断裂或骨折脱位等,应立即送医院救治。

(五)骨折

骨折是指骨结构的连续性完全或部分断裂,可出现疼痛、肿胀、畸形、异常活动、功能丧失、皮下淤血等表现。预防骨折关键在于避免剧烈运动中的碰撞。

处理:发生骨折后要进行正确的急救,若方法不正确,不仅可加重骨折的程度,还可能出现愈合后肢体变形及功能障碍。现场骨折病人的应急处理方法:

(1)首先患肢制动,如有皮肤伤口及出血者,要清除可见的污物,然后用干净的棉花或毛巾等加压包扎。

(2)四肢开放性骨折出现出血时,不能滥用绳索或电线捆扎肢体,可用宽布条、橡皮胶管在伤口上方捆扎,捆扎不要太紧,以不出血为度,每隔1小时放松1～2分钟。

(3)骨盆骨折用宽布条扎住骨盆,病人仰卧,膝关节屈位,膝下垫一枕头或衣物以稳定身体,减少晃动。通过以上处置后,可搬运病人至医院,转运前患处应固定,搬运时动作要轻,避免受伤肢体弯曲、扭转。搬运胸腰椎骨折患者,须同时托头、肩、臀和下肢,把病人平托起来放在担架或木板上。

(六)肌肉拉伤

肌肉拉伤是在肌肉做主动的猛烈收缩时,其力量超过了肌肉本身所能承受的能力以及肌肉用力牵伸时超过了肌肉本身的伸展程度,从而引起的拉伤。

处理:预防肌肉拉伤要做好准备活动,量力而行,不要用力过猛,注意练习场所的湿度,拉伤后要做好恢复锻炼。轻度拉伤可立即对痛点进行冷敷,抬高患肢,使受伤肌肉置于放松位置,一天后可施行理疗和按摩。若出现肌肉断裂等严重拉伤,应局部加压包扎,固定患肢后,立即送医院救治。

(七)韧带损伤

韧带损伤易发生于踝关节、腕关节和膝关节。预防韧带损伤要注意支持保护带的应用,减少冲撞,多做关节练习,注意运动场地的平整等。

处理:韧带损伤后的主要处理措施为止痛和消肿:局部冷敷、加压包扎、抬高伤肢等。若出现韧带断裂,应制动后紧急送医手术治疗。

(八)腰扭伤

腰扭伤是指腰部用力超过腰部软组织的生理负荷量或应激不及造成的腰部软组织损伤或小关节错位,可表现为剧烈的腰部疼痛、活动受限等症状。

处理:要严格卧位休息(3～7天),可应用物理治疗配合药物治疗等方法,应注意预防及功能锻炼。如症状未缓解,应及时就医。

(九)运动中腹痛

运动中出现的腹痛:在安静时不痛,疼痛的程度与运动量、运动强度、运动速度等因素成正相关,是运动性胃肠道综合征的常见类型。

处理：当运动中发生腹痛时，首先应减慢运动速度，加深呼吸，调整节律，用手按压痛处，轻者可弯腰慢跑，一般疼痛会自行减轻或消失。若自我调节无效，应停止运动，口服解痉药物；若仍然无效，应及时就医。

（十）出血

出血：根据损伤血管和种类可分为动脉出血、静脉出血和毛细血管出血；根据受伤出血的流向可分为外出血、内出血。

处理：常用的止血方法有如下几种。

（1）加压包扎止血法：用生理盐水冲洗伤部后用厚敷料覆盖伤口，外加绷带增加血管外压，促进自然止血过程，以达到止血目的；主要用于毛细血管出血和小静脉出血。

（2）抬高伤肢法：将患肢抬高，使出血部位高于心脏，降低出血部位血压，以达到止血效果；主要用于四肢小静脉出血和毛细血管出血，在动脉或较大静脉出血时，仅作为一种辅助方法。

（3）屈肢加压止血法：前臂、手或小腿、足出血而不能止住时，如未合并骨折和脱位，可在肘窝和腘窝处加垫，强力屈肘关节和膝关节，并以绷带“8”字形固定，可有效控制出血。

（4）指压止血法：这是现场动脉出血常用的最简捷的止血措施。用手指压迫身体表浅部位的动脉于相应的骨面上，可暂时止住该动脉供血部位的出血。

体育锻炼的目的是促进身体的生长和发育，增强体质。参加者要明确体育运动的目的，重视对运动损伤的预防，准备活动要充分，有针对性地做一些常规的准备活动，也要做专项准备活动和伸展性练习，有针对性地加强容易受伤的和相对较薄弱部位的肌肉力量。运动量、运动强度和动作难度必须与身体状况和训练水平相适应。在运动的全过程中均要注意科学训练、加强自我保护。

参考文献

[1]程灶火.临床心理学[M].北京：人民卫生出版社，2014.

[2]马中宝，李春青.大学生心理健康教程[M].北京：清华大学出版社，2018.

[3]DAKE A W, SORA N D. Diabetic dyslipidemia review: an update on current concepts and management guidelines of diabetic dyslipidemia[J]. Am J Med Sci. 2016 Apr，351(4)：361-5.

[4]王宇明，李梦东，实用传染病学[M].第4版.北京：人民卫生出版社，2017.

[5]马哈茂德.运动损伤的预防、诊断、治疗和康复[M].张文涛，译.北京：人民卫生出版社，2015.

第三节　营养与健康

健康是一个具有强烈时代特征的概念。人们对健康的认识随着历史的发展而发展，经历了从神灵主义医学模式、自然哲学医学模式、生物医学模式到生物—心理—社会医学模式的转变。世界卫生组织自1947年始，先后5次对健康的概念进行了修正，直到1985年对健康最终定义为：除了躯体健康、心理健康和社会适应良好外，还要加上道德健康，只有这四个方面都健康，才算是完全的健康。

在自然界中，风调雨顺的自然环境就是植物生长的合理营养素，对动物界来说，安逸的、衣食无忧的生存环境就是动物生长有利的外部环境。而大运动量的训练，可致机体内环境改变，不利于它们的生长，此时就需要做出调整，配合合理的营养来保证健康成长。有研究表明，几乎所有非传染性慢性疾病，如高血压、心脏病、糖尿病、肥胖、脑血管意外、骨质疏松症、肿瘤等，都可以从营养学上找到病因进而采取预防措施。近年来，世界癌症研究基金会邀请8个国家共16位著名营养学、肿瘤学、流行病学专家，综合研究了4000多项有关饮食与癌症预防的世界最新领先科研成果，并明确提出：癌症与不良生活方式有关，通过科学饮食能减少癌症患病人数。这些慢性疾病防治是人类21世纪面临的巨大挑战，合理营养更是人们获得并维护健康不可或缺的条件。

人类通过摄入饮食来维持生命，营养素摄入不平衡将引起很多疾病。合理的营养是人类智力、身体潜能及社会活动能力充分发挥的先决条件，故合理营养是预防疾病的重要措施。生命质量和精神心理与饮食营养有极大的关系，人的体力、智力、学习能力、运动能力、生殖能力、防病能力、康复能力，乃至身高、体重都与营养饮食有着不可分割的联系，如何通过合理营养和适量运动来促进人们的身体健康，已成为人们密切关注的焦点。要维护健康、促进身体良好发育，就要均衡摄入营养，外加有规律地运动，形成健康的生活方式。因此，健康是一个动态的适应性过程。应该坚持这一准则，从运动与营养、运动与健康、营养与健康的关系入手，明辨其理，以促进健康。

法国思想家伏尔泰提出"生命在于运动"，关于运动是否有利于生命健康的问题，一直是备受人们关注的问题之一。运动是自然界一切动物的生存乃至健康长寿之道，人亦是如此，经常参加体育运动锻炼的人，身体会更健康，寿命会更长久。人的健康10%～15%取决于医疗保健，15%～20%取决于遗传，环境因素占20%～25%，而生活方式则占了40%～55%，因此，规律的体育活动加上合理的营养是获得健康的最重要保证。

一、合理营养与健康

营养与运动都是维持人体健康和提高运动能力的重要因素。合理的营养是机体持续运动和维持健康的物质保障，而运动可以促进营养物质的吸收，增进健康。人体是由化学元素结合而成的产物，这些产物的原料都来自食物。营养是构成机体组织的物质基础，体育运动可促进人体对营养物质的消化吸收，增强人体机能。因此，食物供给充足、营养比例合理是身体结构充分发育、生理机能充分运行的基础。

（一）营养的概念

所谓营养，是指机体通过摄取、消化、吸收及利用食物中的养料以维持生命活动的生物学过程。随着体育科学的发展，人们对运动与营养有了更加深入的研究。有些国家，已将运动员营养与运动训练有机结合，以提高运动成绩。在群众体育中，合理营养与体育运动的结合，在增强人民体质和健康中的重要性也日益突显。合理营养和适量运动对防治冠状动脉粥样硬化、高血压、糖尿病、肥胖症等严重危害人民健康的疾病都是有效的。在合理营养的前提下，体育锻炼才能达到增强体质、增进健康的目的。同时，营养搭配合理也是运动后恢复的最有效手段之一，可以显著提高运动员的身体机能；反之，营养搭配不合理，将会引起机体生理功能紊乱，进而导致运动能力下降，发生疾病和创伤。

细胞是人体构成的基本单位，构成细胞的物质来源于我们所摄取的食物中的营养素。营养素是指食物中可供给人体能量、促进生长与组织修复、调节生理功能的物质，可被机体利用，滋养细胞。目前，已知人体必需的营养素有40多种，其中最重要的营养素有蛋白质、脂类、维生素、碳水化合物、矿物质、膳食纤维等。

目前，已知人体所需的营养素有40余种，其中最主要的分为以下七大类：

(1)蛋白质:构成人体组织不可或缺的物质,也是各种酶、抗体及某些激素的主要成分,能维持身体细胞的活动;主要来源于鱼、肉、豆、蛋、奶等。

(2)脂类:可供给热能,构成组织脂肪及储存脂肪,供给必需脂肪酸(亚油酸),还可促进脂溶性维生素的吸收,能维持细胞结构和功能的完整性;主要来源于油脂类(食用油、脂肪、坚果类)。

(3)碳水化合物:维持身体细胞的活动,是生物体最重要的能量——热能的来源,有节省蛋白质的作用,可维持正常血糖、肝糖原和肌糖原,以保证大脑活动、肝脏解毒活动和肌肉运动;主要来源于五谷类食物,每克碳水化合物含有 4.1 千卡路里热量。

(4)维生素:调节生理机能;主要来源于蔬菜、水果。

(5)矿物质:调节生理机能、建造和修补身体组织;主要来源于蔬菜、水果。

(6)水:调节生理功能;主要来源于饮品、汤。

(7)膳食纤维:预防胃肠道疾病、维护胃肠道健康;主要来源于各种植物性食物。

(二)合理营养

所谓合理营养,是指通过科学的烹调加工和合理的膳食搭配,向机体提供足够的营养素和能量,并保持各营养素之间的平衡,以满足人体正常的生理需要,维持人体健康。一般要求三大营养素供热占总热能的百分比如下:蛋白质占 10%～15%、脂肪占 20%～30%、碳水化合物占 60%～70%。其意义在于促进机体生长发育、预防疾病、增长智力、促进优生优育、增强机体免疫功能,进而达到健康长寿的目的。如何做到合理营养?

一方面,膳食结构应合理多样。单一品种食物难以完全满足人体的需要,只有多样化,才能提供充足的营养素,以维持人体酶的系统性,增强抵抗力,预防疾病发生。我国传统饮食习惯以谷物为主,喜食杂粮,杂粮能够补充人体所需的纤维素,相对比较合理。最新的健康观念认为,制作膳食应做到荤素、粗细搭配。粗细合用,保障营养,多食用含维生素多的蔬菜、瓜果类,如芹菜、萝卜、白菜、春笋、橘子、核桃、杏仁等,多食高蛋白质、富含维生素及钙、铁等元素的食物。其中,维生素 C、抗氧化维生素及微量元素,能软化人体血管,清除有害自由基,起到保护心肌的作用。适当摄入蛋白质,如鱼肉、牛羊肉、牛奶、豆制品等。少吃腌制、油炸及熏制食物,限制盐、肥肉、动物油及动物内脏的摄入。

另一方面,根据食材选择适当的烹制方法。不同食材有不同的加工方法,如蔬菜急火快炒可避免流失过多营养素;肉类、豆类等要充分加热,以利于消化;应注意色、香、味的呈现,有助于促进食欲;关键在于保证食物的质、量及搭配合理。

二、营养与运动

科学运动对健康有很好的促进功能:运动可以促进胃肠蠕动,增强脾胃功能,也可以提高心脏健康功能,增强肾功能,特别是能增强肺通气功能,使人精神愉悦。值得一提的是,科学运动还可以增强机体卫外功能,有助于适应气候变化,预防呼吸道疾病的发生。

以马拉松为例,其训练的第一要点是合理安排训练计划,每天的训练都要留有余地,每一次训练都要按部就班。周期性地将运动训练的强度按特定的顺序增强,才能控制好兴奋度,保持有效的训练节奏。合理营养对人体的机能状态、体力适应及运动后的恢复具有重要作用。换言之,在比赛前和比赛中适当地补充能量可以让运动员的实力更加强劲。俗话说得好,"不打无准备的仗"。不要小看饮食,合理的营养是运动员保持身体健康和运动能力的基本保障,它可以助其赢得比赛,也可使之输得一塌糊涂。因此,合理的营养计划对即将参加马拉松比赛的运动员来说必不可少。不同项目的运动员有着不同的营养需求特点，下面以马拉松为例，探讨一下营养与健康的关系。

（一）运动前的营养与健康

我们都知道，马拉松是一项挑战身体极限的运动，除了平时要进行系统化锻炼外，饮食方面的选择也很重要。在跑马拉松的过程中，跑者身体的能量消耗巨大，需要依靠糖原来供能，只有靠平时积累，做好能量储备，比赛时才会发挥出较好的水平。在马拉松赛前准备阶段的训练过程中，跑者要保持饮食均衡，建议经常食用全天然食品，因为这一类食物未经过加工，或只经过少量加工，重要营养物质得以保留下来。对马拉松运动员和爱好者来说，最重要的是保持运动中水—电解质的平衡，所以赛前制定配合训练的饮食计划十分重要，而赛中合理补给更是决定其能否赢得比赛的关键。建议马拉松运动员每天饮食安排如下：碳水化合物 60%～80%，蛋白质 10%～20%，脂肪 10%～15%。

1.马拉松赛前的饮食原则

（1）选高碳水化合物、低蛋白质、低脂肪、富含维生素、无机盐且有充足水分的食物。马拉松赛前，食用单纯型或复合型碳水化合物可有效提高肌糖原储备，如米、面、糖果均是增加碳水化合物储备、提高运动耐力的佳品。

（2）食物应体积小、重量轻、易消化，能满足机体热能和液体平衡需求。

（3）不要选择高脂肪食物，少食干豆、含纤维素较多的粗粮以及韭菜等易产生气体或延缓胃排空的食物，避免油炸或含油较多的食物，少选辛辣、过甜的食物，以免刺激胃肠道。

推荐食物：牛肉、鱼肉、禽肉；新鲜水果和蔬菜；鲜榨果汁或蔬菜汁；全麦食品；鲜奶或鲜奶制品；鸡蛋；冷压植物油；坚果；矿泉水、绿茶、蜂蜜水。

2.备战赛前

（1）赛前 16 周以前——调研时期，将饮食调整纳入训练计划，并重点实施。

在训练的时候，运动员应按照合理的步骤对自身跑步的里程和运动前的饮食（包括固体和流体食物）的摄入量进行统计。收集这些数据将在训练的过程中，尤其是在长跑训练中对运动员规划自己的训练有极大的好处。方便运动员找出最适合自己的饮食方案及训练强度，并适时调整计划，将这些产品科学地加入训练计划里。搞清楚哪些食品的效果是最好的。一般情况下，训练前推荐低脂、高碳水化合物、易消化饮食。

如何分配运动中各种饮料的水分、糖分及电解质的比例，一直是人们关注和争论的焦点。有人认为白开水是运动中最好的饮料，也有人认为添加了糖、蛋白质、调味剂等的饮料才是运动所需。随着研究的深入，后者也被证明更能满足运动员的需求。

①糖：有研究表明，肠道对不同的糖产生的激活效果是不一样的，含有长链多聚葡萄糖的溶液较含有葡萄糖和果糖的溶液，更容易被肌肉组织吸收。同时，果糖不易被小肠吸收，容易造成肠胃不适，故不宜摄入含高浓度果糖的饮料。在尝试运动饮料或能量胶的时候，要注意寻找不止一种糖的饮品（如含有葡萄糖和果糖）。饮料中的糖分可以提高能源物质向工作肌肉的转运率，提高运动员的运动能力，增强耐力；而与此同时，水的转运率会降低。相反，如果机体对水的需求是第一位的，饮料中的糖分就要低一些。所以饮料的选择必须根据机体需求做调整，而不是根据个人喜好。

②钠：钠离子是加入运动饮料中的唯一电解质，可刺激小肠中糖和水分的吸收，也是维持细胞外液渗透压的主要阳离子。类似马拉松这种长距离耐力项目中，如果不及时补充含钠饮

料或摄入钠饮料不能满足机体需要时，则极易发生低钠血症。由于马拉松运动耗时较长，为弥补体液的累进性缺失，运动员需及时补充水分，不要等渴了再喝，尤其天气炎热的环境下，可导致脱水或热疾病。通常情况下低钠饮料可满足机体需要，但马拉松运动可导致大量出汗，应补充高钠饮料。高钠饮料常难以下咽，可根据配比增加一些调味剂，在兼顾饮用效果的同时满足口感的需要。故在平时训练中，可寻找适合自己口味的饮料。对于因运动造成的低钠血症患者，应在测量血钠浓度后方可进行有针对性的补液，避免大量静脉输注低钠溶液而加重其本身的低钠血症。

③饮料的温度：液体补充可以缓解运动所致的高热现象和心血管变化。温度不同，运动饮料口感也是有差异的。低温液体能加速胃排空、促进水分吸收，同时能延缓机体到达临界体温的时间，较常温饮料能进一步改善运动能力。

④其他：有研究表明，甘油对机体的代谢几乎没有影响，但却可以影响体液的分布，甘油分布在细胞外液中增加了血浆渗透压，可以使机体水分保持在体内而不随尿液丢失。故运动前或运动中摄入添加甘油的饮料，对机体有积极的影响。

马拉松赛前训练时，在高强度运动后，如一天内进行两三次的训练，应及时补充机体丢失的水和电解质，对机体的快速康复有重要意义。

(2)赛前 8～16 周——肠道训练。

以往人们一直认为，人体对固体和液体的摄入应该是有一定量的，但近年来研究显示，训练期间，人的身体可以摄入更多的能量。

一位健康男性进行 5 组 90 分钟的运动后，可以摄入平时两倍的食物。另有研究显示，自行车运动员可以比一般的人多吸收 3 倍的碳水化合物(约 100 g/h，而不是 30～60 g/h)。所以，这个时间段的训练重点就是锻炼运动员自身的肠道，使之能尽可能多地吸收碳水化合物和水分，使肠道在比赛前保持好的状态。

(3)赛前 1 个月——训练强度大，注意补充蛋白质，可选择蛋白粉或食物蛋白(鸡肉、鱼肉)，糖原补充也是必须的，建议补充葡萄糖液和蜂蜜。日常饮食以主食为主，保证水果、蔬菜的摄入。

(4)赛前 4～7 天——蛋白质日。

饮食要以肉和蔬菜为主，尽量避免摄入碳水化合物。同时，跑者应当放松一些，减少运动量，训练量设定为平时的 50%～60%，保留快速跑训练并略增加强度，如间歇跑，目的是消耗尽体内的糖原。值得注意的是，此期间部分业余练习者可能会出现浑身无力、头晕等症状，注意不要过度练习。在此期间，跑步者要保证每磅体重至少消耗 3 克的碳水化合物，才能满足起码的热量需求。

马拉松训练的过程中，跑步者的肌肉根本没有机会重新补充糖原。因此，无论是跑步者还是其他运动员，比赛前放松都是很有必要的，这几天可以补充肌肉酶库存，也可以囤积更多糖原。所以，赛前一周，在减少训练量的同时应增加碳水化合物的摄入，可以为提高跑速提供充足糖原。大强度训练(马拉松赛前 3～4 天)，缩减训练量，增加碳水化合物摄入量。这样的饮食调整，目的是增加肌肉和肝脏的糖原储备。

(5)比赛前 2～3 天——仅以碳水化合物为主，又称碳水化合物日。最大限度地储备糖原，控制食量。

在这一阶段，跑者体内的糖原就已经彻底消耗完了，对糖原的吸收能力有所增强，故此时体内能够贮存超过平时数量的糖原。赛前 2～3 天饮食计划宜切换为以碳水化合物为主，减少高纤维食物的摄入，如全麦、麦片、大量蔬菜等，对比赛大有好处。有研究显示，减少纤维的摄入可以减少肠道中存留食物的重量，这在一定程度上可以减轻体重(也可以让你跑得更快)，甚至可以减少运动员到中间站摄食的必要，这也从另一个方面减少了跑步时间。

跑者在这一时间段的跑步训练的强度调整：能使身体放松即可，尽量不要消耗糖原，基本上是慢跑加拉伸。

(6)赛前 1 天——大量摄入碳水化合物，避免改变饮食习惯。

比赛前 1 天也要大量摄入碳水化合物，要吃符合自己平时用餐习惯的食物，切忌吃生鲜、油炸以及高脂肪含量、高热量的食品，少吃不易消化、吸收的食物，少吃胀气的食物，如萝卜、白菜、地瓜、豆类等。不要尝试从未吃过的当地小吃，或辛辣、刺激性食物。吃好晚餐，食用 75～150 克碳水化合物的低脂膳食(主食)，建议选择米饭、面条、土豆、面包、水果等高碳水化合物和低脂的食物。晚餐后 2 小时可加服 1 杯含蛋白粉的运动饮料。选择干净卫生的餐厅，用餐时间不要超过 22 点，以免食物未消化完而影响睡眠。

(7)比赛前 2～3 个小时——早餐。

早餐应在赛前 2～4 小时完成。不可吃得太早，否则能量会被提前消耗掉。也不能吃得过晚，否则比赛开始时还来不及消化掉，可能会造成呕吐的情况。早餐同样不要吃油腻的食物，如油条、汉堡、包子、葱油饼等。个别人喝牛奶会引起胃肠不适，也不推荐。和晚餐类似，早上也要以高碳水化合物为主，比如粥、馒头、面包、干果、水果和蔬菜，要减少蛋白质和脂肪的摄入。蛋白质或者脂肪都需要更多的时间才能完全消化。

赛前餐可提供额外的碳水化合物，增加糖原储备，尤其是肝糖原储备，有助于维持比赛中血糖的稳定。每磅体重应摄入 1～5 克的碳水化合物，一个 150 磅(1 磅＝0.45359 千克)的人摄入 75～150 克的碳水化合物。值得一提的是，最好留出 4 个小时消化的富余时间，也就是说，得早吃一些。具体可这样做：上午参加比赛的运动员，起床后先饮用 1 杯含蛋白粉的运动饮料，运动前 2～4 小时吃一顿易消化、不产气、富含碳水化合物(约 300 克)的低脂低纤维膳食(米饭、面食等)。此时体内已经贮存了足够的糖原，也就获得了足够的跑马拉松所需的能量。

(8)比赛前 1 小时——补充水分，以高糖食物为主。

赛前 1 小时水分的补充非常重要，水、饮料、果汁都可以。赛前半小时停止补充水分，可以吃一些易消化的含碳水化合物的食物，如香蕉、饼干、干果等。苹果、梨这种易胀气的水果不建议吃。赛前上一次厕所，让身体把多余的水分排掉。如果比赛前有口渴感，可以再喝几口运动饮料，或拿一小瓶饮料，跑的时候喝掉。

(二)运动中的营养与健康

对马拉松运动员及马拉松运动爱好者来说，最重要的是保持运动中水—电解质的平衡，运动过程中尤其应当注意补糖和补液，有利于提高其运动能力；集训和比赛期间，女运动员还应该注意铁和钙的补充。运动员体内糖分的缺乏会导致疲劳和可耐受运动轻度下降，通常不会造成威胁生命的严重后果，但体液平衡和体温调节紊乱的确可导致机体潜在的致命的打击。因此，类似马拉松运动的耐力型赛跑，运动员应把维持体液和电解质平衡放在首位；补水、补盐及补充各种营养素的过程中，必须注意能量补充和能量代谢的平衡问题。

机体一般以两种形式摄入水分，其一是食物的形式，其二则是饮料的形式。对马拉松运动来说，在训练或比赛中，水的转化率相当高。出汗是运动员体内水分损失的主要原因，受环境影响，在不同环境中，其损失的总水量占体重的比例也不同，凉爽环境下可达 1%～6%，温暖环境下可达到8%，这对运动员的身体状况会产生非常大的影响。要知道，人体体内水分减少2%即可影响运动效果，如若不及时补充水分，当体内水分损失占体重的10%及以上，就会引起严重的运动能力丧失，甚至导致昏迷、死亡。

因此，液体摄入一定要按照计划完成，这可以降低运动员的体温，但如果环境温度比较低（如寒冷的季节），液体损失量则会少很多，轻微脱水不会影响身体机能（通常低于2%），所以不要摄入过多的液体。

比赛进行中应按照摄入计划进行补充：至少30～60克的摄入，前提是肠道在训练中已经适应这个量，最多90～100克；如果想要完成比赛，每小时摄入一些易于消化的食物，但是要分开吃，如一千米吃一点。

下半程的时候，运动员会感觉体力严重下降，可试着补充一点咖啡因（30～50毫克），可选择能量胶或者功能饮料，满足机体需要；还能够起到提神的作用，达到运动的第二个高峰。

（三）运动后的营养与健康

马拉松赛程赛时较长，肌肉组织均会受到一定损害，表现为延迟性肌肉酸痛，不仅有肌纤维的机械性损伤，还有炎症反应，进而影响肌糖原的再合成。早期研究认为，赛后24小时内进食高碳水化合物饮食，可迅速恢复肌糖原储备。目前还没有针对骨骼肌损伤恢复的对症营养处方。

1.运动后饮食

运动后饮食应多主食、多蔬菜、多水果，补充以鱼类为主的蛋白质。

根据马拉松运动的特点及各营养素的营养功能，制定了糖原恢复建议饮食方案：日常膳食宜多吃根类蔬菜和叶类蔬菜、水果、豆制品、奶制品、菌类、坚果（杏仁、栗子）、海带等碱性食物，提高机体碱储备，补充电解质，调节酸碱平衡，有效帮助消除乳酸。运动后的1小时内，快速补充被消耗殆尽的碳水化合物（1 g/kg体重），同时能够大大增加肌糖原，否则机体会在较长一段时间内处于分解代谢（消耗性）状态，导致机体靠分解自身肌蛋白、脂肪和氨基酸供能，难以恢复。简而言之，赛后1小时内碳水化合物补充不足或者补充过迟，机体恢复时间可能会延长。赛后应立即进食碳水化合物，与下一次进餐间隔2小时。

马拉松运动员赛后也应重视饮食成分及比例，通常以含碳水化合物60%（4～5 g/kg体重）、蛋白质12%～15%（1.2～1.5 g/kg体重）、脂肪不超过30%为宜，尽可能减少饱和脂肪酸的摄入。碳水化合物的摄入有助于防止氮的丢失，摄入氨基酸可以促进蛋白质的合成、降解平衡，提高蛋白质合成。

运动后1～6小时，进食尽量减少脂肪所占比例，吃少量的高纤食品，避免食用肉类。可以适量饮用开水，补充过度流失的水分，也能减少饥饿感。如果想要提高细胞的新陈代谢率，建议可以补充含有胶原蛋白的食物，如鲜奶、鸡蛋、鱼皮等。

运动后要避免喝含有咖啡因的饮料，如咖啡、汽水和茶，因为咖啡因也有利尿的作用，会令体内水分的补充不足。当适当饮水后，身体水平衡重新建立或体内水分充足时，方可饮用咖啡，并把饮用量计入每日饮水量。

2.运动后休息

比赛结束后，继续慢跑10分钟。没体力的跑者，可在别人的帮助下慢走5分钟，不要比赛一结束就蹲在地上或立刻躺下。若出现恶心、头晕等症状，可躺下，把腿抬高，并通知医务人员。

运动结束1小时、肌肉得到完全恢复之后，方可进行拉伸。

休息和训练同样重要，休息可促进身体的恢复及肌肉的生长。建议每周至少安排一个休息日，马拉松用时在4小时以内的跑者每周可安排两个休息日，长跑后睡10小时，水疗按摩、热水洗浴、蒸桑拿都是赛后身体恢复的积极、直接的手段，或使用含有植物精华的舒缓霜。这种恢复措施也可放到跑者的训练计划当中，作为持续性恢复措施的一部分。例如，一个训练周期内休息一天或额外休息一段时间、减小训练量、降低训练强度或者进行辅助训练等，都是变相的进行机体恢复的措施。否则，不但达不到强身健体的目的，还会患上运动相关的疾病，如慢性疲劳综合征、食欲下降、睡眠紊乱、静息心率升高等。

总之，马拉松运动是一项系统化的完整过程，要有科学的训练计划，并根据自身水平调整训练量和训练强度。运动要恰到好处，适量运动有益于健康。经常参加体育活动，可以改善大脑供血、供氧情况，使大脑皮质兴奋性增强，使人保持头脑清醒、思维敏捷。运动也促使人体肌肉不停地做出收缩和放松的反应，继而实现对神经系统兴奋和抑制机能的锻炼，改善人的反应灵敏度、灵活性；改善了神经系统对循环系统、呼吸系统、运动系统等的调节功能；增强人体免疫功能，防治疾病和增进健康。合理营养与科学运动相结合，可有效促进身体健康发育，提高机体健康水平和运动能力，增强体质，锻炼出结实的肌肉并保持身材匀称，维持健康、预防疾病和促进康复。

参考文献

[1]裴海弘.体育[M].北京：人民卫生出版社，2018.

[2]孙维增，李健宁，龚剑.新编大学生体育与健康[M].北京：北京理工大学出版社，2016.

[3]胡贝特·贝克.马拉松圣经[M].李一汀，陈依慧，译.北京：北京科学技术出版社，2019.

[4]克里斯蒂安·冯·勒费尔霍尔茨.健身营养全书：关于力量与肌肉的营养策略[M].庄仲华，译.北京：北京科学技术出版社，2018.

第四节　中医体质与运动

我国历代医家和养生家总结出了许多通过运动来养生保健、增强体质、保持健康的传统方法，如五禽戏、八段锦、太极拳等。据史料记载，历史上最长寿的医家孙思邈活到了141岁。孙思邈平日里就十分注重养生，并提出了著名的“养生十三法”。在孙思邈所著的医书《备急千金要方》中记载：“养生之道，常欲小劳”，“体欲常劳，劳勿过极”，也就是说，经常、适量地运动，能使气血流通，内荣脏腑、外润腠理，达到促进身体健康、增强体质的功效；但若运动太过，却会损伤脏腑气血，从而影响健康。通过适当的运动锻炼来达到促进健康的目的固然好，但是人与人之间的体质存在差异，因此，运动养生也需要从实际出发，因人而异，因材施教，根据个体的具体体质特征、体力基础、技术水平、年龄性别、个性爱好、心理素质等个人特点，来确定相应的运动内容、手段、方法和强度，才能有的放矢，使锻炼计划更有针对性，体现辨体锻炼的个性化运动养生。

“中医体质学”认为人的体质是人类生命活动的一种重要表现形式，中医体质是指人体生命过程中，在先天禀赋和后天获得的基础上所形成的形态结构、生理功能和心理状态方面综合的、相对稳定的固有特质，是人类在生长、发育过程中所形成的与自然、社会环境相适应的人体个性特征[1]。在中医体质学中，国医大师王琦教授将人的体质分为九大类型，也就是平和质、气虚质、阳虚质、阴虚质、痰湿质、湿热质、瘀血质、气郁质、特禀质(又称为过敏体质)。这9种不同的体质类型在形体特征、生理特征、心理特征、病理反应状态、发病倾向、运动宜忌等方面各有特点，因此在提倡运动养生的同时，更应该量体裁衣，根据运动员或运动爱好者的体质特点来选择适合他/她的运动方式，以此来获得最大化的健康效益。例如，有些气虚体质的女生，平时走路稍多或爬低层楼梯就出现短气无力，甚至喘憋，假如让此类体质的女生每天坚持长跑公里数过多，反而起不到锻炼身体的目的，但如果让气虚体质的女生进行太极拳或者瑜伽、散步等锻炼，或许能起到更理想的效果。因此，运动养生虽然重要，但辨清体质不可或缺，磨刀不误砍柴功，先辨清自己的体质再运动，才能更科学、更有效地强健体魄。

一、中医体质概述

体质是一个古老的概念。国内外医学对于体质的理论早有阐述，如国外医学史上，希波克拉底曾提出人体由血液、黏液、黄胆汁、黑胆汁4种体液组成。由于这4种体液在不同人体内的比例不同，因此，形成了不同的体质。当某种体液比例失调，人就会患病。体液失调有过多和不足之分，因此，疾病就有不同的类型[1]。我国早在《内经》中即有体质的论述，如《灵枢·卫气失常》依据个体体态结构、气血多少、寒温的生理特征差异，将肥胖体质分为膏型、脂型、肉型3种类型。膏型者："腘肉不坚，皮缓""其肉淖而粗理者，身寒，细理者，身热""多气而皮纵缓，故能纵腹垂腴""多气，多气者，热，热者耐寒"。脂型者："腘肉坚，皮满者，肥""其肉坚，细理者热，粗理者寒""其血清，气滑少，故不能大"。肉型者："皮肉不相离者，肉""身体容大脂者，其身收小""多血则充形，充形则平"[2]。《灵枢·论勇》依据人体外部形态、颜色的不同对体质进行分类，并描述了不同体质对易感疾病的差异性，如"黄色薄皮弱肉者，不胜春之虚风；白色薄皮弱肉者，不胜夏之虚风；青色薄皮弱肉者，不胜秋之虚风；赤色薄皮弱肉者，不胜冬之虚风。""黑色而皮厚肉坚，固不伤于四时之风；其皮薄而肉不坚、色不一者，长夏至而有虚风者，病矣。"[2]

《内经》对体质的论述，不仅注意到个体的差异性，还对人的体质类型做了若干分类，它以其独特的理论贯穿于生理、病理、诊断、治疗等方面，对后世医学产生了重大影响。但在当时的历史条件下，由于论述零散，后人又缺乏系统整理，因此未能形成一门独立的学科。自1978年王琦教授提出中医体质的概念后，中医体质学经历了文献研究、临床研究、机制研究等，取得了巨大的进步，并形成了一门独立的学科。2009年4月9日，中华中医药学会正式颁布由王琦主持制定的《中医体质分类与判定》标准，关于中医体质分类与判定的论述逐步规范化[3]。体质现象是人类生命现象的一种重要表现形式，它具有个体差异性、群类趋同性、相对稳定性、动态可变性等特点。

中医体质学创始人王琦教授对9种中医体质类型的命名主要依据人体生命活动的物质基础——阴、阳、气、血、津液的偏颇失衡，分别将其命名为：平和质、气虚质、阳虚质、阴虚质、痰湿质、湿热型、血瘀型、气郁质、特禀质(又称为过敏体质)[3]。对于各型体质的内涵，分别从定义、体质特征、成因三个方面进行阐述。其中，对体质特征又从5个方面加以描述，即形体特征、常见表现、心理特征、发病倾向、对外界环境的适应能力。对于不同体质类型的常见表现，则主要从人的面色、眼目、口鼻、精神状态、饮食、二便、舌脉等特征进行表述，同时，为了区别不同特征对体质诊断的贡献度，各型体质的常见表现又有主、次之分[3]。

(一)平和体质

1.定义

平和体质缘于阴阳气血调和，是一种以体态适中、面色红润、精力充沛等为主要特征的体质状态。

2.成因

成因为先天禀赋良好，后天调养得当。

3.体质特征

(1)形体特征：体形匀称健壮。

(2)常见表现：面色、肤色红润有光泽，头发稠密有光泽，目光有神，嗅觉通利，唇色红润，不易疲劳，精力充沛，耐受寒热，睡眠良好，胃纳佳，大小便正常，舌淡红，苔薄白，脉和缓有力。

(3)心理特征：性格随和开朗。

(4)发病倾向：平时较少生病。

(5)对外界环境的适应能力：对自然环境和社会环境的适应能力较强。

(二)气虚体质

1.定义

气虚体质缘于元气不足，是一种以气息低弱，机体、脏腑功能状态低下为主要特征的体质状态。

2.成因

成因为先天禀赋不佳，后天失养或病后气亏，如家族成员多数较弱、孕育时父母体弱、早产、人工喂养不当、偏食、厌食，或年老气衰等。

3.体质特征

(1)形体特征：肌肉不健壮。

(2)常见表现：主项包括平时说话很小声，气短懒言，容易疲乏，精神不振，易出汗，舌淡红，舌边有齿痕，脉象虚缓；副项包括面色偏黄或白，目光少神，口淡，唇色少华，头发没有光泽，头晕，健忘，大便正常或便秘但不硬结，或大便不成形，便后仍觉未尽，小便正常或偏多。

(3)心理特征：性格内向，情绪不稳定，胆小，不喜欢冒险。

(4)发病倾向：平时体质虚弱，容易反复感冒；或病后抗病能力弱且易迁延不愈；易患内脏下垂、虚劳等病。

(5)对外界环境的适应能力：不耐受寒邪、风邪、暑邪。

(三)阳虚体质

1.定义

阳虚体质缘于阳气不足，是一种以虚寒现象为主要特征的体质状态。

2.成因

成因为先天不足，或生病后阳气受损，如家族中均有虚寒表现，孕育时父母体弱，或年长受孕，早产，或平时偏嗜寒凉而损伤阳气，或久病阳亏，或年老阳衰等。

3.体质特征

(1)形体特征：多形体白胖，肌肉不壮。

(2)常见表现:主项包括平时畏冷,手足不温,喜热饮食,精神不振,睡眠偏多,舌淡胖嫩,边有齿痕,苔润,脉象沉迟而弱;副项包括面色柔白,眼皮晦暗,口唇色淡,毛发易落,易出汗,大便溏薄,小便清长。

(3)心理特征:性格多沉静、内向。

(4)发病倾向:发病多为寒证,或易从寒化,易病痰饮、肿胀、泄泻、阳痿。

(5)对外界环境的适应能力:不耐受寒邪,耐夏而不耐冬;易感湿邪。

(四)阴虚体质

1.定义

阴虚体质缘于体内津液精血等阴液亏少,是一种以阴虚内热为主要特征的体质状态。

2.成因

成因为先天不足,或久病失血,性生活频繁,过度劳累,如家族成员体形多偏瘦,孕育时父母体弱,或年长受孕,早产,或曾患出血性疾病等。

3.体质特征

(1)形体特征:体形瘦长。

(2)常见表现:主项包括手足心热,平时容易口燥咽干,鼻腔稍微有点干涩,口渴喜冷饮,大便干燥,舌红,少津少苔;副项包括面色潮红,有烘热感,眼睛干涩,看东西模糊不清,唇红微干,皮肤偏干,易生皱纹,眩晕耳鸣,睡眠差,小便短涩,脉象细弦或数。

(3)心理特征:性情急躁,外向好动,活泼。

(4)发病倾向:平时易患阴亏燥热的病变,或病后易表现为阴亏症状。

(5)对外界环境的适应能力:平时不耐热邪,耐冬不耐夏;不耐受燥邪。

(五)痰湿体质

1.定义

痰湿体质缘于水液内停而痰湿凝聚,是一种以黏滞重浊为主要特征的体质状态。

2.成因

成因为先天遗传,或后天过食高脂、高胆固醇、高糖的食物。

3.体质特征

(1)形体特征:体形肥胖,尤以腹部肥大。

(2)常见表现:主项包括面部皮肤油脂较多,多汗且黏,胸闷,痰多;副项包括面色淡黄而暗,容易困倦,平时舌体胖大,舌苔白腻,口黏腻或甜,身重不爽,脉滑,喜食肥甘甜黏,大便正常或不实,小便不多或微混。

(3)心理特征:性格温和、稳重、恭谦、和达,多善于忍耐。

(4)发病倾向:易患消渴、中风、冠心病等。

(5)对外界环境的适应能力:对梅雨季节及湿环境适应能力差。

(六)湿热体质

1.定义

湿热体质是以湿热内蕴为主要特征的体质状态。

2.成因

成因为先天禀赋，或久居湿地、善食肥甘，或长期饮酒、火热内蕴。

3.体质特征

(1)形体特征：形体偏胖或苍瘦。

(2)常见表现：主项包括平时脸部油脂分泌多，面色晦暗，易生痤疮粉刺，舌质偏红，苔黄腻，容易口苦口干，身重困倦；副项包括体偏胖或偏瘦或正常，心烦懈怠，眼睛红赤，大便黏滞，小便黄或灼热，男生容易出现阴囊潮湿，女生容易出现带下增多，脉象多见滑数。

(3)心理特征：性格多急躁易怒。

(4)发病倾向：易患疮疖、黄疸、火热等。

(5)对外界环境的适应能力：对湿度较大的环境或气温偏高，尤其是夏末秋初，以及湿热交蒸的气候较难适应。

(七)血瘀体质

1.定义

血瘀体质是一种体内有血液运行不畅的潜在倾向或瘀血内阻的病理基础，并表现出一系列外在征象的体质状态。

2.成因

成因为先天禀赋，或后天损伤，忧郁气滞，或久病入络。

3.体质特征

(1)形体特征：瘦人居多。

(2)常见表现：主项包括平时面色晦暗，皮肤偏暗或色素沉着，容易出现瘀斑，易患疼痛，口唇暗淡或紫，舌质暗且有点、片状瘀斑，舌下静脉曲张，脉象细涩或结代；副项包括眼眶暗黑，鼻部暗滞，头发容易脱落，皮肤干燥，女性多见痛经、闭经，或经血中多凝血块，或经色紫黑有块，崩漏，或有出血倾向、吐血。

(3)心理特征：心情易烦，急躁健忘。

(4)发病倾向：易患出血、肿瘤、中风、冠心病等。

(5)对外界环境的适应能力：不耐受风邪、寒邪。

(八)气郁体质

1.定义

气郁体质是一种因长期情志不畅、气机郁滞而形成的，以性格内向不稳定、忧郁脆弱、敏感多疑为主要表现的体质状态。

2.成因

成因为先天遗传，或受精神刺激，或饱受惊恐，或所欲不遂，或忧郁思虑等。

3.体质特征

(1)形体特征：形体瘦者为多。

(2)常见表现：主项包括性格内向不稳定、忧郁脆弱、敏感多疑，对精神刺激适应能力较差，平时忧郁面貌，神情多烦闷不乐；副项包括胸胁胀满，或走窜疼痛，喜欢唉声叹气，或嗳气呃逆，或喉咙有异物感，或乳房胀痛，睡眠较差，食欲减退，惊悸怔忡，健忘，痰多，大便多干，小便正常，舌淡红，苔薄白，脉象弦细。

(3)心理特征：性格内向不稳定、忧郁脆弱、敏感多疑。

(4)发病倾向：易患抑郁症、更年期综合征、神经官能症、失眠、梅核气、焦虑症、精神分裂症等。

(5)对外界环境的适应能力：对精神刺激适应能力较差；不喜欢阴雨天气。

(九)过敏体质

1.定义

过敏体质是指在先天遗传基础上形成的一种特异体质，在外在因子的作用下，生理机能和自我调适力低下，反应性增强。其敏感倾向表现为对不同过敏原的亲和性和反应性呈现个体体质的差异性和家族聚集的倾向性。过敏体质与过敏性疾病之间有着非常密切的关系。过敏体质人群的外在表现与常人无异，因此很难识别。

2.成因

过敏体质一方面与遗传因素有关，另一方面与饮食、药物、环境、压力过大导致抵抗力变差、免疫功能不足亦有关。

3.体质特征

(1)形体特征：无特殊。

(2)常见表现：常见哮喘、风团、咽痒、鼻塞、喷嚏、咳喘、皮肤瘙痒等。

(3)心理特征：无特殊。

(4)发病倾向：易发生药物过敏、食物过敏，易患花粉症等。

(5)对外界环境的适应能力：适应能力差，过敏体质者对过敏季节适应能力差，易引发宿疾。

二、不同中医体质类型与运动

中医体质学认为，体质的形成是先天禀赋与后天因素长期相互作用的共同结果，不同类型的中医体质是相对稳定的，但可以受环境、精神、营养、锻炼、疾病等内外环境中诸多因素的影响而发生变化，因此，体质具有相对的稳定性，同时具有动态可变性，从而使得体质的调节与转化成为可能。

体育运动可以强健体魄，如“八段锦”具有柔筋健骨、养气壮力、行气活血、调理脏腑的功效，是辨体施功的基本功法。“五禽戏”具有补气行气、通调经脉、强壮筋骨关节和脏腑的作用。“易筋经”可以使人精力充沛、情绪稳定、肌肉粗壮、骨质坚硬、体质改善。不同的运动方式与体质类型关系密切。有学者通过观察不同生活方式与运动方式对大学生中医体质类型的影响发现，平和体质与湿热体质的大学生喜欢运动强度相对较大的运动项目，如篮球、足球、排球、羽毛球、网球、定向越野、棒球、橄榄球等，且平和体质大学生的锻炼频率、锻炼强度显著高于其他体质类型。气虚体质和阳虚体质大学生很少参加运动；几乎没有参加运动的大学生多为痰湿体质。过度安逸、缺乏锻炼，容易使人体气血不畅，脾胃脏腑功能减退，导致痰湿体质或虚性体质形成。湿热体质是由久居湿地、喜食肥甘，或长期烟酒等导致。运动可以消除体内多余的热量，排泄多余的水分，达到中医清热除湿的目的，因此，运动可以给湿热体质的人带来舒畅感。湿热体质的大学生可以经常进行强度相对较大的运动。

(一)不同中医体质类型的适宜运动

运动项目的选择应因人而异,运动的目的在于内练精神、脏腑、气血,外练经脉、筋骨、四肢,使内外和谐、气血周流,从而改善体质,有效防治疾病,延年益寿。不同中医体质类型的人应该根据自身体质类型的特点对应选择适合的运动项目,如中国传统体育锻炼方法的健身气功、导引、保健按摩、武术,现代体育锻炼方法中的健身操、球类运动、力量练习等。正确适当的运动锻炼,可以促进机体气血流通畅达,调和机体阴阳平衡,增强脏腑的功能,进而增强防御病邪的能力,达到增强体质和改善调整偏颇体质的目的。并且,运动锻炼的目的是调节体质,运动量以适度为宜,切忌太过与不及。同时,需持之以恒才能达到改善体质的目的。

1.平和体质

平和体质即强健壮实的体质状态,这类人群体形匀称健壮,面色红润,精力充沛,不易疲劳,一般较少生病,对各种运动适应能力强。可根据年龄、性别、个人兴趣爱好等,选择不同的锻炼方法。年轻男性可以选择增强力量和耐力素质的项目,如器械训练、马拉松、动感单车、球类、体操类等。女性可以选择加强柔韧素质的锻炼项目,如健美操、瑜伽、形体塑造、跳绳、节奏体语等。经常性的体育锻炼是保持强健体质的重要方法之一,只有进行符合人体生理规律和人体保健基本理论的适宜运动,按照一定的原则,才能达到增强体质、增进健康的最佳效果。此类型人群可以通过运动保持和加强现有的良好正常状态,使体质水平得到进一步提高,保持身体健康。

运动时应遵循以下原则:

(1)积极主动,兴趣广泛。对运动兴趣的培养是形成运动习惯的关键。

(2)运动适度,不宜过量。多采用有氧训练,运动强度为中等偏小强度,易于长期坚持,安全性高。

(3)循序渐进,适可而止。在机体完全适应原有运动量的基础上,可适当延长运动时间。

(4)经常锻炼,持之以恒。研究证实,坚持运动年限越长,对平和体质的促进作用越好。

(5)全面锻炼,因时制宜。应使全身各系统及各种身体素质全面协调发展。锻炼最好按照自然四季规律进行。春季运动锻炼地点应选择空气新鲜之处,如公园、广场、庭院、湖畔、河边、山坡等地,项目以球类、跑步、打拳、做操等为佳,形式根据自己的爱好选择。尽量多活动,以适应春季阳气升发之性。夏季锻炼由于气温高,湿度大,运动锻炼应根据气候特点,最好在清晨或傍晚较凉爽时进行,运动项目以散步、慢跑、太极拳、广播操、游泳等为宜,夏天不宜做过分剧烈的运动,以免大汗淋漓,损伤阳气。秋季是运动锻炼的好时节,可根据个人的具体情况选择不同锻炼项目,如野外锻炼可选择登高练导引功。冬季锻炼由于气温低,故要避免着凉,应选择适合的锻炼地点,避免在大风、大寒、大雪、大雾中及空气污染的地方中运动健身。可选择适合自己的项目进行室内锻炼,使气血经脉通畅,阴阳平衡,增强体质,为下一年保持身体健康打下坚实的基础。

2.气虚体质

气虚体质人群的形体特征是肌肉不健壮,经常出汗,肢体容易疲乏无力,容易患感冒。并且这种人一般性格内向,情绪不稳定,比较胆小,不喜欢冒险。对外界环境的适应能力表现为不耐受风寒、暑热。这类人群在选择运动时应该注意,应以比较柔缓、小幅度的、短时间的、较低强度的运动项目为主,如太极拳、太极剑、八段锦、易筋经、六字诀、五禽戏、木兰扇等传统健身功法,或慢跑、健步走、广播操等。传统健身功法具有通经活络、调和脏腑、补气活血、强壮肢体的作用，可增强人体力量和耐力。慢跑、健步走等可加强心肺动能，改善气虚体质脏腑功能状态低下的不足。锻炼宜采用低强度、多次数的运动方式，适当地增加锻炼次数，而减少每次锻炼的总负荷量，循序渐进，持之以恒。

3.阳虚体质

阳虚体质人群的形体特征是多形体白胖，肌肉不壮，表现为平时怕冷，手脚发凉，精神不振，易出汗，性格多沉静、内向。对外界环境的适应能力表现为不耐受寒凉，耐夏不耐冬。这类人群在选择运动时应该注意，应以舒缓柔和且振奋阳气的运动为主，多在阳光充足暖和的天气下进行户外运动，如慢跑、散步、太极拳、五禽戏、八段锦、广播操、跳绳等，振奋阳气，促进阳气生发和流通。阳虚易受风寒侵袭，运动时应做好防寒保暖，运动量不能过大，尤其应注意秋冬季节足部、背部、下腹部等部位的防寒保暖，夏季避免吹空调。

4.阴虚体质

阴虚体质的体质特征是体形瘦长，表现为经常感到手脚心发热，运动时易口燥咽干，小便黄等。性格外向、好动、活泼，但性情急躁。对外界环境的适应能力表现为平时不耐热，耐冬不耐夏。这类人群在运动时应该选择中小强度的运动项目，间断性锻炼，如太极拳、太极剑、木兰扇、散步、健身气功等。锻炼时应控制出汗量，及时补充水分。皮肤干燥甚者，可多游泳，能够滋润肌肤，但不宜进行桑拿。静气功锻炼对人体内分泌的双向调节功能，可促进脾胃运化，改善阴虚体质。

5.痰湿体质

痰湿体质的形体特征是多体形肥胖，腹部肥满松软，表现为肢体沉重，容易困倦，性格偏温和稳重，多善于忍耐。对外界环境的适应能力表现为对梅雨季节及潮湿环境适应能力差。此类型人群多不爱运动，喜欢睡觉。这类人群在选择运动时应该注意，平时阳光充足的情况下应多进行户外活动，以舒展阳气，通达气机。痰湿体质人群要加强机体物质代谢过程，应当选择中小强度、较长时间的全身运动，即有氧运动，如散步、慢跑、骑车、乒乓球、羽毛球、游泳、武术、各种舞蹈等。但体重超重者，应减少对关节损伤较大的运动的时长和频次，如游泳、跑步、乒乓球、羽毛球、篮球、排球、足球等，应从短时长开始，适应后逐渐延长时间。痰湿体质的人体形多肥胖，与高血压、高血脂、冠心病的发生具有明显的相关性。注意运动应循序渐进，长期坚持。平时应配合饮食调节，多吃清淡食物，少吃肥甘之品，以改善痰湿体质。

6.湿热体质

湿热体质的形体特征是形体偏胖或偏瘦，表现为平时面垢油光，易生痤疮粉刺，容易口苦口干，性格多急躁易怒。对外界环境的适应能力表现为对潮湿环境或气温偏高，尤其夏末秋初，湿热较重的气候较难适应。这类人群在运动时应该选择大强度、大运动量的锻炼，通过汗液和散热将湿热排出，如中长跑、游泳、爬山、各种球类运动、武术、骑行、定向越野、野外生存等。注意大量出汗约半小时后应及时冲热水澡，避免汗液在体表长时间蓄积，导致湿热郁闭，应保持身体干净清爽。

7.血瘀体质

血瘀体质的形体特征是以瘦人居多，表现为平时面色晦暗，容易出现瘀斑，易患疼痛，女性多见痛经，经血中多凝血块或经色紫黑。性格易烦闷，急躁健忘。对外界环境的适应能力表现为不耐受风寒。这类人群在选择运动时，应多采用一些有益于促进气血运行的运动项目，采用中小负荷、多次数的锻炼，如易筋经、导引、按摩、太极拳、太极剑、木兰扇、五禽戏、各种舞蹈、瑜伽、步行健身法、健身操等，可达到改善体质的目的，平时应保持足够的睡眠。

8.气郁体质

气郁体质的形体特征是以形体瘦者偏多，表现为性格内向不稳定、忧郁脆弱、敏感多疑，对精神刺激适应能力较差，不喜欢阴雨天气。这类人群在选择运动时应该注意，尽量增加户外活动，可坚持较大量的运动锻炼。锻炼方法主要有大强度、大负荷练习法，专项兴趣爱好锻炼法和体娱游戏法。大强度、大负荷的练习是一种很好的发泄式锻炼，如跑步、登山、游泳、打球、武术等，有鼓动气血、疏发肝气、促进食欲、改善睡眠的作用。有意识地学习某一项感兴趣的技术性体育项目，定期进行练习，从提高技术水平上体会体育锻炼的乐趣，是最好的方法。体娱游戏则有促进人际交流、提起兴趣、调理气机、舒畅情志的作用，如下棋、打牌、瑜伽、健身气功、打坐放松训练等。抑郁伴焦虑状态者，宜多进行太极拳、武术、五禽戏等以调息养神为主的活动。

9.过敏体质

过敏体质无特殊形体特征，表现为在某一方面，如对花粉或某食物、药物过敏等，对外界环境的适应能力较差。这类人群在选择运动时可根据自己的兴趣参加各种体育运动，循序渐进，增强自身体质。还应注意保持室内清洁，被褥、床单要经常洗晒，不宜养宠物，起居应有规律。

（二）不同中医体质类型不适宜进行的运动

不同中医体质类型的人群应该根据自身体质类型的特点对应选择适合的运动项目，如果选择不适合自己体质类型的运动项目，可能会出现越锻炼体质越差的情况。

1.平和体质

遵循上述运动原则，无特殊不适宜运动项目。

2.气虚体质

气虚体质人群体能偏低，且过劳容易耗气，运动时容易出现疲劳、出汗甚至气喘等情况。此类型人群不宜选择需长时间进行强体力、出大汗的运动，并避免汗出受风，且忌用猛力的动作，以免耗气，加重气虚症状。例如，对于踢足球、打篮球、打网球、长跑等运动，应在指导老师或中医专科医生指导下适度进行。

3.阳虚体质

阳虚体质者阳气不足，容易感受风寒，此类型人群不宜长时间进行滑雪、溜冰等寒冷环境下的运动，以免耗伤阳气，加重阳虚症状；不宜长时间进行会大量出汗的运动，如打篮球、踢足球等；不宜长时间在阴冷天气或潮湿之处锻炼身体；不宜长时间进行游泳等水上运动项目，因为阳虚体质易受寒湿入侵，从而患病。若选择以上运动项目，应在指导老师或中医专科医生指导下适度进行。

4.阴虚体质

阴虚体质人群由于阳气偏亢，不宜长时间进行剧烈、高强度、大运动量的锻炼；不宜长时间在炎热的夏天，或闷热的环境中运动，以免出汗过多，进一步耗伤人体阴液，加重阴虚症状。如选择以上项目，应在指导老师或中医专科医生指导下适度进行。平日应注意避免熬夜、剧烈运动和在高温酷暑下工作。

5.痰湿体质

痰湿体质的人体形多肥胖，有的甚至超重，其脊柱（主要为腰椎）、关节（主要为膝关节、踝关节)负荷较大,容易损伤。因此,肥胖人群不宜长时间进行高强度、大负荷及对关节冲击较大的运动,如足球、篮球、长跑、跳绳等,并且避免在湿冷气候条件下运动。如选择以上项目,应在指导老师或中医专科医生指导下适度进行。

6.湿热体质

遵循前述运动原则,无特殊不适宜运动项目。注意在盛夏暑湿较重的季节,应减少户外活动。

7.血瘀体质

血瘀体质的人心血管功能较弱,不宜长时间进行大强度、大负荷的体育锻炼,如长跑、篮球、足球等。如选择以上项目,应在指导老师或中医专科医生指导下适度进行。血瘀体质的人在运动时要特别注意自己的感觉,如有下列情况之一,应当停止运动,到医院行进一步检查:胸闷或绞痛;呼吸困难;特别疲劳;恶心;眩晕;头痛;四肢剧痛;足关节、膝关节、髋关节等疼痛;两腿无力,行走困难。

8.气郁体质

气郁体质应遵循前述运动原则,积极参加运动,尤其是集体运动,无特殊不适宜运动项目。

9.过敏体质

过敏体质应避免情绪紧张,少食辛辣之品、腥膻发物及含致敏物质的食物。花粉过敏者减少春季或季节交替时的室外活动时间,防止过敏性疾病的发作。无特殊不适宜运动项目。

三、不同中医体质与运动损伤及保健预防

运动损伤是指人们在进行体育运动及其相关活动的过程中所发生的各种创伤。导致运动损伤的因素有很多,如训练组织、环境因素、身体素质、营养状况、心理因素等。近年有学者提出“应激—损伤理论模型”[6],认为应激反应的发生是导致运动损伤发生的本质原因,它包括人格特征、生活应激、适应能力3个方面。而从中医体质学的角度出发,由于体质是个体生命过程中,在先天遗传和后天获得的基础上所表现的形态结构、生理功能和心理状态方面相对稳定的特质,而不同体质类型又决定了不同个体的身体发育水平(包括体格、体型、营养状况、身体成分等方面)、身体功能水平(包括机体的新陈代谢和各器官系统的功能)、身体的素质及运动能力水平(包括速度、力量、耐力、灵敏性、协调性,以及走、跑、跳、投、攀跃等身体的基本活动能力)、心理的发育水平(包括情感、智力、意志等方面)、适应能力(包括对自然环境、社会环境、各种生活应激事件的适应能力)等[7]因此,运动损伤与中医体质类型密切相关。

(一)不同中医体质人群与运动损伤易感性

1.平和体质

平和体质的人先天禀赋良好,后天调养得当,脏腑功能状态较佳,肌肉健壮、精力充沛、不易疲劳,对自然环境和社会环境适应能力较强,因此不易出现运动损伤。

2.气虚体质

中医认为,气是构成人体最基本的精微物质,能激发和促进人体的生长发育及各脏腑、经络、关节、肌肉等组织器官的生理功能,有顾护肌表,抵御外邪的作用,并具有固摄精、血、津液,及防止其流失的作用。气虚体质的人气息低弱,脏腑功能状态低下,肌肉松软,肢体容易疲乏,易出汗,不耐受风寒、暑热,对外界环境适应能力低,故运动时容易出现轻微活动即汗出较多,

易疲乏、气短等，导致人体出现脱水、注意力不集中、疲劳甚至晕厥等现象，运动耐力下降，容易发生拉伤等运动损伤。

3.阳虚体质

阳虚体质以阳气不足为特征，阳气具有温煦与推动作用，阳虚体质的人，表现为肌肉松软、手脚发凉等特点。研究表明，阳虚体质和平和体质比较，能量代谢水平偏低。一方面，阳虚不能温养肌肉关节，不能温化和蒸腾体内津液；另一方面，阳气不足，血脉运行乏力，使肌肉黏滞性增加，关节活动度下降。因此，阳虚体质者在冬天或寒冷的北方更易出现损伤，损伤存在季节性、地域性特点。

4.阴虚体质

阴虚体质的人，阴液亏少，濡润滋养功能不足，关节缺乏润滑，在运动中易发生关节劳损、扭伤、脱位等，引起疼痛等不适。

5.痰湿体质

痰湿体质的人因素体脾胃虚弱、运化不足，容易酿湿生痰，痰湿阻滞肌肉筋骨关节，湿性重着黏滞，阻滞关节气血运行，影响关节的正常生理功能，表现为肢体沉重、容易困倦等，在运动中对突发事件的反应力下降，因此易在竞技类运动中受伤。并且，痰湿体质的人体形多肥胖，关节负担较大，尤其膝关节、腰椎关节等，因此容易发生关节部位受损。

6.湿热体质

湿热体质以湿热内蕴为主要特征，与痰湿体质相似，湿热邪气易留滞于筋肉关节部位，阻碍气血的正常运行。关节运动灵活性易受影响，在运动中易发生关节扭伤、脱位等。此外，湿热体质性格多急躁易怒，在身体对抗性较强的运动项目中，湿热体质的男生常表现为拼抢凶狠，易发生冲撞犯规，挫伤的发生率增加。

7.血瘀体质

血瘀体质存在血液运行不畅的潜在倾向或瘀血内阻的病理基础。瘀阻经络，人体筋脉、肌肉、关节得不到充足的滋养，运动能力受到影响，在运动中易发生扭伤、脱位及拉伤。同时，由于血液运行不畅，运动时轻微碰撞即可出现出血点或皮下血肿。

8.气郁体质

气郁体质由于长期情志不畅、气机郁滞，而表现为性格忧郁脆弱、敏感多疑的体质状态，因此对外界的精神刺激耐受能力差，易被外界环境、气候等状况干扰，从而出现注意力分散、情绪波动起伏，导致运动损伤的发生。

9.过敏体质

过敏体质的病人由于先天禀赋不足或遗传因素等，容易过敏，对外界环境适应能力较差，在运动时易出现损伤。但如果避开致敏因素，调理得当，则在运动中不容易发生损伤。

（二）不同中医体质运动损伤的保健预防

从运动生理学的角度看，人体在运动中一旦出现疲劳，就很容易发生损伤。在激烈运动时，随着机体能量的消耗，体内酸性代谢产物堆积，经络气血易阻滞不通，致使运动能力下降。研究表明，通过刺激人体相应穴位的方法，如针刺、穴位按压或艾灸等，可以疏通经络，调节脏腑功能，促进气血运行，能促进能量物质的恢复和补充，促进疲劳的消除从而提高运动能力；对急性损伤的早期，还可显著改善疼痛症状；对防治运动疲劳、运动性疾病以及急慢性运动损伤疾病有积极作用。同时，经穴刺激有双向调节作用，有利于纠正体质的偏颇，基于体质的可调性，运用中医中药等手段辅以调节体质，可减少运动损伤的发生。

1.平和体质

平和体质体形匀称健壮，不易出现运动损伤。运动之余可以通过按摩疲劳肌肉附近的穴位舒缓筋脉，缓解肌肉疲劳。平时可艾灸足三里穴位养生保健。

2.气虚体质

气虚体质从生理角度分析，多表现为心肺功能不足，平时可适当使用黄芪、党参、蜂蜜、大枣等药物代茶饮用以补气；灸法可以提高机体对运动的适应能力，减轻运动性疲劳，气虚体质可经常艾灸神阙穴、足三里穴、气海穴以补气，增强体质。同时，研究表明针刺三阴交穴能延缓运动性疲劳的发生，提高女性运动员的运动耐力，对防治运动性疲劳的发生有一定作用，在运动前或训练时可以配合三阴交穴位按压，按压时穴位局部产生酸胀感视为“得气感”而有效。脾肺气虚、平时大便稀溏及易感冒者，可配合穴位按摩，选取足三里、肺俞、中脘、脾俞、胃俞、气海等穴，在产生得气感的基础上各穴位持续按摩 3～5 分钟。每天坚持按摩，可起到健脾益胃、扶正固表的效果。

3.阳虚体质

阳虚体质多胖且怕寒凉，运动时注意保暖，避免受寒，平时可使用艾灸等方法补益阳气。研究表明，艾灸能更有效地改善阳虚体质亚健康人群的阳虚症状与生理、心理健康状况，是一种理想、简捷、有效的中医调理方式。艾灸以督脉穴位为主，如大椎穴、身柱穴、腰阳关穴等，督脉位于后背脊柱正中线的位置，可使用艾灸盒操作，他人辅助艾灸效果更佳。对于不方便操作者，也可自行按摩气海、足三里、涌泉等穴位，或经常艾灸足三里、关元穴以补肾助阳，改善阳虚体质。

4.阴虚体质

阴虚体质，宜多食粗粮、蔬菜、水果，少食辛辣香燥、烧烤膨化等易化燥伤阴的食物。宜食味甘微酸或稍咸，具有补益阴液、滋阴清热、养阴润燥的食物或药食两用物品。食物包括小麦、玉米、马铃薯、生菜、冬瓜、丝瓜、豆腐、银耳、金针菇、西瓜、梨、荸荠、猕猴桃、葡萄、猪肉、鸭肉、海参、龟肉、蟹肉、乳品等，药食两用物品包括山药、百合、桑椹、黑芝麻、枸杞子、乌梅、玉竹、罗汉果等。代茶饮可以用百合、天冬、麦冬、枸杞子等养阴之品。穴位按摩可选择太溪、肾俞、三阴交等穴位。但是，由于艾灸有助火伤阴之弊，因此对于阴虚体质，不建议使用艾灸保健。

5.痰湿体质

痰湿体质由于痰湿困阻，故肢体沉重易疲劳。平时应注意顾护、调理脾胃，脾胃健运则痰湿自除，可常服山药、白术等调理脾胃的中药代茶饮；穴位按摩或艾灸可以选择神阙（艾灸）、天枢、气海、足三里、脾俞、丰隆、阴陵泉等具有“健运脾胃、利湿、化痰”之功的穴位。

6.湿热体质

对湿热体质形成影响因素的研究表明，喜甘甜、嗜烟酒、睡眠不规律、晚睡早起、运动很少等生活饮食因素与湿热体质的形成呈正相关。因此，湿热体质的人应注意避免上述有关饮食的不良嗜好，尤其在夏季饮食方面，要注意清淡，少食辛辣、烧烤、油炸等甘温燥热滋腻的食物，调节生活作息，不要熬夜，应戒除烟酒。平时宜适当多吃清热利湿之品，如薏苡仁、红小豆、荷叶茶等。配合使用针刺、穴位按压等方法祛湿清热，穴位可选择足三里、脾俞、胃俞、阴陵泉、曲池、太冲、行间等以健运脾胃、清热利湿。

7.血瘀体质

血瘀体质气血运行不畅，而运动是促进气血通畅的最好方法，但要避免大强度运动，同时可适当使用丹参、三七、当归等活血化瘀药物代茶饮。尤其是出血倾向明显者，可以外用三七以活血兼止血。穴位按摩可使经络畅通，促进气血运行，可以选择血海、膈俞、足三里、合谷、太冲等行气活血祛瘀的穴位。

8.气郁体质

气郁体质长期情志不畅、气机郁滞，可配合使用逍遥丸等调畅气机、疏肝理气。穴位按压可以选择太冲、内关、膻中、阳陵泉、百会等穴。

9.过敏体质

过敏体质由于先天不足，在饮食方面应该清淡、均衡，粗细搭配适当，荤素配置合理。多吃一些益气固表的食物，如黄芪、山药、太子参等。穴位按摩或艾灸可选择足三里、脾俞、胃俞以补益后天脾胃，强壮体质。

参考文献

[1]王琦.中医体质学[M].北京：中国医药科技出版社，1995：29.

[2]刘衡如校.《灵枢经》校勘本[M].北京：人民卫生出版社，1964.

[3]中华中医药学会.中医体质分类与判定[M].北京：中国中医药出版社，2009.

[4]刘雪凯.九种中医体质大学生体育锻炼调查研究[J].体育科技，2014，35(01)：123-126.

[5]肖全红.大学生生活方式与中医体质类型对应分析[J].亚太传统医药，2018，14(09)：88-91.

[6]ANDERSEN M B，WILLIAMS J M. A model of stress and athletic injury：prediction and prevention[J]. Journal of Sport & Exercise Psychology，1988，10(3)：294-306.

[7]李德新.中医基础理论[M].北京：人民卫生出版社，2008.

第五节 卫生与健康

体育锻炼是我们增强体质、促进健康的主要途径。人们越来越关注自身身体健康，越来越多的人崇尚体育锻炼。但是，大家是否有注意到体育活动中的卫生问题呢？运动卫生是指为达到增强体质、促进健康的目的，改善和创造符合生理要求的体育锻炼条件及环境所采取的卫生措施及要求。

缺乏体育锻炼的卫生常识，没有按照科学规律锻炼，不但不能收到良好的锻炼效果，相反还会导致各种各样的运动伤病，危害人体健康，可见，卫生常识在运动过程中显得尤为重要。例如，剧烈运动时和运动后不可大量饮水，不在不适当的地点运动，餐后或喝酒后不宜运动，不在情绪不好的时候运动，剧烈运动后不可马上坐在地上休息，也不宜马上洗澡，等等。这些都是体育锻炼所涉及的卫生知识。

因此，体育与卫生相结合才是科学的锻炼方法，运动必须遵循人体运动时的生理变化规律，符合运动卫生要求，才能达到锻炼的目的。

一、运动卫生与健康

(一)运动前卫生与健康

1.养成良好的生活习惯,建立合理的生活制度

生活制度的建立是指对一天内的饮食、睡眠、工作学习、体育锻炼、休息等活动做出基本固定的时间安排。规律的生活制度有助于大脑皮质特定兴奋区的兴奋性,保护脑功能,促进免疫系统、内分泌系统、心血管系统等发挥正常功能,维持机体最佳状态,延缓脏器衰老进程,减少疾病发生。

2.选择适合锻炼的时间

《黄帝内经·顺气一日为四时篇》中提出“朝则人气始生,病气衰,故旦慧”,“旦”相当于“寅时”。人体气血昼夜运行,盛衰强弱开阖循环,与宇宙天体运行是紧密呼应的。寅时由于“肺经”气血正兴旺,此时练功人体经络穴道可以更好地顺应宇宙电磁波的共振规律,吸收来自宇宙的能量。某些人天生就适合早上训练,他们早上起来锻炼效果更好;也有人更喜欢晚一点。有意思的是,研究表明不管你觉得你在何时锻炼属最佳状态,事实上,几乎对所有人而言,黄昏前身体更有力量,耐力更强。无氧运动,比如速度跑在黄昏时成绩能够提升5%,而有氧运动能力(耐力)要强大约4%。下午时人的体温处于最高水平,肌肉温暖且柔韧性高,也是肌肉力量最大的时候。此外,人体在下午16:00到19:00之间,体内激素的活性也处于较好状态,神经的敏感性和身体适应能力也最好。因此,专家提倡傍晚锻炼,但在晚间时段,要注意运动强度,强度过高会引起交感神经兴奋,妨碍入睡。

3.运动前的准备活动是必要的

人体在相对安静状态下,各种机能活动水平较低。而在运动时,为了使各器官系统适应紧张的工作状态,必须通过准备活动来提高自身的机能活动水平,克服内脏器官的生理惰性,将心理状态调整到体育运动的情境中来,接通各运动中枢间的神经联系,使大脑皮层达到最佳的兴奋状态,才能使人体有准备地从相对安静的状态逐渐过渡到运动状态。准备活动是否充分直接关系到运动效果,因此正式开展运动前,应当进行一些身体状态适应训练,规律地伸展练习可改进身体柔韧性,促进新陈代谢过程,减少肌肉活动的黏滞性,增加关节的灵活性,可降低运动时受伤的概率。

4.感冒时能否参加体育锻炼

感冒时,人体的机能水平有所下降,如仅有感冒症状,不伴有明显不舒适时,可在症状消失几天后参加正常锻炼;如伴有明显的乏力、肌肉酸痛、淋巴结肿大等症状时,应在病愈后再进行正常的体育锻炼。

5.不要在情绪不好的时候运动

运动是身与心的锻炼。生气、悲伤时,不要到运动场上去发泄。人的情绪直接影响着人体的生理机能,而情绪的变化又源于大脑深部,并扩散至全身,在心脏及其他器官留下痕迹。机体对这些痕迹是有“记忆”的,日积月累,这些“记忆”将影响人体机能的健康。

(二)运动中的卫生与健康

1.运动过程中养成用鼻呼吸的习惯

掌握正确的呼吸方法。环境很重要,应选择空气质量好的环境。同时注意动作与呼吸的

配合：躯体伸展时吸气，屈曲及复原时呼气（当然水中项目除外）。

2.选择最佳运动量

运动量要按照循序渐进的原则来掌握，不可突然加大运动量。正确的方法是动作由简单到复杂，运动量由小到大。例如跑步，速度由慢到快，距离由短到长。选择最佳运动量的方法有：心率评定法、疲劳评定法、指数评定法、库珀评定法、菲克斯评定法、阶段评定法、简便评定法等。由于个体差异，安静心率相差15%～30%，甚至更多，所以选择最佳运动量应根据自己的年龄、性别、体力状况、健康水平、体育基础、生活环境等不同情况。

3.运动时的饮水卫生

运动过程中，消耗大量热能的同时也损失掉大量的水分。当水分丧失过多时，就会影响机体生理机能。但运动过后不应一次性饮水过多，大量饮水后因不能马上吸收，水在胃中存留致稀释胃液，可影响消化和食欲；如继续运动，水在胃中晃动使人不舒服，可能引起呕吐。同时由于大量水分短时间内涌入体内血液循环，可加大心脏负担，血液中多余的水分需由肾脏排出，同时又加大了肾脏负担，进而影响运动效果和健康。

平时饮食中注意补充足够的水分，在锻炼时尽量不喝或少喝水。运动时口腔和咽喉黏膜的水分蒸发，以及唾液分泌减少造成的口渴感并不是体内真正缺水，这种情况下不应多喝水，可以通过漱口以解除渴感。确因水分流失需要补充的，每次150～200毫升为宜，间隔15分钟，以免胃肠中存留过多水分。此外，锻炼中或锻炼后不宜喝凉水，更不要立即喝冷冻饮料。

（三）运动后的卫生与健康

1.整理活动

机体在体育锻炼后所进行的一系列的放松练习及运动后按摩等恢复手段称为整理运动，其目的是消除疲劳、恢复体能、提高锻炼效果。目前，参加锻炼的群体越来越意识到运动后放松的必要性和重要性。

剧烈运动后，整理活动也很重要，可以使肌体由紧张状态逐渐过渡到相对静止的状态，心血管功能恢复正常，帮助排除肌肉内的代谢废物。剧烈运动后不可马上坐下或躺下休息，否则，肌肉节律性收缩停止，肌肉内淤积的血液不能及时流回心脏，回心血量减少，血压降低，可致脑部暂时性缺血，引起头昏眼花、心慌气短、面色苍白，甚至休克等症状。

2.运动后营养的补充

运动后的营养补充非常重要，对下次训练的效果甚至比赛结果有绝对的影响。故运动后的恢复不应该顺其自然，而是要积极主动地补充运动所消耗的营养和能量。有关营养补充相关知识详见“营养与健康”相关章节。

3.运动后的洗浴与健康

运动后洗澡可以除去身体的污垢，保持皮肤清洁卫生，还可以使神经系统兴奋性降低，体表血管扩张，血液循环加快，进而改善皮肤和组织的营养状况，加强新陈代谢，降低肌肉紧张，消除疲劳，提高睡眠质量。通常运动后休息30分钟以上再去洗澡。

（1）温水洗浴，水温不可过高，时间不宜过长，不要超过20分钟。热水浴时间过长，一方面可导致皮肤毛细血管扩张，大量血液进入毛细血管，致回心血量减少；另一方面，大量毛细血管扩张可引起心输出量减少，会导致脑供血不足从而发生晕厥；心肌供血不足，可致心肌缺血、心律失常，表现为心慌、胸闷、胸痛等症状。此时，一定要尽快平卧，并马上通知医生来检查处理。

(2)不要用冷水洗浴,运动后人体体内温度较高,冷水刺激会导致神经系统兴奋性升高,体表血管收缩,心跳加快,肌肉紧张度增加,已呈开放状态的毛孔突然关闭,可造成身体内脏器官功能紊乱,体温调节失常。不利于疲劳的消除,还可能引发感冒、中暑等疾病。

(3)桑拿浴和蒸汽浴使皮肤毛细血管扩张、加快血液循环,从而加速人体内因运动而产生的代谢产物的排泄过程,可以帮助镇静、消除疲劳。但要特别强调的是:运动结束后不要立即进行桑拿浴或蒸汽浴,因为此时人体需要散发掉体内由于运动产生的大量热量,高温高湿环境将影响这一进程,甚至导致热衰竭。因此,运动后至少要休息30分钟以上再进行桑拿浴或蒸汽浴。

(四)女子月经期的体育卫生

至于月经期间能否参加体育比赛的问题,要视运动量和运动强度而定。对以健身为目的的人来说,大可不必在月经期间参加锻炼;对训练水平较差的运动员来说,特别是月经初潮的少女,月经期间不宜参加比赛。因比赛时运动强度大,精神高度紧张,神经系统往往难以适应,易引起内分泌腺的机能失调,导致月经紊乱、痛经或闭经。

体育运动可交替收缩和放松腹肌和盆底肌以起到按摩子宫的作用,利于经血排出。身体健康、月经正常的人,月经期可适当参加体育运动,如打乒乓球、羽毛球、做徒手操等,可以提高和调整神经系统活动。所以,只要不是严重的痛经、经血量过多或有严重的妇科疾病,就不必过于限制其参加体育活动。

总体来看,女子经期参加体育锻炼,应当注意以下几点:

(1)运动的时间不宜过长,适当减轻运动负荷。月经初潮的少女,因月经周期不稳定,负荷不宜过大,要循序渐进,逐步养成经期锻炼的习惯。

(2)运动时,要避免大强度的、剧烈的或振动大的跑跳动作(如长跑、跳高、跳远等),腹压过大的动作和力量性练习也应避免,防止引起经期流血过多或子宫位置改变。

(3)月经期间应避免寒冷的刺激,特别是下腹部不要受凉。

(4)月经期不要游泳。在月经期,子宫口稍稍张开,阴道内酸度降低,宫颈管中的具有自洁作用的黏液栓被排出,子宫内膜血管破裂,内膜脱落,形成了一个剥离的创面,此时下水,会增加感染的机会,病菌可能借机侵入内生殖器官,引起炎症。

(5)如出现痛经(经期下腹部疼痛)或月经紊乱(月经过少、过多或经期不准),月经期间应停止体育活动。

二、环境卫生与健康

"环境"一词含义较为广泛,从医学的角度来说,环境是指人体以外的物质因素和物质条件。它包括人类赖以生存的自然环境,如大气圈、土壤圈、水圈、生物圈和岩石圈;还包括人类生活居住的社会环境。换言之,环境是人类赖以生存的基本条件,人们的一切活动无时无刻不受环境的影响。运动环境是指我们进行体育活动时的外界条件,是自然环境的一部分,如水、空气、运动建筑、场地、运动设备等。因此,它也受自然环境的影响。近年来,伴随着经济的飞速发展,生态环境破坏和污染也不期而至,人们也注意到了环境对人身体健康的影响。因此,获得强身健体、防治疾病的锻炼效果,就必须注意运动的环境卫生。

(一)空气卫生状况

人们在进行体育锻炼时,体内代谢加强,肺通气量增加,如果空气中含有有害成分,人们在运动时吸入体内的有害物质就会比平时多得多,对身体的危害亦更大。因此,应选择空气清新及无空气污染的环境进行锻炼。

(1)运动需要新鲜空气,不宜在人多、通风换气不充分的体育馆或健身房等场所进行体育锻炼,因为环境所限废气在有限空间里不断循环,空气中的二氧化碳含量过多,可令人头晕、运动能力下降,对人体产生不良影响,还容易传播流行性疾病。此外,健身房内一些设施也可成为空气的污染源,比如橡胶地毯、人造胶合板、密度板、家具等。特别是新装修即投入使用的健身场所,很可能存在甲醛超标、空气污染等隐患,不利于进行运动锻炼。

(2)在城市中心,应避开上午或下午交通繁忙的时间,因为此时汽车排出的废气最多,确切地说,交通干道两旁20米内的空气都会受到较重污染。

(3)在有废气排出的工厂附近,应在工厂的上风侧进行体育运动。

(4)不宜在雾或霾中进行体育活动,否则对身体健康会产生不良影响。雾霾是雾和霾的混合物。雾是空气中多余的水蒸气凝结成的小水滴或小冰晶。霾是空气中悬浮的大量细微颗粒物而导致的空气浑浊现象。这些大颗粒物主要是尘土、病菌、细微颗粒物等,共计数百种。雾霾天气会给环境、健康等方面造成负面影响,雾霾中细微颗粒物质,如硫酸盐、硝酸盐、矿物颗粒物、有机气溶胶粒子、汽车废气等,可直接进入并黏附在呼吸道和肺泡中,引起急性鼻炎、急性支气管炎等,长期处于该环境下,甚至会诱发肺癌等恶性肿瘤。

(二)温度

1.高温环境

在高温环境下运动,产生的热量会蓄积在体内不易散发而使体温升高,一旦中枢神经的温度过高,就可能引发一系列的机能失调,甚至死亡。同时,由于机体以大量出汗来进行散热,体内大量水分和无机盐丢失,可导致脱水、热痉挛等病症。

盛夏酷暑,烈日当空,中午前后,气温最高。除游泳外,避免此时锻炼,谨防中暑。锻炼时需要注意以下几点:

(1)避免在强光下锻炼。室外运动时,要避免因日光过度照射而导致紫外线和红外线对人的损害。过量紫外线照射可致局部皮肤毛细血管扩张充血,表皮细胞破坏,释放组织胺类物质,血管通透性增强,使皮肤发红和水肿,甚至出现红斑;还可引起光照性眼炎、光照性皮炎、头晕、头痛、精神异常等症状。紫外线甚至可以透过皮肤、骨头辐射到视网膜、脑膜,使眼球和大脑受损伤。

(2)锻炼时间不要过长,一般以20～30分钟为宜,以免出汗过多,体温过高而引起中暑。若锻炼时间较长,可在中间安排一两次休息。

(3)锻炼后避免大量饮水,因为大量饮水会给循环系统、消化系统增加负担。饮水会导致出汗更多,盐分也进一步丢失,从而引起痉挛、抽筋等症状。

(4)锻炼后不可大量吃冷饮。体育锻炼致大量血液分布于体表和肌肉,而消化系统则处于相对贫血状态。摄入大量冷饮会降低胃的温度,冲淡胃液,轻则引起消化不良,重则导致急性胃炎。

2.低温环境

环境温度过低可使肌肉僵硬,血液黏滞性提高,造成运动损伤;还可造成机体的局部冻伤或全身体温降低。若大脑温度下降,可发生意识丧失,甚至死亡。通常情况下,进行一般体育活动的适宜气温为15℃左右,进行马拉松比赛或训练等大负荷运动时的适宜气温为10℃左右。

肌肉痉挛,即我们常说的“抽筋”,是指肌肉不自主地强制性收缩。最易发生痉挛的部位是

小腿腓肠肌(即小腿肚子),多见于游泳、长跑等运动项目。主要原因有:

(1)寒冷刺激。肌肉受冷刺激后,兴奋性增强,易发生痉挛。

(2)大量出汗。电解质大量丢失,肌肉兴奋性增高。

(3)过度疲劳。机体健康情况欠佳或运动时间过长,肌肉正常功能受到影响亦可发生痉挛。

(4)肌肉连续性过快收缩,放松时间短,收缩与放松不能协调交替,如短跑、自行车运动等。

(三)公共场所卫生

体育运动场所主要涉及体育场(馆)、游泳馆、健身房等。相比之下,有其卫生学特点:

(1)人群密集,流动性大,且多为短暂停留,保洁意识差,卫生管理有一定难度,给疾病传播提供了机会。

(2)物品及设备供公众长期反复使用,极易被致病微生物污染,若不消毒或消毒不彻底,即可因交叉感染而危害人体健康。例如,健身房内健身者通常会选择器械练习,在使用过程中,会与健身器械发生大面积、频繁的身体接触,加上健身时衣着单薄、汗流浃背,会将汗渍、细菌等残留在器械上。当健身者离开后,会有下一个人接触器械,就会造成细菌的传播。人在运动中呼吸加快、毛孔张开,更容易被细菌侵害。另外,公共浴池或游泳馆提供的毛巾、浴巾、浴衣、拖鞋等不洁可传播性病、皮肤病等。

(3)从业人员素质参差不齐,流动性大,卫生制度落实和卫生监督较为困难。这些都是运动卫生所面临的问题。

运动场地或水质要清洁,土壤或水中不应含有较多致病菌。原因是当人体与其直接接触时,特别是在皮肤有破损的情况下,极易受到病菌感染,导致伤口化脓或黏膜发炎。游泳池、公共浴池乃至温泉浴场的水是最易受到污染的,除拥有公共场所的共性特点外,温水也十分有利于细菌滋生并繁殖。游泳者在游泳过程中,其皮肤污垢、汗液甚至尿液均可导致池水受到污染,造成疾病传播,如脚癣、流行性出血性眼结膜炎、传染性软疣、性病、肠道传染病及一些借水传染病的传播。

①田径场地:跑道坚实、平坦有弹性,无灰尘且保持一定湿度。

②游泳池:水质符合卫生部门要求,浑浊度不大于5度,水质透明,在静水时应可看到池底的任何地方。水中含氯量应达到0.3~0.5 mg/L。为了保持池水清洁,游泳前必须全身淋浴,并通过消毒池后进入游泳池。此外,游泳池的深水区要有明显标记。到江河湖海等室外场所游泳时,必须事前查清水质,是否有传染病菌,并注意水深,水的流速以不高于0.5 m/s为宜,不要单人去游泳。

③室内运动场馆:采光和照明要充足,光线柔和、不眩目,不能过于狭窄,球场或跑道周围要留有一定的余地。木制地板应平坦坚固,没有木刺和裂缝,无碎石杂物等,场地不可过硬、过软或过滑,否则会影响运动水平的发挥,甚至可能造成意外伤害事故。

④球类场地:篮球、排球、网球场地要平整,硬度适中,不应有浮土,球场周围应有余地。足球场地应平坦、整洁无杂物,最好铺有草皮。

⑤滑冰场:冰面必须平坦,冰场整洁无障碍物。天然冰场的冰层厚度不应少于10厘米,人工冰场厚度应在15厘米以上,滑冰人数不宜太多,并注意向同一方向滑行。夜间滑冰场地,灯光一定要充足均匀。

(四)运动服装与器材

运动服装应符合运动项目要求,既有利于身体活动,又能防止运动创伤,具有吸湿性、透气性。越野跑和马拉松比赛时最好穿旧鞋及运动服,避免发生足部水泡和皮肤擦伤。夏季,应着质轻、透气、宽松和色淡运动服装。冬季,室外运动服装要保暖且不防碍动作的完成。运动后潮湿的衣物应立即换掉,避免受凉感冒。

运动器械安装得当,坚固,定期检查维修,防止生锈以及连接处脱落。器械旋转应保持一定距离,避免练习时发生碰撞、受伤。

三、饮食卫生与运动

体育锻炼应当注意饮食卫生,否则会严重影响锻炼者的身体健康。因为运动时消化系统的功能处于相对的抑制状态:大量血液进入运动器官,消化器官内的循环血量相对减少,胃液分泌减少。运动前后进餐不合理,必然影响食物的消化和吸收,甚至造成消化不良或其他消化道疾病。体育锻炼可促进消化器官的功能,但应注意以下几点饮食卫生要求,否则会引起慢性肠胃疾病。

(一)运动时的注意事项

1.注意饮食卫生

忌不洁饮食,尤其是夏季,不要吃变质食品,生吃瓜果要洗净。如发现变质,要坚决扔掉,禁止食用,因为被污染变质的食品中含有大量的细菌和细菌毒素,对胃黏膜有直接破坏作用。取自冰箱的食物,一定要烧熟煮透后再吃。

2.饮食规律

按时吃饭,使消化系统有规律地工作,勿过饥过饱,应少食多餐。胃肠功能减退者,每日以四餐或五餐为佳,每餐以六七成饱为好。注意糖、脂肪和蛋白质的比例,注意补充维生素。不要乱吃零食,否则破坏了消化器官的规律性活动,到了吃饭的时间,消化机能反而下降,这种情况下,若勉强进食也难以消化。

3.饮食习惯

少吃或不吃烟酒辛辣刺激食物:乙醇能溶解胃黏膜上皮的脂蛋白层,对胃黏膜有较大的损害;尽量少吃芥末、辣椒,胡椒、咖啡、浓茶等对胃黏膜有刺激作用的食物或饮料;忌过冷、过热、过硬的食物和饮料,因其可导致胃痉挛,胃内黏膜血管收缩。尤其饭后和运动后不要大量吃冷食。冷食会使肠胃血管突然收缩,致供给肠胃的血液突然减少,使消化受到阻碍,结果食物难以消化,日久就免不了患上肠胃疾病。

4.体育锻炼与合理的进餐时间

(1)不可空腹运动:空腹时间过长会出现血糖降低,神经肌肉振颤增强,导致注意力不集中、头晕、心慌等现象。

(2)运动前后50分钟内不要吃饭,可适当补充水分。餐后休息2.5小时再进行激烈运动比较适宜。饮食与运动时间也不宜间隔太长,如餐后4～5小时,可出现饥饿感或血糖下降,人体的运动能力受到影响,对蛋白质的消耗也增加了。

(3)运动中提倡少量多次的饮水方式,不可一次性大量饮水。

(4)运动结束后消化系统的功能尚处于抑制状态,不宜立即进食,应运动后休息30分钟以上再进食。大量运动后应当休息45分钟以上,因运动后会产生饥饿感,用餐时注意不可暴饮暴食。

(5)类似马拉松这类长时间运动等饮食卫生相关知识参见“营养与健康”章节。

(二)不同体育运动项目的营养特点

1.速度性运动

田径中的中短程跑、短距离自行车赛、短距离速度滑雪、篮球和足球运动中的快速奔跑、短距离游泳等都属于速度性运动。此类运动机体的能量代谢特点:运动过程中高度缺氧,能量来源主要靠糖原的无氧分解供能,短时间内形成的酸性代谢产物在体内堆积,肌肉、血液和神经系统均受到很大影响。根据速度性运动的能量代谢、机体反应等特点,营养供给主要考虑易吸收且富含糖、维生素 B_1、维生素 C、磷和蛋白质的食物。多吃蔬菜、水果、牛肉等碱性食物,增加体内碱储备量,以免运动过程中酸性物质堆积过多致机体运动能力下降,才能更好地维持神经系统的兴奋与抑制过程。

2.力量性运动

较大的力量和较强的爆发力是力量性运动最基本的要求,因此蛋白质的需要量较大,同时也应保证碳水化合物、钙、铁、维生素 B 和维生素 C 的供应。

3.耐力性运动

运动时间长,体力消耗大是其特点,包括马拉松、田径中的长跑、长距离游泳、长距离滑雪、长距离骑自行车、长时间进行足球与篮球运动等项目。其能量代谢的特点是:有氧代谢,能量主要来源是糖原的氧化。故体内糖原贮备量决定了耐力活动的能力。参加耐力性运动时,为保证体内有充足的糖原储备,应选择含糖充分的食物。另外,耐力性运动对人体呼吸和循环系统机能能力要求较高,而血红蛋白对运输氧气有重要作用,因此,要保证血红蛋白维持在较高的水平上,必须保证摄入足够的蛋白质、维生素 B_1、维生素 C、无机盐(尤其是铁)。

4.灵巧性运动

此类运动对身体的协调性要求较高,运动中神经系统高度紧张,能量消耗不高。体操、跳水、跳高等项目的运动员为完成复杂的高难度动作,还要控制体重和体脂的水平,因此,膳食中应有充足的蛋白质,蛋白质提供的热量占总热能的 12%～15%。控制体重期间,蛋白质供给量可增加为总热能的 15%～20%。膳食中脂肪的热量供给量不可过高,保持在总热能的 30% 左右即可,以免影响体重或体脂。

5.球类运动

球类运动对速度、耐力、力量、灵敏度等综合素质要求较高,因此营养要求较全面,但在比赛间歇不应进食,可饮用含维生素 C、葡萄糖或水果酸的饮料。

6.游泳运动

该运动能量消耗较大,散热量增加,故应选择富含脂肪、维生素的食物,有利于保持体温和保护皮肤。根据游泳距离的长短,参照速度性运动和耐力性运动调整饮食结构即可。

参考文献

[1]裴海弘.体育[M].北京:人民卫生出版社,2018.
[2]杨克敌.环境卫生学.[M].8 版.北京:人民卫生出版社,2017.
[3]孙维增,李健宁,龚剑.新编大学生体育与健康[M].北京:北京理工大学出版社,2016.
[4]李立明.公共卫生与预防医学导论[M].北京:人民卫生出版社,2017.

第六节　运动处方与健康

人在运动前，应该进行对人体基本情况的评估与筛查，尤其是特定人群（如老人、小孩、病患等），再根据评估结果制订相应的运动处方，以促使其达到更好的锻炼效果，所以有必要简单了解关于运动处方的相关基础知识。本节将介绍运动前为什么要进行评估与筛查、制订运动处方的好处有哪些、制订运动处方要遵循哪些要素等。

一、运动处方概述

（一）运动处方简介

运动处方（exercise prescription）是由运动处方师、运动健身指导人员、康复治疗师、社会体育指导员或医生等专业人员依据参加体育活动者的年龄、性别、个人健康信息、医学检查、体育活动的经历，以及心肺耐力等体质测试结果，用处方的形式，制订的系统化、个性化的体育健身活动指导方案。

1.运动处方的特点

（1）系统化：运动处方的基本成分包括运动目的、运动方式、运动强度、每次运动持续时间、运动频率、能量消耗、运动目标和注意事项；强调系统性、有计划地进行全身运动。

（2）个体化：针对每个人的年龄、健康状态、体力活动现状、有无疾病或危险因素的存在等具体情况，以及运动目的等来综合判断、制订运动处方。

（3）安全有效：按照运动处方有计划地进行健身锻炼，能够明显获益和减少运动伤病的发生率，有效提高身体机能，达到预防和治疗某些慢性疾病的目的。

2.运动处方的分类

（1）根据运动处方对象分类：

①康复治疗性运动处方：针对常见慢性疾病、慢性损伤、功能障碍，常作为疾病的辅助治疗手段。

②预防健身性运动处方：主要用于具有慢性疾病风险的中老年人，以提高身体机能、预防和延缓慢性疾病为目的。

（2）根据运动处方锻炼作用分类：

①心肺耐力运动处方：采用有氧运动方式，以提高心肺耐力为目的。

②力量运动处方：采用抗阻练习方式，以提高肌肉力量和耐力为目的。

③柔韧性运动处方：以改变身体柔韧性和平衡能力为目的。

3.运动处方适用人群

①健康人群：要区分年龄段、性别、环境、生理状态等因素。

②慢性疾病风险人群：要区分高血压、糖代谢紊乱、肥胖、血脂异常、骨质疏松症等症状。

③慢性疾病人群：要区分冠心病、高血压性心脏病、慢性阻塞性肺疾病等多种临床疾病症状。

④残疾或有特殊健康状况的人群。

(二)运动处方的要素

1.运动目的(purpose)

运动处方与普通的体育锻炼不同,其有很强的针对性以及很明确的目的,因此,在制定运动处方时应首先明确运动目的,根据运动目的制订出合理的运动处方。常见的运动目的包括:提高心肺耐力、控制体重、增肌减脂、塑形健美、提高体质水平、各种慢性疾病的早期预防与控制等。

2.运动频率(frequency)

运动频率(每周执行运动计划的天数)对促进或保持体质健康至关重要。多数成年人的推荐运动频率是每周至少 5 天中等强度的有氧运动,或每周至少 3 天较大强度的有氧运动,或每周 3～5 天中等和较大强度相结合的运动。

3.运动强度(intensity)

运动强度是运动处方的核心要素,其与获得的健康收益有着明显的量效关系,需要根据运动处方对象的具体情况(如心肺耐力水平、年龄、健康状况、生理差异、基因、日常体力活动、运动习惯、社会和心理等因素)和期望达到的运动目标,确定适合运动处方对象的个体化运动强度。一般来说,运动强度可根据最大摄氧量的百分比、代谢当量、心率、自觉疲劳程度和无氧阈等指标来确定。

(1)最大摄氧量(maximum oxygen consumption, VO_{2max}):单位时间内最大耗氧量,是心肺耐力的标准测试指标,实践中常用这一指标的相对值[mL/(kg・min)]或绝对值(L/min)或(mL/min)表示,以便在不同人群之间进行有效的比较。国际上通常采用最大摄氧量的百分比(%$VO_{2\,max}$)来表示运动强度。

(2)最大心率百分比(%HR_{max}):HR_{max}是在最大强度运动负荷实验中测得的最大值,也可根据公式推测。目前推荐 60%～80%HR_{max}的强度为有氧训练强度(表 3-6-1)。

表 3-6-1　各种最大心率百分比测算方式

公式创建者	公式	适用人群	
Fox(19)	HR_{max}=220－年龄	少部分男性和女性	170
Astrand((9)	HR_{max}=216.6－0.84×年龄	4～34 岁男性和女性	
Tanaka(48)	HR_{max}=208－0.7×年龄	健康男性和女性	173
Gelist(21)	HR_{max}=207－0.7×年龄	所有年龄段和各种体质水平的成年男女	172
Gulati(23)	HR_{max}=206－0.88×年龄	运动负荷试验中无征状的中	162

此外,也可用公式计算出运动中允许达到的靶心率,两种计算结果类似。对有心脏病的患者和老年人,靶心率应适当降低。

靶心率=180－年龄

靶心率=(年龄预计最大心率－安静心率)×(60%～80%)+安静心率

(3)代谢当量(metabolic equivalence, MET):一种表示相对能量代谢水平和运动强度的重要指标,1MET=3.5 mL/(kg・min),相当于成年人安静、坐位时的能量代谢率。一般认为,MET 值为 2～7 的运动强度适宜有氧耐力训练(表 3-6-2)。

表 3-6-2 各种运动对应的代谢当量

活动类型	安静部分	水平运动部分	垂直运动部分	限制
走路	3.5	0.1×速度	1.8×速度×坡度	速度在 50～100 米/分之间
跑步	3.5	0.2×速度		速度＞134 米/分最准确
登台阶	3.5	0.2×每次登台阶次数	1.33×[1.8×台阶高度(米)×每分钟登台阶次数]	登台阶速度在 12～30 步/分时最准确
下肢自行车	3.5	3.5	(3.96×功率)÷体重(千克)	功率在 25～125 W 之间最准确
上肢自行车	3.5		(6.6×功率)÷体重(千克)	功率在 25～125 W 之间最准确

(4)自我感知运动强度分级量表(rating of perceived exertion，RPE)：由受试者主观报告疲劳程度，与前述客观检查和计算的各项指标有良好的相关关系，可用来表示有氧耐力训练的运动强度。RPE 分级量表中有点累(11)和累(15)级分别相当于 60%～90% HRmax 范围，因此 RPE 量表中 11～15 级为推荐运动强度(表 3-6-3)。

表 3-6-3 各种自我感知主观疲劳等级表

分级	6	7	8	9	10	11	12	13	14	15	16	17	18	19	20
主观感觉	非常轻松		很轻松		有点累		稍累		累		很累		非常累		无法坚持

(5)无氧阈(anaerobic threshold，AT)：无氧阈是指机体运动过程中清除无氧代谢产物乳酸的能力不能满足机体运动的需要，使乳酸在血液中累积超过某一程度，达到酸中毒时的功率水平或需氧量水平(分别有乳酸无氧阈和通气无氧阈)。说明机体无氧代谢供能逐渐占优势，运动强度较大，所以，有氧耐力训练要以低于无氧阈的水平进行。可通过测定呼吸商和血乳酸水平来确定无氧阈。

4.运动方式(type)

为了促进健康和提高心肺功能(cardio-pulmonary function，CRF)，建议所有成年人都进行有节律的、大肌肉群参与的、所需技巧较低的、至少是中等强度的有氧运动。大肌肉群参与的活动，如步行、慢跑、游泳、骑自行车、越野滑雪、滑冰、舞蹈等，都是可选择的有氧耐力训练的运动形式，但对年老体衰者，或有残疾妨碍从事上述活动者，力所能及的日常体力活动同样可产生有益的作用。

5.运动时间(time)

运动时间指每次运动的持续时间(单次运动时间)，反映了运动处方对象承受的运动量的大小。对大多数成年人推荐的运动时间是：每天进行 30～60 分钟的中等强度运动，或每天 20～60 分钟的较大强度运动，或中等和较大强度运动相结合的运动。对于静坐少动人群，即使每天的运动时间不足 20 分钟，对健康也是有益的。推荐的运动时间可以一次完成，也可以一天累计完成，但是每次至少持续 10 分钟。

6.运动总量(volume)

运动总量指完成运动的总数量，是由运动频率、运动时间共同组成。运动总量可以用运动的总时间、总距离、总重量等表示。运动总量对促进体质与健康的重要作用已被证实。它对身体成分和体重控制的重要性尤为突出。可以用运动总量来估算运动处方的总能量消耗。运动总量的标准单位可以用 MET-min/wk(每周多长时间)和千卡/周表示。对大多数成年人推荐的运动总量是 500～1000 MET-min/wk。

7.运动进度(progression)

运动进度取决于运动处方对象的健康状况、体质水平、训练反应和运动计划的目的。专业人员在实施运动处方时,可以通过增加运动处方的 FITT 原则[频度(frequency)、强度(intensity)、时间(time)和类型(type)]中运动处方对象可以耐受的一项或几项内容来达到目的。推荐给一般成年人的较合理的进度是在计划开始的 4～6 周中,每 1～2 周将每次运动的时间延长 5～10 分钟。当运动处方对象进行有规律的锻炼至少 1 个月之后,在接下来的 4～8 个月逐渐增加运动的频率、强度和时间,以达到最佳的健身效果。

8.制订运动处方的注意事项

每一个运动处方都应该包括执行该处方时应该注意的事项,可包括但不局限于以下事项:

(1)做好运动风险提示与医务监督。

(2)根据个人情况确定最佳运动时间段。

(3)做好充分恰当的运动前热身及运动后的放松拉伸。

(4)根据个人情况给出终止运动的指征。

(5)服装、场地、环境要求。

(6)饮食配合。

(7)微调整:观察运动后的不良反应,如过度疲劳、严重的肌肉酸痛、关节疼痛、肌肉拉伤等,若运动处方对象无法耐受运动计划时应及时调整运动计划,降低运动量,避免出现骨骼肌肉损伤、心血管事件、肺部损伤等。

二、运动处方前的测量与评价

(一)运动前健康筛查与运动前评估

运动是追求健康的有效途径,但它是把“双刃剑”,不合理的运动、不同的个体运动可能会发生不同程度的伤害(如皮肤擦伤,肌肉、韧带的拉伤,关节脱位,骨折,心肌梗死,运动性猝死等),所以进行运动前健康筛查是十分有必要的。筛查可以增加运动中的安全性,对运动风险进行评估,有助于制订有效的运动处方。

1.体力活动(physical activity,PA)的测量与评价

(1)加速度计:一种准确度较高的体力活动测量方法,原理是收集个体每秒钟位置信息及每秒钟的“速度—动作”数据。这些设备可以提供活动频率、持续时间、活动地点等信息。

(2)体力活动问卷:自我报告的体力活动问卷是早期研究中评价生活体力活动最为常用的方法[如国际体力活动量表(international physical activity questionnaire,IPAQ)长卷和短卷],其优点主要是成本低、操作方便。问题通常包括一段确定时期内的活动时间、频率、类型等,包括人们在休闲娱乐、工作场所和交通中的体力活动。

(3)直接观察法:通过有训练的观察者记录运动参与者某一特殊时间内的体力活动信息。适用人群是认知能力低、佩戴设备依从性差的人,主要集中在儿童少年、幼儿和老年人。

2.体质健康测量与评价

体质即人体的质量,它是在遗传性和获得性基础上表现出来的人体形态结构、生理功能和心理因素的综合的、相对稳定的特征。体质包含的内容有身体发育的水平、身体的功能水平、身体的素质及运动能力水平、心理的发育水平和适应能力。

(1)体格:身体整体及各部位的长度、宽度、围度、厚度和质量。

(2)身体成分:人体组成学;五层次模型(元素、分子、细胞、组织器官、整体);人体脂肪成分的测量。

(3)体型:对人体形态的总体描述和评定。希尔顿分类法:胚层体型或圆胖型;中胚层体型或肌肉型;外胚层体型或瘦长型。

(4)身体姿态:身体各部分在空间的相对位置,反映了人体骨骼、肌肉、内脏器官、神经系统等各类组织器官的力学关系。

(5)身体的生理生化功能水平:包括机体的新陈代谢状况和各器官、系统的效能等。

(6)身体素质(运动素质):人体在从事体力劳动或体育运动时,各器官系统表现出的各种机能能力,主要包括速度、力量、耐力、灵敏和柔韧性等方面。

(7)运动能力:人体在运动时所表现出来的能力,具体又可以划分为一般运动能力和竞技运动能力。前者主要是指人们在日常生活、劳动及一般运动中所表现出来的走、跑、跳、投掷、攀登、爬越等基本能力,后者则是为了完成某项竞技比赛所具备的运动能力。

(8)心理的发育水平:包括智力、情感、行为、感知觉、个性、性格、意志等方面。

(9)适应能力:包括对自然环境、社会环境、各种生活紧张事件的适应能力,对疾病和其他有碍健康的不良应激源的抵抗能力等。

3.心肺耐力的测试与评价

心肺耐力的测试是为了了解自身健康/体适能状况,与同年龄、性别人群标准健康状况之间的差别,为制订个性化运动处方提供相关数据。通过收集基线和运动后数据,用于评价受试者参加运动干预后的变化。

心肺耐力的评价指标——最大摄氧量(VO_{2max}),是指在极量运动(力竭状态)下,呼吸循环功能达到最高水平时,单位时间所能摄取和利用的最大氧量。测试的注意事项:禁忌餐后马上测试及空腹测试;测试前 24 小时内禁忌从事大强度运动、禁忌酒精饮料,避免使用影响心率的药物;测试前 12~24 小时内禁用含咖啡因的食物;一般运用台阶试验或是功率自行车试验测试。

4.平衡、柔韧和反应的测评

(1)平衡:身体所处的一种姿态,以及在运动或受到外力作用时能自动调整并维持姿势的一种能力。测试分为静态平衡能力测试和动态平衡能力测试。静态测试方法有睁眼单腿站立测试、闭眼单腿站立测试闭眼软垫站立测试;动态测试方法有站立前伸触够测试,Y-平衡触够测试,直线行走测试,足跟、足尖行走测试,原地转圈测试,跳跃测试等。

(2)柔韧性:关节在其移动范围内的最大活动能力。柔韧素质包括两个方面的含义:一个是关节活动幅度的大小,另一个是跨过关节的肌肉、肌腱、韧带等软组织的伸展性。按运动学特征,柔韧素质又可分为动力性和静力性柔韧素质两大类。决定柔韧素质的因素有运动器官构造,包括关节骨结构,筋膜或关节囊,关节周围组织的体积大小,跨关节的韧带、肌腱、肌肉和皮肤的强弱与弹性,运动过程中对抗肌之间协调性、压力及肌肉张力,年龄,怀孕及性别,损伤,身体温度,职业等。

柔韧性测试的类型有支撑体重和去体重(双侧和单侧),主动关节活动度(active range of motion,AROM)和被动关节活动度(passive range of motion,PROM),一般采用中立位(解剖位零起点）。测试的部位有后链（站姿和坐姿体前屈），前链（站姿和俯卧后仰），螺旋链（站姿和坐姿转体），侧链（侧屈），髋关节（屈、伸、旋转），肩关节（屈、伸、旋转），颈椎（屈、伸、旋转）等。

（3）反应（reaction）：由事件所引发的应答，反映这种应答能力的指标主要为反应时（指当看到或听到一个刺激后，到他/她肢体启动时的时间间隔）。反应速度阶段构成分为三个：一是对外在刺激的认知阶段（视觉、听觉、皮肤感觉）；二是对外在刺激的动作选择阶段（外在刺激不确定因素、应对动作的可选择数目、外在刺激和应对动作的匹配程度）；三是编程阶段（技能的复杂程度、动作正确性的需求程度）。反应的测试有简单应时测试（手反应时、足反应时），选择性反应时测试。

（二）功能动作筛查与肌肉力量测试与评价

1.动作功能筛查

功能性动作筛查（functional movement screen）是由 Gray Cook 等设计的一种身体功能评价方法，是一种革新性的动作模式评价系统，它简便易行，由 7 个动作构成，可以广泛用于各类人群的基本运动功能的评价。

（1）深蹲：用于测试髋关节、膝关节、踝关节的活动度和两边是否对称。将横杆举过头顶用于测试肩关节和脊柱的两侧肌肉链的对称性。

（2）跨步：用于测试髋关节、膝关节和踝关节两侧动力链的灵活性和稳定性。

（3）直线弓步蹲：用于测试踝关节和膝关节两边的活动度和稳定性。

（4）肩关节灵活性：综合测试评价肩关节内旋、后伸及内收能力。

（5）直腿主动上抬：评价腘绳肌与比目鱼肌的柔韧性、保持骨盆稳定性和异侧腿的主动伸展能力。

（6）躯干稳定俯卧撑：主要测试人体躯干的稳定性，同时直接评估上肢推举的力量。

（7）旋转稳定性：旋转稳定性测试是评价受测试人员神经肌肉的协调能力，以及动力链转换能力。

2.肌肉力量测试与评价

（1）青少年肌肉力量测试与评价：上肢力量测试包括俯卧撑和引体向上；下肢力量测试为立定跳远；躯干力量测试为屈膝卷腹；全身力量测试为前推实心球（2 千克）、后抛实心球、侧抛实心球。

（2）成年肌肉力量测试与评价：上肢力量测试包括握力、俯卧撑、引体向上、卧推；下肢力量测试为立定跳远、垂直纵跳、深蹲；躯干力量测试为屈膝卷腹、平板支撑、侧向支撑；全身力量测试为前推实心球（男 3 千克、女 2 千克）、后抛实心球、侧抛实心球。

（3）老年人肌肉力量测试与评价：上肢肌肉力量测试与评价为 30 秒手臂弯曲测试；下肢肌肉力量测试与评价为 30 秒坐站测试。

（三）身体功能障碍筛查与评估

选择性功能动作评估（selective functional movement assessment，SFMA）是专门为治疗肌肉骨骼问题的医疗专业人士设计的一个标准化的评估和诊断体系。SFMA 从动作模式入手，帮助治疗师发现看似与患者主诉毫不相关的功能动作缺陷，它让治疗师不再仅仅关注局部的疼痛，而是将整体的功能性动作、区域相互依存的原理、神经发育学原理考虑进来，帮助找到疼痛根源，再进行针对性治疗和训练，而这恰恰是彻底解决患者肌肉骨骼疼痛的关键。SFMA 对全世界的康复治疗有着重大的临床意义。

三、运动处方的制订

(一)心肺耐力运动处方的制订

心肺耐力(有氧耐力)运动处方的制订需要注意以下几个方面:

(1)明确目的:提高心肺耐力(规律的、有强度的、持续的、有氧运动)。

(2)合理进度安排(适应阶段为2～4周;提高阶段为4～8周;维持阶段为8周以后),循序渐进。

(3)阶段性运动成果的检验(运动前基线水平的测试;提高阶段结束后相同各项指标的重复测试比较;维持阶段再次测试各项指标),进行动态修正。

1.有氧运动方式推荐

为了促进健康和提高心肺机能,建议所有成年人都进行有节律的、大肌肉群参与的、所需技巧较低的、至少是中等强度的有氧运动。对于其他需要技巧和体适能水平较高的竞技运动,仅仅推荐给那些拥有相应技巧和体适能水平的人。

2.运动强度

在运动中应达到和保持的心率称为靶心率(target heart rate,THR),设定方法:

(1)最大心率(HR_{max}):

$$HR_{max}=220-\text{年龄或}\ 206.9-0.67\times\text{年龄}$$

(2)靶心率:

$$THR=(HR_{max}-\text{安静心率 HR})\times(60\%\sim80\%)+\text{安静心率 HR}$$

(3)有氧运动强度推荐:中等强度到较大强度有氧运动;健康状况不好的个体进行小强度到中等强度有氧运动。间歇训练:一次训练课中包含多种不同运动强度的练习,每两次练习之间有固定的间歇阶段。

3.运动频率和时间

每周至少5天中等强度的有氧运动,或每周至少3天较大强度的有氧运动,或每周3～5天中等和较大强度有氧运动的组合。

每周至少150分钟中等强度有氧运动,或每周至少75分钟较大强度有氧运动;每天至少30～60分钟中等强度的有氧运动;或每天至少20～60分钟较大强度有氧运动;或每次至少10分钟中等强度的有氧运动,每天3次。

4.运动量

运动量=运动时间×运动强度×运动频率;大多数成年人的合理运动量是每周500～1000 MET-min;相当于每周消耗1000千卡的运动;或每周150分钟的中等强度运动;或每天步行5400～7900步(计步器)。

5.运动进度

运动计划的进度取决于运动者的健康状况、体适能、训练反应和运动计划的目的;推荐给一般成年人的较合理的进度是在计划开始的4～6周中,每1～2周将每次训练课的时间延长5～10分钟。当运动者规律锻炼至少1个月之后,在接下来的4～8个月里(老年人和体适能较低的人应延长时间),逐渐增加运动频率、时间和强度,达到指南推荐的数量和质量。

(二)力量练习运动处方的制订与实践

1.力量运动处方制订的目标和原则

(1)力量练习的重要性:力量是人体一切活动之本,是人体其他活动能力的基础。力量训练适合各个人群,包括老年人、幼儿、青少年、慢性疼痛患者、康复人群等。

(2)力量运动处方的目标:提高生活质量,减缓衰老;降低日常生活中各种体力活动的生理应激;有效管理、缓解、预防慢性疾病;预防和减轻心理抑郁、焦虑,增强活力和缓解疲劳。

(3)力量运动处方中的 FIRST-VR 原则:FIRST-VR 原则包括 F——运动频率(frequency)、I——运动强度(intensity)、R——练习次数(repeat)、S——练习组数(set)、T——间歇时间(time)、V——运动总量(volume)、R——运动节奏(rhythm)。

(4)力量训练中的注意事项:

训练前要进行风险评估,把练习动作质量放在首位,循序渐进,训练要全面性和多样化,将抗阻力量和功能性力量训练相结合,与其他训练形式相结合。在进行训练之前,首先要拥有动作能力。

2.抗阻力量运动处方

抗阻力量运动处方特指肌肉在克服外来阻力时进行的主动运动。抗阻运动阻力的大小根据健肢肌力而定,以经过用力后能克服阻力完成运动为度。阻力可由他人、自身的健肢或器械(如杠铃、哑铃、壶铃、沙袋、弹簧、橡皮筋等)提供。

(1)运动频率:每周对每一个大肌群训练两次或三次。人体主要大肌群:股四头肌、股二头肌、臀大肌、小腿三头肌、背阔肌、胸大肌、三角肌、肱二头肌、肱三头肌等。

(2)运动强度:初学者以 60%~70% 1RM(中等到较大强度)间歇训练提高力量,有经验的力量练习者以 80% 1RM(较大到大强度)提高力量,老年人以 40%~50% 1RM(低到较低强度)为起始强度提高力量,久坐人群以 40%~50% 1RM(低到较低强度)为起始强度,可能也对力量增加有益。以<50% 1RM(低到中等强度)增加肌肉耐力,老年人以 20%~50% 1RM 提高爆发力。

(3)运动时间:不同身体条件的人运动时间不同,运动时间与运动能力呈正相关,运动时间和练习负荷呈负相关,一般推荐力量练习时间为 20~60 分钟。

(4)运动方式:推荐进行包含大肌群的力量练习,推荐所有人进行多关节运动,它不仅动用超过一个大肌群,并且能同时训练到主动肌、协同肌、稳定肌和拮抗肌。有效的组间休息为2~3 分钟,两次训练之间的休息时间取决于训练的强度和量,建议同一肌群练习之间应至少休息 48 小时。

①下蹲系列:深蹲、前蹲、分腿下蹲、单腿下蹲。

②硬拉系列:硬拉(传统硬拉)、直腿硬拉、单腿硬拉。

③卧推。

④上肢水平推举系列练习。

⑤垂直上拉练习。

⑥水平上拉练习。

(5)运动总量—重复次数:推荐大多数成年人以 8~12 次重复的负荷提高力量和爆发力。中老年人开始进行练习时,以 10~15 次重复的负荷有效提高力量。

(6)运动总量—组数:推荐大多数成年人以 2~4 组重复提高力量和爆发力,仅 1 组练习也是有效的,尤其是对老年人和初学者。

(7)运动进阶:增加阻力、增加练习组数、增加每组的重复次数、增加每周运动频率。

(8)一次力量训练课的组成:

①热身活动:至少5～10分钟小到中等强度的心肺和肌肉耐力活动。

②训练内容:20～60分钟力量练习。

③拉伸:至少10分钟的拉伸活动,主要针对本次训练的肌肉。

(三)柔韧性运动处方的制订与实践

1.柔韧性处方

(1)呼吸训练(膈肌主导腹式呼吸):

①腹式呼吸评估。

②90-90-90(髋,膝,踝)。

③鳄鱼式呼吸:用鼻吸气,缓慢而自然地吸气(3秒),吸气时向侧下方胸廓扩张;然后一个短暂的停顿(1～2秒);用鼻或嘴缓慢呼气(4～6秒);然后一个较长停顿(2～3秒);开始下一个呼吸周期。

(2)软组织梳理+关节松动:关节松动技术是治疗者在在关节活动允许的范围内完成手法操作技术,属于被动运动范畴,用于治疗关节功能障碍,如疼痛、活动受限或僵硬。基本方法:摆动、滚动、滑动、旋转、分离和拉伸。

(3)动态拉伸:动态拉伸的动作常常是集平衡、稳定、协调、伸展于一体,在完成伸展练习的同时,使机体的其他能力得到同步提高,提高或激活了稳定关节小肌群的能力,提高了运动过程中各关节的稳定性(joint homeostasis),提高了预防运动损伤的能力。动态拉伸包括滚翻、各种爬行、足跟走、足外侧走、转腰、转肩、燕式平衡、深水炸弹、俯卧(单手支撑、向内旋转)、多方向跨步(前、左、右)、盘腿半蹲、爬虫练习、胸段拉伸扭转练习等。

(4)摆动性牵拉(冲击性伸展):有节奏的、速度较快的、幅度逐渐加大的多次重复一个动作的拉伸。动力性伸展的目的是通过完成某些特定运动来增加肢体的活动范围。

优点:一些文献提倡在比赛前或在极限强度运动前即刻使用摆动伸展。包含摆动伸展在内的准备活动,对参赛选手增加肌肉和身体温度、增加肌肉间的血流量以及使运动中具有特殊作用的肌肉做好准备等方面有重要意义。

缺点:由于练习是动态的,相当突然,练习产生的肌肉张力相当于静力伸展的2倍,因此可能引起肌肉酸痛、疼痛,甚至肌肉损伤。

在运用该方法时用力不宜过猛,幅度一定要由小到大,先做几次小幅度的预备拉长,然后加大幅度,从而避免拉伤。每个练习重复10～15次(重复次数可根据专项需要而增加)。

(5)静力拉伸:通过缓慢的动作将肌肉、韧带等软组织拉长到一定程度,并保持静止不动状态的练习方法。

优点:静态拉伸是一种非常有用的增加关节活动范围、增加肌肉柔韧性的方法。静力伸展时肢体运动幅度小,因而牵张反射被抑制。静态伸展练习可以在任何地点进行,不需要教练的帮助,一般也不需要特殊设备。

缺点:静力拉伸可使神经系统的兴奋性下降,过长时间的静力牵伸会使肌肉的温度降低,过度的静力拉伸可使肌肉力量下降,从而影响运动的表现力。

实际应用:运动员应当尽可能每天至少进行两次静态伸展练习,最重要的是在训练结束后和比赛结束后。牵伸练习必须在身体微微发热的基础上进行。在比赛期间,如果运动员感到肌肉酸痛或刺痛，解决问题的第一步，就是求助于静态牵伸疼痛的肌肉或肌群。

注意区别肌肉的酸痛和肌肉拉伤。如果是酸痛，在伸展的过程中则会逐渐减轻、缓解；如果疼痛在持续牵张过程中并不减轻甚至加重，则可能是肌肉拉伤，应立即停止练习并采取相应的治疗措施。牵张持续时间为20秒～1分钟，间歇1分钟，重复两三次为一组，每周练习5～7次。练习时间的长短、重复组数的多少，以及每天进行牵伸练习的次数，可根据负荷大小而定。

(6)被动拉伸：须借外力完成的牵拉，这对提高运动员的关节活动范围特别有效。

注意事项：练习者应该动作缓慢，自己有所控制；被动拉伸运动给予肌肉微微拉紧的感觉，并非疼痛感；运动员和协助者应即时交流，保证伸展运动的安全和适量；在练习中，当运动员感到疼痛时，要停止施加外力；被动拉伸练习由一名同伴或一名教练协助运动员来完成；被动伸展一定要掌握必要的技巧，以防止伤害事故的发生。

(7)本体感受神经肌肉促进法(proprioceptive neuromuscular facilitation，PNF 牵张法)：PNF 拉伸又称作本体感受神经肌肉促进法，最初是为神经—肌肉康复活动而设计的，主要通过增加肌肉的张力和活动来放松肌肉。由于通过这种方法的练习能改善特定肌肉的功能和提高关节的柔韧性，在竞技体育中，一直将其用于增加肌肉的柔韧性。已有的科学研究报道，PNF 技术改进柔韧性效果比任何其他伸展技术都要好。PNF 伸展还有助于改善肌肉力量，对于损伤预防而言，具有意想不到的好处。PNF 练习也是及时消除肌肉疲劳的方法，因而其是整理活动的重要内容。

缺点就是需要同伴的帮助，不能自己完成，同时需要专业的知识技术支撑。

(8)主动分离式拉伸(acive isolated stretching，AIS)：使用辅助工具，重复多次。步骤：收缩反向肌肉群以达到拉伸姿势→用手、绳子或毛巾来提高拉伸→拉伸到轻度紧张状态→保持2秒拉伸后放开—回到开始动作，放松2秒钟→重复以上动作。每次拉伸2秒，一组重复8～12次，做一组或两组。

(9)神经松动。

2.柔韧性练习的先后顺序

中心(腰臀部)→四周(上下肢)；大肌群→小肌群。

3.柔韧性训练注意事项

(1)因柔韧素质发展较快，一旦停止练习易消退。

(2)不能急于求成，要循序渐进，特别是在同伴的帮助下做被动练习时，更要小心，避免伤害事故的发生。

(3)做好充分的准备活动，以提高肌肉温度，降低肌肉的黏性。最好在早上和体育课或训练前的准备活动中进行，在疲劳情况下不宜做柔韧性练习。

(4)运动前以动力性柔韧性练习为主，放松整理活动以静力性柔韧性练习为主。

(5)拉伸技巧和工具很重要，要熟练掌握。

参考文献

[1]美国运动医学会. ACSM 运动测试与运动处方指南[M]. 10版. 王正珍，译. 北京：体育大学出版社，2019.

[2]杨静宜，徐峻华. 运动处方[M]. 北京：高等教育出版社，2005.

[3]刘纪清，李国兰. 实用运动处方[M]. 黑龙江：黑龙江科学技术出版社，1993.

第四章 三大球类运动

第一节 篮　球

一、篮球运动概述

（一）篮球运动概况

篮球起源于1891年，由美国基督教青年会训练学校的体育教师詹姆斯·奈史密斯所创，是一项集跑、投于一体的，且观众参与率很高的综合性体育运动项目，具有集体性、对抗性、多变性、复杂性等特点。

篮球在1904年被列入奥运会的表演项目，男子篮球于1936年柏林奥运会成为正式项目，女子篮球到1976年蒙特利尔奥运会才成为正式比赛项目。当今世界篮球水平最高的联赛是美国国家篮球协会（National Basketball Association，NBA）。目前，篮球运动已成为全世界最受欢迎的运动之一，姚明、王治郅、巴特尔、易建联等都是大家熟悉的中国篮球运动员，他们都曾到NBA打过球。中国男子篮球职业联赛（Chinese Basketball Association，CBA）和中国女子篮球职业联赛（Women's Chinese Basketball Association，WCBA）目前是我国水平最高的联赛，而1998年中国大学生体育协会在企业的资助下组织了中国大学生篮球联赛（Chinese University Basketball Association，CUBA），对活跃高等学校校园文化生活，在高校中普及篮球运动起到了积极的推动作用，也是我国高校水平最高的篮球联赛，我校的男子篮球队在CUBA全国高校队伍中稳稳占据八强的位置，成绩显著。

（二）篮球运动带给我们什么

篮球运动要求在活动中实现“以人为本”的人文教育理念，要求运动双方在身体素质、技战术水平、心理和智能多方面开展对抗和竞争，这种对抗和竞争都遵循公平公正的原则，对参与活动的个体具有社会意义的行为引导和规范作用，因此，参与篮球活动的过程实际上是一种实现德、智、体、美全面发展的教育方式，是一种人的社会化形式。参与篮球运动能有效地促进人的心理健康、身体健康，还能够增加人与人之间的交往和接触，使参与者能尽快适应周围的各种变化，尽快被人所接受和理解，同学们可以将篮球作为健身、娱乐、会友，提高生活质量，丰富生活内容的手段，通过篮球运动，可以更好地增进彼此的了解，更好地适应环境和社会。

二、基本技术

(一)移动

移动是队员为了改变位置、方向、速度和争取高度、空间所采用的各种脚步、动作、方法的总称。

下面为几种移动的基本技术。

1.基本站立姿势

两脚前后或左右开立,两脚与肩同宽或稍宽,两膝微屈,重心保持在两脚之间,上体略向前倾,两臂自然屈肘下垂,置于体侧,抬头、收腹、含胸,两眼注视场上情况。

2.启动

启动是队员在球场上由静止状态变为运动状态的一种动作,是摆脱对手的有效手段,是抢占有利位置的重要环节。动作要领:从基本站立姿势启动时,后脚或一侧脚的前脚掌短促有力蹬地,同时上体迅速前倾或侧转,向跑动方向移动重心。后脚或异侧脚向跑动方向追击,碎步加速。

3.变向跑

变向跑是队员在跑动中突然改变方向的一种脚步动作。动作要领:以右向左变向跑为例,队员跑动中最后一步用右脚前脚掌制动,同时脚向内侧蹬地,屈膝,脚尖稍向内扣,腰部随之左转,重心左移,上体稍前倾,同时左脚向左前方跨出一小步,右脚再迅速向左腿的侧前方跨出一大步。

4.侧身跑

侧身跑是跑动时为了观察场上情况并随时准备接侧耳后方传来的球而经常采用的跑动方法。动作要领:脚尖和膝盖对着跑动方向,头和腰部向球的方向扭转,侧肩,上体和两臂放松,随时观察场上情况。

5.急停

急停是队员在跑动中突然制动速度的一种动作方法,是衔接其他技术动作和摆脱对手的有效方法。急停包括跨步急停和跳步急停。

(1)跨步急停(两步急停)。动作要领:急停时的第一步跨出稍大,脚跟先着地,滚动到前脚掌撑地,脚尖由向前方转为向侧前方,同时重心下降,并先落在后脚上,身体稍向后坐,以减缓向前的冲力。第二步着地时,前脚脚掌内侧用力蹬地,脚尖稍向内转,两膝弯曲并内收,上体稍前倾,重心落在两脚之间。两臂屈肘张开,帮助控制身体平衡。

(2)跳步急停(一步急停)。动作要领:队员在跑动时用单脚起跳,两脚同时落地(略比肩宽),前脚掌用力蹬地,两膝迅速弯曲,重心下降。两臂屈肘张开,保持身体平衡。

6.转身

转身是利用一只脚作中枢脚,另一只脚蹬地向不同方向跨移,改变原来身体方向的一种方法。

(1)前转身:转身时移动脚向自己身前(中枢脚前的方向)跨出的同时,中枢脚碾地旋转使身体改变方向。动作要领:屈膝提踵,重心平稳。

(2)后转身:移动脚蹬地向自己身后(中枢脚后的方向)跨出的同时,中枢脚碾地旋转使身体改变方向。动作要领:两脚用力蹬碾地,重心平稳不起伏。

7.滑步

滑步是队员防守时移动的主要步法。滑步一般分为侧滑步和前、后滑步。

(1)侧滑步:两脚左右开立,两臂张开。向左侧滑步时,右脚前脚掌内侧用力蹬地的同时,左脚向左跨出一步,右脚在左脚落地的同时紧随滑动,重心保持在两脚之间。向右侧滑步时动作相反。动作要领:蹬、跨、滑。

(2)前、后滑步:前、后滑步的动作方法和要点与侧滑步相仿,只是方向不同。

(二)运球

持球队员在原地或移动中,用单手连续按拍和迎引从地面反弹起来的球叫作"运球"。

如下为几种运球的基本技术。

1.高运球

高运球多用于快速运球,提高运球高度以加大反弹距离,与快速奔跑相结合。

动作要领:膝微屈,上体稍前倾,目视前方,手按球的后半部,球落点在人的侧耳前方(根据速度快慢决定运球距离远近),球的反弹高度在腰胸之间,手脚要协调配合,这种运球身体重心较高,便于观察场上情况(视频 4-1-1)。

2.低运球

如果运球时接近防守队员或防守队员来抢球时,运球队员应改用低运球突破对手,用身体保护球,并善于运用假动作摆脱防守。

动作要领:两脚前后开立,两膝弯曲,上体稍前倾,抬头看前方,重心落在前脚掌上,手腕放松,手掌与地面平行,五指自然分开。用手指和指根按、拍球,手心空出。以肘关节为轴,前臂做上下伸压动作,结合手指、手腕缓冲球向上反弹力量,以控制球的高度和落点,一般运球落点应为运球手同侧脚的外侧稍前。运球高度在膝关节以下,为了保护球,运球者应该使球、自己和防守者三者保持一条线,不运球的手臂要抬起。行进间低运球,向前时要拍球的后半部;向左变向时拍球的右半部;向右侧则反之(视频 4-1-2)。

3.运球急停急起

当对方防守盯得很紧,不能用快速运球超越对手时,可运用运球速度上的突然变化,如急停、急起摆脱对手,或原地静止状态运球,突然急起以超越对手。关键是动作突然,人球一致。

动作要领:运球急停要领与不持球急停相同。运球急停时,手拍按球的上方稍靠前,使球与地面成垂直反弹,用异侧臂和身体保护球。启动时,后脚前脚掌偏内侧用力蹬地,上体前倾,重心前移,同时拍按球的后上方,利用启动速度超越对手(视频 4-1-3)。

视频 4-1-1　高运球

视频 4-1-2　低运球

视频 4-1-3　运球急停急起

4.体前变向运球

队员在行进间快速运球,为了不与对手接近或对手迎上堵截时,可选用改变运球方向来突破对手。以从对手右侧突破为例，当快速直线运球即将接近对手时，先向对方左侧运球，使对手误认为我方欲向其左手突破，当对手堵截左方或重心稍有移位，运球队员立即向左侧变向，右手按球的右后上方，将球由自己的右侧运至左侧前方，同时右脚迅速向左前方跨出，脚下落点在对手右脚侧面，脚尖向前，右脚跨步的同时上体向左转，用肩背挡住对手，然后换左手按球后上方，同时左脚用力蹬地、加速，超越对手。

动作要点：变向幅度、左右手衔接、跨步、侧肩、护球、加速（视频 4-1-4）。

5.运球后转身

以右手运球为例，当对手逼近自己的右侧时，左脚上步置于对手两腿之间，以左脚为轴脚，左脚脚内侧蹬地，同时，后转身将球拉引向自己身体左侧，用身体背部挡住对手，左脚迅速上步加速。依据场上情况左手与右手均可运球以从对手右侧突破。

动作要点：上步快，转体稳，转引变向球近身（视频 4-1-5）。

视频 4-1-4　体前变向运球

视频 4-1-5　运球后转身

6.胯下运球

胯下运球指的是在运球的过程中运球穿越胯下，使对手难以抢断，是一种很有效的运球方式。以右手运球为例，当防守队员迎面堵截，贴得很近时，进攻队员变向时，左脚在前，右手拍按球的右侧上方，将球从两腿之间运至身体左侧然后上右脚，换手运球，加速前进。

动作要点：拍按球的右侧上方，两腿前后分开，重心下降，左腿在前，用右手先运球，右腿在前则相反，球从两腿之间穿过，上步、换手要协调（视频 4-1-6）。

7.背后运球

背后运球时，重心要低且要平稳，运球高度应该在腰以下，用眼的余光看着球，防止球砸到脚上。要熟练掌握两手交叉运球，掌心向下拍球，不要反手腕。在过人时，背后运球可以和胯下运球相结合。当从左到右完成胯下运球后，紧接着右手把球拍到背后，左手顺势接住，如果动作够快，能一下晃过防守队员。背后运球时，要控制好球，避免把球甩出去，速度不要太快。而且要抓准篮球的落点，当背后运球动作做完后，可以很舒服地找到篮球。当进攻有防守人员跟进时，本来右手向左拍球，则要瞬间从背后把球变向，运球速度要适中，球要压得低一些，当对方还未反应过来时，球已经变向运走了（视频 4-1-7）。

视频 4-1-6　胯下运球

视频 4-1-7　背后运球

(三)持球突破

持球突破是持球队员将脚步动作与运球技术相结合以超越对手的一种进攻技术。

如下为几种持球突破技术。

1.交叉步持球突破

以右脚作为中枢脚为例,两脚左右开立,两膝弯曲,两手持球于胸腹间。突破时,左脚前脚掌内侧用力蹬地,上体向右转移,左肩向前下压,左脚向右侧前方跨出,在右脚离地前,运球在左脚的右侧前方,右脚迅速蹬地跨步超越对手。

动作要点:转体、侧肩、加速(视频 4-1-8)。

2.顺步持球突破

顺步持球突破也称同侧步持球突破。以左脚作为中枢脚为例。两脚左右开立,两膝弯曲,两手持球于胸腹间。突破时右脚向右前方跨出一步,同时向右转体侧肩,重心前移,右手运球,左脚前脚掌用力蹬地向右前方跨出。

动作要点:转体、侧肩、加速(视频 4-1-9)。

视频 4-1-8　交叉步持球突破

视频 4-1-9　顺步持球突破

(四)传接球

进攻队员在原地或移动中,有目的地用手将球相互传递,称为“传接球”,是队员之间相互配合和组成进攻战术的纽带。如下为几种传接球技术要领。

1.双手胸前传球

双手胸前传球是最基本、最常用的传球方法,其特点是传球快速有力,可在不同距离中使用,便于与投篮、突破等动作相结合。

动作要领:两手五指自然张开,两大拇指成八字形,用指根以上部位持球,掌心空出。两肘自然弯曲于体侧,置球于胸腹部位,身体成基本姿势站立,脚分前后。传球时,目视传球方向,两臂前伸,手腕由下向上转动,再由内外翻,急促抖腕,同时拇指用力下压,食、中指用力弹拨,将球传出。出球后手心和拇指向下,其余四指向前。远距离传球,则需双脚蹬地和腰腹的协调用力(视频 4-1-10)。

2.单手肩上传球

单手肩上传球用于中、远距离的传球,特别是在抢到后场篮板球发动长传快攻时运用较多。

动作要领:(以右手为例)双手于胸前握球,两脚前后站立,左脚在前,左肩对传球方向,将球引至右肩,右手执球,肘关节外展,右手腕后仰,指根以上托球,掌心空出,重心落在右脚上。传球时,右脚蹬地,转体,前臂迅速向前挥摆,手腕前屈,通过拇指、食指、中指拨球,将球传出。球出手后身体重心随之移到左脚上(视频 4-1-11)。

视频 4-1-10　双手胸前传球

视频 4-1-11　单手肩上传球

3.双手头上传球

双手头上传球可以越过防守队员，并且可以把球传得很远。双手持球举于头上，两肘稍屈，持球手法与双手胸前传球相同，传球时小臂前挥，手腕前扣外翻的同时，拇指、食指、中指用力拨球。传球距离较远时，可同时脚蹬地，腰腹用力，全身协调发力，将球传出(视频 4-1-12)。

4.单手体侧传球

单手体侧传球技术是一种在近距离范围内十分隐蔽的传球方法。在篮球比赛中，外围队员常常用单手体侧传球技术将篮球传给内线队员。尤其是在持球队员突破过程中，持球队员在突破分球时常需要与单手体侧传球配合进行。单手体侧传球技术如果与急停、跨步等篮球技术相结合，运用效果会更好。在运用单手体侧传球技术的时候，双脚要开立，自然而然地立开，然后将篮球放在胸前。当我们右手传球时，左脚立即向左侧前方跨步，与此同时，我们将球引至身体右侧，呈右手单手持球。在传出篮球的瞬间，右手的拇指在上，手心向前，手腕后屈。在传球的时候，前臂向前做弧形摆动，手腕前屈，食指、中指、无名指拨球将球传出(视频 4-1-13)。

视频 4-1-12　双手头上传球

视频 4-1-13　单手体侧传球

5.双手击地传球

双手击地传球常用来将球从防守队友张开的手臂下传出。面向要传球的队友，抬头，屈膝，手指张开，将球持在胸前，两肘微向外，伸臂向外推球时，向前跨出一步，球出手时手指向上、向前下推。要求击地点大约在距传球队员 2/3 的地方。球传出时手指向下用力，使球碰地板后反弹，到达接球队友的腰部位置(视频 4-1-14)。

6.接球

接球分双手接球和单手接球两种。不论哪一种接球，眼睛都要注视球，肩臂放松，手臂要半屈迎向球，手指自然分开、放松。当手指触球时手臂立即随球后引缓冲来球力量，将球握于胸前，保持身体平衡，并做好投篮、传球、突破的准备(视频 4-1-15)。

(五)投篮

投篮是进攻队员为了将球投入球篮而采用的各种专门动作方法的总称，是篮球运动的主要进攻技术，是得分的唯一手段，如下为几种投篮的基本技术。

视频 4-1-14　双手击地传球

视频 4-1-15　接球

1.原地双手胸前投篮

双手握球在胸部以上(高度在肩部附近),握球手法与双手胸前传球相同,肘关节自然下垂,上体稍前倾,两脚前后或左右站立,两膝微屈,重心落在两脚之间,目视投篮目标。投篮时,双脚前脚掌蹬地,腰腹伸展,同时两臂向前上方伸出,两臂即将伸直时两手腕同时外翻,拇指向前压送,指端拨球,以拇指、食指、中指的力量将球投出,最后腿、腰、臂自然伸直(视频 4-1-16)。

2.原地单手肩上投篮

以右手为例,右手五指自然分开(手心空出),指根以上部位触球,向后屈腕、屈肘持球于肩上耳部左右,肘内收,前臂与地面接近垂直,左手扶球的左侧,右脚稍前,左脚稍后,重心放在两脚之间,两膝微屈,目视投篮目标。投篮时,双脚前脚掌用力蹬地,伸展腰腹,抬肘,手臂上伸,即将伸直时,手腕用力前屈,手指拨球,球最后以中指和食指的指端投出。球出手后,腿、腰、臂自然伸直(视频 4-1-17)。

视频 4-1-16　原地双手胸前投篮

视频 4-1-17　原地单手肩上投篮

3.行进间投篮

(1)行进间单手高手投篮。

动作要领:(以右手投篮为例)右脚跨出一大步,在没落地前接球,右脚落地后左脚向前跨一小步(缓冲向前的水平冲力),并用力蹬地向上起跳,同时举球于肩上(或头部以上)。当身体至最高点时,前臂向前上方伸展,右臂即将伸直时手腕前屈,食、中指用力拨球,通过指端将球拨出,出手要柔和(视频 4-1-18)。

(2)行进间单手低手投篮。

动作要领:(以右手投篮为例)右脚跨出一大步,在落地前按球,左脚紧接跨出,步幅稍小,不要减速,用力蹬地向前上方起跳,同时双手持球移至体右侧耳上举,左手离球,右手掌心向上托球,向球篮方向伸出,接着向上屈腕,食指、中指、无名指向上拨球投出(视频4-1-19)。

视频 4-1-18　行进间单手高手投篮

视频 4-1-19　行进间单手低手投篮

4.原地跳起单手肩上投篮

原地跳起单手肩上投篮简称跳投，即跳起在空中完成投篮动作，具有突然性强、出手快、出手点高、不易防守的特点。

(以右手投篮为例)双手持球于胸前，双脚前后或左右自然站立，双腿微屈，重心在双脚之间。起跳时双腿迅速屈膝，前脚掌用力蹬地向上起跳，同时迅速举球于头侧上方(起跳和举球动作要协调一致)，用右手托球，手腕后屈，左手扶球。当身体接近最高点时，左手离球，右臂伸向前上方，前臂即将伸直时，手腕用力前屈，食、中指拨球，通过指端将球投出，手臂向出球方向自然伸直。落地时屈膝缓冲，保持身体重心稳定(视频4-1-20)。

5.运球、接球急停跳起投篮

运球急停或接球急停跳起投篮时，可采用跳步或跨步急停动作方法，停步同时双手随着起跳持球上举，当身体至最高点时辅助手离球，投篮臂向前上方伸直，手腕前屈，食、中指用力拨球将球投出。

动作要点：急停突然重心稳，起跳举球紧相随，最高点出手要记准(视频4-1-21)。

视频4-1-20　原地跳起单手肩上投篮

视频4-1-21　运球接球跳起投篮

(六)防守对手

防守对手，是指队员在防守时，为了阻挠和破坏对手的进攻，达到夺球反攻的目的而采取的各种专门动作方法的总称。

1.防守无球队员

在篮球比赛中，防守队员大部分时间是防守无球队员，防守无球队员的主要任务是不让对手在有效攻击区内接到球。尽可能抢、断传给对手或穿越自己防守区域的球。

(1)防守无球队员的基本要求：

①防守队员必须随时占据“人球兼顾”的位置。

②及时堵卡对手的传球移动路线，随时做好抢断传给对手的球的准备。

③必要时大胆放弃自己的对手，协助同伴完成集体配合防守任务。

(2)防守无球队员基本位置选择：防守队员要根据对手、球篮、球的位置和距离，以及对手的身高、速度、进攻特点、战术需要和自己的防守能力来确定防守位置和距离。防守外围无球队员时，应站在对手与球篮之间偏向有球一侧的位置上。防守篮下高大中锋时，应根据实际情况和战术需要采用贴近对手一侧或绕前、绕后的防守。

(3)防守无球队员的姿势选择：防守离球较近的对手，经常采用面向对手侧向球的站立姿势，近球侧的脚在前，堵截对手为摆脱防守而移动的接球路线，并伸出前脚一侧的手臂，封锁接球路线。防守离球远的对手时，经常采用面向球侧向对手平行站立姿势。防守篮下高大中锋时，采用绕前防守。经常采用高举双臂的姿势，以阻断中锋的接球路线。

(4)防守无球队员的移动：比赛中，无球队员不断向各个方向移动，静止站立的时间是极短暂的。因此，对无球队员的防守大部分时间是在移动中进行的。在移动防守过程中，经常采取的移动步法有各种滑步、撤步、上步、转身、侧身跑等，并且都是随时变化着运用，其目的为积极抢占有利位置，不让对手在有威胁的位置上接到球。

2.防守有球队员

进攻队员一旦接到球，防守者要及时调整与对手的位置和距离。根据对手不同的进攻位置和特点，采用有所侧重的防守方法。

(1)防投篮：一只手轻贴对手身体，一只手抬起，扰乱对手的投篮注意力，必要时跳起盖帽，但不要轻易起跳，容易被对方假动作欺骗。

(2)防突破：身体保持好重心，稍微与对手拉开距离，一手向前平伸，全力注意对手的移动并及时封住对手的突破路线。

(3)防运球：与防守突破一样，当防守时多前后移动，做抢球的动作，给对手造成压力。

(七)抢球、打球、断球

抢球、打球、断球是攻击性很强的防守技术，是积极防守战术的基础。其基本技术如下：

1.抢球

抢球是带有攻击性防守的重要技术之一，在对方动作迟缓，精神不集中或球保护不好的情况下，防守者都可以大胆地抢球。

动作要领：抢球时要突然上步，靠近对手，同时伸出右臂右手迅速按在球上方(对方的双手之间)，左手立即握住球的下方，右手下按球并将球向对方怀内旋转，左手用力协助转动。当球在对方手中转动时，右手加上回拉球的动作，球即脱开对方双手，将球抢到手。

2.打球

当队员持球、运球、投篮时，防守队员都可以出其不意地打球，也可以在集体防守的配合过程中，通过堵截、夹击、关门等方法打掉持球队员手中的球。

(1)自上而下打球：首先观察和判断好持球队员的情况，打胸前持球队员的球时(以右手打球为例)，右脚稍上步同时右手迅速伸前至球的上方，手腕全力向下挥动，带动手指、手掌外侧的短速弹击力量将球击落，动作需小，出击要突然。

(2)自下而上打球：当对方注意力不集中或接正要下落的高球时，用这种打球方法(以左手打球为例)，左脚稍向前移，同时左手前臂向前伸，掌心向上，接近球时，手腕向上振动，带动手指、指根用短促振动力量将球打掉，手指打球时要有向回带的动作，以便打球后脱开对方持球部位，将球打到自己面前。

3.断球

(1)横断球。

动作要领：要准确判断对方传球意图和球的飞行路线，要与对手保持一定距离，使其同伴感到可以传球。准备断球时要降低重心，要与传球人、接球人保持一定角度，位置要靠近传球一侧。注意观察持球队员的动作，当持球者传球出手时，迅速向来球方向起跳。充分伸展腰腹和手臂，当截获来球，立即收腹，双脚落地保持平衡并及时与运球、传球相接。

(2)纵断球。

动作要领：以从对手右侧断球为例。纵断球时，右脚应向右前方(从对手侧后绕出断球时)或右侧前方(从对手身后绕出断球时)跨出，左腿从侧面绕过对手，同时右脚用力蹬地(或双脚蹬地)侧身向来球方向迅速跃出,双臂伸直将球断获。其他动作要领同横断球。

(八)抢篮板球

比赛中双方队员争抢投篮未中的球所采用的技术统称为“抢篮板球技术”。如下为几种抢篮板球的基本技术。

1.抢进攻篮板球

当同队队员投篮出手后,及时判断球反弹的方向和落点,快速启动抢占有利位置,或利用假动作绕到对手的面前,单脚或双脚起跳,在最高点时进行补篮或抢球。落地时缓冲并保护好球。

2.抢防守篮板球

在抢防守篮板球时,保持正确的站立姿势,两膝弯曲,上体稍前倾,重心放在双脚之间,双肘外展以占据较大的空间,正确判断球的反弹方向,并注意对手的动向。一般运用上步、撤步、转身、侧跨步等步法抢占有利的位置,把进攻队员挡在身后。起跳时用力蹬地,摆臂提腰,跳至最高点时用双手或单手抢球。如难以抢到球,可用点拨球的方法在空中将球点传给同伴。落地时,侧对进攻方向,及时传球发动快攻。

三、基本战术

进攻与防守战术的基础配合,即两三人之间组成的简单配合方法。以下为几种进攻战术基础配合介绍。

1.传切配合

传切配合是队员之间利用传球和切入技术所组成的简单配合,包括一传一切和空切两种。传切配合是一种最基本的简单易行的战术配合,在竞赛中经常采用。

(1)一传一切配合:持球队员传球后摆脱防守,向球篮方向切入接回传球并投篮的配合,如图 4-1-1 所示。

(2)空切配合:无球队员掌握时机,摆脱对手,切入篮下接球并投篮或做其他战术配合,如图 4-1-2 所示。

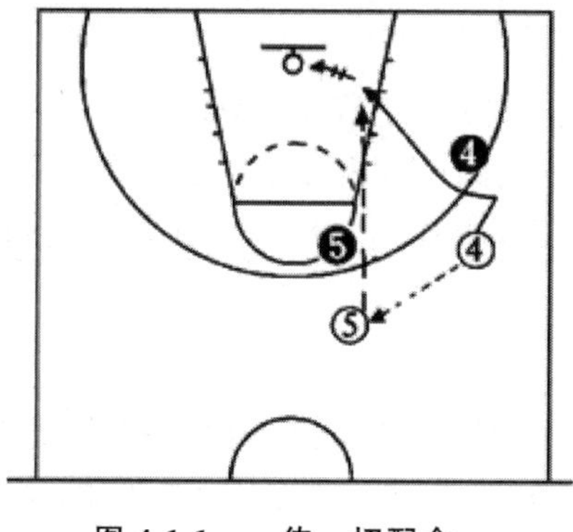

图 4-1-1 一传一切配合

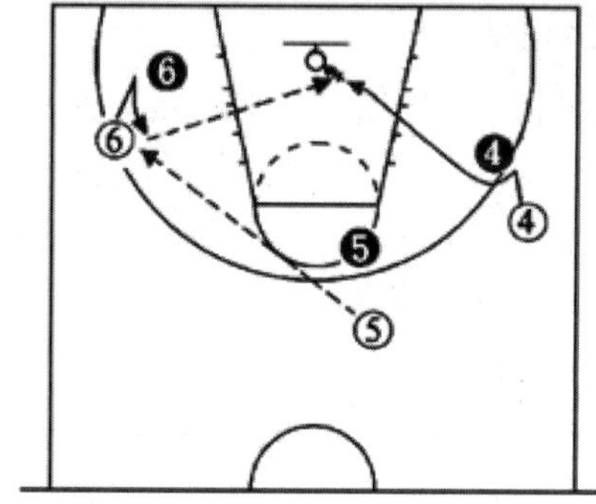

图 4-1-2 空切配合

2.突分配合

突分配合是指持球队员突破对手后,遇到对方补防时,及时将球传给进攻时机最好的同伴由其进行攻击的一种配合方法, 如图 4-1-3 所示。

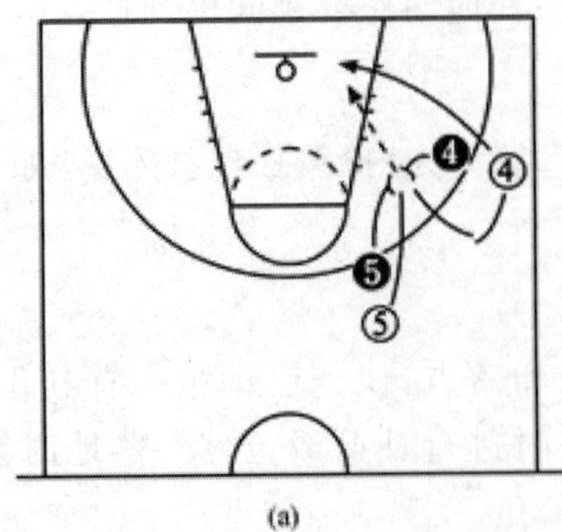
(a)

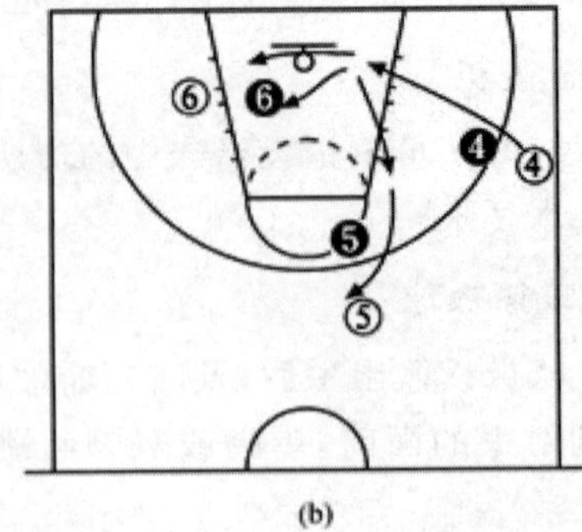
(b)

图 4-1-3　突分配合

3.掩护配合

掩护配合是采用合理的行动，用自己的身体挡住同伴防守者的移动路线，使同伴得以摆脱防守的一种配合方法。前掩护配合如图 4-1-4 所示，侧掩护配合如图 4-1-5 所示。

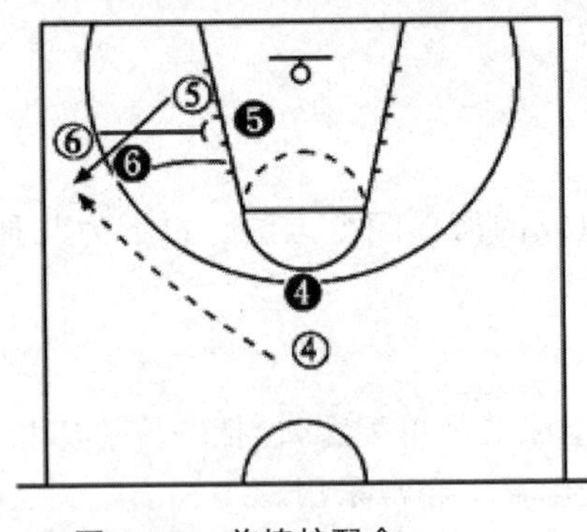
图 4-1-4　前掩护配合

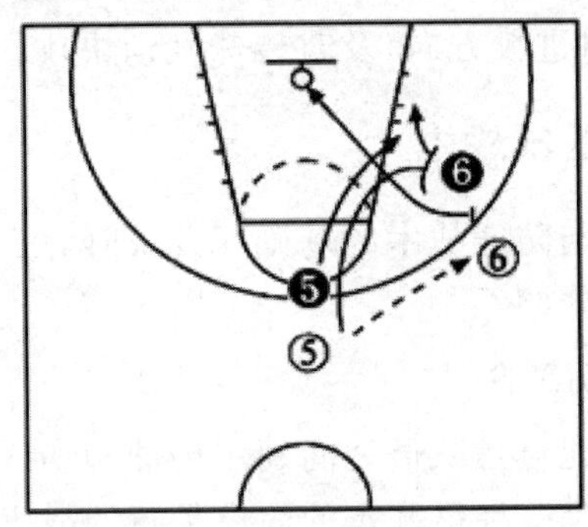
图 4-1-5　后掩护配合

四、篮球竞赛规则简介

(一)篮球比赛通则

1.篮球场地

篮球场长 28 米，宽 15 米，4 条界线外至少 2 米处不得有任何障碍物，如在室内则天花板的高度应至少为 7 米。球场分中线、前场和后场，中线上的中圈和前、后场罚球区罚球线上的两个半圆半径均为 1.80 米。篮圈下面的矩形为限制区，通常称“禁区”。前、后场内的拱形弧线外的地区称 3 分投篮区。

2.篮球比赛时间

一场篮球比赛由 4 节组成，每节 10 分钟。如果第四节比赛结束时比分相等，则需要一个或多个 5 分钟的加时赛来继续比赛，直至决出胜负。比赛中每队的换人次数不限；上半场每队可获得 2 次暂停机会；下半场可获得 3 次；每一加时赛的任何时间内，每队可有 1 次暂停机会。

3.比赛得分计算

一次罚球中篮计 1 分；从 2 分投篮区域中篮计 2 分；从 3 分投篮区域中篮计 3 分。

（二）篮球比赛中常见的违反竞赛规则

篮球比赛中违反竞赛规则有违例和犯规两大类。

1.违例

违例主要包括：3 秒违例、8 秒违例、24 秒违例、球回后场违例、非法运球（两次运球）违例、带球走违例、球出界和干涉得分违例等。

（1）队员出界和球出界：当队员身体的任何部分接触线上、界线上方或界外除队员以外的场地或任何物体时，即队员出界；当球触及界外的队员或任何其他人员，界线上方或界线外的地面或者任何物体时，即球出界；当球触及篮板支架、篮板背面或比赛场地上方的任何物体，即球出界。

（2）3 秒违例：当某队在前场控制活球并且比赛计时钟正在运行时，该队的队员不得停留在对方的限制区内超过 3 秒，否则为 3 秒违例。

（3）8 秒违例：当一名队员在他的后场获得控制的活球时，他的队必须在 8 秒内使球进入前场，否则为 8 秒违例。

（4）24 秒违例：当一名队员在他的后场获得控制的活球时，他的队必须在 24 秒内尝试投篮。在 24 秒钟装置的信号发出前，球必须离开投篮队员的手，而且球离开投篮队员的手后，球必须触及篮圈或进入球篮，否则为 24 秒违例。

（5）球回后场违例：控制活球的队员不得使球非法地回到他的后场，否则为球回后场违例。

（6）非法运球违例：场上队员控制活球时，可将球掷、拍、滚或运在地面上，在球触及另一队员之前，该队员再次触及球为运球开始。当队员双手同时触球或允许球在一手或双手中停留时，运球结束。第一次运球结束后不得再次运球。下列情况不算运球：连续投篮、运球前后的漏接、用拍击的方式试图获得球。

（7）带球走违例：当队员在场上持着一个活球，其一脚或双脚超出规则所述的限制向任何一个方向非法移动则为带球走。判断带球走的关键是确定和观察持球队员的中枢脚（国际篮联在 2017 年新规则中规定：行进间的队员接住球或结束运球的时候，如果恰好有一只脚正接触地面，那么他下一次触及地面的那只脚或双脚被确立为第一步，且为中枢脚）。

2.犯规

犯规主要包括如下几种情形。

（1）侵人犯规：队员和对方队员的接触犯规，无论球是活球或是死球。队员不应通过伸展他的手、臂、肘、肩、髋、腿、膝或脚来拉、阻挡、推、撞、绊、阻止对方队员行进；以及不应将其身体弯曲成“反常的”姿势（超出他的圆柱体）；也不应做出任何粗野或猛烈的动作。

罚则：

①应给犯规队员登记一次侵人犯规。

②如果对没有做投篮动作的队员发生犯规：由非犯规队在最靠近违犯的地点掷球入界重新开始比赛；如果犯规的队处于全队犯规处罚状态时，则应运用全队犯规处罚条款。

③如果对正在做投篮动作的队员发生犯规（判给投篮队员若干球）：如果投篮成功，应记得分并判给 1 次追加罚球；如果从 2 分投篮区域的投篮不成功，应判给 2 次罚球；如果从 3 分投篮区域的投篮不成功，应判给 3 次罚球。

（2）技术犯规：所有不包括与对方队员接触的队员犯规。队员不得漠视裁判员的劝告或运用不正当的行为。

罚则：

①若是一名队员犯规，则给他登记一次技术犯规，作为队员犯规并作为全队犯规之一计数。

②若是一名教练员、助理教练员、替补队员或随队人员犯规，则给教练员登记一次技术犯规，并不作为全队犯规之一计数。

③应判给对方队员 2 次罚球，以及随后在记录台对面的中线延长部分掷球入界。

3.违反体育道德的犯规

裁判员认为队员蓄意地对持球或不持球的对方队员造成侵人犯规为违反体育道德的犯规：如果一名队员不努力去抢球并发生身体接触；如果一名队员在努力抢球中造成过分的接触（严重犯规），则都该被判为违反体育道德的犯规。

罚则：

(1)登记犯规队员一次违反体育道德的犯规。

(2)罚球应该判给被侵犯的队员（罚球次数参照犯规罚则来判定），以及随后在记录台对面的中场延长线部分掷球入界。

五、篮球考试的内容与评分标准

(一)考试内容

1.基础班(共计 100 分)

(1)1 分钟运球行进间投篮(50 分)。

(2)双手胸前传接球(50 分)。

2.提高班(共计 100 分)

(1)1 分钟自投自抢(50 分)。

(2)体前变向换手运球(50 分)。

(二)考试办法和评分标准

1.基础班

(1)1 分钟运球行进间投篮（左右手不限）：学生持球于端线后，计时开始，运球至另一端行进间投篮（三步上篮，高低手不限），球投进回身继续运球至另一端行进间投篮，直至 1 分钟计时结束；如球没有投进，可选任一点原地投篮，直至投进再进行下一个行进间投篮。最后统计投进球数量和行进间投篮的技术计评。

技评标准：运球技术要流畅，对球的控制力要稳定；每一个篮前必须做行进间投篮的技术动作，要动作连贯，避免走步违例，总计 50 分（表 4-1-1）。

表 4-1-1　1 分钟运球行进间投篮考核标准与分值

	及格	良	良好	优秀	技评
男生	5 个 10 分	6 个 20 分	7 个 30 分	8 个 40 分	10 分
女生	4 个 10 分	5 个 20 分	6 个 30 分	7 个 40 分	10 分

(2)双手胸前传接球：两人一组，同时技评。两人间距 4～5 米（短距离传球），于端线外开

始做行进间传接球(不许运球),至另一侧端线,位置不变返回。

技评标准:从两个人的传接球技术动作、有无违例(如走步、两次运球等)、传球稳定性、运行速度等方面进行具体评价,总计 50 分。

2.提高班

(1)1 分钟自投自抢(左右手不限):学生位于罚球线外(罚球线距篮筐距离的弧线外),进行 1 分钟的自投自抢。

计评标准:运用所学的单手肩上投篮或双手胸前投篮,其他动作扣技术分;统计投中数量,总计 50 分(表 4-1-2)。

表 4-1-2　1 分钟自投自抢考核标准与分值

	及格	良	良好	优秀	技评
男生	4 个 10 分	5 个 20 分	6 个 30 分	7 个 40 分	10 分
女生	3 个 10 分	4 个 20 分	5 个 30 分	6 个 40 分	10 分

(2)体前变向换手运球(左右手都要考核):学生持球,遇到设置的标志物进行体前变向换手运球,然后行进间运球投篮,左右手都要技评,总计 50 分。

技评标准:从动作连贯性,变向幅度,跨步、侧肩标准,换手接球稳定性,护球意识,启动加速突破效果等方面进行计评。

参考文献

[1]孙民治. 篮球运动教程[M]. 北京:人民体育出版社,2007.
[2]于振峰. 现代篮球技术学练设计[M]. 北京:高等教育出版社,2013.
[3]王家宏. 球类运动—篮球[M]. 北京:高等教育出版社,2015.
[4]中国篮球协会. 篮球规则[M]. 北京:北京体育大学出版社,2014.

第二节　气排球

一、气排球运动的概述

(一)气排球运动的起源与发展

气排球是我国自创的一种排球衍生项目,风靡于中国。1984 年,呼尔浩特铁路局集宁分局的离退休人员,为了丰富晚年生活,先用气球进行隔网对打游戏,随后又改用儿童玩具塑料球代替气球。此项运动逐步在呼和浩特铁路局内开展起来,并被列为全局老年人运动会的比赛项目。1991 年 10 月,火车头老年体协通过考察并编写了第一本《气排球竞赛规则》,同时在上海特别定制了比赛用的气排球,标志着气排球活动走向规范。1992 年 11 月 10 日至 15 日,在武汉市举行了首届铁路系统老年气排球比赛,这是我国历史上第一次全铁路系统的气排球比赛。至此,气排球活动在我国正式开展起来。

2004 年,中国老年人体育协会在浙江丽水市举行了第一届老年人气排球比赛。2005 年 7 月,中国老年人体育协会在福建省莆田市制定了第一部统一的《老年气排球竞赛规则》。2013 年,由中国排球协会审定的《气排球竞赛规则》正式出版,标志着气排球运动向着常态化、正规化、科学化方向发展。

(二)气排球运动特点

1.简单又易学,适合群体广,健身价值高

气排球重量轻、体积大、球体柔软、反弹力大、飞行速度慢、运动量适宜、可控性强,基本动作和规则相对室内排球较容易掌握,较少受性别、年龄、体质和技术水平的限制。由于气排球运动调动全身各关节活动,对于颈椎增生、手指发麻、关节炎、风湿等症具有良好的缓解功效。

2.技术全面,打法独特

在气排球比赛中,场上四五名队员都处于全攻全守状态,技术的全面性显得更为重要。规则规定所有运动员都必须在离中线2米外才能进行下压的进攻性击球,比赛中较有威胁性的击球分别是远网扣球、近网吊球和推后场,完成起来需要具备较大灵活性和技术性。

3.观赏性强,趣味性浓,亲和性好

气排球活动对参与者的技战术要求不高,即便是从未从事过该运动的人,也能很快地融入其中。同时,由于气排球自身的特点,比赛中来回球增多,对抗性和观赏性加强,尤其是比赛的竞技性比较弱,参与者可以用比较放松的心情比赛,更容易出现精彩的比赛场面,使参与者深切体验运动带来的乐趣和快乐。这也是继软式排球后又一项具有亲和力的室内排球衍生项目。

二、气排球基本技术

(一)气排球技术的概念

气排球技术是指在规则允许的条件下,运动员采用的各种合理的击球动作和其他配合动作的总称。由于气排球的球体体积较大,击球面大,加上球体轻,运行中受气流的影响易产生“晃动”“下沉”和“变线”的现象,由此创造出独特的“双手插托球”“抱球”“捧球”“单手托球”等击球技术动作。

(二)气排球技术分类

气排球技术可分为无球技术和有球技术,其中无球技术包括准备姿势与移动;有球技术包括发球、防守击球、传击球、扣球、拦网。

1.准备姿势与移动

(1)准备姿势的动作分析与运用:根据比赛中或练习中完成各项技术动作的需要,按照身体重心的高低,准备姿势可分为半蹲准备姿势、稍蹲准备姿势和低蹲准备姿势。

①稍蹲准备姿势:稍蹲准备姿势比半蹲准备姿势身体重心稍向前移,两膝弯曲程度小于半蹲准备姿势。动作方法与半蹲准备姿势基本相同(视频4-2-1)。

②半蹲准备姿势:两脚左右开立稍比肩宽,一脚在前,两脚尖稍内扣,两膝弯曲成半蹲。脚跟稍提起,身体重心稍前倾,两臂放松,自然弯曲,双手置于腹前。身体适当放松,两眼注视来

视频4-2-1 准备姿势、稍蹲、半蹲、低蹲

球，两脚始终保持微动（视频 4-2-1）。

③低蹲准备姿势：两脚左右、前后开立的距离比半蹲准备姿势更宽一些，两膝弯曲的程度更大一些，身体重心更低、更靠前，膝部的垂直线超过脚尖，两手臂置于胸腹之间（视频 4-2-1）。

（2）移动的动作分析与运用：移动的完整过程包括启动、移动、制动三个环节。启动是移动的开始，是在准备姿势基础上交换身体重心的位置，破坏准备姿势重心的稳定，使身体便于向某一方向移动步法。移动是在启动的基础上，利用脚步动作来改变运动员在场上的位置，完成技术动作和战术配合的行动，其步法主要有并步、滑步、交叉步、跨步、跑步。制动是移动的结束，要及时克服身体的惯性冲力，保持好击球前的身体姿势。

（3）准备姿势和移动常见错误及纠正方法见表 4-2-1。

表 4-2-1　准备姿势和移动常见错误及纠正方法

常见错误	纠正方法
身体重心起伏大，移动速度慢	加强全面身体素质的训练，特别要加强腿部、腰腹力量及速度素质的练习，加强各种短距离的移动练习
启动速度慢	明确准备姿势的要领与关键，掌握蹬地用力的方法，加强腿部力量的训练，多进行各种反应训练

2.发球

队员在发球区内用一只手将自己抛起的球直接击入对方场区的技术动作称为发球。以下各种发球方法均以右手发球为例。

（1）正面下手发球：发球时，面对球网，两脚前后开立，左脚在前，两膝弯曲，上体前倾，左手持球置于腹前；左手将球轻轻抛起于体前右侧，球离手 30 厘米左右高度，同时右臂伸直，以肩为轴向后摆；右脚蹬地，身体重心随着右臂由后向前摆动而前移，在腹前以全手掌击球后下部。击球后，随击球动作重心前移，迅速进场比赛（视频 4-2-2）。

（2）侧面下手发球：发球时，左肩对网，两脚左右开立，约与肩同宽，两膝微屈，上体稍前倾，重心落在两脚之间，左手持球置于腹前；左手将球平稳上抛于胸前，距身体约一臂远，球离手高度约一个半球，抛球同时，右臂摆至右侧后下方；利用右脚蹬地向左转体的力量，带动右臂向前上方摆动，手指、手腕适当紧张，五指张开或拇指张开，其余四指并拢呈勺形，以全掌击球，在腹前击球后下部。击球后，身体转向球网，并顺势进场（视频 4-2-3）。

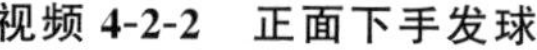

视频 4-2-2　正面下手发球

视频 4-2-3　侧面下手发球

（3）正面上手大力发球：

①准备姿势：面对球网，两脚自然开立，左脚在前，左手托球于体前。

②抛球与引臂：左手将球平稳地抛于右肩的前上方，高度适中，同时右臂抬起，屈肘后引，肘与肩平，上体稍向右侧转动，抬头、挺胸、展腹、手掌自然张开。

③挥臂击球：利用蹬地，使上体向左转动，同时收腹，带动手臂向前上方快速挥动。在右肩前上方伸直手臂，用全掌击球的后中下部。击球时，手指和手掌要张开与球吻合，手腕要迅速

做推压动作，使击出的球呈上旋飞行。击球后，随着重心前移，迅速入场（视频 4-2-4）。

(4)正面上手发飘球：

发球时，采用近似正面上手发球的形式，击球力量通过球体重心，使发出的球不旋转而不规则地飘晃飞行的一种发球方法。

①准备姿势：近似正面上手发球，但左手持球的位置较高，约在胸前，所站位置离端线的距离变化较大，可站在靠近端线处，也可站在离端线 8 米左右处。

②抛球与引臂：左手将球平稳地抛于右肩前上方，高度应稍低于正面上手发球，并稍靠前些。在抛球的同时，右臂上举后引，肘部适当弯曲并高于肩，两眼盯住球的击球部位。

③挥臂击球：与正面上手发球一样做甩鞭动作，但击球前手臂的挥动轨迹不呈弧形，而是自后向前做直线运动。击球时，五指并拢，手腕稍后仰，用掌根的坚实平面击球的中下部，使作用力通过球体重心。击球结束，手臂要有突停动作（视频 4-2-5）。

(5)侧面勾手发球：

侧面勾手发球能充分利用转体收腹的力量来带动手臂猛烈挥动击球，发出的球速度快，力量大，弧线低，旋转力强，容易造成对方接发球困难，在心理上给对方造成较大威胁。

①准备姿势：发球队员左肩对球网，两脚左右开立，与肩同宽，两膝弯曲，上体前倾，重心落在两脚之间，左手持球于胸腹前，两眼注视对方。

②抛球与摆臂：左手将球平稳抛至左肩上方，高度适中，高出左肩 60 厘米左右，在抛球的同时，右腿弯曲，重心移至右脚，上体向右侧转动和倾斜，右臂向身体右侧后下方摆动，同时挺胸抬头，两眼注视球体。

③挥臂击球：击球时，右脚用力蹬地，身体向左转动带动手臂沿弧线轨迹向上挥动，在右肩前上方击球。同时身体重心移至左脚，手臂充分伸直保持高点击球，手掌手指自然张开呈勺形，以全手掌击球的后中下部。在击球的一瞬间，手腕手掌要做迅速的明显向前推压动作，使球呈上旋飞行。击球后，迅速进场比赛（视频 4-2-6）。

视频 4-2-4　正面上手大力发球

视频 4-2-5　正面上手发飘球

视频 4-2-6　侧面勾手发球

(6)发球的常见错误和纠正方法见表 4-2-2。

表 4-2-2　发球的常见错误及纠正方法

常见错误	纠正方法
抛球动作不准确，抛球不稳	加强手臂力量练习，设置固定的目标，进行专门性的抛球练习
击球不准确，击球点过高、过低或偏左、偏右	将球固定在墙上或一人双手持球站于高处，让练习者击固定球练习
挥臂动作不协调，过度紧张或者太过放松	多进行徒手模仿发球动作挥臂练习，强调注意全身协调用力和正确的发力方法
发球时注意力不集中	调整情绪和呼吸，不必紧张，把注意力集中到抛球和挥臂击球的动作上，完成发球的完整动作

3.防守击球

防守击球是指用双手、单手或身体的任何部位将对方的来球击起的动作。

双手插托击球：面对来球，在腰部以下空间高度接球的技术，是气排球中特有的一项技术动作。动作方法(以右手上左手下为例)分析如下所示。

①准备姿势：面对来球，两脚开列与肩同宽，根据来球的速度和力量，呈半蹲或稍蹲姿势站立。

②迎球动作：当来球接近体前时，开始蹬地、伸膝、手指张开从腹前迎球，全身各部位动作应协调一致。

③击球手型、击球部位和击球点：双手形成一个与球体相吻合的弧形，一只手在球下，这只手我们称之为“托球手”；另一只手在球后，称之为“护球手”。触球时，两肘弯曲，托球手五指分开，掌心朝前上且手指朝前呈勺型(手心空出不触球)，用手指、指根触及球的后下部，护球手五指分开，掌心朝向来球的方向且手指朝侧呈勺型，手指触球的后方。

④用力方法：在迎球动作的基础上，当手和球即将接触前，手腕和手指要有顺势后下展的动作，击球时，托球手手掌，手指给球体以撩拨动作，手掌手指的撩拨用力从球体重心的后下方通过，使球在向前上方抛起的同时产生上旋。护球手同时翻顶球的中后部，利用托、翻、抬的合力将球传出(图 4-2-1)。

图 4-2-1　双手插托击球

4.抱球

抱球技术是指将离身体较远的正面来球或低球接起的技术动作。动作方法：面对来球，两脚开列与肩同宽，根据来球的速度和力量，呈半蹲或稍蹲姿势站立；当来球接近体前时，开始蹬地、伸膝、手指张开从腹前迎出，全身各部位动作应协调一致；两肘弯曲，上臂与前臂夹角大于 90 度，双手位于腹前，两手掌心斜相对，两个大拇指的距离大于小拇指的距离，十指张开呈弧形；双手形成一个弧形(手心空出)，以手指和指根部触击球，左手击球的左后下部，右手击球的右后下部；击球瞬间，两手托住来球左右后下部，靠手腕的抖动、手指的弹拨及抬臂的力量将球击出(图 4-2-2)。

5.捧球

动作方法：面对来球，两脚并列与肩同宽，根据来球的速度和力量，呈半蹲或稍蹲姿势站立，两肘弯曲，上臂与前臂夹角为 90 度左右，分别位于腰部两侧；来球时，双手掌心向上，手指张开，十指朝前，形成弧底形，手指、手腕与前臂基本形成一个平面；双手形成一个弧形，以全手掌触击球的下部；双手捧球击球时，大臂夹紧身体，手指、手腕与前臂在一个平面上，靠手指、手腕与前臂上托的瞬间发力动作将球击出，其动作幅度较小(图 4-2-3)。

6.正面双手小臂垫球

正面双手小臂垫球是指用双手在腹前将球垫起的动作方法，适用于击打比赛中的各种重球。

图 4-2-2 抱球

(a)

(b)

图 4-2-3 捧球

①准备姿势:面对来球,成半蹲或稍蹲姿势站立。

②垫击球手型:两手掌根相靠,两手手指重叠,手掌互握,两拇指平行向前,手腕下压,两前臂外翻成一个平面。

③垫击球动作:当球飞到腹前约一臂距离时,两臂夹紧前伸,插入球下,同时配合蹬地、跟腰、提肩、顶肘、压腕等全身协调动作迎向来球,身体重心随着击球动作向前上方移动。

④击球空间位置:保持在腹前高度。

⑤球触手臂部位和击球部位:用前臂的手腕关节以上 10 厘米左右的两小臂桡骨内侧所构成的平面击球的后下部(图 4-2-4)。

⑥击球后动作:在击球瞬间,两臂要保持稳定,耸一下肩往前送,身体重心继续协调地向抬臂及送球方向移动,垫击动作结束后,立即松开双臂做好下一动作的准备(视频 4-2-7)。

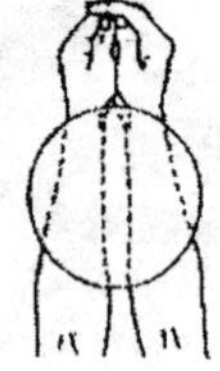

图 4-2-4 球触手臂部位和击球部位

视频 4-2-7 自垫、自传

7.背向双手小臂垫球

背向双手小臂垫球是指背对垫击目标,从身前向背后双手垫击球的击球方法。动作方法:背向垫击球时,要判断好来球的方向,快速移动到球的落点处,背对垫出球的方向,两臂夹紧伸直。击球时,用蹬地、抬头挺胸、展腹和上体后仰的动作带动两臂向后上方摆动抬送,以前臂触球的前下方,将球向后上方击出(图 4-2-5)。

图 4-2-5 背向双手小臂垫球

垫球的常见错误及纠正方法(表 4-2-3):

表 4-2-3　垫球的常见错误及纠正方法

常见错误	纠正方法
垫球时两臂弯曲或不并拢	多进行徒手模仿动作练习或垫固定球练习,反复体验夹臂、抬臂、压腕、顶肘的动作要领
动作不协调	多进行徒手正面垫球动作练习和对墙垫球练习,体会动作的协调方式
移动太慢,击球不准	加强腿部力量练习,可进行快速移动和两臂紧靠插入球下对准来球的徒手动作练习,多进行向左右或前后移动的垫球练习

8.传击球

传击球按动作分类可分为双手传击球和单手传击球;按传球的方向分类可分为正面双手传击球、侧面双手传击球和背向传击球。

(1)双手传击球——

1)正面双手传击球:面对目标的传球称为正面传击球。

①准备姿势:采用稍蹲姿势,上体稍挺起,仰头看球,双手自然抬起,屈肘,放松置于脸前。

②迎球动作:当来球接近额前时,开始蹬地、伸膝、伸臂,手指微张从脸前向前上方迎出。

③击球点:在脸额前上方约一球距离处。

④手型:手触球时,十指应自然张开使双手成半球状,手腕稍后仰,以拇指内侧和中指二、三指节触球的后下部,无名指和小指在球两侧辅助控制球的方向,两拇指相对成“一”字形(图 4-2-6)。

⑤用力方法:在迎球动作的基础上,当手和球即将接触前,手腕和手指要有前屈迎球的动作,当手和球接触时,各大关节应继续伸展,最后用手指、手腕的弹力将球击出(视频 4-2-8)。

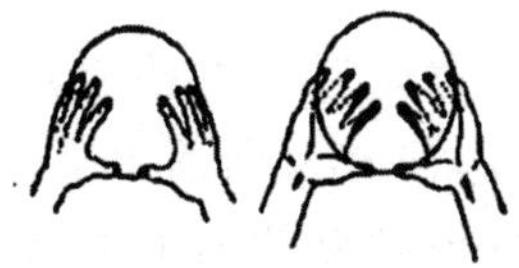

图 4-2-6　正面双手传击球手型

视频 4-2-8　两人对垫、对传

2)背向传击球:背对传球目标的传球称为背向传击球。动作方法:上体比正面传球时稍向后仰,双手自然抬起置于脸前,抬上臂、挺胸、上体后仰;击球点在头上方,比正面传球略偏后;与正面传球手型相同,但触球时手腕要稍后仰,掌心向上,拇指托在球下,击球的下部;利用蹬地、展体、抬臂、伸肘和手指手腕的弹力,把球向后上方传出(视频 4-2-9)。

视频 4-2-9　背向传击球

(2)单手传击球：当来球与身体关系不太适宜或来球靠近网口时可用单手传击球技术。它与防守的单手击球动作相仿。动作方法：单手屈肘上举臂，手腕后仰，掌心向上，五指适当收拢，构成一个半球状手型；用手指击球的后下部；五指托住球后下部，用伸肘、抖腕拨球的动作将球向上弹击送出。

(3)传击球常见错误及纠正方法(表 4-2-4)：

表 4-2-4　传击球的常见错误及纠正方法

常见错误	纠正方法
手型错误	多进行传固定球的动作练习和对墙连续传球，传实心球练习
击球点错误，过高、过低、太前、太后、偏左、偏右	多进行结合球的判断、移动的专项练习，脚步移动到位，强调保持正确的击球点
身体动作不协调，先蹬腿后传球或先传球后蹬腿	多传实心球和进行对墙传球，多进行专项协调性练习，体会蹬地、展体、伸臂的协调用力动作
手腕和手指缺乏弹击力	加强指腕力量的练习以及传实心球或足球的练习

9.扣球

(1)两步助跑起跳正面扣球：

①准备姿势：扣球助跑前采用稍蹲姿势，两臂自然下垂，站在离网 3 米左右处，身体转向来球方向，观察来球，做好向各个方向助跑起跳的准备。

②助跑：助跑开始时，左脚向前迈出一步，紧接着右脚再快速跨出一大步，左脚及时并上，踏在右脚之前，两脚尖稍向右转，两臂绕体侧向上引摆。

③起跳：在助跑跨出最后一步，左脚并上踏地制动的同时，两臂自后积极向前摆动，随着双腿蹬地向上起跳，两臂配合起跳有力地向上摆动。

④空中击球：起跳后，挺胸展腹，上体稍向右转，右臂向后上方抬起，身体成反弓形。挥臂时，以迅速转体、收腹动作发力，依次带动肩、肘、腕各部位关节向前上方成鞭甩动作挥动。击球时，五指微张，以掌心为主，全掌包满球，在手臂伸直最高点的前上方击球的后中部，同时主动用力屈腕屈指向前推压，使扣出的球呈上旋(图 4-2-7)。

⑤落地：落地时以双脚前脚掌先着地，再迅速过渡到全脚掌着地，同时顺势屈膝、收腹，以缓冲下落的力量，并立即做好下一个动作的准备(视频 4-2-10)。

视频 4-2-10　两步助跑起跳正面扣球

图 4-2-7　空中击球

(2)单脚起跳扣球：在助跑的最后一步以单脚踏地，另一只脚直接向前上方摆动帮助起跳的一种扣球方法。单脚起跳扣球可采用一步、两步或多步助跑，助跑到最后，以左脚向扣球点位置跨出一大步，身体重心稍后倾，在右脚向上摆动时，左脚用力蹬地起跳，两臂积极配合上摆，起跳后的扣球动作与正面扣球基本相似（图 4-2-8）。

图 4-2-8　单脚起跳扣球

（3）扣球常见错误及纠正方法（表 4-2-5）：

表 4-2-5　扣球的常见错误及纠正方法

常见错误	纠正方法
助跑动作不协调，步幅由大到小，步速先快后慢	采用提示性语言给予强化，多进行助跑起跳徒手模仿扣球动作练习
起跳点错误	多进行助跑起跳动作练习、助跑起跳扣固定球练习、限定助跑起跳点的扣球练习
起跳时间过早或者过晚	多做对墙和网前助跑起跳的自抛自扣练习
挥臂用不上力量	反复做手持石块或小杠铃片模仿扣球挥臂练习，多进行原地直臂投掷实心球练习，在网前助跑起跳模仿扣球挥臂动作

10.拦网

靠近球网的队员，将手伸向高于球网处触及并阻挡对方的来球，称为拦网。拦网技术按人数可分为单人拦网、双人拦网、三人拦网；按运用与变化可分为原地拦网、移动拦网、拦强攻、拦快攻、拦远网攻等。

（1）单人拦网——

①准备姿势：队员面对球网，两脚左右开立，约与肩同宽，距离网 30～40 厘米，两膝微屈，两臂屈肘置于胸前。

②移动：常用的步法有一步、并步、交叉步、跑步等。

③起跳：原地起跳时，两腿屈膝，重心降低，随即用力蹬地，两臂以肩发力，在体侧近身处，做划弧形前后摆动，帮忙身体迅速跳起。

④空中动作：起跳时，两手从额前沿球网向上方伸出，两臂伸直并保持平行，两肩上提。拦网时，两臂上举，伸手过网（中青年），两手自然张开，屈指屈腕成半球状；当手触球时，两手要突然紧张，手腕下压盖在球的前上方。

⑤落地：拦球后，要做含胸动作，以保持身体平衡。手臂要先后摆上提，从网上收回至本方上空，再屈肘向下收臂，以免触网（视频 4-2-11）。

视频 4-2-11　单人拦网

(2)集体拦网:由前排两个或三个队员相互靠近,同时起跳组成的拦网,称为集体拦网。集体拦网时应以一人为主拦队员,另外几名队员为配合队员,其技术动作与单人拦网相同,但主拦队员不是固定的,而是根据对方扣球点的情况决定。

(3)拦网常见错误及纠正方法(表 4-2-6):

表 4-2-6　拦网的常见错误及纠正方法

常见错误	纠正方法
起跳时间不当	用语言信号强化训练起跳最佳时间
拦网时,手臂补打,造成触网犯规	多进行网前的原地和移动的徒手拦网练习,清楚拦网时要采用提肩、屈腕去拦击对方的扣球
起跳后,手触球网或脚过中线犯规	多做网前快速移动起跳拦网动作,强调垂直向上跳,起跳后要含胸,微收腹,保持身体的平衡和稳定
手与手之间距离过大、手与网距离过大造成漏球	采用提示性语言加以强化,进行拦固定球的练习,体会手与手、手与网之间保持的合理距离

三、气排球战术

气排球战术是指运动员在比赛中,根据气排球竞赛规则、气排球运动的规律、比赛双方的具体情况和临场竞赛的发展变化,合理运用个人技术及集体配合所采取的有意识、有组织的行动。

(一)气排球战术的分类

气排球战术有多种分类方法,如根据参与战术体系的人数多少,可分为个人战术与集体战术两类;根据气排球比赛对抗过程中所采取的不同组织形式,可分为进攻战术和防守战术。实践中,分为防守战术和进攻战术组合形成的接发球及其进攻、接扣球及其进攻、接拦回球及其进攻、接传垫球及其进攻四攻系统。

(二)阵容配备

阵容配备是指参赛队根据比赛的任务、本队战术组织的特点及队员的身体情况,有针对性地、合理地安排出场队员及位置分工,充分地调配力量,科学地组合人员的筹划过程。

1.五人制

(1)“四一”配备:由 4 名进攻队员和 1 名二传队员组成。其特点是队员分工明确,进攻点较多,全队只适应一个二传队员的技术特点,配合更为默契,但这种配备对二传的体能和分配球的能力要求较高(图 4-2-9)。

(2)“三二”配备:由3名进攻队员和2名二传队员组成。其特点是二传与攻手的数量及站位分布比较合理,但这种配备会出现两名二传队员同时在前/后场区的情况,进攻点的减少也在某种程度上降低了本方的进攻实力(图4-2-10)。

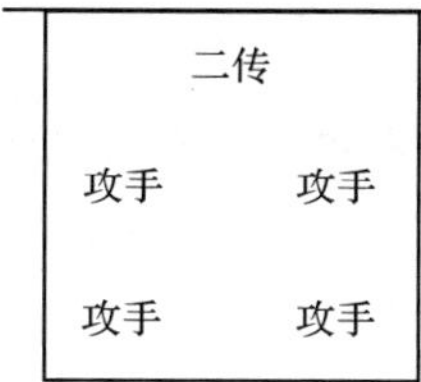

图4-2-9　“四一”配备

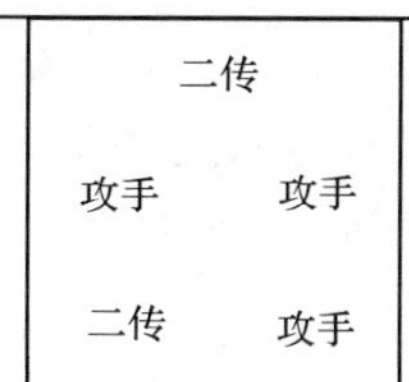

图4-2-10　“三二”配备

2.四人制

(1)“三一”配备:由3名进攻队员和1名二传队员组成,其中有一名进攻队员或为接应二传(图4-2-11)。

(2)“二二”配备:由2名进攻队员和2名二传队员组成,二传与攻手配置均衡,这种配备较容易掌握和运用,是气排球比赛中常采用的阵型(图4-2-12)。

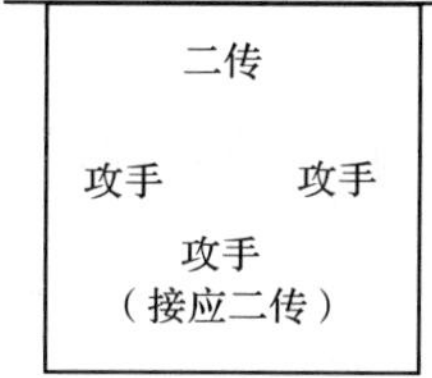

图4-2-11　“三一”配备

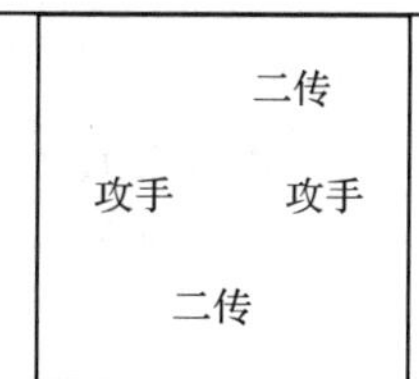

图4-2-12　“二二”配备

(三)气排球个人战术

气排球个人战术是指不同年龄段、不同专业的队员根据个人的特点和整体战术的需要,灵活运用个人技术变化以完成有效进攻与防守。

1.发球个人战术

发球是比赛回合的开始,不受对方和同伴的制约,也没有集体配合的问题,为此更能体现个人的战术意识与能力。常见的发球战术如改变发球力量、速度、弧度以及旋转、飘晃等;针对对手特点,改变发球取位,找人发球、找空档发球、找区域发球等。

2.一传个人战术

一传是保障本队组织合理有效进攻的基础。气排球自身的轻、飘、受外力影响大的特点,增加了一传的难度,在接一传过程中应当合理全面地运用垫、传、挡、捧等击球动作将来球接起,如送缓和的一传以组织强攻,送低平速度快的一传以组织快攻,等等。

3.二传个人战术

二传个人战术主要目的是合理有效地分配球,为本方队员创造有利的时空进攻条件,并突破对方的拦网以完成各种进攻战术,必要时还可通过传球动作完成攻击性强的进攻球处理。

4.扣球个人战术

扣球的个人战术主要可以通过改变扣球线路、扣球动作类型、扣球击球时机与动作幅度、力量大小等形式加以体现。

5.拦网个人战术

拦网个人战术是指拦网队员根据对方进攻队员特点以及进攻战术的应用情况，灵活应用各种手法、步法，利用时间、空间等变化因素，有效拦阻对方进攻的一种个人或集团性配合行为。

(四)气排球集体战术

集体战术指两名或两名以上队员之间有组织、有目的地集体协调配合的过程，分为集体防守和集体进攻战术。

1.集体防守战术

(1)接发球防守阵型：根据接发球人数分为4人、3人、2人接发球。比赛中一般采用4人或3人接发球阵型。

(2)接扣球防守：根据参加拦网人数分为无人拦网、单人拦网、双人拦网、三人拦网下的防守阵型。

(3)接拦回球防守：根据本方的进攻战术和对方拦回的情况以及参加防守的人数来确定，一般采用4人、3人等阵型。

(4)接传、垫球防守：接对方传、垫过网的球，根据其运用的时机、条件以及来球性能的差异，可采用4人、3人接球阵型站位。

2.集体进攻战术

(1)前"中二传"进攻阵型：由1名前排二传队员在前排中位置传球，将球传给其他队员进攻的组织形式。

(2)前"边二传"进攻阵型：由1名前排二传队员在前排边位置传球，将球传给其他队员进攻的组织形式。

(3)后"插二传"进攻阵型：后排二传队员插到前排进行传球，将球传给其他队员进攻的组织形式。

四、气排球竞赛规则与裁判方法

气排球运动1984年首创于我国呼和浩特铁路局集宁分局，当时只是用于健身娱乐，并没有正式的竞赛规则。为了更好地进行气排球交流，推动气排球运动的开展，2005年7月，由中国老年人体育协会审定发行了全国统一的《老年气排球竞赛规则》。迅猛发展的气排球运动已经不完全属于老年人，大批的中青年和高校师生也都积极参与。参与群体面的扩大必然推动竞赛规则的不断完善，中国排球协会于2013年11月和2017年5月依次审定出版了《气排球竞赛规则(2013—2016年)》和《气排球竞赛规则2017—2020》，在内容和结构上逐版突破和完善，主要特点详见表4-2-7。

(一)气排球比赛的场地、器材、设备

1.比赛场地与规格

比赛场地包括比赛场区和无障碍区。比赛场区为长12米、宽6米的长方形，其四周至少有2～3米宽的无障碍区，从地面向上至少有7米高的无障碍空间(图4-2-13)。

表 4-2-7　排球竞赛规则与气排球竞赛规则的主要区别

类别	排球竞赛规则	气排球竞赛规则 (2013—2016 年)	气排球竞赛规则 (2017—2020 年)
比赛场区	18 m×9 m	12 m×6 m	12 m×6 m
进攻线距中线	3 m	2 m	2 m
球网高度	男子 2.43 m 女子 2.24 m	老年男子 2 m，女子 1.9 m 成年男子 2.1 m，女子 1.9 m	男子 2.1 m 女子 1.9 m
球圆周	65～67 cm	76～78 cm	72～78 cm
球重量	260～280 g	100～120 g	120～140 g
球气压	0.30～0.325 kg/cm^2	0.16～0.17 kg/cm^2	0.15～0.18 kg/cm^2
比赛方法	五局三胜制 每局先得 25 分同时超过对方 2 分的队胜一局	三局两胜制 前两局先得 21 分为胜一局	三局两胜制 前两局先得 21 分同时超过对方 2 分为胜一局
比赛行为	发球队胜一球时，原发球队员继续发球	前排队员可以对任何高度球完成进攻性击球，发球队获得发球权时，必须轮转发球 队员在进攻线后可对任何高度的球完成进攻性击球	

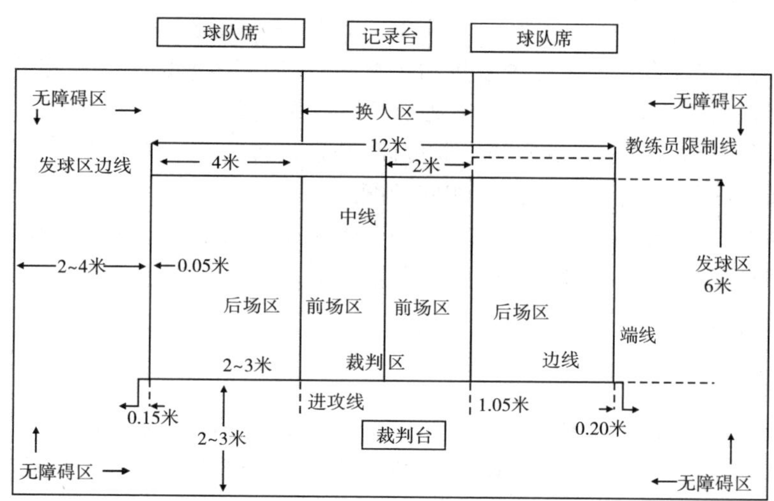

图 4-2-13　气排球比赛场地与规格

2.比赛场区与界线

(1)场区——

①比赛场区：两条边线和两条端线规定的区域为比赛场区。边线和端线的线宽都包括在比赛场区的面积内。

②前场区：中线与进攻线(也称限制线)的实线所组成的区域为前场区。进攻线线宽包括在前场区的面积内。

③后场区：进攻线的后沿至端线所组成的区域为后场区。

④发球区：端线实线外与边线延长线上的发球短线至无障碍区的终端所构成的区域为发球区，两条发球短线线宽包括在发球区面积内。

⑤换人区：两条进攻线的延长线与其边线至记录台前的区域为换人区。

(2)界线——

①场地内所有界线宽 5 厘米，其颜色须区别于场地颜色。

②边线：比赛场地的两条长线称边线，各长 12 米。

③端线：比赛场地两端的两条线称端线，各长 6 米。

④中线：在网下连接两条边线的中点的线称中线。中线的中心线将比赛场区一分为二，分成 6 米见方的两个相等的场区。

⑤进攻线：离中线中心线 2 米处有一条长 7.05 米(实线长 6 米，虚线长 1.05 米)的线称进攻线。

⑥发球区短线：在两条端线后距端线 0.2 米处，并在两条边线的延长线上有两条 0.15 米的短线，称发球短线。

⑦跳发球限制线：在距端线后 1 米处画一条平行于且与端线长度相等的平行线，即跳发球限制线。跳发球必须在该线后完成起跳动作。

⑧教练员限制线：从进攻线的延长线至端线延长线，距边线 1.05 米并平行于边线，由一组长 15 厘米、间隔 20 厘米的虚线组成。

3.比赛的主要器材

(1)球：球为圆形，球的面料由柔软的高密度合成革材质制成，颜色为彩色。球周长为72～78 厘米，重量为 120～140 克，气压为 0.15～0.18 千克/平方厘米。

(2)球网：网上沿缝有 5 厘米宽的双层白色帆布，中间用柔软的钢丝绳穿过，网的下沿用绳索穿起，上下沿拉紧并固定在网柱上。球网的两端各系一条宽 5 厘米，长 0.8 米的标志带，垂直于边线。在两条标志带外沿、球网的不同侧面，分别设置长 1.8 米，直径 1 厘米的标志杆，高出球网 1 米，标志杆每 10 厘米涂有红白相间的颜色。

(3)球网高度：男子球网高度为 2.1 米，女子球网高度为 1.9 米。球网高度用量尺从场地中间丈量。球网两端离地面必须相等，不得超过规定高度 2 厘米。

(二)比赛参加者

1.球队的组成

(1)一个队由 10 人组成，其中有 1 名领队，1 名教练员，8 名运动员；领队、教练员可兼运动员。

(2)只有登记在记分表上的球队成员，方可进入场地和参加比赛。一经教练员、队长在记分表上签名确认后，便不得更换。

2.球队的位置

比赛中，队员应坐在他们场地一侧的球队席上；替补队员可以在本方场区的无障碍区外做无球的准备活动。

3.球队的装备

(1)队员服装要统一，上衣前后须有号码，序号为 1～10 号。身前号码至少 15 厘米高，身后号码至少 20 厘米高，号码大小至少 2 厘米宽。队长上衣应有一条与上衣颜色不同的长 8 厘米、宽 2 厘米的标志。

(2)运动鞋必须是没有后跟的柔软轻便的胶底鞋，不允许佩戴任何易造成伤害的饰物。

(三)比赛记分方法

(1)比赛采用每球得分制，即胜一球得一分。

(2)胜一场：比赛采用三局两胜制，胜两局的队为胜一场。如果 1∶1 平局，则进行决胜局(第三局)的比赛。

(3)胜一局：第一、二局先得 21 分同时超过对方 2 分为胜一局，当比分为 20∶20 时，比赛继续进行至某队领先 2 分为胜该局。决胜局先得 15 分同时超过对方 2 分的队获胜，当比分为 14∶14 时，比赛继续进行至某队领先两分为胜一局。

(4)得一分：球成功落在对方场区；对方犯规；对方受到判罚。

五、气排球考试内容与评分标准

(一)考试内容

气排球专项考试共 100 分，其中包括：发球(20 分)、垫球(20 分)、传球(20 分)、教学比赛(40 分)。

(二)考试办法和评分标准

1. 发球

(1)发球达标：连续发 10 个球，成功一个球得 1 分，总分 10 分。

(2)发球技评：根据发球动作、球的飞行效果、球的有效性等方面进行评分，总分 10 分。

2. 垫球

(1)垫球达标：两人一组，连续对垫 20 个球，来回一个球得 1 分，总分 10 分。

(2)发球技评：根据垫球动作、球的飞行效果、垫球综合能力表现等方面进行评分，总分 10 分。

3. 传球

(1)传球达标：两人一组，连续对传 20 个球，来回一个传球得 1 分，总分 10 分。

(2)传球技评：根据传球动作、球的飞行效果、传球综合能力表现等方面进行评分，总分 10 分。

4. 教学比赛

每组 5 名队员，分组进行比赛，教师根据学生在比赛场上的各种表现进行评分。能熟练运用各种技术和战术，失误少的可得 20～30 分；能较熟练运用各种技战术，失误较少的可得15～20 分；基本上能完成各种技战术，失误较多的可得 15 分以下。

参考文献

[1]连道明，陈铁成.软式排球、沙滩排球、气排球理论与方法[M].厦门：厦门大学出版社，2007.

[2]陈铁成. 气排球[M]，厦门：厦门大学出版社，2014.

[3]中国排球协会. 气排球竞赛规则 2017—2020[S]，2017.

第三节 三边足球

一、三边足球概述

(一)三边足球的起源与发展

三边足球的发明者是丹麦艺术家阿斯戈·约恩。约恩挣脱了传统思想的束缚,在生活的各个领域寻求创造性替代方案,重构工作和娱乐的界限。约恩挣脱了传统思想的束缚,因为很难用语言向别人解释自己的思想,最后,他诉诸于对足球这项运动加以改造,以此隐喻自己的理论创新。因此,三边足球的首要规则就是"没有规则":这项运动只需要一个球、3支球队、六边形的球场,除此之外,任何东西都可以进行修改。

2012年2月,杰夫·安德鲁斯成立了德特福德三边足球俱乐部。三边足球联赛每周都会在德特福德俱乐部的主场进行。三边足球在全世界范围内日益普及,2014年,在丹麦的锡克尔堡举行了首届三边足球世界杯赛,时间几乎与巴西世界杯同步。最终,来自土耳其、立陶宛、英国、法国、波兰、丹麦和德国的7支队伍,为争夺冠军展开了规模空前的激烈比赛。澳大利亚首届三边足球赛在2014年5月4日于圣柯尔达小学举行。在英国伦敦,人们组织了由6支队伍参与的卢瑟·布里塞特联赛(这个名称源于20世纪80年代的一位运动员),每月第一个周日在德特福德街区同时进行两场比赛,赛期从每年9月持续到次年6月。

2017年8月19日,第二届三边足球赛世界杯在德国卡塞尔举行,来自德国、英格兰、波兰和立陶宛的球队争夺冠军。决赛在东道主球队F2维森特(F2 Versenkt)和来自伦敦SE联赛的两支球队——波兰胡萨利(Polish Husaria)和新十字架(New Cross)之间举行。最后,新十字架(New Cross)队摘得桂冠。第三届三边足球世界杯将于2020年在伦敦举办。

(二)三边足球的特点

有别于一对一赛制的足球,决定三边足球胜负的不在于谁进球多,而在于谁失球少。其目的在于颠覆传统足球的指导思想,即对抗性、侵略性和确定性,而在三边足球中,这些约束大都不复存在,队伍之间可以商量结盟或采取类似战术,也可以反叛盟友,比赛不会按设想进行,争胜并不一定就会取胜。它是一项具有开放性和娱乐性的运动。

二、三边足球基本技术

(一)颠球

1.动作要领

脚背颠球。脚向前上方摆动,用脚背击球,击球时踝关节固定,击球的下部。两脚可交替击球,也可一只脚支撑、另一只脚连续击球。击球时用力均匀,使球始终控制在身体周围。

2.要点与练习方法

(1)一人一球颠球:要点为触球时间、触球部位、触球力量恰当和动作协调。

(2)两人一球颠球:要点为可用身体各部位颠球,控制触球力量,不让球落地。

(二)踢球

踢球是指运动员有目的地用脚把球击向预定目标的技术。它是由助跑、支撑脚站位、摆动腿摆动、击球和击球后的随摆五个环节组成，主要用于射门和传球。踢球动作可分为脚内侧踢球、脚背正面踢球、脚背内侧踢球、脚背外侧踢球、脚尖踢球和脚跟踢球几种方法。

1. 脚内侧踢球(又称脚弓踢球)

动作要领：踢定位球时，直线助跑，支撑脚踏在球侧的约 15 厘米处，膝微屈，脚尖指向出球方向，击球后身体跟随移动，髋关节向前送。踢空中球时，根据来球速度和运行轨迹及时移动到位，踢球腿大腿抬起并外展，小腿屈膝并绕额状轴后摆，利用小腿绕额状轴由后向前摆动，当摆至额状面时与球接触，击球的中部(视频 4-3-1)。

2. 脚背正面踢球(又称正脚背踢球)

动作要领：踢定位球时，直线助跑，最后一步稍微大些，支撑脚积极着地支撑，在球的侧面10～15 厘米处，脚尖正对出球方向，膝关节微屈，踢球腿以髋关节为轴，大腿带动小腿由后向前摆动。当膝关节摆至接近球的正上方时，小腿做爆发式的摆动，脚踝绷紧，以脚背正面部位击球后中部，击球后身体及踢球腿随球前移(视频 4-3-2)。

视频 4-3-1　脚弓踢球

视频 4-3-2　脚背正面踢球

3. 脚背内侧踢球(又称内脚背踢球)

动作要领：踢定位球时，斜线助跑，助跑方向与出球方向约成 45°角，支撑脚踏在球侧后方约 25 厘米处，膝关节微屈，脚尖指向出球方向，重心稍倾向支撑脚一侧。在支撑脚着地的同时，踢球脚已完成后摆，并开始以髋关节为轴大腿带动小腿由后向前摆动，当大腿摆至与支撑腿近同一平面时，小腿做爆发式摆动，此时脚尖外转、脚跟上勾、脚背绷直，以脚背内侧部位触击球。击球后踢球脚继续随球向前(视频 4-3-3)。

4. 脚背外侧踢球(又称外脚背踢球)

动作要领：脚背外侧踢球类似脚背正面踢球，只是摆踢时，脚背绷紧，脚趾向内扣紧，脚尖指向斜下方，用脚背外侧击球的后中部，击球后，踢球腿顺势前摆(视频 4-3-4)。

视频 4-3-3　脚背内侧踢球

视频 4-3-4　脚背外侧踢球

5. 要点与练习方法

(1)两人一球，相距 10～15 米对踢。要点：控制踢球力量、踢球部位。

(2)两人一组，加大距离做长传球。要点：传球准确，近距离踢球时击球后中部，中长距离传球时，击球后下部。

(3)运球到罚球区附近射门。要点:速度由慢到快。

(4)传球射门。要点:一人做向前传球,踢球者快速上前踢球射门。

6. 易犯错误

(1)脚内侧踢球易犯错误:

①脚弓和球接触面不正确,影响了击球的准确性。

②踢球脚离地过低,踢在球的底部,易成高球。

③动作过度紧张,使用力量不及时,特别是脚击球的一刹那没有用力,只靠腿的摆动力量踢球。

(2)脚背正面踢球易犯错误:

①支撑脚的位置靠后,造成踢球时身体后仰,脚背击在球的后下部,出球偏高。

②踢球腿前摆时,小腿过早地做爆发式前摆,造成直腿击球,出球无力。

③摆腿方向不正,造成脚触球部位不准。

④因怕脚尖触地,脚背没有充分跖屈,造成脚趾背面触球。

(3)脚背内侧踢球易犯错误:

①助跑的斜线角度过小,击球点偏外,出球不准。

②支撑脚的位置偏后,踢球时上体后仰,出球过高。

③踢球脚的脚背外转不够,脚接触部位不正确。

④没有向出球方向摆腿与形成划弧动作,击球点偏外,出球不准。

(4)脚背外侧踢球易犯错误:

①助跑出现斜线角度,击球点偏内,出球不准。

②支撑脚的位置偏后,踢球时上体后仰,出球过高。

③踢球脚的脚背内扣不够,脚的接触部位不正确。

④没有向出球方向摆腿与形成划弧动作,击球点偏外,出球不准。

(三)接控球

接球是指运动员有目的地用身体的合理部位把运行中的球接控在所需位置的控制范围内。接球的质量好坏直接影响下一个动作的质量。接球的技术可以分成三个环节:观察和移动、选择接球的部位和方法、随球移动。接球的动作有多种,常用的有脚内侧、脚背正面、脚背外侧、脚底、大腿、腹部、胸部、头部等部位。这里重点介绍以下几种。

1.脚内侧接球

脚内侧接触球面积大,易将球接稳,并且便于改变方向和结合下一个动作,多用来接地滚球、反弹球、空中球。

(1)几种脚内侧接球的动作要领如下所示。

①脚内侧接地滚球:支撑脚正对来球,膝关节微屈,接球腿屈膝外转并前迎,脚尖微翘起,在脚与球接触前的一刹那开始后撤,在后撤过程中用脚内侧接触球,缓冲来球力量,把球控制在衔接下一动作所需要的位置上(视频 4-3-5)。

②脚内侧接反弹球:支撑脚踏在球落地点的侧前方,膝关节弯曲,上体稍向前倾并向接球方向微转,同时接球腿提起,踝关节放松,用脚内侧对准来球的反弹路线,当球落地反弹刚离地面时,用脚内侧推球的中上部(视频 4-3-6)。

③脚内侧接空中球:一种方法是根据来球的高度,将接球脚抬起前迎,脚内侧对准来球路线,

在脚与球接触前的刹那开始后撤。在后撤过程中用脚内侧触球，缓冲来球力量，把球控制在所需要的位置上。另一种方法是将脚提起，稍高于选择的接球点，在脚与球接触的一刹那开始下切，在下切过程中用脚内侧切于球的侧上部，将球控制在地上。接空中球时，先提大腿，脚内侧正对来球，触球时，小腿放松下撤(视频 4-3-7)。

(2)要点与练习方法：

①两人一组，相互踢接球。要点：力量由轻到重。

②两人一组，一人踢地滚球，另一人跑上前接球。

③两人一组，互相踢接球，要求接控球后快速传球。

要点：触球部位适当放松，并要做好迎撤动作。

视频 4-3-5　脚内侧接地滚球

视频 4-3-6　脚内侧接反弹球

视频 4-3-7　脚内侧接空中球

(3)脚内侧接球易犯错误：

接球脚肌肉太紧张，当球与脚内侧接触时未做后撤动作，导致球弹出。

2.脚底接球

脚底接触球面积大，易将球接稳。比赛中多用于接正面来的地滚球和反弹球。

(1)动作要领如下所示。

①脚底接地滚球：身体正对来球，支撑脚站在球的侧后方，膝关节微屈。接球腿提起，膝关节自然弯曲，脚尖翘起高过脚跟(脚跟离地面稍低于球高)，踝关节放松，用前脚掌触球的中上部。

②脚底接反弹球：身体正对来球，支撑脚踏在落点侧后方，当球着地的一刹那，用前脚掌对准球的反弹路线，触球的中上部。

(2)要点与练习方法：

①一人用脚内侧踢地滚球，一人用脚底接球。

②一人抛球，一人用脚底接控反弹球。

要点：踝关节充分放松，接球脚抬起不宜过高；反复练习，体会要领。

3.胸部接球

由于胸部接球部位较高，加之胸部面积大、肌肉较丰满等特点，所以胸部接球易于掌握，适于接高球和平直球。胸部接球包括挺胸接球、收胸接球两种方法。

(1)动作要领如下所示。

①挺胸接球：一般用于接高于胸部的下落球。身体正对来球，两脚前后开立，重心落在两脚之间，两膝弯曲，双臂自然张开，上体稍后仰，收下颔。在球与胸部接触前的刹那，脚跟提起，向上挺胸，使球弹起，然后落于体前(视频 4-3-8)。

②收胸接球：一般用来接约为胸部高度的水平球。身体正对来球，两脚前后开立，双臂自然张开，挺胸迎球，在球与胸部接触的刹那迅速收胸、收腹，以缓冲来球力量，把球控制在自己的范围内(视频 4-3-9)。

视频 4-3-8　挺胸接球

视频 4-3-9　收胸接球

(2)要点与练习方法:

①两人一组,约距 10 米,互抛互接。

②两人一组,约距 10 米,加大来球速度,互抛互接。

要点:注意收下颌,充分展胸,后仰,控制球。

(3)易犯错误:

收胸过早或过晚,不能缓冲来球力量,易将球弹出。

(四)运球

运球是运动员在跑动中用脚连续推拨球,使球处于自己控制范围内的动作,是完成个人突破与战术配合必不可少的技术。常用的运球方法有脚背内侧运球、脚背正面运球、脚背外侧运球等。

脚背外侧运球和脚背内侧运球较为灵活,便于改变速度和方向,是比赛中常用的运球方法。

1.动作要领

跑动时身体自然放松,上体前倾,步幅可大可小。脚背内侧运球时,运球脚提起,脚尖稍向外摆,以脚背内侧推球前进(视频 4-3-10)。

脚背外侧运球时,运球脚提起,脚尖稍内转(视频 4-3-11)。

视频 4-3-10　脚背内侧运球

视频 4-3-11　脚背外侧运球

2.要点与练习方法

(1)在慢跑中分别用单脚脚内侧运球、脚背正面运球、脚背外侧运球,运球方向沿直线进行。要点:练习时要求步子小,轻松自然,双臂自然摆动。

(2)在慢跑中沿弧线运球,用脚背内侧、脚背外侧沿中圈线做顺时针、逆时针方向运球。

要点:触球部位准确。

(3)队员分成两组,相距 20 米左右,成“一”字形相对排列。每组第一人运球到对面的运球起点线,把球交给相对应一组的第一人,然后跑到排尾,依次循环。

要点:重心放在支撑脚上,同时上体稍向运球方向前倾,推拨球的后中部。

(4)绕 6 根标杆曲线运球(杆距 2 米)。要点:注意变向过程的重心移动和运球速度与节奏。

3.易犯错误

(1)低头看球运球,而不是随时观察场上情况,以致不能达到及时完成传球或射门的目的。

(2)运球时不是推拨球而是踢球,以致离人过远而失去控制。

(五)射门

比赛中运用技术、战术的最终目的是射门得分,所以能否在最后临门一脚或用头顶将球射进对方球门,是比赛胜负的关键。

1.脚背内侧射门

脚背内侧射门力量大,多用于斜线运球射门,当球在身体侧前方或离身体稍远时,都可用脚背内侧射门。

2.脚背外侧射门

脚背外侧射门威胁力大,突然性强,具有隐蔽性,能射各种方向来球,如射正面、小角度、横侧、前后斜侧、凌空球等,并能射出直线球和弧线球。

3.脚内侧射门

脚内侧射门准确性高,但力量小,宜做各种近距离射门,罚点球等。

4.脚背正面射门

脚背正面射门力量大,准确性高,运用最广,是射门的基础脚法。

5.脚尖射门

脚尖射门快速、突然,在门前争夺激烈时,没有起脚摆腿的时间,用脚尖“捅球”射门能出奇制胜。

(六)头顶球

头顶球是运动员在比赛中为了争取时间和取得空中优势,用头部的前额部击球的动作,常用来传球、抢截球和射门,是进攻和防守中不可缺少的重要技术之一。头顶球分为前额正面顶球和前额侧面顶球。这两个部位都可以做原地顶球、跑动顶球、跳起顶球、鱼跃顶球等。

1.前额正面原地顶球

动作要领:面对来球,两脚前后开立,膝微屈,重心放在两脚上。顶球前,上体先后仰,重心移到后腿上,两臂自然展开,保持身体平衡,两眼注视来球。顶球时后腿用力蹬地,上体由后向前快速摆动,借腰腹及颈部力量,用前额正面将球顶出。顶球过程中,身体重心从后腿移到前腿(视频 4-3-12)。

2.单脚跳起顶球

动作要领:起跳前要有 3～5 步的助跑,最后一步踏跳时要用力,步幅要稍大些,踏跳脚以脚跟先着地,再迅速移到脚掌,同时另一腿屈膝上提,两臂向上摆动。身体腾起后上体随之后仰。顶球时,上体由后向前摆动,借助腰、腹和颈部力量将球顶出,然后两脚自然缓冲落地(视频 4-3-13)。

3.双脚跳起顶球

动作要领:判断来球落点,选择起跳位置,两膝先弯曲,然后两脚蹬地向上跳起,同时两臂屈肘上摆,上体后仰,两眼注视来球,两臂自然张开,以保持身体平衡。当跳到最高点并在来球接近身体垂直线时,收腹、甩头,用正额将球顶出(视频 4-3-14)。

视频 4-3-12　前额正面原地顶球

视频 4-3-13　单脚跳起顶球

视频 4-3-14　双脚跳起顶球

4.要点与练习方法

(1)徒手做头顶球模仿练习。

要点:动作连续。

(2)自抛自顶,体会顶球部位。

要点:注意向后展体和前摆击球的时间和额触球的部位。

(3)两人一组,相距 10 米左右,一人抛球,另一人顶球(可结合助跑顶球)。

要点:把握助跑起跳时间以及击球部位。

(4)顶球射门练习。

要点:顶球队员站在罚球弧附近,掷球队员站在球门或球门侧面将球抛至罚球点附近,顶球队员跑上顶球入门。

5.易犯错误

(1)顶球时闭眼、缩脖,不敢主动迎击球。

(2)顶球点选择不正确,顶不到球。

(3)顶球时身体没有展体和用到腰腹力量。

(七)守门员技术

守门员技术是守门员把守球门和发动进攻时的动作方法的总称。由于位置的独特性,守门员与其他队员的技术存在显著的差异。守门员技术可分为接球、扑接球、托球、拳击球、投掷球、抛踢球等。

1.接球

接地滚球分为直立接球和单膝跪地接球两种。

接平球时,前臂屈肘置于胸前两侧,在球接触胸前的一瞬间,两臂夹紧,收缩两手,抱住球的侧上部,迅速含胸收腹,屈上体,缓冲来球力量并将球抱住。

接高球时,双手自然张开,拇指相对,成"八"字形,当手接触球时,手腕和手指适当用力将球挡住,同时屈肘、收臂向下带引球,顺势翻掌将球抱于胸前。要求准确判断球路与落点,准确把握跑动起跳时机,快速控制高球。

2.托球和拳击球

起跳后身体成背弓,单臂快速上伸,手掌前部和手指用力将球向后上托出或用拳将球击出。

三、三边足球基本战术

三边足球比赛攻守过程中采取的个人行动和集体配合,称为基本战术。足球战术可分为进攻战术和防守战术两大类,在进攻战术和防守战术中都包含着个人局部、整体定位球的战术。

（一）进攻战术

进攻战术是指在比赛中，为了战胜对方所采取的个人进攻行动和集体配合的方法。

1.个人进攻战术

个人进攻战术包括摆脱、跑位、运球过人等。这是在对方紧逼防守的情况下采取的有效措施，摆脱自己的对手，跑到有利的位置，接应控制球的同伴，巧妙地传球配合以达到有效进攻的目的。

（1）传球：队员在比赛中有目的地把球踢（顶）给同伴或踢（顶）向预定的方向的方法。传球是整体战术配合的基础，是组织进攻，变换战术和创造射门机会的重要手段，也是迅速逼近对方球门最有效的方法。

（2）运球突破：进攻战术中极为重要的个人战术，也是突破密集防守，创造射门机会的有效手段；是冲破紧逼盯人造成局部地区以多打少，觅得传球空当，获得射门机会的有效手法；同时也是扰乱对方防线的锐利武器。

（3）跑位：在比赛中队员在无球情况下，通过有意识的跑动，为自己或同伴创造进攻机会的行动。跑位是整体进攻战术的基础，是进攻队员为获得球的准备行动，也是拉开对方防线、创造传球空当的重要手段。根据目的和开始状态，可将跑位分为：摆脱跑位或接应跑位；切人或插上；扯动牵制或制造空当。

2.局部进攻战术

局部进攻战术指两人以上的战术配合行动。此战术可以丰富和完善全队的进攻战术，是实施全队战术的基础。一般常用的有传切配合二过一、三过二进攻配合等。

（1）交叉掩护配合：在局部地区两名进攻队员在运球交叉换位时，以自己身体掩护同伴越过一名防守队员的配合方法。

（2）传切配合：控球队员将球传给切入的进攻队员的配合方法。

（3）二过一配合：在局部地区两名进攻队员通过两次连续传球配合越过一名防守队员的配合方法。二过一配合的形式根据传球和跑位的路线分为：斜传直插二过一、踢墙式二过一、直传斜插二过一、回传反切二过一配合等。

①斜传直插二过一配合（图 4-3-1）：进攻队员做斜传，另一名进攻队员直接插到防守队员的身后空当接球，突破防守。

②直传斜插二过一配合（图 4-3-2）：进攻队员直线传球，另一名进攻队员从防守队员的内线斜插入他身后的空当接球。

③踢墙式二过一配合（图 4-3-3）：两名进攻队员通过一次撞墙配合，突破防守队员。

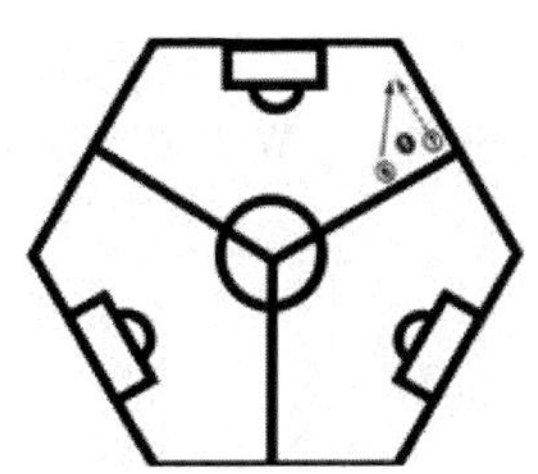

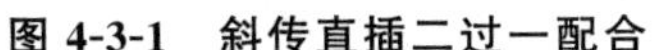

图 4-3-1　斜传直插二过一配合

图 4-3-2　直传斜插二过一配合

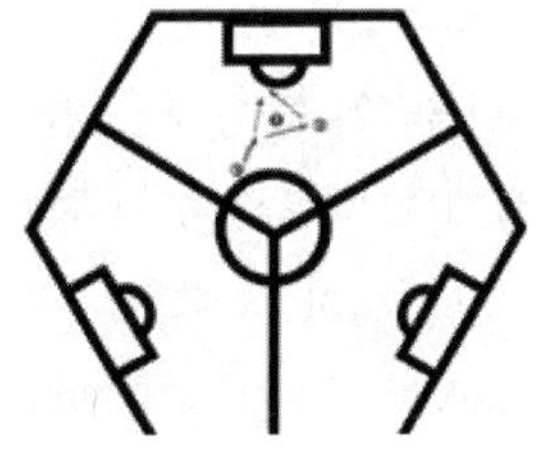

图 4-3-3　踢墙式二过一配合

(二)防守战术

防守战术是指在比赛中,为了阻止对方的进攻和重新获得球权所采取的个人防守行动。

1.个人防守战术

个人防守战术是局部和整体防守的基础,包括堵(迎面堵、贴身堵)、抢(迎面抢、侧面抢、侧后铲)、断等技术在防守中的运用。选位与盯人也是重要的个人防守战术。

2.集体防守战术

集体防守战术有全攻全守的全场防守、半场防守、紧逼防守、区域防守、盯人结合区域防守、密集防守等。不论采用哪种战术都要考虑到本队的特长,更要针对对方的进攻技术,采用有效的防守战术。

四、三边足球的竞赛规则

每场比赛有 3 支球队在场上比赛,被进球最少的队伍获胜,比赛分为时长相等的 3 节,比赛在正六边形场地上进行,总共有 3 个球门,两个球门之间间隔一条边线。

(一)场地

边线长 27 米,球门尺寸为 3.6 米×1.8 米,所有线的宽度不超过 12 厘米(图 4-3-4)。

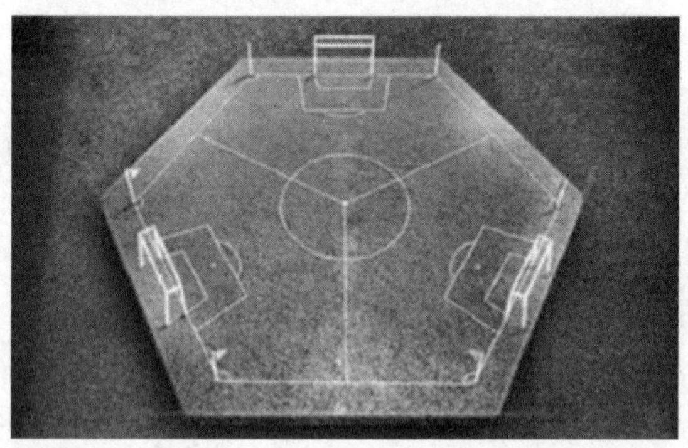

图 4-3-4 三边足球的场地

(二)球

(1)球必须为圆形,用皮革或其他适当材料制成。

(2)球的圆周长 68～70 厘米,重量在比赛开始时应为 410～450 克,压力应在 0.6～1.1 个大气压之间。

(3)在比赛中未经裁判员许可不得更换球。

(三)比赛时间

每场比赛分为时长相等的 3 节,每节 20 分钟,每节之间休息 5 分钟,每节比赛 3 支球队需按顺时针顺序交换比赛场地。

(四)队员人数

每队只能有 5 名队员同时在场上比赛。

(五)守门员

每队可指定一名球员作为守门员,只有守门员可以在罚球区(9 米×2.7 米的长方形区域)内用手触球,球队可以随时更换他们指定的守门员。

（六）裁判员

比赛中的一般犯规由场上队员进行判罚，裁判员——即比赛官员需在场边监督比赛进行，记录比分并就场上球员无法达成一致的争议进行判罚。一场比赛设置一名裁判员，裁判员有权停止比赛或恢复比赛。裁判员进行的判罚是最终判罚，裁判员不得进入比赛场地。

（七）开球

在每节比赛开始时，指定球队的球员在中圈开球，裁判员鸣长哨示意比赛开始。每节结束时间同样由裁判员决定。

（八）界外球

界外球由除出界一方之外的两队中在球出界前最后触球的一队发球，界外球在距离出界处 0.5 米左右的边线上用脚踢出。

（九）角球

角球由除出界一方之外的两队中在球出界前最后触球的一队发球，角球在角球区范围内用脚发出。

（十）犯规

由被犯规方发球，当在罚球区内犯规时，判罚点球。

犯规包括：

(1)除守门员以外的球员用手触球。

(2)危险动作和暴力行为。

(3)铲球动作。

（十一）红牌

裁判员仅判罚红牌，被判罚红牌的球员需离场 10 分钟且不得换上其他球员，只有暴力行为和危险动作会被判罚红牌，被罚下场必须经过裁判员确认才能继续比赛。

（十二）得分

足球整体越过球门线视为进球得分。

（十三）队员装备

同队队员的服装颜色必须一致，并与对方队员有明显区别，守门员的服装颜色必须有别于其他队员和裁判员。

（十四）联赛积分规则

赛季中积分最少的队伍获得冠军，每场比赛中：取胜得 0 分，第二名得 1 分，第三名得 2 分。出现平局时：

(1)两队获胜，则两支获胜队伍各积 1 分，另一只队伍积 2 分。

(2)一队获胜，则获胜队伍积 0 分，其他两支队伍积 2 分。

(3)得分相同，则三支队伍各积 1 分。

（十五）其他

不设置越位犯规和黄牌警告的判罚。

五、三边足球课专项考试内容和评分标准

(一)考试内容

三边足球专项考试共100分,其中包括:颠球(20分)、带球转身(20分)、20米运球绕杆射门(20分)和教学比赛(40分)。

(二)考试方法和评分标准

1.颠球

评分标准:成功连续颠一个球得1分,总分20分。

2.带球转身

(1)考试方法:球员听信号从AB线出发,向CD线运球,人、球越过CD线后,将球运回AB线,之后再返回CD线,最后将球运过AB线,将球踩停,计时停止。考生需完成3个转身动作,左右脚不限(图4-3-5)。

注:球员在测试中应使球越过AB线或CD线,测试结束时应用脚在AB线外将球踩停。

(2)评分标准:以完成时间计算成绩,总分20分。

3.20米运球绕杆射门

(1)考试方法:罚球区线至起点线距离为20米,起点至第一根杆距离为4米,其余每杆之间的距离均为2米,共设8根杆。球员听信号,从起点开始运球,逐个绕过标志杆后须在罚球区外完成射门,球越过两门柱内侧和横梁下沿的球门线时计时停止(图4-3-6)。每个球员均有两次机会,取最优成绩。

(2)评分标准:以完成时间计算成绩,总分20分。

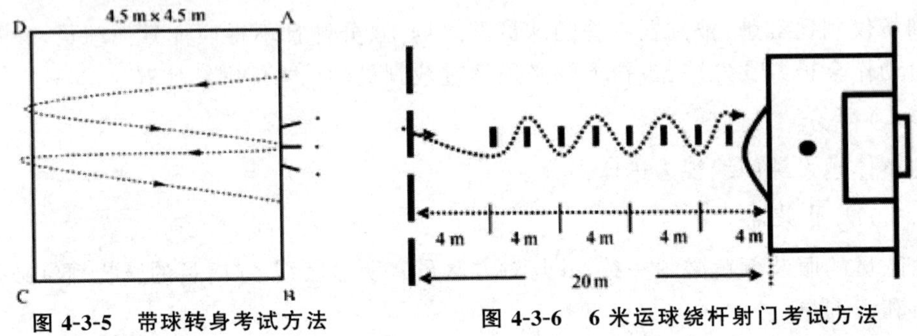

图4-3-5　带球转身考试方法　　图4-3-6　6米运球绕杆射门考试方法

4.教学比赛能力考试(40分)

教学比赛能力考试成绩分不及格、及格、良好、优秀4个等级(10～40分),对球员的技术运用、战术意识、比赛作风等方面进行评价。

参考文献

[1]胡奎.足球[M].北京:体育学院出版社,1987.

[2]国际足球理事会.足球竞赛规则[M].北京:人民体育出版社,2009.

第五章 小球类运动

第一节 网 球

一、网球运动简介

(一)网球运动的起源和发展

网球运动最早起源于12世纪法国北部传教士在教堂回廊里用手掌击球的一种游戏。到了14世纪中叶,法国的一位诗人把这种球类游戏介绍到法国宫廷中,作为皇室贵族男女的消遣。最初球是用布卷成圆形后用绳子绑成的。场地中间架起一条绳子为界,将双手作为球拍,把球从绳上丢来丢去。到了16世纪,木板的球拍被用来代替双手拍球。最初的网球,是由两个半球填充草、树叶或头发等制成的,后来随着网球运动的不断发展,球的制作也越来越讲究。

现代网球运动的历史一般是从1873年开始的。1873年,英国人沃尔特·克洛普顿·温菲尔德将早期的网球打法加以改进,使之成为夏天在草坪上进行的一种体育活动,并取名为"草地网球"。

1874年,在百慕大度假的美国女士玛丽·奥特布里奇在观看了英国军官的网球比赛后,对这项体育活动颇感兴趣,于是将网球规则、网拍和网球带到纽约。在美国,网球运动最初是在东部各学校中开展的,不久就传到中部、西部,进而在全美得到普及。此时,网球运动已经由草地上演变到可以在沙土上、水泥地上、柏油地上举行比赛,于是"网球"(tennis)的名称就慢慢替代了"草地网球"(lawn tennis)的名称,这是我们今天网球(tennis)名称的由来。

1896年在雅典举行的现代第一届奥运会上,网球的男子单打与双打被列为正式比赛项目。后来,由于国际奥委会和国际网球联合会在"业余运动员"问题上产生分歧,已经连续进行了7届的奥运会网球比赛项目被取消。直到1984年的洛杉矶奥运会上,网球才被列为表演项目。到1988年的汉城奥运会上,网球重新被列为正式比赛项目。

网球四大满贯(Grand Slam)是每年最重要的网球赛事,由4项公开赛组成:澳大利亚网球公开赛、法国网球公开赛、温布尔登网球公开赛、美国网球公开赛。

近年来,网球运动在我国渐趋流行,从中国女子网球双打在奥运会上夺得金牌,到李娜成为亚洲第一位获得大满贯单打冠军的女选手,网球运动正一步步走进国人心中。为了推动校园网球项目发展,我国从2017年起在上海、江西、广东、重庆、四川、云南6省市开展全国青少年校园网球教学试点工作。

(二)网球运动的特点

1.老少皆宜,节奏可控

网球是一项老少皆宜的运动,从5～7岁的儿童到80～90岁的老人都可以根据个人身体情况进行锻炼。网球是一项隔网的运动项目,没有身体对抗,由于场地较大,可以根据需要控制球速,以达到健身的效果。

2.独特的欣赏价值

网球运动作为世界第二大运动,有着悠久的历史和深厚的文化底蕴,它独具的魅力吸引着世界各地的网球爱好者。网球击球动作舒展大方,比赛时球员跑动范围大,技战术运用各具特色,精彩纷呈。人们在欣赏网球运动时,会有一种力的感受、雅的体验、美的熏陶,而这些正是网球运动所特有的魅力。

3.磨练意志,锻炼心理

网球是一项需要全身心投入的运动,球场上遇到的问题和难题都需要球员自己去面对和解决,对球员的智力和心理都是很大的挑战。每一盘比赛中,选手都要努力去了解对手的技术特点、习惯打法等,在比赛过程中又要根据比赛的进程、出现的一些情况调整自己的一些打法。为了获得每一分,选手都要高度集中自己的精神,每球必争。关键的局点、盘点或赛点更是对网球运动员的重要考验,这时,如果球员的心理素质良好,就可能赢下关键分,反之则可能一败涂地。因此,经常参加网球比赛,有助于锻炼意志,培养自信、临危不惧等优良心理素质。

二、网球基本技术

(一)握拍的方法

学习打网球,首先要掌握握拍的方法,这对初学者来讲是非常重要的。选择正确的、适合个人特点的握拍方法是初学者必须加以重视的技术环节。下面介绍几种常用的握拍方法,以右手握拍为例。图5-1-1为拍柄的各部位名称(拍面垂直地面时,拍柄底部横截面)。

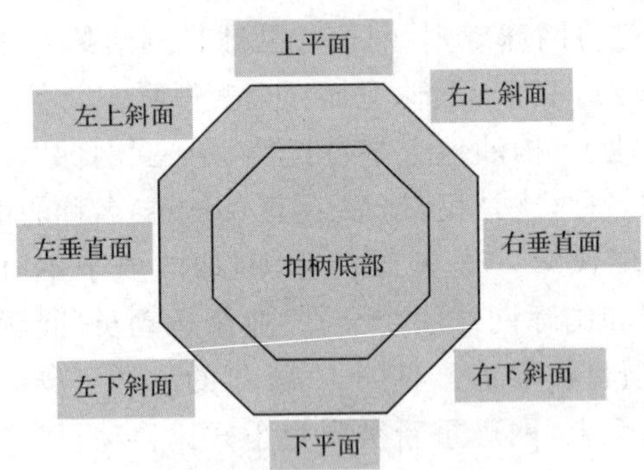

图5-1-1 拍柄的各部位名称

1.东方式握拍

(1)东方式正手握拍:传统的握拍方法,多用于重心从后脚转移到前脚时和腰部高度的平击球。东方式正手握拍时,先使拍面与地面垂直,然后如同跟球拍握手一样握住拍柄。这时大拇指与食指间的"V"形虎口,恰好在拍柄的上平面偏右的位置。拇指第一指关节扣住拍柄的右平面,食指则轻绕至拍柄右侧至下平面。中指、无名指和小指紧握,并与大拇指接触(视频5-1-1)。

(2)东方式反手握拍:在东方式正手握拍法的基础上向左旋转约 90 度,虎口的"V"字形对准拍柄左上斜面,手掌根部贴住拍柄的左上斜面,与拍柄底部齐平。食指与其他手指稍离开,压住拍柄右上斜面,拇指直伸紧贴左垂直面(视频 5-1-2)。

2.半西方式握拍

半西方式握拍在力量和旋转两方面之间建立了很好的平衡,经常用于攻击性的正手抽球。随着移动更加快速,以及更多上旋和速度的需要,世界上大多数高水平球员都使用半西方式握拍。半西方式握拍时,手掌"V"形虎口位于拍柄的右垂直面和右上斜面的交接处,手掌在拍柄的侧边和底部之间(视频 5-1-3)。

视频 5-1-1　东方式正手握拍

视频 5-1-2　东方式反手握拍

视频 5-1-3　半西方式握拍

3.西方式握拍

西方式握拍在击球时能够达到最大程度的上旋,对击打那些击球点位于肩部位置或者更高位置的球来说非常有效,但在处理中到低高度的球就会有一些麻烦,并且需要的腕力较大。在红土地比赛时,球员经常会使用西方式握拍,使得击打的球更加旋转,反弹更高,增加对手处理球的难度。西方式握拍时,拍面垂直地面,然后持拍手手掌朝上,从下向上握拍,手掌"V"形虎口位于拍柄的下平面和右下斜面的交接处,手掌中心握住拍柄的下平面(视频 5-1-4)。

4.大陆式握拍

大陆式握拍有时被称作铁锤式握拍,因为手握拍的位置很像是握着一把铁锤,它介于东方式正手和东方式反手之间。大陆式握拍对正手侧和反手侧来说,拍面都是开放的,对击打低球或者靠近地面的球来说效果较好。大陆式握拍常常用来正手和反手截击,在网前没有时间变换握拍法时,大陆式握拍就非常理想。大陆式握拍时,手掌"V"形虎口正对拍柄左上斜面,拇指扣压住左平面,食指关节握住拍柄的上平面边缘和右上斜面的位置(视频 5-1-5)。

5.双手反手握拍

双手反手握拍是适用于大多数人的反手握拍法,无论是初学者还是高水平的运动员大多数都采用这种握法。最常用且运用灵活的双手握拍方法是:正手为右手持拍时,右手以大陆式握法,左手以正手东方式握法或半西方式握法,左手握在右手上方,双手都握在拍柄上。挥拍时就像左手正手挥拍,左手应当相对用力大些(视频 5-1-6)。

视频 5-1-4　西方式握拍

视频 5-1-5　大陆式握拍

视频 5-1-6　双手反手握拍

(二)准备姿势

两脚左右开立,略宽于肩,上体略前倾,两膝微屈,身体重心置于两脚掌之间,两眼注视对手或来球。用正手握法持拍于腹前,非持拍手扶住拍颈,可以减轻持拍手的负担,以及帮助持拍手变换握拍方式和有助于引拍时的转肩(视频 5-1-7)。

(三)挥拍模式

1.直拉式挥拍

直拉式挥拍是将球拍和手臂拉向后侧,高度低于球的弹跳高度,之后前挥穿过击球区。这种挥拍较易于初学者掌握,很多球员在反手击球时就是采用直拉式挥拍(视频 5-1-8 和视频 5-1-9)。

视频 5-1-7　准备姿势

视频 5-1-8　直拉式挥拍

视频 5-1-9　直拉式挥拍击球

2.环形挥拍

在环形挥拍动作中,球拍以头部或是高过头部的高度被拉向后侧,之后再被拉低到预想的击球点下方,形成环形挥拍轨迹。环形挥拍目前非常流行,这种挥拍模式能够使拍头速度最大化。在快速球场或是对手击球力量大时,挥拍划出的环形应小一些(视频 5-1-10 和视频 5-1-11)。

视频 5-1-10　环形挥拍

视频 5-1-11　环形挥拍击球

(四)击球站位

1.垂直站位

在击球前,后面的脚先着地,前面的脚向球网方向迈步。前后双脚处于一条线上,这种经典站位使击球时的重心便于转移和身体侧对球网,是有利于年轻球员保持平衡和移动重心的最简单站姿。在垂直站位中,当球员向击球区跨步时分开双腿会扩大根基的面积,并制造出更长的击球区域。

2.开放式站位

在击球前,球员转动腰部和肩部,迈步,将重心移至外脚,并主要通过蹬地、转腰和转肩,来带动球拍击球。

3.关闭式站位

击球前,后面的脚先着地,前面的脚跨到前方。关闭站姿限制了重心的向前移动和身体的转动，但有时不得不运用这种站姿击球。比如当球员去追一个离自己非常远的球时，而且最后一步正好落在前脚上，这时就不得不用关闭式站姿来击球。

（五）正手抽球技术

正手抽球是在端线附近回击来球和进攻对方的重要基础技术，正手抽球速度快、力量较大，球被击出后有一定弧线，比赛中常用来进行底线长抽攻击，在上网前或中场球的一击中也常被使用。初学者在学习正手抽球技术时，首先应了解正手抽球由 4 个环节组成，即准备姿势、转肩拉拍、挥拍击球和随挥。

1.准备姿势

两脚自然开立，略宽于肩，两膝微屈，上体略前倾，重心落在前脚掌上。右手持拍于腹前，左手扶拍颈，两肘自然下垂略外张，拍头稍高于柄。

2.转肩拉拍

当判断对方来球是正手方向时，立即向来球方向移动，移动的同时根据来球的远近来确定转肩拉球的时机，拉拍结束时，使球拍指向后方，拍柄底部指向球网。在不影响跑动的情况下，拉拍要尽量早地完成，因为早拉拍，回击球的时间就充裕。

3.挥拍击球

挥拍击球时，通过蹬地、转腰、转肩带动手臂向前挥拍，挥拍轨迹低于来球。击球时要注意头部的稳定，并且球与球拍接触的瞬间眼睛要牢牢盯住球。

4.随挥

击球后，球拍随势挥至身体的左侧肩部上方或肩膀处。击球的随挥动作是击球动作的一个有机组成部分，使得击球动作更加流畅、协调。较长的前挥可以使击出的球更具有穿透性。正手抽球技术多采用垂直站位和开放站位。

5.技术要点

（1）判断来球，及早转肩拉拍。

（2）转肩左手推拍，左肩对网。

（3）击球点在身体侧前方。

（4）击球时，握紧球拍，眼睛盯住球。

（5）随挥要充分，向前向上。

6.正手抽球的常见错误及纠正方法(表 5-1-1)

表 5-1-1　正手抽球的常见错误及纠正方法

常见错误	纠正方法
转肩引拍时只拉拍没转肩，身体朝前	转肩引拍时，左手推拍，到侧面再离开球拍
向前挥拍击球时，没有转腰转肩	多练习空挥拍的正确动作，向前挥拍发力的顺序是从下到上，先蹬地、转腰、转肩，再带动手臂挥拍
随挥动作突然停止	要尽量向前上方随挥，直至球拍挥到左肩上方或左肩处

（六）双手反手抽球技术

双手反手抽球是在端线附近抽击反手球时常用的方法。由于击球时双手在拍柄上有两个支撑点，当球与拍碰撞时，拍面的稳定性强，球拍不容易被来球撞动或扭转。双手反手击球力量相比单手反手要大，但击球点比单手反手抽球更近身一些，并且要多跑动一步才能选好合适的击球位置（视频 5-1-12 和视频 5-1-13）。

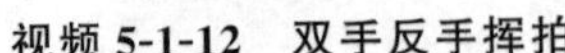

视频 5-1-12　双手反手挥拍

视频 5-1-13　双手反手挥拍击球

1.准备和引拍

准备姿势与正手抽球相同。当判断对方来球是反手方向时，立即向来球方向移动，移动的同时根据来球的远近来确定转肩拉拍的时机，在转肩拉拍的同时，左手顺着拍柄下滑至双手相接成双手反手握拍。结束时，使球拍指向后方，拍柄底部指向球网。右手被自然拉伸，贴近身体，左手肘部自然弯曲。右脚向左前方迈出，重心落在左脚上。

2.挥拍击球

通过蹬地、转腰、转肩带动手臂向前挥拍，挥拍轨迹低于来球。向前挥拍的同时，重心前移。击球时，双手握紧，还要注意头部的稳定，并且球与球拍接触的瞬间眼睛要牢牢盯住球。

3.随挥

击球后球拍随式要充分，随着上体转动，将球拍挥至身体的右侧肩部上方。正手抽球技术多采用垂直站位。

4.技术要点

（1）移动迅速，及早做转肩拉拍动作。

（2）转腰、转肩带动手臂，手臂加速前挥。

（3）击球时，双手更加握紧球拍，眼睛盯住球。

（4）随挥充分，向前向上挥至右肩上方。

5.双手反手抽球的常见错误及纠正方法（表 5-1-2）

表 5-1-2　双手反手抽球的常见错误及纠正方法

常见错误	纠正方法
引拍慢，来不及击球	尽早引拍，可以在球过球网时就提前转肩拉拍
击球时拍面打开，不能击出上旋球	击球时以左手为主，左手和左臂要更用力一些，这样球拍拍面是垂直于击球点的
处理低球时，靠弯腰够球	要通过屈膝来降低重心，就像坐在椅子上那样
击球时挥拍速度不快	挥拍前，需要通过转腰转肩来带动，这样才能运用到动力链

（七）发球技术

发球是比赛开始的第一个动作，也是发球者完全能自己控制，不受对方球员影响的技术。人们常说“好的发球，已胜了球赛的一半”，可见发球在比赛中的重要性。要争取网球比赛的胜利，首先就是要保住自己的发球局，然后设法破对方的发球局。

1.发球技术

(1)发球时的站位：

单打比赛时，发球者一般站在离中点 1 米以内的地方；双打比赛时可站在离中点 2 米或 2 米以外靠近边线的地方，这样除了可以发出较大角度的球，还可以及时回位到自己负责半块双打区域的中点。发球站位可分为平台式站位和上步式站位(视频 5-1-14)。

(2)握拍法：发球时一般都采用大陆式握拍。有些优秀球员会采用东方式反手握拍法，因为这种握拍方法更有利于发强烈的上旋球。

(3)准备姿势：两脚自然开立与肩同宽，侧对球网。前脚与端线约成 45 度角，后脚几乎与端线水平，重心落在后脚上，两脚脚尖连线的延长线指向发球落点区域。右手持拍拍头指向前方，左手持球与拍面相触。

(4)抛球与后摆引拍：抛球和后摆动作要同步进行。左手持球向下后在左腿前直臂抬起，大约抬至眼睛高度时，手指自然松开，让球垂直上升；抛球的同时持拍向下，然后经右膝向后上方摆动或经右膝后直接举拍至肩高。

(5)挥拍击球：抛出的球到达最高点，随着球从顶点下落，蹬地向上伸展身体，右臂迅速向前上方挥动球拍。

(6)击球及随挥：击球时手腕前扣发力，将所有的力量传递到球拍顶端，在触球时前臂、手腕和拍柄近似于一条直线。击球后，球拍经体前从左膝侧面挥向身后，此时上体前倾(视频 5-1-15)。

视频 5-1-14　发球站位

视频 5-1-15　发球

2.平击发球

平击发球的特点是出球力量大、速度快、落点深、威力强。高水平的球员一般将其用于第一发球，常可直接得分。

技术要点：①抛球至身体的前方；②尽量于最高点击球，触球时拍面与击球方向相垂直。

3.切削发球

球拍击球时，如果球拍在球的侧面，就会产生侧旋。在比赛中经常会发在右区的外角，这样可以将对手调动出场地外，再攻击球场另一侧。

技术要点：①抛球至偏右前上方；②击球点高，击在相当于钟面的两点钟位置；③扣腕要明显。

4.侧上旋发球

侧上旋发球由于过网弧度高，还能较为安全地落在发球线内，所以常被用于二发。

技术要点：①抛球比平击球偏左稍后些，约在左肩上方外侧；②球拍挥击时是从下而上并向右外侧的弧线运动；③相当于从钟面的七点钟的位置向上摩擦到一点钟的位置；④扣腕动作相比平击发球和切削发球更加明显。

5.发球的常见错误及纠正方法(表 5-1-3)

表 5-1-3 发球的常见错误及纠正方法

常见错误	纠正方法
抛球不稳	多练习抛球,使抛球手臂的轨迹更加可控,放开手指的时机更为一致
抛球与挥拍击球的动作不够协调	多做空挥拍的动作,等动作熟练协调后再结合球
击球发挥不出力量	击球前,手臂适当放松,让拍头下垂,做出"搔背"动作,增加拍头加速的距离
击球点低,肘关节未充分抬起	抛球高度要高于球拍能达到的最高点,触球前肘关节保持在肩以上,要"向上挥击"

(八)截击技术

截击是在来球落地前将其凌空拦击,是网前技术中一种攻击性击球方法。

截击要求动作短小、紧凑及做出向目标方向的随球动作。球员在准备击球时应快速转动身体上部并把球拍拍面放在球的飞行轨迹上。

1.正手截击

(1)握拍与准备姿势:站在网前,因为来球的飞行距离更短,球员的反应时间有限,所以打截击球一般用大陆式握拍,因为它不需要正反手的换握。

准备姿势:两脚左右开立,略宽于肩,上体略前倾,两膝微屈,身体重心置于两脚掌之间,双手持拍,拍头竖立在体前,左手扶拍颈,双眼注视来球。

(2)转肩引拍:判断来球飞向正手时,立即转动髋部和肩部,球拍后摆很小,不过肩。

(3)迎前击球:截击球的动作以"碰"和"推"为主。左脚向来球方向跨出,在脚落地的同时,以肩为轴,球拍和手臂作为一个整体,迎前击球,击球点在身体前方,击球时手腕固定,保持扎实有力的握拍。

(4)随球动作:截击的随球动作很简练,接触球后,球拍继续向目标方向挥动,但随挥要短(视频 5-1-16)。

2.反手截击

(1)握拍与准备姿势与正手截击相同。

(2)转肩引拍:判断来球飞向反手时,立即转肩向左,球拍跟随转肩做一个简短的后摆,手腕稍屈使拍面对准来球方向,左手扶拍,拍头向上,高于手腕,头部保持稳定,眼睛看球。

(3)挥拍击球:右脚上步的同时,球拍向前对准球做简短的撞击动作,要求手腕绷紧,手臂伸直,在体前击球。向前击球时,左手自然伸向后边,以保持身体平衡。

(4)随球动作:球拍接触球后继续向目标方向挥动,但随挥要短,并及时恢复至准备姿势(视频 5-1-17)。

视频 5-1-16 网前正手截击

视频 5-1-17 网前反手截击

3.截击的技术要点

(1)保持拍头向上。

(2)球拍后引不过肩。

(3)击球时,握紧球拍,绷紧手腕。

(4)挥拍动作小而有力。

4.截击的常见错误及纠正方法(表 5-1-4)

表 5-1-4　截击的常见错误及纠正方法

常见错误	纠正方法
引拍过迟,造成球撞球拍	尽早判断球的飞行路线,提前将球拍引到球的飞行轨迹上
引拍过大,击球来不及或击球点靠后	缩短引拍距离,背靠挡网或墙边练习,以使球拍后摆不超过身体
球拍边缘部位触球	眼睛要盯住球直至球拍击到球
握拍松动,击球不稳	击球瞬间加大握拍力度,始终保持拍头高于手腕,依靠身体重心前移压住来球
击出的球穿透力不够或球点控制不好	接触球的瞬间,主动向前挥击,并沿击球方向送出,可略带下旋

(九)高压球技术

高压球是在头上进行大力扣杀的击球技术。当上网进行截击时,对方常会以挑高球来摆脱被动,导致无法近网截击。但是如果娴熟地掌握了高压球技术,便可有效地克制对方挑高球,这是最直接的得分手段。高压球可分为落地高压球和跳起高压球。打高压球要及时侧身,早举球拍,眼睛看准球,找准击球点,高压球一般以平击高压为主,也可以用切削或侧上旋高压打出好的角度和落点。

1.握拍与准备

高压球大多是在上前封网时,对方挑高球时使用,也会遇到防御性的后场挑高球。高压球的击球方式和击球点都类似于发球,所以一般采用大陆式握拍。

一旦确定对方在挑高球时,立即侧身向右,抬头看球,同时左手高举指向来球,右手举起球拍,右肘抬起约与肩同高,拍头指向上方。

2.挥拍击球

蹬地、转髋、转肩带动手臂时,持拍手放松,使拍头下垂至肩后,随即又向上挥拍击球。对离网近的球,击球点稍前,击球部位高些;对较深的高球,除了采用跳起打高压球外,还要尽可能及时移动至后头,保持双脚着地的姿势,这样打高压球把握更大。

3.随挥

击球后,手臂向下随挥到身体的一侧,身体重心从后脚转移到前脚,左臂屈肘到胸前以协助转体(视频 5-1-18 和视频 5-1-19)。

视频 5-1-18　高压球(无球)

视频 5-1-19　高压球(有球)

三、网球基本战术原则

网球比赛是通过一系列击球来得分的，当你重复一系列特定顺序的击球时，比赛开始呈现出一种战术模式。网球比赛时运用的战术都是建立在战术原则的基础上，了解战术原则才能更好地执行比赛战术。

(一)单打战术原则

1.始终保持回球成功

一个能保持每个球都能回击成功的球员从来不会失分。这个策略会迫使对手猛打致胜球以结束一分。通过始终保持回球成功和不犯错误的战术原则，球员几乎能在所有的比赛中获得成功。

2.击球到空当

当保持回球成功策略不奏效时，球员就必须更具攻击性，创造空当然后击球到这些空当。从后场创造空当常常通过把球从一侧击向另一侧，或者击球从浅到深来调动对手。这样的移动最终将使对手精疲力尽，随着对手越来越疲劳，空当就会越来越大。

3.进攻对手弱侧处

一旦断定了对手的弱侧处，球员就应该尽可能多地把球击向对手的弱侧处。这样可以迫使对手回球失误或是击出较弱的球，进而打败对手。

4.打出自己的强势

运用自己喜爱的打法和最好的击球方式可使球员处于舒适的条件下击球。当球员使用自己最好的击球方式，特别是当能用自己最擅长的方式击打对手的弱点时，比赛便是容易的，有趣的。

(二)双打战术原则

1.始终保持回球成功

始终保持回球成功策略会使对手承受压力，进而失误。运用此策略的双打球队将需要非常强的耐心和稳定性，不轻易冒险回击或草率对付对手的来球。

2.攻击较弱球员

当对手球队两名球员技术差距明显时，采用此策略很有效果。这个策略让对手较弱球员的压力很大，因为他被迫击打大多数来球。运用此策略，也会使较强的球员产生挫折，他可能试图覆盖大部分球场，或者试图通过大力击球结束一分，结果经常造成失误。

3.向场地中间击球

当对手两名球员都在网前或是都在底线，最基本的策略就是向中间击球。因为球网的中间比两侧立柱要低一些，所以向场地中间击球成功率更高。而且由于来球与两名球员的距离相差不大，他们都认为同伴会去回球或是都同时去击球，结果常常导致回球失误。

4.控制网前

当一个双打球队到达网前，其就处于一个很好的截击和高压球的位置，能快速结束一分。为了控制网前，球队必须比对手更早到达网前，如发球上网、接发球上网，或者随球上网就算到达网前。

四、网球主要竞赛规则

（一）网球场地的大小

网球场地整体呈长方形，双打场地的标准尺寸是 23.77 米（长）×10.98 米（宽），单打场地的标准尺寸是 23.77 米（长）×8.23（宽）。场地中间安有球网，单打球网长 10.06 米，双打球网长 12.80 米。球网两侧的网柱高 1.07 米，球网中心的高度为 0.914 米。如果是两个或两个以上相邻而建的并行网球场地，两片球场之间的距离应不小于 5 米。

（二）网球场地的种类

最初的网球比赛在英格兰维多利亚花园的草坪上进行，由于自然的草地球场受不同气候、季节的限制，很快就出现了红土球场，随后又出现了颗粒状的矿物质场地，以及水泥、沥青、碎石和木板球场。20 世纪，随着聚合物和材料技术的发展，新的人造的、合成的场地越来越多。在规定网球场的类型时，几乎没有国家对场地的自由度提出争议，这促进了网球运动在全世界的发展，极大地提高了人们的参与度。

目前主要有 3 种球场：红土球场（慢速球场）、丙烯酸硬地球场（中速球场）、草地球场（快速球场）。

（三）网球比赛计分方法

网球比赛的计分涉及分、局、盘、场 4 个概念。它们之间简单的逻辑关系是 4 分为一局，6 局为一盘，2 盘或 3 盘为一场。

1.一局

（1）每胜 1 球得 1 分，先胜 4 分者胜 1 局。每局第一分球记为 15，第二分球为 30，接下来为 40。每局比赛中，至少要比对手多 2 分球才能结束该局比赛。

（2）双方各得 3 分时为“平分”“平分后”，净胜 2 分为胜 1 局。

2.一盘

（1）一方先胜 6 局为胜 1 盘。

（2）双方各胜 5 局时，一方净胜 2 局为胜 1 盘

3.决胜局计分制

在每盘的局数为 6 平时，有以下两种计分制。

（1）长盘制：一方净胜两局为胜 1 盘。

（2）短盘制（抢七）：决胜盘除外，除非赛前另有规定，一般应按以下办法执行。

①先得 7 分者为胜该局及该盘（若分数为 6 平时，一方须净胜 2 分）。

②首先发球员发第 1 分球，对方发第 2、3 分球，然后轮流发两分球，直到比赛结束。

③第 1 分球在右区发，第 2 分球在左区发，第 3 分球在右区发。

④每 6 分球和决胜局结束都要交换场地。

（四）发球规则

（1）发球前的规定：发球员在发球前应先站在端线后、中点和边线的假定延长线之间的区域里，用手将球向空中任何方向抛起，在球接触地面以前，用球拍击球（仅能用一只手的运动员，可用球拍将球抛起）。球拍与球接触时，就算完成球的发送。

（2）发球时的规定：发球员在整个发球动作中，不得通过行走或跑动改变原站的位置，两脚

只准站在规定位置，不得触及其他区域。

(3)发球员的位置：

①每局开始，先从右区端线后发球，得或失一分后，应换到左区发球。

②发出的球应从网上越过，落到对角的对方发球区内或其周围的线上。

(4)发球失误：未击中球；发出的球在落地前触及固定物(球网、中心带和网边白布除外)；违反发球站位规定。发球员第一次发球失误后，应在原位置上进行第二次发球。

(5)发球无效：发球触网后，仍然落到对方发球区内，接球员未做好接球准备时均应重发球。

(6)交换发球：第一局比赛终了，接球员成为发球员，发球员成为接球员。以后每局终了，均依次互相交换，直至比赛结束。

(五)通则

(1)交换场地：双方应在每盘的第1局、第3局、第5局等单数局结束后，以及每盘结束双方局数之和为单数时交换场地。

(2)失分的判定：发生下列任何一种情况，均判失分。

①在球第二次着地前，未能还击过网。

②还击的球触及对方场区界线以外的地面、固定物或其他物件。

③还击空中球失败。

④故意用球拍触球超过一次。

⑤运动员的身体、球拍在还击期间触及球网。

⑥过网击球。

⑦抛拍击球。

五、网球考试内容与评分标准

(一)考试内容

网球专项考试共100分，其中包括正手底线抽球(50分)和反手底线抽球(50分)。

(二)考试办法和评分标准

1.正手底线抽球

(1)正手底线抽球达标：由指定人员送球，连续击10个球，成功一个球2.5分，总分25分。

(2)正手底线抽球技评：根据击球动作、球的飞行效果、击球综合能力表现等方面进行评分，总分25分。

2.反手底线抽球

(1)反手底线抽球达标：由指定人员送球，连续击10个球，成功一个球2.5分，总分25分。

(2)反手底线抽球技评：根据击球动作、球的飞行效果、击球综合能力表现等方面进行评分，总分25分。

参考文献

[1]美国网球协会.网球成功教学[M].北京：北京体育大学出版社，2002.

[2]陈智勇.现代大学体育教程[M].北京：北京体育大学出版社，2005.

[3]柯克·安德森.网球技术与战术的执教技巧[M].北京：人民体育出版社，2012.

第二节　乒乓球

一、乒乓球基本理论

(一)乒乓球运动的起源与发展

乒乓球是由两名或两对选手,用球拍在中间隔放了一个球网的球台两端轮流击球的一项球类运动。乒乓球起源于英国,19 世纪末,欧洲盛行网球运动,但由于受到场地和天气的限制,英国有些大学生便把网球移到室内,以餐桌为球台,书为球网,羊皮纸为球拍,在餐桌上打来打去。欧洲人至今把乒乓球称为“桌上的网球”。1890 年,英国运动员吉布从美国带回一些作为玩具的赛璐珞球,用于乒乓球运动。

1904 年,上海一家文具店的老板王道午从日本买回 10 套乒乓球器材,乒乓球运动传入中国。20 世纪初,乒乓球运动在欧洲和亚洲蓬勃开展起来。1926 年,在德国柏林举行了国际乒乓球邀请赛,被追认为第一届世界乒乓球锦标赛,起初每年举行一次,1957 年后改为两年举行一次。

20 世纪 70 年代以来,由于国际交往和学习研究的加强,各种打法互相取长补短,使乒乓球技术得到了更快的发展和提高。国际乒乓球联合会已拥有 186 个会员,是世界上较大的体育组织之一。

2000 年 2 月 23 日,国际乒联特别大会和代表大会在吉隆坡通过 40 毫米大球改革方案,决定从 2000 年 10 月 1 日起,使用直径 40 毫米、重量 2.7 克的大球取代 38 毫米小球。

2017 年 6 月 9 日,国际乒联官网宣布,乒乓球混双将成为东京奥运会正式比赛项目,东京奥运会将设立乒乓球混双项目,这个决定无论对中国军团还是东道主日本都是一个利好消息。

(二)常用术语

1.比赛台面的区域

(1)左、右半区:又称 1/2 区,其方向对击球者本身而言。

(2)近网区:距球网 40 厘米以内的区域。

(3)底线区:距端线 30 厘米以内的区域。

(4)中区:介于近网区和底线区之间。

2.球拍拍形

球拍拍形包括拍面角度和拍面方向。

(1)拍面角度:拍面与台面所形成的角度。

① 拍面与台面成 90 度为垂直。

② 拍面与台面形成的角度小于 90 度为前倾

③ 拍面与台面形成的角度大于 90 度为后仰。

(2)拍面方向:球拍左右偏转时,与球台端线所形成的角度。

3.击球部位

击球部位是指击球时球拍触球的具体位置,它基本上与拍形角度相吻合,包括顶部、中上部、中部、中下部、底部(图 5-2-1)。

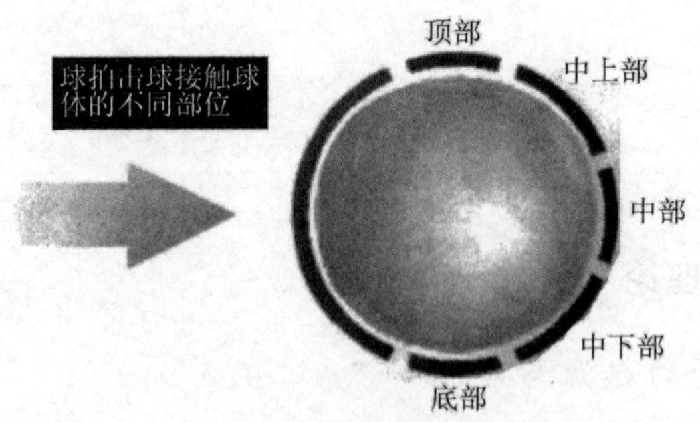

图 5-2-1　击球部位

4.击球时间

击球时间是指来球在本方台面弹起后至回落的那段时间(图 5-2-2)。

(1)上升时期:球从台面弹起刚上升的阶段。

(2)上升后期:球弹起接近最高点的阶段。

(3)最高点期:球弹起达到最高点的阶段。

(4)下降前期:球从最高点开始下降的最初阶段。

(5)下降后期:球下降到接近地面之前的这一阶段。

5.击球路线

击球路线是指从击球点到落台点之间形成的线。5 条基本线路(以击球者为基准)为:右方斜线、右方直线、左方斜线、左方直线、中路直线(图 5-2-3)。中路直线球在实际比赛中是随时以站位而定的,即追身球。

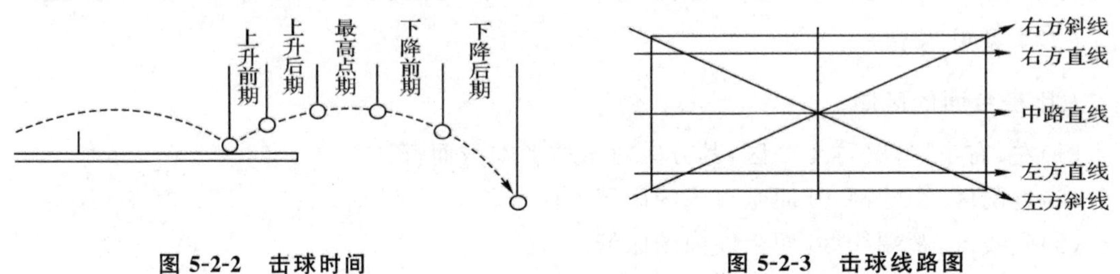

图 5-2-2　击球时间　　　　图 5-2-3　击球线路图

6.击球点

击球点是指击球时,球拍与球接触瞬间的那一点所属的空间位置,这是对击球者所处的相对位置而言的,包含以下三个因素:

(1)球处于身体的前后位置。

(2)球与身体的远近距离。

(3)球的高、低位置。

(三)球拍性能和握拍法

1.球拍的性能

(1)胶皮拍:正胶短齿胶皮拍底板上贴一块胶皮,颗粒向外,颗粒高度在 1.5 毫米之内。性能:弹力均匀,击球稳健,易于控制球,但其弹性差,击球速度慢,力量也不够强,可以产生强烈旋转。

(2)正胶海绵拍:在海绵上贴一块颗粒向外的胶皮,颗粒的高度一般在0.8～1毫米之间,颗粒比较硬,但缺乏粘性。

(3)反胶海绵拍:在海绵上贴一块颗粒向内的胶皮,表面平整柔软,有较大的粘性。性能:摩擦力大,能击出强烈的旋转球,但反弹力差,回球速度不如正胶海绵拍快,且不易控制转球。

(4)长胶球拍:颗粒高度在1.5～1.7毫米之间,颗粒向外,柔软。可直接在底板上贴一块长齿胶皮,也可在薄海绵上加贴一块长齿胶皮。性能:它主要依靠来球的旋转或冲力增加回球的旋转强度或旋转变化。如来球下旋,用搓或推(拱)回击则变为上旋转;回削一般拉球或对搓时,回球不转;发球多为不转球;控制球能力需要通过长期的训练才能形成,击球速度较慢,难以发力攻球。

(5)生胶海绵拍:这种球拍是在较薄的海绵上贴一块生胶皮。性能:弹性强,摩擦力较小,击出的球速度较快,略下沉。

(6)防弧海绵拍:这种球拍是在一块结构松、弹力差的海绵上反贴一块厚而硬、粘性小、有些发涩的胶皮。性能:这种球拍缓冲性能强,可减弱强旋转球的作用,常用于控制对方拉出的弧圈球,但减弱了回球的速度和旋转强度。

2.握拍法

握拍方法基本上分直握法和横握法两种。

直握法的特点:正反手都用球拍的同一面击球,出手较快;正手攻球快速有力,功斜、直线球时拍面变化不大,对手不易判断;但反手攻球因受身体阻碍,较难掌握;防守时,照顾面积较小(见图5-2-4)。

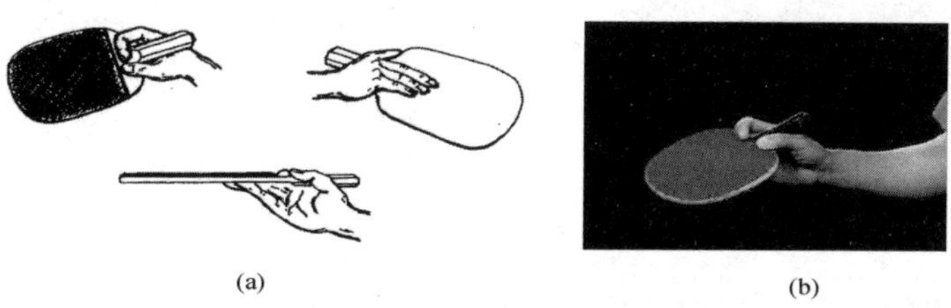

(a)　　(b)

图5-2-4　直拍的握拍方法

横握法的特点:照顾面积比直拍大,攻球和削球时的手法变化不大;反手攻球便于发力,也便于拉弧圈球;但还击左右两面球时,需要转动拍面;攻直线球时动作变化明显,易被对方识破;台内正手攻球较难掌握(图5-2-5)。

图5-2-5　横拍的握拍方法

握拍应注意以下几个问题：

(1)无论哪种握法，握拍都不应过紧或过松。过紧会使手腕僵硬，影响发力时的手腕动作，过松则影响击球力量和击球的准确性。

(2)握拍不宜太浅。直握时，食指和拇指构成的钳形不能过大或过小，以免影响手腕动作的灵活性。

(3)在变换击球的拍面、调节拍面角度时，要充分发挥手指的作用。

(4)不应经常变化握拍方法，否则会影响打法类型及风格的形成，尤其是初学者。

(四)准备姿势

打乒乓球时每次击球前必须集中全部注意力，要求在击球前保持较好的准备姿势。较好的准备姿势应当有利于快速启动，有利于照顾全台，有利于采用各种技术回击来球。准备姿势包括站位和身体姿势两部分。

1.站位

不同打法的人，其站位方式也不同。左推右攻打法的基本站位在近台中间偏左；两面攻打法的基本站位在近台中间；弧圈球打法的基本站位在中台偏左；横板攻削结合打法的基本站位在中台附近；以削为主打法的基本站位在中远台附近(图 5-2-6)。

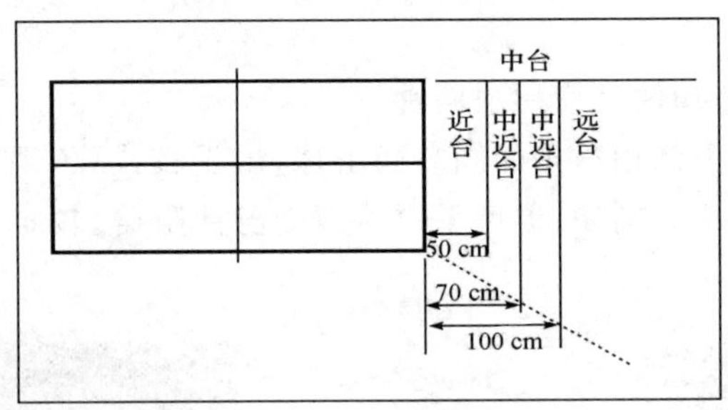

图 5-2-6　站位

2.身体姿势

运动员在还击每一个来球之前，应当使身体保持正确的基本姿势，以便迅速启动抢占合理的击球位置，才能及时正确地把球还击过去。正确的基本姿势应该是：两脚分开与肩同宽或比肩稍宽，两膝微屈，前脚掌着地(主要以脚内侧蹬地)，脚趾轻微用力压地，脚跟微离地面，重心置于两脚之间，上体略前倾，收腹，持拍手臂自然弯曲，直握拍的肘部略向外张(图 5-2-7)。

图 5-2-7　身体姿势

（五）基本步法

1.单步

（1）特点：移动简单，范围小，重心移动平稳。

（2）移动方法：以一只脚为轴，另一只脚向前、后、左、右不同方向移动，身体重心随之落在移动脚上（图 5-2-8）。

（3）实际运用于：①接近网小球；②削追身球；③单步侧身攻击在来球落点位于中线稍偏左时或对推中侧身突袭直线或对搓中提拉球时常用。

2.跨步

（1）特点：移动范围比单步大，移动速度快。

（2）移动方法：一脚蹬地，另一脚向移动方向跨一大步，蹬地脚随后跟上半步或一小步，身体重心即移到跨步脚上（图 5-2-9）。

3.并步

（1）特点：移动简单，移动范围介于单步和跨步之间，重心移动平稳。

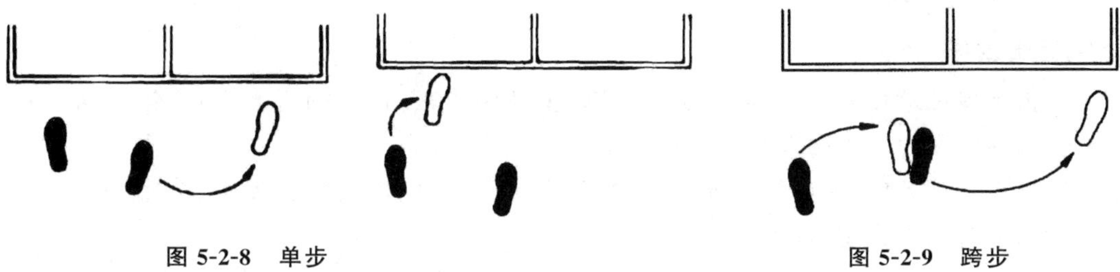

图 5-2-8　单步　　图 5-2-9　跨步

（2）移动方法：一脚先向另一脚并半步或一小步，另一脚在并步脚落地后随即向来球方向移动一步（图 5-2-10）。

4.跳步

（1）特点：移动范围较大，重心转换迅速。

（2）移动方法：以来球异侧脚用力蹬地，两脚同时离地向来球方向跳动（图 5-2-11）。

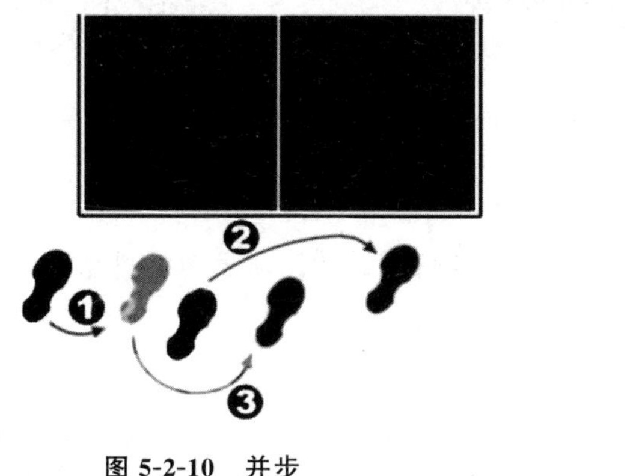

图 5-2-10　并步

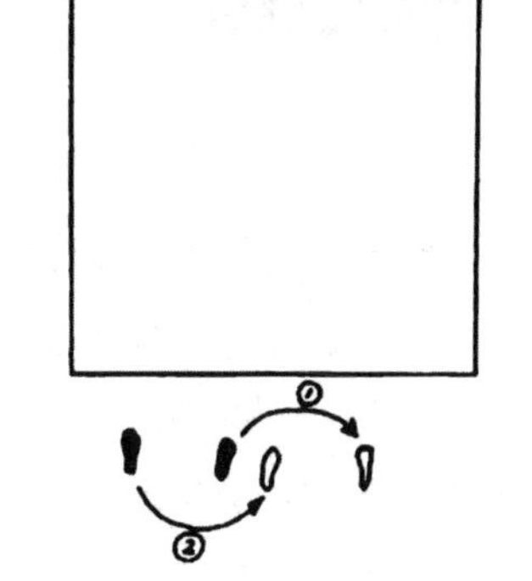

图 5-2-11　跳步

5.交叉步

（1）特点：移动范围比其他步法大。

(2)移动方法:以靠近来球方向的脚作为支撑脚,调整该脚的脚尖指向移动方向,远离来球方向的脚在体前交叉,向来球方向跨出一大步,身体随之向来球方向转动,支撑脚向来球方向再迈一步,这是前交叉步。后交叉步是在体后完成交叉动作(图 5-2-12)。

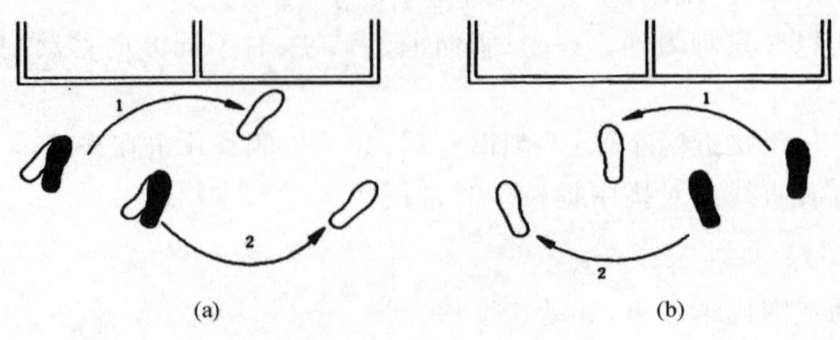

图 5-2-12　交叉步

二、乒乓球基本技术与练习方法

(一)发球与接球

1.平击发球

(1)正手发球动作要点:①抛球不宜太高,击球中上部,向左前方发力;②第一落点在球台中央;③以前臂发力为主(视频 5-2-1)。

(2)反手发球动作要点:①抛球不宜太高,击球中上部,向右前方发力;②第一落点在球台中央;③以前臂发力为主(视频 5-2-2)。

2.正手发奔球

要点:①抛球不宜太高;②提高击球瞬间的挥拍速度。;③第一落点要靠近本方台面的端线;④击球点与网同高或稍低于网(视频 5-2-3)。

视频 5-2-1　正手平击发球

视频 5-2-2　反手平击发球

视频 5-2-3　正手发奔球

3.反手发急球与发急下旋球

要点:①击球点应在身体的左前侧,与网同高或比网稍低;②注意手腕的抖动发力;③第一落点在本方台区的端线附近(视频 5-2-4)。

4.正手发转与不转球

要点:①抛球不宜太高;②发转球时,拍面稍后仰,切球的中下部;越是发转球,越应注意手臂的前送动作(视频 5-2-5);③发不转球时,击球瞬间减小拍面后仰角度,增加前推的力量(视频 5-2-6)。

视频 5-2-4　反手发急球

视频 5-2-5　正手发转球

视频 5-2-6　正手发不转球

5.正手发左侧上(下)旋球

要点:①发球时要收腹,击球点不可远离身体;②尽量加大由右向左挥动的幅度和弧线,以增强侧旋强度;③发左侧上旋时,击球瞬间手腕快速内收,球拍从球的正中向左上方摩擦(视频5-2-7);④发左侧下旋时,拍面稍后仰,球拍从球的中下部向左下方摩擦(视频5-2-8)。

视频 5-2-7　正手发左侧上旋球

视频 5-2-8　正手发左侧下旋球

6.反手发右侧上(下)旋球

要点:①注意收腹和转腰动作;②充分利用手腕转动配合前臂发力;③发右侧上旋球时,击球瞬间球拍从球的中部向右上方摩擦,手腕有一个上勾动作(视频5-2-9);④发右侧下旋球时,拍面稍后仰,击球瞬间球拍从球的中下部向右下方摩擦(视频5-2-10)。

视频 5-2-9　反手发右侧上旋球

视频 5-2-10　反手发右侧下旋球

7.接发球的判断

判断的正确与否,直接影响接发球的方式和接发球的成败。为了准确判断发球的旋转性质、旋转强度及来球线路落点,应利用各种信息进行综合分析。

①就对方发球时的站位决定自己接发球的站位。

②观察对方发球前的引拍方向。

③观察球拍触球瞬间摩擦球的方向,判断球的旋转性质。

④观察发球时挥臂的动作幅度和手腕用力大小,判断球的落点长短和旋转强弱。

⑤根据发球的第一落点判断来球的长短。

⑥根据球在空中的飞行弧线判断球的旋转。

⑦根据手感判断来球的旋转。

⑧记住不同性能球拍的颜色及各自的性能。

8.接发球技术的具体运用

①接上旋球(奔球):用正反手攻球或推挡回接,拍面应适当前倾,击球的中上部,调节好向前的力量。

②接下旋长球:用搓球、削球、提拉球回接,搓或削时多向前用力。

③接左侧上、下旋球:可采用攻球和推挡(搓球或拉球)回接,拍面稍前倾(后仰)并略向左偏斜,击球偏右中上(中下)部位,以抵消来球的左侧上(下)旋力。

④接右侧上、下旋球:可采用攻球或推挡(搓球或拉球)回击,拍面稍前倾(后仰)并向右偏斜,击球偏左中上(中下)部位;回接要点和方法与接左侧上、下旋球相同。

⑤接近网短球:用快搓、快点或台内突击回接,主要靠手腕和前臂的力量。

⑥在判断不准的情况下接转与不转球:可轻轻地托一板或撇一板,但要注意弧线和落点。

⑦接不同性能球拍的发球:长胶、生胶、防弧胶的发球基本属不转球,用相应的方法回接。

⑧接高抛发球:如球着台后拐弯的程度大,应向拐弯方向提前引拍。

(二)直板推挡和横板拨球

推挡技术是我国左推右攻类型打法运动员的主要技术,也是直板其他各种类型打法运动员必须掌握的一项技术。

1.挡球

挡球是初学者入门的技术,是学习推挡技术和其他基本技术的基础。

(1)反手挡球(图 5-2-13)动作要点如下所示。

①选位:站立姿势底线平行,身体离台 40～50 厘米。

②引拍:手臂自然弯曲并做外旋,拍面角度垂直于桌面或者稍前倾。

③迎球:前臂向前伸向来球。

④挥拍:来球跳至上升期,击球中部。

⑤击球后,手臂、手腕继续向前随式挥拍,迅速还原成击球前动作。

图 5-2-13　反手挡球

(2)正手挡球(图 5-2-14)动作要点如下所示。

①选位:左脚稍前站,身体离台 40～50 厘米。

②引拍:手臂自然弯曲并做内旋,拍面角度垂直于桌面或者稍前倾。

③迎球:前臂向前伸向来球。

④挥拍:来球跳至上升期,击球中部。

⑤击球后,手臂继续向前随式挥拍,迅速还原成击球前动作。

图 5-2-14　正手挡球

2.直板快推(视频 5-2-11)

①选位:左脚稍前站,身体离台 40～50 厘米。

②引拍:手臂自然弯曲并做外旋,拍面角度稍前倾。

③迎球:前臂手腕向前挥动。

④挥拍:来球跳至上升期,击球中上部。

⑤击球后,手臂、手腕继续向前随式挥拍,迅速还原成击球前动作。

3.横板拨球(视频 5-2-12)

①选位:站立姿势底线平行,离台 40～50 厘米。

②引拍:大臂带动小臂做外旋,拍面角度稍前倾。

③迎球:前臂向前挥动。

④挥拍:来球跳至上升期,击球中上部。

⑤击球后,手臂继续向前随式挥拍,迅速还原成击球前动作。

(三)正手攻球

攻球是乒乓球运动中重要的基本技术,是乒乓球比赛中运动员的主要得分手段。攻球技术种类繁多,按击球部位和站位可划分为:正手攻球、反手攻球和侧身攻球。按站位的远近可划分为:近台攻球、中台攻球和远台攻球。按来球质量和落点的不同可划分为:拉球、攻打弧圈球、台内攻球和杀高球。按接球的力量不同可划分为:发力攻球、借力攻球等。常用又适合初学者学习的是近台攻球。

正手快攻(视频 5-2-13)的动作要点如下所示。

①选位:左脚稍前,重心落在右脚,离台 40～50 厘米。

②引拍:手臂自然弯曲并内旋,拍面角度稍前倾,前臂后引将球拍引至身体右侧后。

③迎球:手臂向左前方迎球。

④挥拍:来球跳至上升期,击球中上部,重心转移到左脚。

⑤击球后,手臂继续向前随式挥拍,迅速还原成击球前动作。

视频 5-2-11　直板快推

视频 5-2-12　横板拨球

视频 5-2-13　正手快攻

（四）搓球技术

搓球是近台和台内回击下旋球的一种比较稳健的技术。搓球力量小、速度慢、旋转和落点变化多、线路短，对方不易发力进攻，是一种过渡技术。

1.反手搓球

(1)反手慢搓（视频 5-2-14）动作要点如下所示。

①选位：右脚稍前，离台 40～50 厘米。

②引拍：手臂自然弯曲并内旋，拍面角度稍后仰，前臂略微后引将球拍引至身体左前方。

③迎球：手臂向右前方迎球。

④挥拍：来球跳至下降前期，前臂、手腕向左前下方用力，击球中下部，重心移至右脚。

⑤击球后，手臂继续向右随式挥拍，迅速还原成击球前动作。

(2)反手快搓动作要点如下所示。

①选位：右脚稍前，离台 40～50 厘米。

②引拍：手臂自然弯曲并内旋，拍面角度稍后仰，前臂略微后引将球拍引至身体左前方。

③迎球：手臂向右前方迎球。

④挥拍：来球跳至上升期，前臂、手腕向左前下方用力，击球中下部，重心移至右脚。

⑤击球后，手臂继续向右随式挥拍，迅速还原成击球前动作。

2.正手搓球(视频 5-2-15)

①选位：左脚稍前，重心落在右脚，离台 40～50 厘米。

②引拍：手臂外旋，拍面角度稍后仰，将球拍引至身体右前方。

③迎球：手臂向左前下方迎球。

④挥拍：来球跳至下降前期，前臂向左前下方用力，击球中下部，重心移至左脚，握拍手腕微屈（横握手腕略外展）。

⑤击球后，手臂继续向左随式挥拍，迅速还原成击球前动作。

（五）弧圈球

弧圈球是一种带有强烈旋转的进攻技术，是比赛中进攻得分的主要手段。弧圈球技术可分为：正手弧圈球技术和反手弧圈球技术。

1.正手弧圈球(视频 5-2-16)

①选位：左脚稍前，重心落在右脚，离台 60 厘米。

②引拍：右肩下沉，右臂自然弯曲，前臂下沉，将球拍引至身体右后方，前臂内旋，拍面稍前倾。

③迎球：腰、髋向左上方转动，手臂从下向上迎球。

视频 5-2-14　反手搓球

视频 5-2-15　正手搓球

视频 5-2-16　正手弧圈球

④挥拍：来球跳至下降前期，向左前上方发力，击球中上部，重心移至左脚。

⑤击球后，手臂继续向左前上方随式挥拍，迅速还原成击球前动作。

2.反手弧圈球(视频 5-2-17)

①选位：两脚平行或右脚稍前，重心在两脚中间，离台 60 厘米或稍远。

②引拍：前臂外旋使拍面稍前倾，腰、髋及上体稍向左传，前臂左引并下沉，将球拍引至身体左侧下方。

③迎球：腰、髋向右上方转动，手臂向前上迎球。

④挥拍：来球下降期，以前臂为主向上并略向前发力摩擦击球，击球中上部。

⑤击球后，手臂继续向左前上方随式挥拍，迅速还原成击球前动作。

视频 5-2-17　反手弧圈球

(六)乒乓球基本技战术

1.发球抢攻战术

发球抢攻是我国直板快攻打法的"杀手锏"，是力争主动、先发制人的主要战术。各种类型打法的运动员都普遍采用发球抢攻来抢占每个回合的上风。发球战术运用的效果主要取决于发球的质量和第三板进攻的能力。发球抢攻战术因打法的类型不同而有所差异。常用的发球抢攻战术主要有以下几种：①正手发转与不转球；②侧身正手(高抛或低抛)发左侧上(下)旋球；③反手发右侧上(下)旋球；④反手发急球或急下旋球；⑤下蹲式发球。

2.接发球战术

接发球战术与发球抢攻战术同样重要，接发球水平的高低可以反映运动员的实战能力以及各项基本技术的应用程度。接发球者只是暂时处在被控制状态，如果破坏了发球者的抢攻意图或者为其制造了障碍，减弱了对方抢攻的质量，就意味着已经脱离被控制状态，变被动为主动。控制与反控制是辩证的统一。常用的接发球战术有稳健保守法、接发球抢攻、控制接发球的落点、正手侧身接发球等。

3.搓攻战术

搓攻战术是进攻型打法的辅助战术之一，主要利用搓球旋转的变化和落点的变化为抢攻创造机会。搓攻战术也是削球型打法争取主动的主要战术之一。常用的搓球战术有：慢搓与快搓结合、转与不转结合、搓球变线、搓球控制落点、搓中突击、搓中变推或抢攻等。

4.对攻战术

对攻战术是进攻型打法在相持阶段常用的一项重要战术。快攻类打法主要依靠反手推挡(或反手攻球)和正手攻球(或正手拉弧圈球)的技术，充分发挥快速多变的特点来调动对方。常用的对攻战术有以下几种：紧逼对方反手，伺机抢攻或侧身抢攻、抢拉；压左突右；调右压左；攻两大角；攻追身球；变化击球节奏，加力推和减力挡结合，发力攻、拉与轻打轻拉结合，也可造成对手的被动局面;改变球的旋转性质,如加力推后、推下旋;正手攻球后,退至中远台削一板对方往往来不及反应,可直接得分或创造机会球。

5.拉攻战术

拉攻战术是以攻为主的选手对付削球的主要战术。为了发挥拉攻的战术效果,首先要具备连续拉的能力,并有线路、落点、旋转、轻重等变化,其次要有拉中突击和连续扣杀的能力。常用的拉攻战术主要有:拉反手后,侧身突击斜线或中路追身球;拉中路杀两角或拉两角杀中路;拉一角或杀另一角;拉吊结合,伺机突击;拉搓结合;稳拉为主,伺机突击。

6.弧圈球战术

由于弧圈球战术把速度和旋转有效地结合起来,稳健性好,适应性强,许多著名选手已用它替代攻球或扣杀,常用的战术有发球抢攻、接发球果断上手等。

三、乒乓球部分竞赛规则和裁判法简介

(一)竞赛项目

乒乓球竞赛项目有男子单打、女子单打、男子双打、女子双打、男女混合双打、男子团体和女子团体 7 个项目。

(二)场地和器材

1.场地规格

比赛场地不应小于 14 米长、7 米宽和 4 米高。赛区应用 75 厘米高的深色挡板围起,与相邻的比赛场地及观众隔开。

2.球桌尺寸

球桌的台面长 2.74 米、宽 1.525 米、高 76 厘米。球网的高度是 15.25 厘米。

3.球

球应为圆球体,直径为 40 毫米,球重 2.7 克,球应用赛璐珞或类似的材料制成,呈白色、黄色或橙色,且无光泽。

4.球拍

球拍的大小、形状和重量不限,但底板应平整、坚硬,底板厚度至少应有 85%的天然木料,加强底板的粘合层可用诸如碳纤维、玻璃纤维或压缩纸等纤维材料,每层粘合层不超过底板总厚度的 7.5%或 0.35 毫米。

(三)合法发球

(1)发球时球应放在不持拍手掌上,手掌应静止、张开、伸平,四指并拢,拇指自然张开。

(2)球停留在静止的不持拍手掌上的最后一刻,直到发球时击球的这段时间,不持拍手和球以及整个球拍,应始终高于球台水平面。

(3)发球员只能手向上抛球,不得使球旋转,使球从手掌向上直抛,至少抛到不持拍手手掌上方 16 厘米。

(4)当球从抛起的最高点降落时,发球员才能击球,并使球首先触及发球员台区,然后直接越过或绕过球网,触及接球员台区。

(5)在双打中，球应首先触及发球员的右半区，然后直接越过或绕过球网，触及接球员的右半区。

(四)重发

在乒乓球比赛的某一回合中出现下列情况应判重发球：

(1)发球时，球越网或绕网时触及球网组合的合法发球；或触及球网组合后被接发球员或其同伴阻挡。

(2)若球已发出而接发球方尚未准备接球且没有试图击球。

(3)因球员无法控制之干扰，致未能依规定做合法的发球或回击。

(4)裁判员或副裁判员暂停比赛。

(五)比赛胜负计算单位

1.一分

除被判重发球的回合，下列情况运动员得一分：

(1)对方运动员未能合法发球。

(2)对方运动员未能合法还击。

(3)运动员在发球或还击后，对方运动员在击球前，球触及了除球网装置以外的任何东西。

(4)对方击球后，该球越过本方端线而没有触及本方台区。

(5)对方阻挡。

(6)对方连击。

(7)对方用不符合竞赛规则的拍面击球。

(8)对方运动员或其穿戴的任何东西使球台移动。

(9)对方运动员或其穿戴的任何东西触及球网装置。

(10)对方运动员不执拍手触及比赛台面。

(11)双打时，对方运动员击球次序错误。

(12)执行轮换发球法时，接发球运动员或其双打同伴，包括接发球一击，完成了13次合法还击。

2.一局比赛

在一局比赛中，先得11分的一方为胜方，10平后，先多得2分的一方为胜方。

3.一场比赛

(1)一场比赛应采用三局两胜制或五局三胜制。

(2)一场比赛应连续进行，但在局与局之间，任何一名运动员都有权要求不超过两分钟的休息时间。

四、乒乓球测试内容及评分标准

(一)测试内容

(1)反手推挡 。

(2)正手攻球。

(二)测试总分

测试总分为100分(反手技术50分，正手技术50分)。

（三）评分方法

1.考试方法

班级同学自由搭配，两人一组。

2.考试成绩

根据运动员现场发挥的技术水平，把成绩分为两个部分：一部分是连续击球数量的评定，占总分数的70%；另一部分是技术评价，占总分数的30%。

(1)连续击球数量评定标准：正手对攻和反手对推/对拨达到标准是15个回合。正手对攻15个来回达到满分标准得35分，反手对推/对拨15个来回达到满分标准得35分。

(2)技术评价：根据学生现场发挥的技术水平与“等级评分总体要求”的相符程度，按照评分的等级标准，分别确定学生正手及反手的技术得分。

（四）评分标准

技术综合评定评分标准：分为5档10级，其中：1、2为优秀；3、4为良好；5、6为尚可；7、8为差，9、10为很差（表5-2-1）。

表5-2-1 技术综合评定评分标准

等级	级别	评分分值
优	1	30
	2	27
良	3	24
	4	21
及格	5	18
	6	15
差	7	12
	8	9
很差	9	6
	10	3

参考文献

[1]苏丕仁．乒乓球运动教程[M]．北京：高等教育出版社，2004．

[2]中国乒乓球协会．乒乓球竞赛规程[M]．北京：人民教育出版社，2011．

第三节　羽毛球

一、羽毛球运动概述

（一）羽毛球运动的起源与发展

早在2000多年前，一种类似羽毛球运动的游戏就在中国、印度等国出现。在中国叫作“打手毽”，印度叫作“浦那”，西欧等国则叫作“毽子板球”。1873年，现代羽毛球运动在英国诞生。

20世纪初，羽毛球运动很快流传到英联邦各国，再到亚洲、美洲、大洋洲和非洲。1934年，国际羽毛球联合会成立，总部设在伦敦。1939年，国际羽毛球联合会通过了各会员国共同遵守的《羽毛球竞赛规则》。20世纪20—40年代，欧美国家的羽毛球运动发展很快，其中英国、丹麦、美国、加拿大的水平相当高。20世纪50年代亚洲羽毛球运动崛起，60年代以后羽毛球运动的发展重心逐渐移向亚洲。

羽毛球运动约于1920年传入我国，解放后得到迅速发展。20世纪70年代，我国羽毛球队跻身世界强队之列。我国运动员怀着一颗勇攀世界羽坛技术高峰、为国争光的雄心壮志，吸取了国外先进的运动训练方法，勤学苦练，在国际比赛中取得了优异成绩，陆续涌现出了一批批世界羽坛顶尖高手，奠定了我国羽毛球技术水平处于世界羽坛领先地位的基础。在1988年汉城奥运会上，羽毛球被列为表演项目，1992年巴塞罗那奥运会上被列为正式比赛项目，目前共设男女单打和男女双打及混合双打共5项比赛，从此羽毛球运动进入新的发展时期。2017年11月，世界羽联讨论并通过了羽毛球发球新规，新规要求发球时击球点的高度不能超过1.15米。

（二）羽毛球运动的特点与价值

1.全身运动锻炼身心

无论是进行有规则的羽毛球比赛还是作为一般性的健身活动，打羽毛球时都要在场地上不停地进行脚步移动、跳跃、转体、挥拍，包括肩周的运动和颈椎的活动，合理地运用各种击球技术和步法将球在场上往返对击，增强了上肢、下肢和腰腹部肌肉的力量，加快了锻炼者全身血液循环，改善和增强了心血管系统和呼吸系统的功能，提高了有氧供能和无氧供能的能力，调节神经系统并提高了抗乳酸的能力。据统计，大强度羽毛球运动者的心率可达到每分钟160～180次，中强度心率可达到每分钟140～150次，低强度运动心率也可达到每分钟100～130次。长期进行羽毛球锻炼，可使心跳强而有力，肺活量增大，耐力提高，同时也可提高人体神经系统的灵敏性和协调性。

2.简便易行普及面广

羽毛球运动属于轻巧型球类运动，对设备的要求比较简单，无论在室内室外或是否架网，只要有空地，就能进行羽毛球运动。任何人都可以根据自己的年龄、体质、运动水平和场地环境状况，选择适当的运动强度，满足了不同年龄、不同训练层次羽毛球爱好者的需求。青少年进行羽球运动，有利于培养对体育的兴趣爱好，养成健康的生活意识和终身进行体育运动的习惯，是促进品德、体能和智力发展的良好手段。老年人和体弱者可将其作为保健康复的方法进行锻炼，进行一些运动量小的击球活动，时间以20～30分钟为宜，达到舒展筋骨的目的，从而增强心血管和神经系统的功能，预防和治疗老年心血管和神经系统方面的疾病。

3.灵活多变娱乐性强

在进行羽毛球运动时，对方来球方向有左有右，来球的角度和弧度有大有小，来球的距离有长有短，来球的力量有强有弱等灵活多变的特点，使参与者在对击过程中，通过忽快忽慢不停地奔跑和身体的变化，努力地把球击到对方的场地，球的飞翔又有快慢、轻重、高低、远近、狠巧、飘转等变化，使这项运动本身充满了乐趣。羽毛球每场比赛，不受时间限制，参赛者只有具备了快速灵敏的身体素质和思维决断能力，才能在高速度的激烈竞争中立于不败之地，这些使羽毛球运动具有很高的观赏性和娱乐性。

（三）羽毛球运动中常见的运动损伤与预防

根据有关羽毛球比赛调查显示，74％的损伤是局部运动过度造成，12％是拉伤，11％是扭伤，还有1.5％为挫伤；羽毛球运动中男性损伤多于女性，在比赛中男性的损伤危险性更高；下肢损伤占总损伤的58％，上肢占31％，背部占11％，足和踝的损伤最为多见（主要由于足的不正确使用而造成）。眼部损伤过去曾被称为羽毛球运动损伤的一大难题。

1.足跟痛和跟腱膜炎

（1）表现：疼痛常位于跟骨上肌腱的附着处或附着点附近约5厘米的位置，局部可能会发热、发红、压痛。当跟骨后部滑囊发炎时，主要症状集中在跟腱末端的前方，有时可有捻发感，在慢性期可以触摸到增厚的肌腱和腱围组织。足在主动抗阻跖屈时将出现功能性疼痛，在足抗阻被动背屈时也经常出现疼痛。

跟腱膜疼痛在足弓过高或足内翻时容易发生，主要症状是从跟骨结节向足底，沿跟腱膜放射性疼痛。当跟腱膜被动拉长或在走、跑中，尤其是离地时、大脚趾背屈时都会出现疼痛。

（2）治疗方法：冷敷、服用消炎药、加压包扎，以减轻疼痛和消除致伤因素。宜采用减震性能好的鞋垫支撑过高的足弓或用鞋垫纠正足内翻，以保证鞋合脚。

（3）预防：进行功能性闭合练习以加强下肢肌肉力量，进行拉伸练习以使踝关节的灵活性增强，对预防足跟痛有重要意义。

2.肩部疼痛

（1）表现：主要症状是肩前部疼痛，在较薄弱或负荷较重的肌肉处出现有特征性的痛点。屈肘、上臂外展90度加最大限度的内旋，如果肩峰下出现疼痛则为撞击实验阳性。有时一点很小的不稳定都可能传至肩盂关节。重要原因是肱骨的关节窝和肩胛骨的不稳定而造成的间接撞击。

（2）治疗方法：进行肩部肌肉力量练习和协调性练习，包括肩袖肌群和固定肩胛骨的肌肉。要特别注意肩带后部肌肉的锻炼，对预防肩部肌肉劳损有重要意义。

（3）预防：主要采取特殊专项训练，包括小腿三头肌、背肌，扣球时肩、肘、腕的旋内、旋外击球的拉伸练习及力量练习。

3.背部疼痛

（1）表现：羽毛球运动要求有一个非常稳定的躯干作为四肢运动的基础。由于这项运动包含大量的高速变向和转身运动，腹背部肌肉必须经过良好的训练。腰方肌和伸背肌群是经常发生劳损疼痛的部位。如果髂腰肌紧张，则将间接地使腰椎前凸，从而使腰部负担加重，造成背部疼痛。

（2）预防措施：主要有腰腹肌肉力量练习和拉伸练习（屈肌、伸肌和斜肌），应该时刻记住拉伸髂腰肌的重要意义。

4.跳高膝

(1)表现:跳高膝是指髌韧带近侧以及髌骨远端附着处的疼痛,还包括髌骨上端股四头肌肌腱处的疼痛。目前认为跳高膝是反复的微细损伤或韧带附着点附近长期负荷过度而造成损伤积累的结果。临床检查常可见到伸膝痛、髌尖局部痛。

(2)预防措施:主要有进行下肢的协调性练习,特别要重视股四头肌的股直肌的练习;进行不同层次的闭合链股四头肌练习;重点加强退让性工作肌肉的力量和伸膝装置的拉伸练习。

(四)参加羽毛球运动所需的营养及科学饮食

经常进行羽毛球锻炼的人应该摄入富含B族维生素的食物,如动物肝脏、蛋类、豆类等。还应保证充足的维生素A的供给,以满足羽毛球运动对于视力的较高要求,其中大部分维生素A应来自动物性食物,如动物肝脏、鱼肝油、全奶等,或者进食一些含胡萝卜素较多的有色蔬菜,如胡萝卜、青菜、菠菜等,这些蔬菜中的β-胡萝卜素在人体内也能够转化成维生素A。另外,还要及时、适量地补充水分和电解质,保持运动机体的水盐平衡和酸碱平衡。补充时要坚持少量多次的原则,除了补充水分以外,还应注意钠和钾及其他微量元素的适量补充。

针对羽毛球运动特点,糖类应占全日总供能的55%～65%,蛋白质占10%～15%,脂肪占20%～30%,将以上食物科学搭配,按早餐占30%、午餐占40%、晚餐占30%的比例分配到一日三餐中。建议每天尽量做到3种以上主食类食物,3种以上的动物性食品,6种以上的蔬菜,2种以上的豆类及制品,2种水果及坚果类。

二、羽毛球运动的基本技术和战术

(一)握拍

羽毛球的握拍是学习各项羽毛球基本技术的起点,主要分为正手握拍和反手握拍,在此基础上为了更好地控制击球的力量和球的落点,需要适当灵活地调整握拍。正确的握拍可使球拍与手有机地融为一体,将球拍视为手臂的延伸,在运动中随心所欲地迎击场上不同方向、不同速度的来球,达到手与拍的完美结合。而错误的握拍将会阻碍、限制技术的运用与发展。技术水平越高,对握拍要求也越高。

1.正手握拍技术

先用左手拿拍中杆,使拍面与地面垂直。张开右手,用近似握手的方法握住拍柄,使手掌下部(小鱼际)靠在拍柄底端,虎口对着球拍柄窄的一面,小指、无名指、中指自然并拢,食指与中指稍稍分开,拇指、食指和中指自然放松,贴在拍柄两侧的宽面上。拍柄和掌心之间留有发力空间(视频5-3-1)。

2.反手握拍技术

在正手握拍的基础上,将球拍柄稍向外旋,拇指上提贴在拍柄的宽面上,食指稍向下靠并与中指、无名指、小指并拢。拇指前顶,由放松到握紧球拍柄,用近似杠杆原理发力击球(视频5-3-2)。

(二)发球

发球是羽毛球运动重要的基本技术之一,也是羽毛球比赛中重要的战术组成部分。通过相同的躯干手臂动作和不同的发球手法,发出不同弧度、不同落点的球来控制对方,创造主动进攻得分机会。因此发球是羽毛球比赛的进攻手段之一。

视频 5-3-1 正手握拍

视频 5-3-2 反手握拍

发球技术可分为正手和反手发球技术。一般情况下，单打时多采用正手发球，双打时多采用反手发球。根据球在空中飞行的特点，将发球分为后场高远球、平高球、平射球和前场小球 4 种(图 5-3-1)。

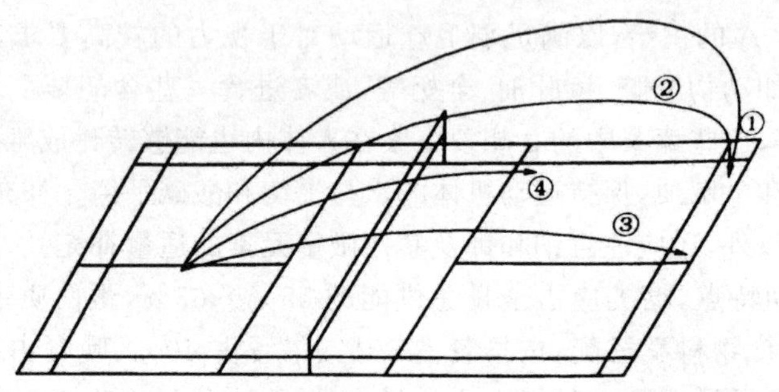

①—发高远球；②—发平高球；③—发平射球；④—发前场小球。

图 5-3-1 正手发球种类

1.发球站位和准备姿势

发球站位是指运动员在发球前选择的有利位置。单打的发球站位应选择在球场中线附近，距前发球线约 1 米处。双打发球站位则靠近前发球线。

(1)正手发球的准备姿势：身体左肩侧对球网，左脚在前，右脚在后，重心在右脚上，右手持拍向右后侧举起，肘部微屈放松，左手拇指、食指和中指夹住球，举在胸腹间。

(2)反手发球的准备姿势：两脚前后站立(左脚或右脚在前均可)，面向球网，上体稍前倾，身体重心在前脚上。右手反手握拍，自然屈肘放至体前，拍头向下，左手拇指、食指和中指捏住球的两三根羽毛，使球体与拍面平行或倾斜。

2.正手发球技术

正手发球准备姿势站立，重心由后脚前移至前脚，持球手放球，使球自然下落，持拍手上臂外旋带动前臂充分伸腕，自下而上沿半弧形做回环引拍动作。

在做引拍动作的同时身体随之转体，当拍挥至身体右侧前下方，转体至接近于面对球网时，开始击球。发球最佳击球点在身体右侧，左脚尖的前上方。

进行击球时，根据球的飞行路线，有以下几个分解动作：

(1)正手发后场高远球击球动作：当拍面与球接触的瞬间，上臂和前臂迅速内旋带动手腕快速向前上方屈指展腕闪动发力，以正拍面将球击得又高又远。

(2)正手发后场平高球击球动作：击球点在右前下方略高于发高远球的击球位置。击球时前臂带动手腕发力，拍面与地面成小于 45 度的夹角，向前推进击球。

(3)正手发后场平射球击球动作：击球点在规则允许的范围内争取略高，拍面与地面呈近似 95 度的仰角，前臂内旋带动手腕快速闪动屈指向前发力击球。关键点是击球动作小而快，爆发力和目的性强。

(4)正手发前场小球击球动作：击球时握拍要松，前臂前摆，以手指控制力量，用斜拍面往前推送切击球托，使球轻轻擦网而过，落入对方前发球区内。

击球后，身体重心完全移至左脚上，持拍手随击球后的惯性，自然向头部左前上方挥动，手腕呈展腕状态(视频 5-3-3)。

3.反手发球技术

反手发球准备姿势站立，持拍手以肘为轴前臂内旋，带动手腕展腕由后向前做回环弧形引拍，开始击球。

击球动作主要介绍以下两种：

(1)反手发网前小球：击球时手腕由外展至内收捻动发力，靠手腕和手指控制力量，以斜拍面向前轻轻推送切击球托(视频 5-3-4)。

(2)反手发平射球：击球时，尽可能地在规则允许范围内提高击球点，用拇指的顶力屈指发力，使拍面与地面的角度接近垂直，迅速向前推进击球。

以制动动作结束发力。

4. 对墙击球练习

对墙击球练习是一个人练习的最为有效的方法，可以根据自己一些薄弱环节进行针对性练习，如握拍转换练习、网高定点抽球练习、低点位的发力抽球练习、搓球练习等(视频5-3-5)。

视频 5-3-3　发后场高远球

视频 5-3-4　反手发网前小球

视频 5-3-5　对墙击球练习

对墙击球练习的一些简单方法：

(1)从最初的正手反手击球练习开始，不断提升自己的击球稳定性，过渡到转变正反手握拍练习，提升正反手转换的熟练度。

(2)随着对墙击球熟练度的提升，慢慢进入提升平抽挡的练习。握拍基本以反手为主，拇指可以试着顶宽面或侧棱，体验拇指顶位的差别。

(3)可以尝试对高点轻打球练习，提高封网的效果。击球高度在门框以上，手肘基本是始终抬着不下来的，小臂手指用力即可，手腕不要加太多力，否则控制不好落点和轻重。

(4)可以练习低位点发力抽球练习，大发力抽球要借用手臂的外旋和拇指的顶侧棱的力量，效果还是很不错的。

(5)对墙练习搓球，刚开始搓球时球会乱跑，慢慢便会根据自己的意图走。注意搓球的功架一定要把住，反手搓球要简单很多。

5.接发球站位和准备姿势

单打站位一般是在离前发球线 1.5 米处。站在右发球区靠近中线的位置，在左发球区则站在中间的位置。左脚在前，右脚在后，双膝微屈，收腹含胸，身体重心放在前脚上，后脚脚跟稍抬起。身体侧向球网，球拍举在体前，双眼注视对方（图 5-3-2）。

图 5-3-2　接发球准备姿势

双打站位靠近前发球线，双打准备姿势和单打姿势基本相同，只是身体前倾较大，身体重心可前可后，球拍举得更高，在球飞行到网上最高点时击球，争取主动。

6.练习方法

（1）依照先分解后连贯、从简单到复杂的顺序，按照技术动作要领进行挥拍练习。

（2）进行各种辅助练习，体会技术要领。

（3）在场上进行两人多球对练发球。

（三）击球

羽毛球击球技术分为正手击球和反手击球，以及后场击球技术和前场击球技术，具体有击高远球、吊球、杀球、搓球、推球、勾球、抽球、扑球等击球技术（图 5-3-3 和图 5-3-4）。

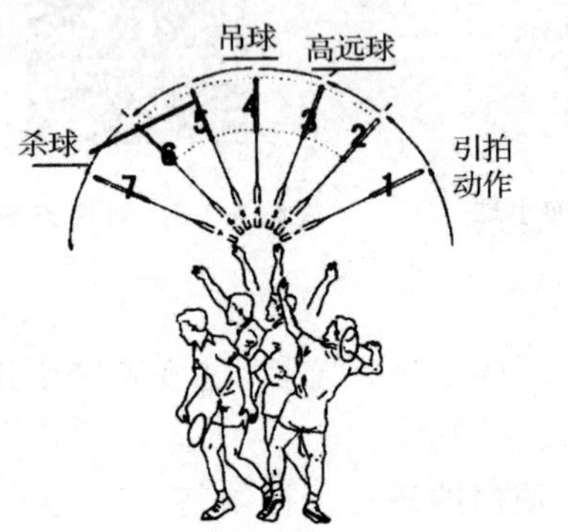

图 5-3-3　后场技术击球点

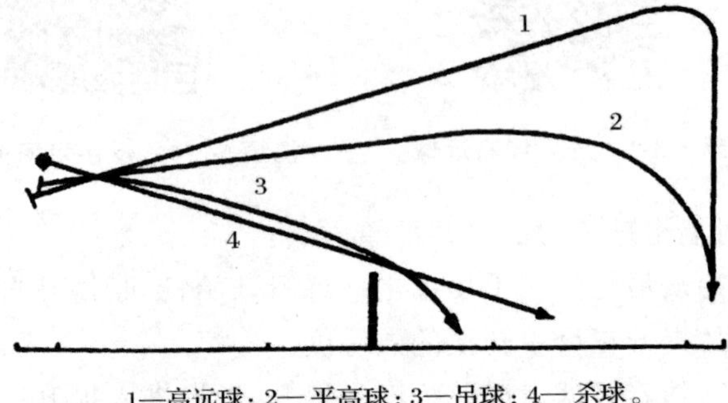

图 5-3-4　球飞行的角度和距离

1.后场正手击球技术

（1）判断启动，运用后场正手后退步法向身体右后侧区域的来球方向移动，同时持拍手臂以 45 度夹角屈肘举于体侧，左手自然上举保持平衡，侧身对网，重心在右脚上，呈击球的准备姿势。当球下落到一定的高度，持拍手肘部上抬，手臂外旋，充分后仰，以肩为轴做回环引拍动作，手腕充分伸展，形成击球前较长的力臂，左手随转体动作伸向左侧，协调右手发力，准备击球。

（2）击球动作主要有以下 4 种：

①后场正手高远球：击球点选择在右肩上方，手腕控制球拍对准来球路线，前臂快速内旋，

带动手腕加速向前上方挥动，屈收手腕，在空中最高点将球向前上方击出(图 5-3-5)。

图 5-3-5　后场正手击高远球技术

②后场正手平高球：用比高远球稍小的仰角拍面击球，手臂动作同高远球，使球沿着直线飞行。

③后场正手吊、劈球：击球点在右肩的前上方较击高远球稍前一点的位置。击球时手腕由伸腕到屈收带动手指捻动发力，使球拍向内、向外旋转，手腕手指控制力量，以斜拍面“切击”球托后部的右侧或左侧。吊球和劈球击球动作的主要区别是击球发力不同，吊球发力小，劈球则要加大击球力量。

④后场正手杀球击球动作：击球点较吊球更前一点位置上。起跳后，身体后仰挺胸成反弓形，接着右上臂往右后上摆起，前臂自然后摆，手腕后伸，前臂带动球拍由上往后下挥动，这时握拍要松。随后凌空转体收腹带动右上臂往右上摆起，肘部领先，前臂全速往前上挥动，带动球拍高速前挥。当击球点在肩的前上方时，前臂内旋，腕前屈微收，闪腕发力杀球。这时手指要突然抓紧拍柄，把手腕的爆发力集中到击球点上。球拍和击球方向水平面的夹角小于 90 度，球拍正面击球托的后部，使球直线下行(视频 5-3-6)。

(3)击球后持拍手随击球动作完成后的惯性向左前下方挥动，左手协调保持身体平衡，起跳脚触地瞬间即向中心位置回动，同时持拍手由左前下方迅速收回至体前，准备迎击下一次来球。

2.前场击球技术

前场技术包括网前的放、搓、推、勾、扑、挑球等。要求击球前动作有一致性，击球瞬间产生突变；手腕、手指灵巧，以控制好球的落点。

(1)判断启动，运用上网步法向身体右侧(或左侧)的来球方向移动，同时以肩肘为轴，前臂外旋带动伸展，在身体的右前(或左侧)方做适当的半弧回环引拍，左手自然后伸保持身体平衡，准备击球。

(2)击球点选在距离球网顶端 10～30 厘米的位置。主要介绍以下 6 种技术。

①搓球：用食指、拇指捻动球拍，手腕由屈腕至收腕发力，由右向左以斜拍面切击球托的后侧部位，使球呈下旋翻滚过网，称为“收搓”。与之相反发力，称为“展搓”。

②推球：以肘为轴，前臂内旋带动手腕由伸腕至展腕快速向前发力击球，同时充分运用食指的拨力击球。拍面向正前方为推直线球，向斜前方为推斜线球。

③勾对角球：上臂内旋带动肘部稍回拉，手腕由伸腕至收腕发力切击球托的右后侧部位。

④挑球：前臂迅速内旋带动手腕向上方展腕发力击球。

⑤扑球：前臂内旋，手腕由伸展向前下方快速挥动拍击球托正面。为避免击球后触网，可采用与球网平行方向挥拍击球。

(3)击球后右脚立即向中心位置蹬地回动，同时手臂收回至胸前，准备回击下一个来球(视频 5-3-7)。

视频 5-3-6 扣球

视频 5-3-7 前场击球

3.练习方法

(1)利用各种辅助手段反复进行挥拍练习。

(2)移动步伐，调整重心进行固定击球技术单线路多球练习。

(3)进行固定击球技术复线路多球练习，进行定位变向、定向变位练习。

(四)步法

1.并步后退步法

以左脚的前脚掌为轴心，右脚向右后侧区域的来球落点方向蹬地后退步，同时左脚向右脚并步，重心在右脚上，右脚向右后退第三步跳起击球。击球后，右脚迅速向中心位置出步，左脚即向中心位置回第二步，双脚接小跳步使身体重心稳定，完成回位。

2.交叉步后退步法

右脚向来球落点方向后退第一小步，左脚经右脚往后交叉退第二步。右脚再交叉退第三步，身体重心放在右脚上，向右后方向斜步起跳击球。击球后，右脚迅速向中心位置出步，左脚迈回第二步，双脚再接小跳步完成回位。

3.交叉步(或垫步)上网步法

判断来球离身体较远，右脚迅速向右侧(或左侧)前方迈出第一步，左脚接着向前交叉(或垫步)迈出第二步，同时左脚的前脚掌用力蹬地，右脚再向前跨出第三大步击球。击球后，右脚向中心位置退回第一步，左脚交叉(或垫步)退回第二步，双脚同时再做一小跳步回位。

4.蹬跨步法

判断来球，左脚蹬地，右脚向来球方向跨大弓箭步击球。击球后右脚向中心位置撤回一步，左脚再调整一小步回位(视频 5-3-8)。

视频 5-3-8 场上移动步法

5.练习方法

(1)进行垫步、并步、蹬步、交叉步、跨步等单个步法的反复练习。

(2)步法方位练习:中心位置→上网前或退后场→回中心位置,进行多次重复练习。

(五)羽毛球基本战术

羽毛球战术是指比赛中球员根据场上对手的技术、体力、思想意志等具体情况,而采取的争取比赛胜利的一种对策。羽毛球比赛中得分或失分,看起来似乎是通过某一技术动作而实现的,其实比赛中的任何一项技术行动都是在战术意识的支配下完成的。因为羽毛球运动的技术特点决定了羽毛球战术丰富多彩,比赛中对手不同,特点各异,各种战术、球路的组织、运用更是千变万化。

1.攻四方球控制落点

攻四方球是攻击对方场区的4个角落,以快速击球和准确的落点,调动对方前后左右奔跑,打乱对方阵脚,待其来不及回中心位置或回球质量较差时,向其空当部位发动进攻。

2.快速高吊结合突击的打法

运用快速准确的平高球和吊球的配合,控制球的落点,进行多拍调动,当对方回球质量不高时,抓准机会突击扣杀。

3.下压控制网前进攻的打法

以发球抢攻为主,特别是发网前低球结合发平球,迫使对方回球向上,然后大力扣杀或配合吊、轻杀、劈杀,紧接着上网控制网前,运用搓、推、扑、勾技术,再创造中后场的进攻,尽量使球下压。

4.推压底线组织进攻的打法

这种打法具有硬、压的特点,控制对方的中后场,并组织进攻,通过硬打、快速平推或抽压两边底线,形成平抽快攻的局面或创造后攻前封的进攻机会。

三、羽毛球运动竞赛规则简介

(一)竞赛项目

羽毛球竞赛项目可分为单项赛和团体赛两大类。在一次比赛中,还可按年龄分组,以专业或业余分项目竞赛。

1.单项赛项目

单项赛包括男子单打、女子单打、男子双打、女子双打、混合双打5个项目。

2.团体赛项目

团体赛有男子团体、女子团体和男女混合团体3个项目。一场羽毛球团体赛由数场比赛组成,常用的比赛赛制有三场制、五场制、多场对抗赛制。

(二)竞赛规则

1.场地和场地设备

(1)羽毛球场是一个长为13.4米,宽为6.1米(双打)或5.18米(单打)的长方形。场上均用宽4厘米的线画出(图5-3-6)。

(2)网柱高 1.55 米，放置在双打边线上。当球网被拉紧时，网柱应与地面保持垂直，球网中央顶部应高 1.524 米。

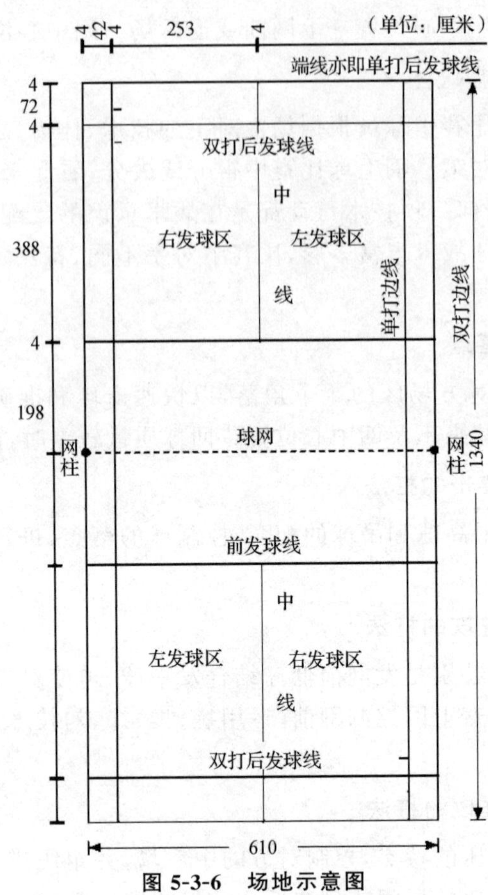

图 5-3-6　场地示意图

2.比赛胜负的计算单位

(1)回合：从一次发球开始，经过双方来回对击到球成死球止，为一个回合。

(2)得分：一个回合的胜方，得一分并继续发球。

(3)局：一方先得 21 分并领先两分为胜一局。

(4)场：羽毛球所有项目都采用三局两胜制，不受时间限制，某方胜两局，则称为胜一场，即获得双方比赛的最终胜利。

3.单打比赛

(1)发球员的分数为偶数时，双方运动员均应在各自的右发球区发球或接发球。

(2)发球员的分数为奇数时，双方运动员均应在各自的左发球区发球或接发球。

(3)球发出后，双方运动员击球就不再受发球区的限制，运动员的站位也可以在自己这方场区的界内或界外。

(4)接发球员违例或因球触及接发球员场区内的地面而成死球，发球员就得 1 分。

4.双打比赛

(1)每次交换发球权时，只有一名队员有发球权。发球权是从首先发球员到首先接发球员,再到首先接发球员的同伴,接着由他们的对手之一发球,再由另一对手发球,如此传递球权。得分后是该发球员换发球区继续发球,接发球员不换区域。

(2)只有接发球员才能接发球,如果他的同伴接球或被球触及,发球方得一分。发球方的非发球运动员和接发球方的非接发球运动员站在另一发球区内。

(3)一局胜方的任一运动员可在下一局先发球,负方中任一运动员可先接发球。

5.交换场区

(1)第一局结束和第三局开始前,双方交换场地。

(2)第三局中或只进行一局的比赛中,进行至领先方达到 11 分时。

6.发球

(1)发球员和接发球员都必须站在各自发球区内发球和接发球,脚不能触及发球区的界限;两脚必须都有一部分与地面接触,不得移动,直至将球发出。

(2)发球员的球拍必须先击中球托,与此同时整个拍框必须低于发球员的腰部(称为过腰)。

(3)击球瞬间拍杆应指向下方,从而使整个拍框明显低于发球员的整个握拍手部(称为过手)。

(4)发球开始后,发球员的球拍必须连续向前挥动,直至将球发出。

7.违例

(1)发球不合法违例,或接发球者提前移动。

(2)球碰到场地外其他人或物体;球碰到球员的身体或衣服。

(3)比赛时,球拍和球的最初接触点不在击球者网的这一方(过网击球)。

(4)比赛进行中,运动员球拍、身体或衣服触及网或网的支持物。

(5)妨碍对手,如阻挡对方紧靠球网的合法击球。

(6)比赛时,运动员故意分散对方注意力的任何举动,如喊叫、故作姿态等。

(7)击球时,同一球员连续击中球两次或同一方两名球员连续各击中球一次。

8.重发球

(1)遇不能预见或意外的情况。

(2)除发球外,球过网后,球挂在网上或停在网顶。

(3)发球时,发球员和接发球员同时违例。

(4)发球员在接发球员未做好准备时发球。

(5)比赛进行中,球托与球的其他部分完全分离。

(6)司线员未看清球的落点,裁判员也不能做出决定时。

9.比赛中的出界

(1)单打的边线是内侧边线的外沿。

(2)双打的边线是外侧边线的外沿。

(3)单打的前发球线是最靠近球网且平行球网的一条线,后发球线就是底线,发球区位于前发球线和底线之间。

(4)双打的前发球线和单打一样,后发球线是底线前的那一条线,发球区位于前发球线和后发球线之间。

四、羽毛球课考试内容和评分标准

(一)基础班

1.考试内容

羽毛球专项考试共100分,其中包括发球(30分)、回击高远球(30分)和教学比赛(40分)。

2.基础班考试办法和评分标准

(1)发球:

①发球达标:连续发10个球(左右区各5个球),根据球的落点区域计分,总分20分。

②发球技评:根据发球动作、球的飞行效果、球的有效性等方面进行评分,总分10分。

(2)回击高远球:

①回击高远球达标:两人一组,连续对击15个球,来回一个球1分,总分15分。

②回击高远球技评:根据回击高远球动作、球的飞行效果、击球综合能力表现等方面进行评分,总分15分。

(3)教学比赛:根据场地和班级人数分组进行教学比赛,教师根据学生在比赛场上的各种表现进行综合评分。

(二)提高班

1.考试内容

羽毛球专项考试共100分,其中包括发球(30分)、场上六点移动步法测试(30分)和教学比赛(40分)。

2.考试办法和评分标准

(1)发球:

①发球达标:连续发10个球(左右区各5个球,其中5个高远球、5个网前球),根据球的落点区域计分,总分20分。

②发球技评:根据发球动作、球的飞行效果、球的有效性等方面进行评分,总分10分。

(2)场上六点移动步法测试:

①根据场上前中后6个点的位置,从球场中心开始,6颗球,每次只能拿一颗,用羽毛球移动步法将球放到场地的6个点,然后再依次从6个点将球收回球场中心,以计时为考核标准。

②每人可以测试两次,取最好成绩,总分30分。

(3)教学比赛:根据场地和班级人数分组进行教学比赛,学生必须掌握比赛规则并具备一定的比赛组织能力,教师根据学生的具体表现进行综合评分,总分40分。

参考文献

[1]肖杰.羽毛球运动理论与实践[M].北京:人民体育出版社,2005.

[2]刘仁健.羽毛球[M].北京:科学出版社,2010.

[3]陈上越.体育运动与健康[M].厦门:厦门大学出版社,2013.

[5]天羽.到目前为止最完整的羽毛球运动损伤介绍及预防措施[EB/OL].http://www.ttymq.com/viewnews-34511.html.

第四节　高尔夫球

一、高尔夫运动概论

(一)高尔夫运动的起源与发展

关于高尔夫的起源有几种说法，有荷兰的“kolven”说、中国的“捶丸”说，但流传最广的是其起源于苏格兰。相传古时的苏格兰牧人在放牧时，偶然间用一根棍子将一颗圆石击入兔子洞中，由此得到启发，这也是高尔夫运动的雏形。此外，“golf”这个词最早出现在14世纪苏格兰议会文件中，这也是高尔夫运动起源于苏格兰比较有力的佐证。

15—18世纪，高尔夫主要是在苏格兰盛行，18世纪末传到北美，19世纪传到欧洲大陆以及澳洲，20世纪传到亚洲，并逐渐发展成一项全球性的运动项目。尤其是到了20世纪，球具的革新、国际性赛事的开展、媒体的介入尤其是电视的宣传，极大地促进了高尔夫球运动的发展。目前，美国是高尔夫运动开展最好的国家，全世界有30000多个高尔夫球场，接近6000万的高尔夫人口，而美国拥有16000多个球场以及近2000万的高尔夫人口，是不折不扣的高尔夫王国。

1984年8月，新中国第一家高尔夫球场——中山温泉高尔夫球会成立，标志近代高尔夫运动进入中国。高尔夫运动项目在中国的开展较晚，但是发展速度比较快。经过30余年的发展，目前，全国已经建成并投入使用的高尔夫球场超过400家，练习场数以千计，高尔夫球人口超过100万。

(二)高尔夫运动特点

高尔夫的运动环境(图5-4-1)可以使人很好地亲近大自然，呼吸新鲜的空气，同时整个人在身心愉悦的情况下打球，身心都得到了锻炼，很多人一旦投入高尔夫运动就会为之着迷，这与高尔夫的独特魅力是分不开的。

图5-4-1　高尔夫的运动环境

高尔夫运动是一项讲究诚信、高度要求自律的运动，不论对抗多么激烈，所有球员都应按照规则自觉约束自己的行为举止，在任何时候都要表现出礼貌谦让的运动精神，这也是高尔夫运动的精髓所在；高尔夫运动注重礼仪，别人打球应保持安静；球道上礼让近的先打；球道上铲起的草皮应放回原处；果岭上要修补打痕，礼让离球洞远的先推；比赛结束要握手致意……打球过程中的细节潜移默化地塑造出一个人的良好形象和绅士风度；高尔夫运动是自我激励性和自我挑战性较强的运动项目，是一项个人运动，不断激励球员挑战自我，超越自我，力争打得更远更准，取得更好的成绩；高尔夫运动老少皆宜，同时运动损伤较少，从 3 岁孩童到古稀老人都可以参加，可结伴对抗也可单人休闲，选手之间没有直接身体接触，运动创伤很少，因而运动寿命往往较长。

同时，不能忽略高尔夫运动良好的健身效果。打一场标准 18 洞的高尔夫，运动时间需要 3～4 个小时，运动距离在 10000 米左右，又是在阳光下运动，对体能的要求较高；打球过程中的挥杆技术动作，是需要肢体协调、柔韧和爆发力支持的全身动作，可增强肌肉锻炼，达到减肥瘦身的效果；打球提倡“慢打快走”的礼仪，这种快步走的方式，对心血管系统有良好的锻炼效果。

（三）高尔夫场地

高尔夫场地主要分为两大类，一类是练习场，另一类是标准的高尔夫球场。

1.高尔夫练习场

高尔夫练习场是专供高尔夫爱好者练习挥杆以及接受专业培训的场所。一般有真草练习场和树脂纤维打击垫打位练习场两种。练习场通常还配有果岭区和沙坑区，供练习推杆、沙坑杆和短杆技术。图 5-4-2 为高尔夫练习场。

图 5-4-2　高尔夫练习场

2.高尔夫球场

高尔夫球场（图 5-4-3）是进行高尔夫球运动所需的场地。一个标准 18 洞的高尔夫球场占地在 1500 亩（1 平方千米）左右，通常由会所、场地以及草坪管理区构成，其中场地是球员下场打球的区域，也是高尔夫球场的核心区域。

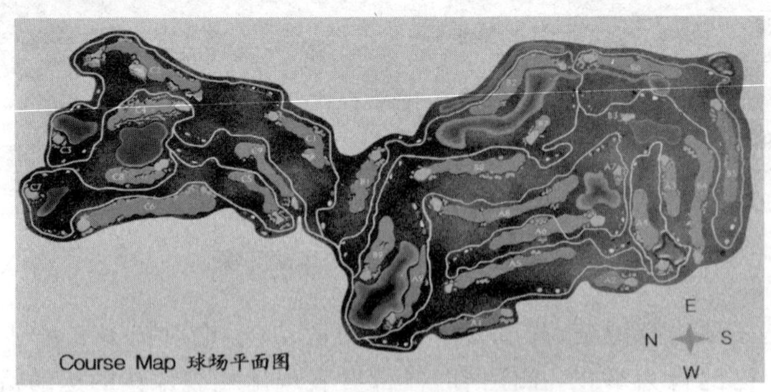

图 5-4-3　高尔夫球场简图

一个标准的高尔夫场地包括 18 个洞，每个洞都有规定的杆数，称为标准杆，这 18 个洞通常由 4 个三杆洞、4 个五杆洞与 10 个四杆洞构成，合计标准杆数为 72 杆（表 5-4-1）。

表 5-4-1　高尔夫标准杆数设计长度要求

标准杆数	球洞长度/码	
	男	女
三杆洞	≤250	≤210
四杆洞	251～470	211～400
五杆洞	≥471	401～575

注：1 码＝0.914 米。

①三杆洞（par3）：标准杆 3 杆的球洞，距离较短，通常可以一杆打上球洞区，再两杆推球完成进洞（图 5-4-4）。此种类型的球洞如果一杆完成进洞的话称之为“一杆进洞”（hole in one）。

②四杆洞（par4）：标准杆 4 杆的球洞，距离中等，通常需要两杆打上球洞区，再两杆推球完成进洞（图 5-4-5）。

③五杆洞（par5）：标准杆 5 杆的球洞，距离较长，通常需要三杆才能打上球洞区，再两杆推球完成进洞（图 5-4-6）。

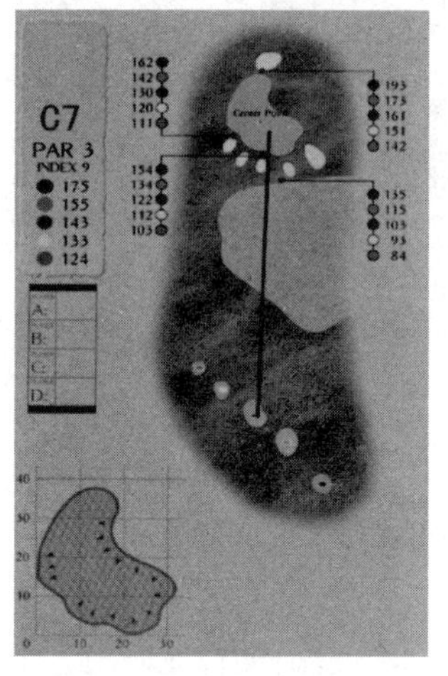

图 5-4-4　三杆洞

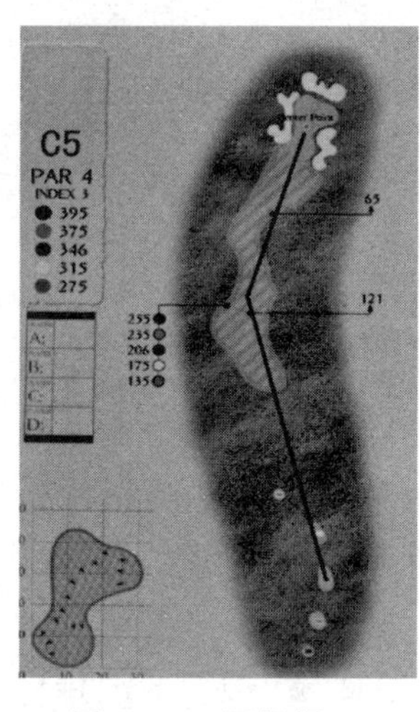

图 5-4-5　四杆洞

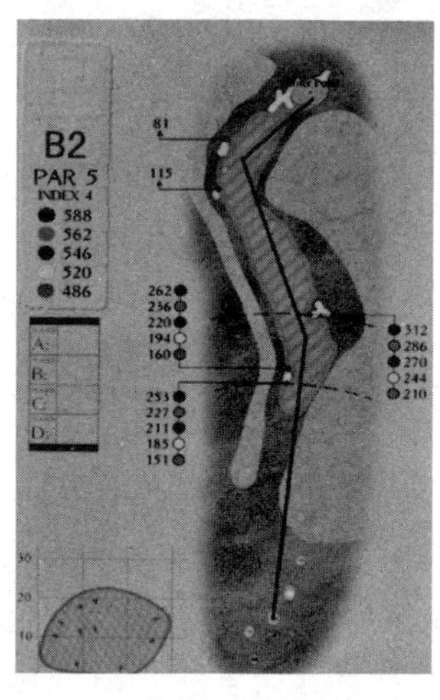

图 5-4-6　五杆洞

不论球洞的标准杆为多少，每个球洞通常由发球台、球道（含沙坑、水障碍、长草、树木等障碍区）、果岭三大部分构成，具体见图 5-4-7（以标准杆 4 杆的球洞为例）。

①高尔夫发球台（tee）：每个球洞击球的开始，发球台区域相对比较平整，通常会设计至少 3 个远近不同的发球台，大多会设计四五个发球台。不同技术水平的球员可以根据自己的成绩选择合适的发球台打球，不同的发球台会摆放不同颜色的标志加以区别（图 5-4-8）。

②高尔夫球道区（fairway）：每个球洞中面积最大的部分，是从发球台到果岭所经过的区域，球道设计会有比较大的起伏，同时球道两侧会设计为长草区域，还会设计一些沙坑、树木、水域等障碍区，从而增加击球的难度与乐趣（图 5-4-9）。

③果岭（green）：球洞区的意思，是每个球洞的目标区域，洞杯的所在地，通常设计为略呈圆形或椭圆形的区域，上面的草坪会经过精心修剪，并且设计得不平坦，会有高低起伏的坡度（图 5-4-10）。果岭是球洞的核心区域，果岭维护的好坏往往决定了一个球场的品质。

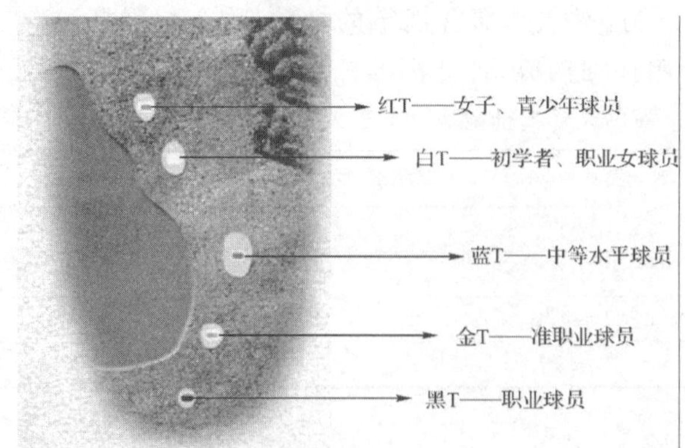

图 5-4-7 球洞设计

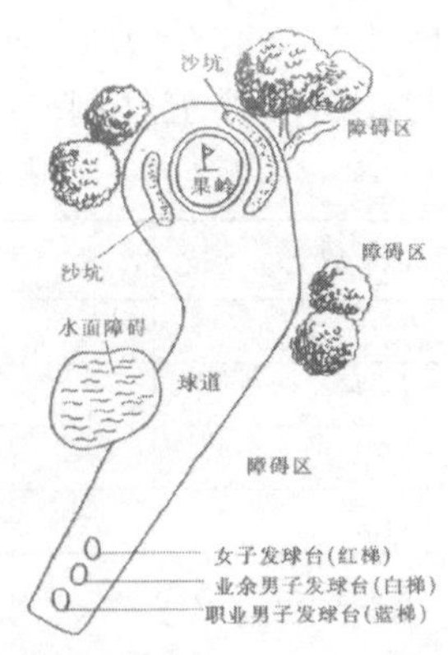

图 5-4-8 高尔夫发球台

图 5-4-9 高尔夫球道区

图 5-4-10 高尔夫球场果岭

（四）高尔夫装备

高尔夫装备主要包含高尔夫球杆、高尔夫球以及附属工具。“工欲善其事，必先利其器。”如果想在比赛中取得胜利，那么就要充分认识和了解高尔夫各种装备。

1.球杆

球杆是高尔夫装备中最基本的工具，按不同用途，球杆被设计成不同的杆头形状和杆身长度，通常分为三大类：木杆、铁杆与推杆（图 5-4-11）。

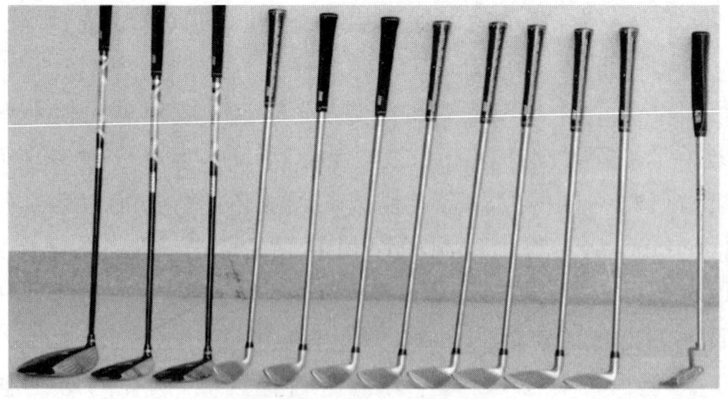

图 5-4-11 高尔夫球杆

(1)木杆：主要用于远距离的击球，它的特点是杆头大，杆身长，重量轻。其中一号木杆(driver)是球包中最长的一支球杆，一般在发球区上发球时使用，又称为开球木(图 5-4-12 和图 5-4-13)。

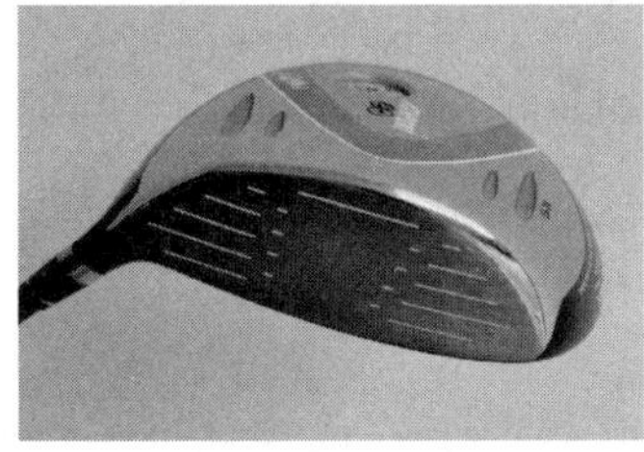

图 5-4-12　一号木

图 5-4-13　一号木与球道木

(2)铁杆：进攻果岭所选择的球杆，它追求的是准确性，以使打出来的球更接近球洞。球包中铁杆的数量最多，常用的是 5＃、6＃、7＃、8＃、9＃、PW 或 10＃、SW(图 5-4-14 和图 5-4-15)，每支球杆设计的角度与长度不同，以适应不同距离的击球。

球杆击球规律：号码越小，杆身长度越长，重量越轻，距离越远，弹道越低；反之，号码越大，杆身长度越短，重量越重，距离越近，弹道越高(表 5-4-2 和图 5-4-16)。

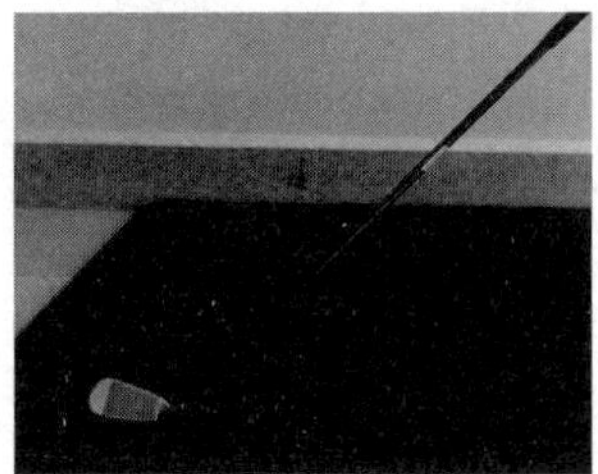

图 5-4-14　铁杆

图 5-4-15　不同编号的铁杆

表 5-4-2　木杆与铁杆常规击球距离

球杆	击球距离/码	
	男子	女子
1 号木	200—230—260	150—175—200
3 号木	180—215—235	125—150—180
5 号木	170—195—210	105—135—170
2 铁	170—195—210	105—135—170
3 铁	160—180—200	100—125—160
4 铁	150—170—185	90—120—150
5 铁	140—160—170	80—110—140
6 铁	130—150—160	70—100—130
7 铁	120—140—150	65—90—120
8 铁	110—130—140	60—80—110
9 铁	95—115—130	55—70—95
PW	80—105—120	50—60—80
SW	60—80—100	40—50—60

注：①1 码＝0.914 米。

②击球距离为“高差点—中差点—低差点”。

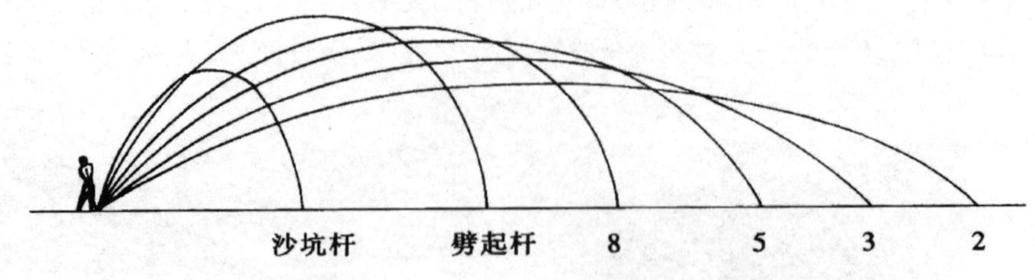

图 5-4-16 木杆与铁杆常规击球距离

(3)推杆:推杆是在果岭上击球的专门球杆,用于在果岭上完成推球进洞(图 5-4-17 和图 5-4-18)。推杆可以说是球包中最重要的一支球杆,因为一场球下来,推杆数占到总杆数的 40%甚至更多。

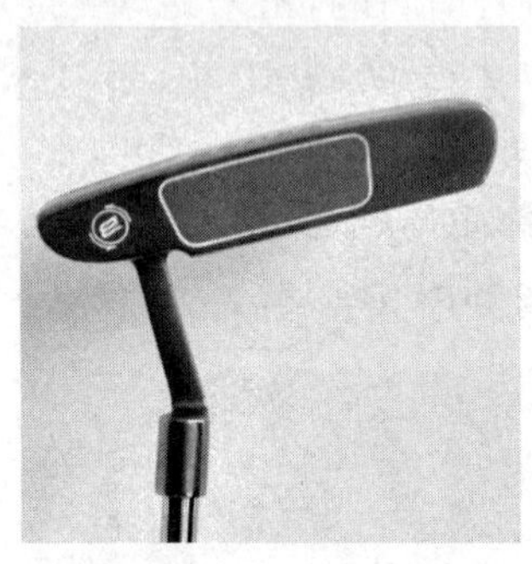

图 5-4-17 推杆前缘

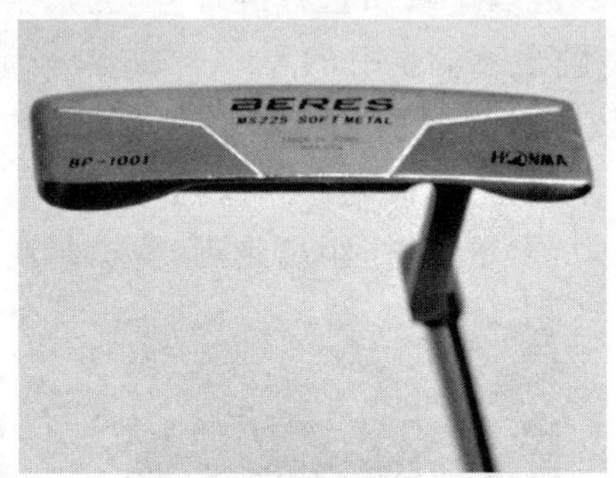

图 5-4-18 推杆后缘

2.高尔夫球

现代的高尔夫球是用橡胶制成的实心球,球的直径为 1.68 英寸(42.67 毫米),重 46 克(图 5-4-19)。高尔夫球从结构上可以分为单层球、双层球、三层球、多层球;从硬度上可以分为硬度 90～105、硬度 80～90、硬度 70 三种,常规多层球软一点,单层球硬一点,硬度高的球打得相对较远,但是多层球手感好,控制性强。

图 5-4-19 定制球

3.高尔夫附属装备

高尔夫除了需要用到球杆、球以外,一般还需要配备下列附属装备:高尔夫球包(图 5-4-20)、高尔夫服装、专用鞋子(图 5-4-21)、手套(图 5-4-22)、高尔夫球座(图 5-4-23)、果岭叉、雨伞、毛巾、防晒霜、防晒袖套等,其作用都是在打球过程中为球员提供各种便利,帮助球员发挥出更高的水平。

二、高尔夫基本技术

一名优秀的高尔夫球员必须掌握各种规范、实用、全面的击球技术，击球技术的好坏，最终体现在球员击球的力量、球速，对球的飞行弧线的控制能力以及球的落点等。但无论采用何种击球技术，都需要掌握规范的技术动作。

图 5-4-20　高尔夫球包

图 5-4-21　高尔夫球鞋

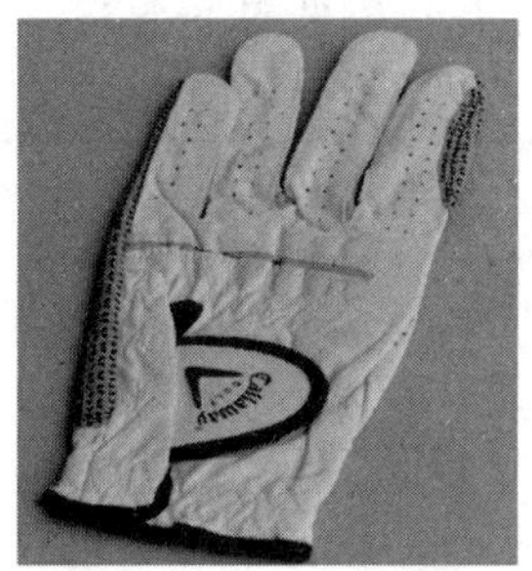

图 5-4-22　高尔夫手套

图 5-4-23　高尔夫球座

高尔夫基本技术动作主要分为全挥杆、短距离切杆以及推杆三大类，每一类动作大致可以分为握杆、准备动作、上杆、下杆击球、送杆和收杆六大部分。

(一)全挥杆技术动作(以 7 号铁杆，右手握杆为例讲解)

全挥杆技术动作是高尔夫远距离击球的基本动作，是在木杆开球和铁杆进攻果岭需要一定击球距离时所采用的技术动作。

1.握杆

握杆是高尔夫动作中最基本的环节，握杆正确与否直接影响到挥杆节奏、杆头速度的释放、杆面的控制，所以掌握基本动作首先要做到规范的握杆。

握杆步骤与动作要领：

(1)左手握杆：调整杆面方正，右手轻微夹住握把，不要让球杆杆面发生变化；左手自然张开，让握把从左手食指第二关节与小指指根部位斜交叉；然后左手拇指自然盖在握把上面，大拇指略微向后收一点，小指、无名指、中指以自然攥拳的形式握住握把；左手握好球杆后，应感觉手背与目标方向垂直。

(2)右手握杆：左手握好球杆之后，立起球杆；右手小指、拇指、食指张开，中指、无名指弯曲并沿着握把背面滑下来，直到右手无名指与左手食指贴在一起；食指与中指分开一定距离，自然钩在握把后面；拇指握在握把前面，拇指与食指形成类似扣扳机的姿态；右手完成握杆后，左手的大拇指刚好藏在右手掌心里，左右手要有贴在一起的感觉。

在这儿，根据右手小指与左手食指之间的不同关系，形成了三种常用的握杆方式（视频5-4-1）。

①重叠式：右手小指自然盖在左手食指与中指之间的缝隙上。

②互锁式：右手小指与左手食指交叉。

③棒球式：右手小指与左手食指贴在一起。

视频 5-4-1　全挥杆握杆方式

（3）握杆原则：力度要适中，理想的握杆力道俗称“挤牙膏”的力度，左右手均衡，要有一体感，有利于击球时的协调发力。常见的握杆错误及其纠正方法见表5-4-3。

表 5-4-3　握杆常见错误与纠正

常见错误	纠正方法
手掌握杆	强化手指握杆，分别进行单手握杆的学习与掌握
杆面不对	强化握杆过程中稳固杆面、角度不变的练习
右手食指伸直	多体会右手食指扣扳机的动作

2.准备姿势

良好的站姿可以帮助全身各部分在挥杆过程中的协调发力，身体力量自然流畅地释放出来，同时使身体保持良好的平衡。

动作要领：两脚分开一定的距离，两脚内侧约与肩同宽；右脚脚尖指向正前方，左脚脚尖指向正前方或向左轻微开放；膝盖微屈，有一定的灵活性；躯干上半身整体前倾，背部自然挺直，不要低头含胸；双臂从肩膀处自然下垂并伸直，置于身体前方，左手距离小腹一至两拳的距离；完成后，球杆自然放置于打垫上，球位在两脚中间或略偏左的位置，杆面方正，握把置于左大腿内侧；重心在左右方向上置于中间，前后方向上略偏于前脚掌，整体做到自然放松（视频5-4-2）。准备动作常见错误及其纠正见表5-4-4。

视频 5-4-2　全挥杆准备动作

表 5-4-4　准备动作常见错误与纠正

常见错误	纠正方法
头低,后背弓起	背部背球杆,要求头和屁股均贴在球杆杆身上
前倾角度与屈膝角度不协调	肩头垂下球杆,要求下垂球杆杆身恰好在膝盖前沿
握杆离身体太近或太远	调整左手离小腹在一拳或两拳距离
胳膊弯曲	双臂自然伸直,肩膀和两臂形成倒三角形

3.挥杆技术动作

全挥杆的动作大致可以分为上杆、下杆击球和送杆与收杆三大部分。在整个挥杆过程中,双脚、腿、臀部、躯干、肩膀、头、双臂、手,各个部分会自然串联在一起,一环扣一环,从而形成协调有力的挥杆技术动作。

视频 5-4-3　全挥杆击球示范

(1)上杆:从基本准备姿势开始,肩膀启动,带动双臂、手与球杆向右侧方一起移动,起杆阶段保持双肩连线与双臂形成的三角形不变;在双手到达腰部高度时开始立腕,右肘配合屈肘,躯干同时旋转,左臂尽量保持伸直并自然跟随躯干动作抬高,直到左侧肩膀转移到下巴下方,在达到上杆顶点时,立腕、屈肘、躯干旋转及左臂抬起应保持协调一致;整个上杆过程中,双膝角度和躯干前倾角度应尽可能保持不变,躯干也不能有太大幅度的平移。上杆动作要点如图 5-4-24 所示,常见错误及其纠正见表 5-4-5。

图 5-4-24　挥杆上杆动作要点

表 5-4-5 上杆常见错误与纠正

常见错误	纠正方法
上杆过头或幅度不够	调整球杆成斜向上姿态，保持杆头在握把上方和后方
身体抬高	固定住头部，上杆过程保持身体前倾角度不变
身体向右偏移过多	多进行上杆过程中绕身体中轴线旋转的练习
重心逆转	重心应转移至右脚后跟
左臂弯曲过多	左臂应尽量伸直
右肘抬起形成“鸡翅膀”	右肘尽量指向地面

(2)下杆击球与送杆：上杆达到顶点后，应连贯地进入下杆击球阶段；下杆初始阶段，蹬地转髋，尤其髋部应积极向左后方旋转，此时头部、手臂及手腕角度保持不变，由于臀部向左后方旋转右肩会自然降低，右手肘向下和向内拉，双臂向下降；下杆击球进入击球区域，右手肘和手腕开始有序释放，从而使手和球杆同时到达击球位置，击球瞬间右手应稍稍位于球位前方，左手手腕向目标方向弓起，右肘贴近身体，右脚脚跟抬离地面，右腿膝盖微屈，左腿伸直，臀部向目标大范围开放(45 度)，大部分转移至身体左侧，头仍应盯着球位位置；击球后左右臂形成的三角尽量前伸，右臂打直，左臂在送杆的过程中不要弯曲，直至送杆动作完成，头部仍然维持在眼睛盯着球位的位置以保持身体重心没有太大的起伏与左右晃动，右膝主动贴近左膝，右脚脚跟转离地面，髋部充分回转，重心绝大部分转移至左脚后跟(图 5-4-25)。下杆常见错误及其纠正见表 5-4-6。

(a)下杆初期

(b) 击球刹那

(c) 送杆

图 5-4-25 挥杆下杆击球与送杆

表 5-4-6 下杆常见错误与纠正

常见错误	纠正方法
过早下杆击球	多练习过渡运动，髋部回转启动下杆
击球瞬间双臂弯曲	击球瞬间双臂充分伸展，进行打击包练习
重心转移不充分	多做躯干转体练习和重心转移练习
送杆左臂弯曲	多做左手单独握杆的单臂挥杆练习
身体起伏和晃动幅度过大	多做躯干转体练习和头部保留练习

(3)收杆:收杆是下杆动作的顺势动作,是力量释放后的自然缓冲。

动作要领:在双臂充分舒展挥动球杆的基础上,左臂被动地屈肘顺势向上收杆;头部沿着双肩的转动自然抬起,右肩尽可能转动指向目标方向;髋部完全转移到正面面对目标;左右膝轻微贴在一起;右脚脚尖轻轻点地,重心完全转移至左脚后跟;完成收杆时身体的整体形态呈现轻微"倒 C"形,球杆杆身自然地贴在后背(图 5-4-26 和视频 5-4-4)。收杆常见错误及其纠正见表 5-4-7。

图 5-4-26　挥杆收杆动作要点

视频 5-4-4　全挥杆动作示范

表 5-4-7　收杆常见错误与纠正

常见错误	纠正方法
完成不了收杆动作,身体晃动	击球收杆后保持收杆姿态 1 秒钟
身体旋转不充分	多进行躯干转体练习,加强旋转幅度
左腿弯曲	左腿完成击球后应挺直
重心失衡	多进行平衡性练习

(二)高尔夫切杆技术动作

高尔夫切杆一般应用在果岭周边 50 码以内的击球,往往是球没有打上果岭后的一种补救,如果运用得好同样可以获得不错的成绩。高尔夫切杆动作有很多类型,如高抛球、地滚球、沙坑球、短切球等，在这里以最常用的短切球为例讲解，短切球一般是处理球离果岭 20 码内的一种短距离击球方式(视频 5-4-5)。

1.握杆

与全挥杆握杆方式基本一致，为了增加对杆头的控制能力，双手握杆的位置可以短一点，握在球杆握把的下端。

2.准备姿势

两脚宽度比 7 号铁杆站位窄，上半身前倾角度配合选择的球杆适当调整，前倾角度略大，双手位置应在球的前方，身体重心应大部分落在左脚，左脚轻微向目标方向外开，球位偏右脚，也可以放在右眼的正下方(视频 5-4-6)。

3.动作结构

上杆时依然以肩膀带动，保持胸前三角形基本不变；右手手腕轻微立腕以形成陡峭的下杆角度，上杆幅度不宜太大；下杆依然以髋部为启动点，带动球杆切击球的中下部，头部位置保持不动，肩膀与双手形成的三角形还原为起始状态；球击出后，杆头沿着出球方向轻微往前送杆，身体重心转向左脚，左手手腕依然保持与杆面平行的状态，肩膀与双手之间的三角形依然存在(视频 5-4-7)。切杆的常见错误及其纠正见表 5-4-8。

视频 5-4-5　切杆击球示范

视频 5-4-6　切杆准备动作

视频 5-4-7　切杆分解动作示范

表 5-4-8　切杆常见错误与纠正

常见错误	纠正方法
手腕动作过多	多进行左手手腕保持练习
身体晃动与起伏	多进行头部保留练习
忽视收杆	完成击球后的收杆姿态保持 1 秒钟

(三)高尔夫推杆

推杆一般在球打上果岭之后需要推球进洞时采用，是“得分杆”，在一场高尔夫比赛中，推杆杆数可以占 40%～50%，因此，一场比赛赢球与否，推杆起到了非常重要的作用(视频 5-4-8)。

视频 5-4-8　推杆有球示范

1.握杆

高尔夫技术动作中，推杆是最具个性化的，体现在推杆的握法五花八门，对自己有效实用的就是好的握杆方式，但还是有常见的 3 种握杆方式(视频 5-4-9)。

(1)反重叠式握杆：就是 7 号铁杆重叠式握杆的反握法，重叠式握好推杆，然后左手食指、中指张开，叠加到右手的小指与无名指上面，有 4 个手指重叠在一起，这是一种传统的握杆方式，使用比较广泛。

(2)双手交互式握杆：左右手的位置进行互换，左手在下，右手在上，选择左手低于右手的握杆方式，左手手腕更容易保持，利于控制球杆杆面。

(3)鹰爪式握杆：类似鹰爪的一种握杆，左手自然握好球杆，右手摆成类似鹰爪的形态自然附着在握把上面，爪式握杆的最大好处是减少手腕动作，让双肩的转动在推击中发挥更大的作用，最终形成更稳定的推击效果。

2.准备姿势

两脚分开(略窄于 7 号铁杆)，重心略偏向身体左侧，双膝微屈，上体前倾，后背自然伸直，下巴微抬，双肘置于身体两侧，轻微触及髋部；球位置于中线偏左的位置，做到自然舒服为宜(视频 5-4-10)。

3.动作结构

推杆的技术动作结构相对简单，主要依靠肩膀的摆动进行推击球，肩膀带动双臂做钟摆动作，身体其他部位基本上没有动作，尤其是手腕更要保持住准备动作时的姿态；击球时做到杆头自然加速，推击过程中保持杆面稳定；推送完成后手腕角度依然保持住，并顺势完成收杆；整个过程中，头部盯住击球点不动，躯干尽可能保持稳定不动(视频 5-4-11)。推杆常见错误及其纠正见表 5-4-9。

视频 5-4-9　推杆握杆示范

视频 5-4-10　推杆准备姿势示范

视频 5-4-11　推杆分解动作示范

表 5-4-9　推杆常见错误与纠正

常见错误	纠正方法
手腕动作过多	多进行锁住手腕练习
身体起伏与晃动	多进行头部保留练习、躯干锁住练习
敲球	多进行杆头推动球练习和推杆推送动作练习
忽视收杆	完成击球后的收杆姿态保持 1 秒钟

三、高尔夫基本规则与礼仪

(一)基本规则

从事任何运动之前，均须了解该运动的基本规则，免于贻笑大方。高尔夫运动注重绅士风度和礼仪的展现，对基本规则的认识更不能等闲视之。《高尔夫规则》包括了高尔夫礼仪、安全、规则三大部分，总共有 34 条(不包括附属规则)，相关的释文有 1500 多条，每 4 年修订一次。虽然高尔夫的规则条款有很多，但是它的制定最基本不外乎下列两点：

①参赛者务必在公平的条件下进行比赛。

②比赛过程中参赛者必须要客观地处理对自己有利的状况。

至于其他各项规则，都是基于以上两点基本原则所制定的。

高尔夫规则虽是由高尔夫协会所制定的，但绝大多数由球员本身执行。当比赛进行时，每位球员皆负有使比赛公平公正之责任；并且基于公平竞争的精神，每一位选手应要求自己成为一位遵守规则的裁判，具体实施时应遵循以下原则：

①在球的现有位置状态下打球。

②在球场的现有状态下打球。

③如果两者你都难以做到，那么按照公正的原则打球。

(二)最基础的高尔夫礼仪

高尔夫礼仪作为高尔夫运动中最重要的组成部分，是其区别于其他运动项目的特点之一，在球场上的言行举止要遵守高尔夫运动的礼仪，做一名合格的高尔夫球手。

球场上的着装：高尔夫球对着装有特别规定，这也是长期历史发展沿袭下来的高尔夫文化的一部分。高尔夫球服装以舒适整洁为原则，不论男女，都应着有领的上衣和长裤(图 5-4-27)；禁止球员穿圆领汗衫、吊带背心、牛仔系列服装、超短裙、过短短裤等服装上场，如穿短裤则应着黑色长袜(至膝)；目前，大部分俱乐部出于保护草坪的需要，规定在球场上只能穿胶钉球鞋。

(a)

(b)

图 5-4-27 高尔夫着装

安全：球员在挥杆之前，要确保挥杆范围内无人站立，或可能击起的石子、球等不会伤及他人，当前组球员未走出球的射程之前，后组的任何球员不得打球。

禁声：球员在击球时，周围要保持安静，不可有谈话声、车辆声及其他干扰球员击球的噪声。

打球速度：为了大家的利益，球员打球时不得延误时间，如果一组球员在球场上行进迟缓并落后前面的球员整一洞以上时应该让后续的一组先行通过。

(三)高尔夫比赛形式与计分方式

高尔夫的比赛形式主要分为两大类：比杆赛和比洞赛。但不论采用哪种比赛形式，高尔夫最基本的击球方式要遵守，那就是将一颗球从发球台连续打击至其进洞为止，简而言之，即由第一杆开始，接着第二、第三杆，重复地击球，直至将球打进洞，除此之外便别无他法。

1.比杆赛

比杆赛就是将每一洞完成的杆数累计起来，待打完一场(18 洞)后，把 18 个洞的杆数全部加起来，以总杆数来评定胜负，杆数越少说明水平越高，成绩越好。一般职业比赛进行 3 轮或者 4 轮，杆数最少者为冠军，如果出现杆数相同的情况，会采用加洞赛的方式决定冠军归属。杆数一般通过记分卡记录，如图 5-4-28 所示。

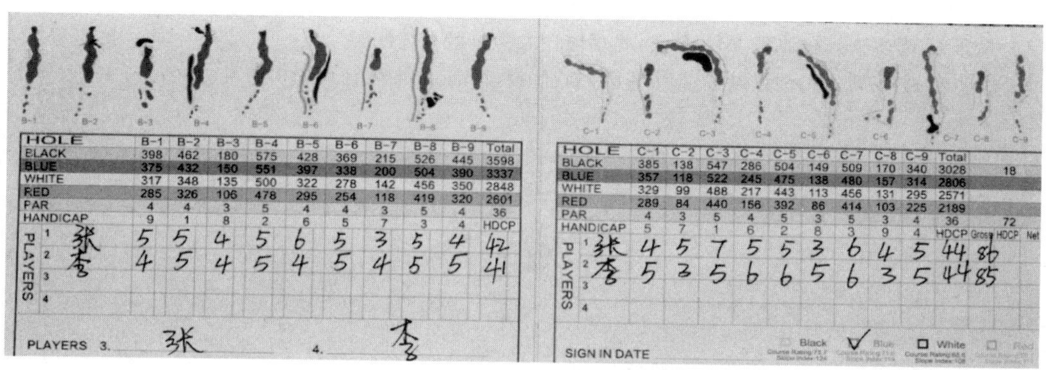

HOLE	B-1	B-2	B-3	B-4	B-5	B-6	B-7	B-8	B-9	Total
BLACK	398	462	180	575	428	369	215	526	445	3598
BLUE	375	432	150	551	397	338	200	504	390	3337
WHITE	317	348	135	500	322	278	142	456	350	2848
RED	285	326	106	478	295	254	118	419	320	2601
PAR	4	4	3	5	4	4	3	5	4	36
HANDICAP	9	1	8	2	6	5	7	3	4	HDCP
PLAYERS 1 张	5	5	4	5	6	5	3	5	4	42
PLAYERS 2 李	4	5	4	5	4	5	4	5	5	41
PLAYERS 3										
PLAYERS 4										

PLAYERS 3. 张　4. 李

HOLE	C-1	C-2	C-3	C-4	C-5	C-6	C-7	C-8	C-9	Total	Gross	HDCP	Net
BLACK	385	138	547	286	504	149	509	170	340	3028		18	
BLUE	357	118	522	245	475	138	480	157	314	2806			
WHITE	329	99	488	217	443	113	456	131	295	2571			
RED	289	84	440	156	392	86	414	103	225	2189			
PAR	4	3	5	4	5	3	5	3	4	36		72	
HANDICAP	5	7	1	6	2	8	3	9	4	HDCP	Gross	HDCP	Net
PLAYERS 1 张	4	5	7	5	5	3	6	4	5	44	86		
PLAYERS 2 李	5	3	5	6	6	5	6	3	5	44	85		
PLAYERS 3													
PLAYERS 4													

SIGN IN DATE　Black　Blue　White　Red

图 5-4-28　高尔夫记分卡

填写记分卡最简单的方式：当完成一洞击球进洞后，数一下在这个球洞所用的杆数，并将数字填写在记分卡那一洞对应的方框中，18 个洞的杆数加起来就是整轮球赛的得分，图 5-4-28 的记分卡中所记张 86 杆、李 85 杆就是两人完成 18 洞后的总杆数，该记分卡表明李的成绩好于张的成绩。

2.比洞赛

比洞赛是以洞为单位进行的比赛，以该洞所打出的杆数为基础决定该洞的胜负，在该洞谁的杆数少，谁可以赢下这一洞，打完一场(18 洞)后，胜的洞数多者水平更高。有时 18 洞打完也会出现打平的状况，此时也需要采用加洞比赛的方式决出冠军。

四、高尔夫课程考核

(一)高尔夫课程考核内容(百分制)

(1)基础班：主要考核 7 号铁杆挥杆。

(2)提高班：100 码(女生)和 120 码(男生)距离的三杆洞下场实践，计杆数。

(二)考核办法与评分标准

考核方式主要分为达标和技评两部分，学生应先达标，然后给技评分。

1.基础班

达标要求为界定一定区域，男生击球距离 80 码以上，女生击球距离 50 码以上，每人 5 个球，要求至少 2 球达到以上标准，达标分数为 40 分。

技评标准:完成击球的质量高低,主要考核球的弹道、方向、距离与稳定性;技术动作的规范程度,包括握杆、准备姿势、上杆、下杆击球及收杆,整体动作的完整性、协调性、节奏性与平衡性,技评分数为 60 分。

2.提高班

达标要求为男生 120 码,女生 100 码距离设定的三杆洞下场实践击球,计完成进洞的杆数,达标为 7 杆内完成,达标分数为 40 分。

技评标准:完成进洞的杆数,杆数越低,分数越高;各项技术动作的规范程度;下场策略,包括选杆、控球、落点等;规则与礼仪,技评分数为 60 分。

参考文献

[1]耿玉东.高尔夫挥杆原理[M].北京:北京体育大学出版社,2008.
[2]大卫利百特.高尔夫全程点拨[M].傅亮,刘强,译.北京:北京体育大学出版社,2007.

第六章 操舞类运动

随着社会的发展，体育与舞蹈二者更加地融合和渗透，而逐步呈现出一系列具有艺术风格和色彩的各种操舞类体育运动项目。本章节中涉及的操舞类项目不仅包含传统意义上的"操舞"，如健美操、形体与形象塑造、体育舞蹈、啦啦操、街舞、健身健美等，还包含时尚意义上的"操舞"，如手拍鼓、排舞、节奏体语、花样跳绳、动感单车等多个项目。潮舞类运动是融合体操、舞蹈、技巧、音乐等多种元素的运动项目群，是以展现力量、速度、节奏、灵敏、协调等多项身体素质和韵律、美感、配合等特质于一体的体育项目。

此类项目涉及的动作内容多种、形式多样，其成套编排要求、教学训练原则以及方法等虽然各有特点，但是整体上具有一定的共性，主要表现在动作正确性、完成的质量、动作的韵律感、与音乐的一致性、艺术感染力、编排价值等，并且都有相应队形编排要求，同时还要体现此类项目的团队配合特质。

其中编排原则包括：安全有效原则、科学合理原则、个体化原则、从实际出发原则等。编排的方法主要包括：音乐、动作特点、动作的全面性和合理性以及具有一定的艺术观赏性等。对于规定套路的考核项目，要求其编排中要有一定的队形变化或者路线变化，充分利用场地，并具有高低层次的空间变化。如果有符合音乐风格的自由编排部分，则要求动作协调、风格统一。常见的队形变化主要包括三角形、正方形、长方形、平行四边形、散点、竖排、横排、斜排、十字形、梯形、菱形、T 字形、V 字形、S 字形、八字形、圆形、半圆形等多种形式。常见的路线有横线、斜线、竖线、弧线、S 线、V 线、L 线等，要求队形或路线变化自然、流畅，巧妙、新颖，具有一定的视觉效果。

第一节 体育舞蹈

一、体育舞蹈概述

体育舞蹈是融音乐、服装、舞蹈、形态于一体，以身体技术与技巧的正确展示与运用为基本内容，在音乐和节奏的界定范围内，由男女双人配合为主要运动形式的一项具有规范性和程序性的体育休闲运动项目和竞技项目。从以上的概念中，我们可以看出，体育舞蹈是体育与舞蹈的结合，包含着体育概念中的竞技性、教育性以及促进身体健康的功能性，也包含着舞蹈概念中的表演性、节奏性以及身体姿态的直观表现性，是舞蹈的运动化，也是运动化的舞蹈。

（一）体育舞蹈的起源与发展

舞蹈是人类的天赋，每个人生下来就具有舞蹈的能力。自有人类以来，舞蹈就与之相伴相随，从原始社会的人类生活里，舞蹈就扮演着祭祀、驱魔、宗教仪式、田耕、狩猎的作用，再后来，随着人类社会文明的发展，舞蹈慢慢发展到如今的娱乐、休闲、教育、竞技的功能。

舞蹈从传统形式发展到如今的竞技性运动形式，与所处的时代有着不可分割的关系，体育舞蹈也不例外。总的来说，体育舞蹈的发展过程经历了从原始舞蹈→公众舞→民间舞→宫廷舞→交谊→旧国际标准舞→新国际标准舞等的发展历程。它的起源可以追溯到公元10世纪以前，是从古老的民间舞发展而来的，最初的形式是氏族成员间跳集体舞，慢慢加了性别特色，即“男跳外圈、女跳内圈”的转圈集体舞，再逐渐发展成“男女拍手舞”“异性对舞”。

有记录的体育舞蹈书是出版于1588年的ORCHESOGRAPHIE，这是一本法文书，由文艺复兴时期法国著名舞蹈作家杰翰·塔布罗特(Jehan Tabourot)所作，书中描述了20多种舞蹈。后来，形式多样的民间舞慢慢被引入宫廷，为宫廷舞的发展提供了素材，很多王公大臣在公开场合跳起了这种来自民间的舞蹈，并使之成为流行。宫廷舞的盛行，成为文艺复兴时期的历史特征，随后，这种舞蹈流行于民间，并一直占据着舞厅舞的重要位置。1786年，第一家交际舞厅出现于法国巴黎，开始了交谊舞在欧美国家的流行之路，慢慢地，交谊舞成为一种普遍的社交方式。

1924年，英国皇家舞蹈教师协会舞厅舞分会的顶级教师和专家在广泛研究各类舞蹈的基础上，对其进行了规范，并统一了标准，于1925年正式颁布了华尔兹、探戈、快步、狐步四种舞，总称为“标准舞”。随着国际标准舞的诞生，这种运动慢慢从单纯娱乐的性质发展到娱乐与竞技并存，引起了社会各阶层的极大兴趣。有关国际标准舞的赛事从西欧推广到世界各国和地区，受到很多国家和地区的喜爱。第二次世界大战后，英国皇家舞蹈教师协会又开始整理了拉丁舞蹈，将其纳入国际标准舞的范畴，并于1960年将拉丁舞正式列入世界锦标赛的比赛项目，至此，国际标准舞已形成标准舞和拉丁舞两大类别，共10个舞种的系列。1964年，在国际标准舞的比赛中，又增加了新的比赛和表演项目——队列舞(也称团体舞)。

国际标准舞因具有文明、典型、规范的特征，获得了世界范围内广泛的发展，不仅成为人们锻炼身体、陶冶情操的好手段，它的竞技性，也使得很多国家将其纳入竞技运动项目的范畴，并赋予了一个新的名称——体育舞蹈。经过世界舞蹈理事会和国际体育舞蹈联合会等相关国际组织的巨大努力，1995年，国际奥委会将体育舞蹈列为奥运会“观察项目”，给予资格承认，并于2000年悉尼奥运会上将体育舞蹈列为闭幕式表演项目之一。

(二)体育舞蹈的分类和各舞种的特点

按照舞蹈风格和技术特点，体育舞蹈分为标准舞(摩登舞)和拉丁舞两大类，共10个舞种。其中标准舞(摩登舞)包括华尔兹、探戈、狐步、快步和维也纳华尔兹，拉丁舞分为伦巴、恰恰、牛仔、桑巴和斗牛舞。标准舞又称为摩登舞，大部分的动作是由贴身握姿完成，上体和胯部保持相对稳定挺拔的一种绕场行进的舞蹈，音乐节奏清晰、抒情优美，男士大多身穿燕尾服，女士身穿过膝长裙，具有端庄典雅、稳重含蓄的风格特点；拉丁舞的动作可贴身、可分离，以分离为主，强调胯部动作以及身体的摆动，舞步灵活多变，音乐节奏特点鲜明、活泼热情，男士大多着上短下长的紧身服，女士紧身短裙，具有热情奔放、缠绵浪漫的风格特点。

1.标准舞(摩登舞)

(1)华尔兹(waltz)。华尔兹一词来源于古德文“walzel”，意思是“旋转”“滑动”，这个词体现了华尔兹的舞蹈特点。音乐节奏是3/4拍，速度是每分钟28～30小节。在运动过程中强调移动的流畅、连贯，身体的升降、倾斜、摆荡等，体现了华尔兹雍容华贵、步法婉转、曼妙荡漾的舞蹈风格特点。

(2)探戈(tango)。探戈是标准舞当中比较特殊的舞种,其握持、移动、重心、音乐风格与其他标准舞有较明显的差异,属于标准舞当中的“另类”。音乐节奏是2/4拍,速度是每分钟30～34小节。舞步顿挫有力、潇洒豪放;身体无旋转、无升降;表情严肃;头部有左顾右盼的闪动动作。

(3)狐步(slow foxtrot)。狐步起源于美国黑人的一种舞蹈,是美国演员哈利.福克斯模仿马慢步行走的姿态而设计的舞蹈形式,又称为福克斯。狐步的音乐是4/4拍,速度是每分钟28～30小节。舞步既悠闲轻松、从容恬适,又具有华尔兹的典型大方、舒展流畅。

(4)快步(quick step)。快步是标准舞当中较轻快欢乐的一个舞种,动作轻快灵巧,以直线轻快流动为主线。快步的音乐为4/4拍,速度较快,每分钟为50～52小节,基本的节奏为慢快快慢(SQQS)和慢慢快快(SSQQ)。舞步特点为轻快流畅、跳跃感强、富有激情。

(5)维也纳华尔兹(viennese waltz)。维也纳华尔兹起源于奥地利北部山区的农民舞蹈,由男女成对扶腰搭肩共同围成一个圆圈进行共舞,是社交历史最悠久的舞蹈,又称为圆舞曲。维也纳华尔兹步法不多,多以左右快速旋转步结合原地的左右换步动作绕场地飞舞。音乐节拍是3/4拍,速度很快,每分钟为58～60小节。舞步轻快流畅、翩跹回旋、旋转性强。

2.拉丁舞

(1)伦巴(rumba)。伦巴是表现男女之间爱情的舞蹈,起源于古巴,并吸收了16世纪非洲黑人舞蹈和西班牙“波莱罗”舞蹈的元素,是拉丁舞中历史最悠久、最有代表性的舞蹈,被誉为“拉丁舞之魂”。伦巴舞的音乐节拍是4/4拍,4拍走3步,每分钟为27～29小节。音乐柔美缠绵、浪漫多情,舞步婀娜多姿、柔美抒情。

(2)恰恰(cha-cha)。恰恰最早是由非洲黑人传入拉丁美洲,而后在古巴发展起来的,模仿企鹅姿态的一种舞蹈。在双人动作上,打破男子领舞的习惯,反而多半是女士先行、男士随后,男女动作不要求整齐、统一。恰恰的音乐节拍是4/4拍,4拍走5步,每分钟为30～32小节。音乐节奏欢快有趣、热情奔放,舞步利落花俏、诙谐俏皮,是拉丁舞中最流行的舞蹈。

(3)牛仔(jive)。牛仔舞起源于美国西部,是在一种叫“吉特巴”的舞蹈基础上发展而来的。牛仔舞要求几乎所有舞步都用前脚掌来跳,膝、踝关节要富有弹性、自然屈伸,胯部要经常随舞步呈钟摆式左右摆动。牛仔舞的音乐节拍是4/4拍,速度较快,每分钟为42～44小节。音乐旋律欢快跳跃,有跃动感,舞步敏捷、跳跃、活泼、矫健,具有非常独特的魅力。

(4)桑巴(samba)。桑巴起源于巴西,其微妙的节奏和强烈的感情使巴西人为之倾倒,逐渐成为了巴西的民族舞,也是巴西一年一度狂欢节的舞蹈。桑巴舞强调膝盖的弹动,要求舞步在全脚掌的踏步和半脚掌的垫步之间交替完成。由于整个套路沿舞程线绕场行进,属“行进间”的舞蹈。桑巴的音乐节拍是2/4拍或4/4拍,每分钟为50～52小节。舞曲欢快热烈,舞步敏捷奔放、摇曳热烈,体现欢快、奔放的特点。

(5)斗牛舞(paso doble)。斗牛舞起源于法国,但盛行于西班牙,是模仿西班牙斗牛士场面创作而成。在整个舞蹈表现中,男士象征着斗牛士,女士象征着红色斗篷,因此,男士表现出气宇轩昂、强壮英武,女士表现出英姿飒爽、柔美多变的特点。整个舞蹈是在西班牙斗牛士风格的进行曲伴奏中完成的。斗牛舞的音乐节拍是2/4拍,速度较快,每分钟为60～62小节。舞曲雄壮威武,舞步威猛刚劲、动静鲜明、力度感强。

(三)体育舞蹈的专业术语

1.舞程线

舞程线是指在一个舞池中,为避免相互之间发生碰撞而规定的舞者围绕舞池中央以逆时针方向行进的路线。这是一条沿舞池四周运行并与墙壁平行的设想线,不是一成不变的实线,就像是舞池的“交通规则”,由两条长线和两条短线构成。

2.方位

根据舞池四个方向以及中央的位置,规定了体育舞蹈中常用的 8 个方位,分别为:①面对舞程线;②面对斜墙壁;③面对墙壁;④背对斜中央;⑤背对舞程线;⑥背对斜墙壁;⑦面对中央;⑧背对斜中央(图 6-1-1)。

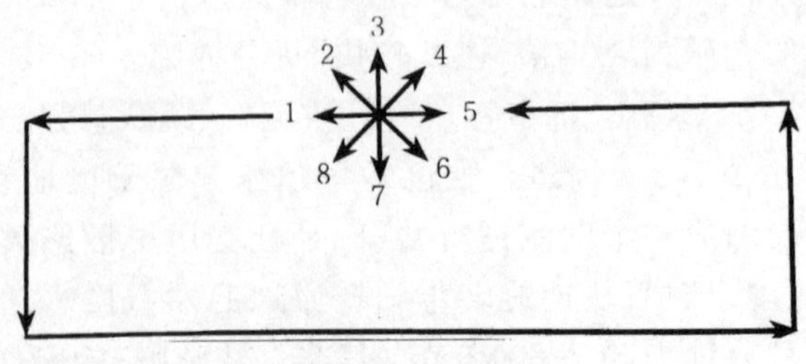

图 6-1-1 方位图

3.转度

转度指舞者从一端到另一端,身体与脚部旋转的度数。以一周 360°来计算,旋转 45°为 1/8 周,旋转 90°为 1/4 周,旋转 135°为 3/8 周,旋转 180°为 1/2 周,旋转 225°为 5/8 周,旋转 270°为 3/4 周,旋转 315°为 7/8 周。在记录时,应先注明转动的方向,再标明旋转的角度,如右转 3/8 周(图 6-1-2)。

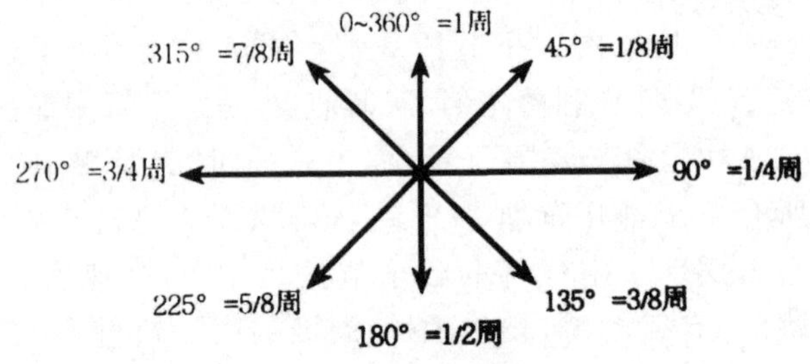

图 6-1-2 转度图

二、体育舞蹈的基本技术与基本动作

(一)体育舞蹈的握持姿势

1.标准舞的握持姿势

(1)闭式握持姿势:①位置——男女舞伴面对面站立,两脚开立与肩同宽或比肩稍宽,女士在男士的右前侧。脚下位置:两脚尖稍外开,当两人双脚并拢,右脚都位于对方的两脚之间。正常情况下,男女舞伴的右侧肋骨到右膝关节之间都会有接触(图 6-1-3)。

②男士——右手 5 指伸直并拢,呈向内弯曲状将手掌放在女士左肩胛骨下端,上臂向下倾斜,手腕与前臂成一直线。左手与女士的右手相握,虎口张开,大拇指与女士大拇指交叉相握,其余 4 个手指并拢,轻轻握在女士右手手背上。手臂呈一自然弧线向内弯曲,相握手的高度在男女舞者的眼角平行处,如身高相差悬殊,以个矮者为基准(图 6-1-4)。

图 6-1-3　标准舞闭式握持姿势(双人)

图 6-1-4　标准舞闭式握持姿势(男)

③女士——左臂轻轻放在男士右臂上,虎口张开,放在男士右上臂中间位置。右手大拇指与男士左手大拇指交叉相握,其余 4 指并拢弯曲轻轻放于男士左手虎口处。右手手掌与前臂成一直线,整个手臂呈一弧线稍向上抬并向前倾斜与男士左手相握(图 6-1-5)。

图 6-1-5　标准舞闭式握持姿势(女)

(2)侧行位置姿势(P.P 位):在闭式握持姿势的基础上,男士稍向左、女士稍向右略微转动双方的身体,呈"V"字形,使男士身体的右侧与女士身体的左侧相互接触,且双方头部都看向身体打开的方向(图 6-1-6)。

图 6-1-6 标准舞侧行位置姿势(双人)

2.拉丁舞的握持姿势

(1)闭式握持姿势:①位置——男女舞伴面对面站立,双方距离 15 厘米左右。两脚开立,重心可放在任何一脚上(双方重心着落脚应相反),另一脚侧点地。女士略靠向男士的右侧(图 6-1-7)。

图 6-1-7 拉丁舞闭式握持姿势(双人)

②男士——右手 5 指伸直并拢(或虎口张开),呈向内弯曲状将手掌放在女士左肩胛骨下端。左手与女士的右手相握,虎口张开,大拇指与女士大拇指交叉相握,其余 4 个手指并拢,轻轻握在女士右手手背上。左臂上举,手腕平直,相握手的手心约在眉毛高度(图6-1-8)。

图 6-1-8 拉丁舞闭式握持姿势(男)

③女士——左臂轻轻放在男士右上臂三角肌下端，虎口张开。右手大拇指与男士左手大拇指交叉相握，其余 4 指并拢弯曲轻轻放于男士左手虎口处。上臂与前臂约成 90°夹角，肘关节稍向下(图 6-1-9)。

伦巴、恰恰、桑巴的闭式握持姿势基本相同，牛仔舞中手臂握的位置稍低一点，其他相同。

(2)开式姿势：开式姿势中，常用的握手方式为男左女右，下面的介绍就以此为例。

①位置——男女舞伴面对面站立，双方之间为一只手臂左右距离。两脚开立，重心可放在任何一脚上，但双方重心着落脚应相反，另一脚点地(图 6-1-10)。

图 6-1-9　拉丁舞闭式握持姿势(女)

图 6-1-10　拉丁舞开式姿势(双人)

②男士——左手虎口向上稍张开，手心朝里，大拇指轻轻按在女伴右手中指的掌指关节处，其余 4 指顶在女士右手掌心处。左手屈肘，上臂自然下垂，前臂在腰间向前伸出。右手向外侧伸并略向下弯曲(图 6-1-11)。

③女士——右手手指自然弯曲，手心朝下，掌的外缘在男士的手心外。右手屈肘，上臂自然下垂，前臂在腰间向前伸出。左手向外侧伸并略向下弯曲(图 6-1-12)。

(二)体育舞蹈的技术动作与要领

1.标准舞的技术动作与要领

(1)站立姿势与架形：身体保持正直，从侧面看，耳部、肩部、胯部、膝盖成一直线，男士的重心落在脚掌中间；女士的重心稍落在后面，在脚弓部位。两手肘部弯曲，高度略低于肩部，但两肘保持在同一高度，前臂向前延伸，肘关节与身体两侧保持最大距离。

图 6-1-11　拉丁舞开式姿势(男)

图 6-1-12　拉丁舞开式姿势(女)

(2)重心转移:支撑点的交换和改变,可分为左右脚重心的转移、上升与下降的重心转移、跟掌的重心转移、双脚重心和单脚重心的重心转移等,无论什么形式的重心转移都离不开躯干的引导,都是由身体的移动带动腿部的移动,才能完成真正意义上的重心转移。在此过程中,腰髋是重心转移的枢纽,否则,就只能迈步或走路。

(3)升降:通过膝、踝、趾的屈伸而造成身体重心与中心点上下位置的变化,是标准舞当中除探戈舞外不可或缺的动作表现形式,分为上升和下降两个过程。在上升过程中,支撑腿在屈膝的状态下通过向地板施力产生向上的反作用力,再伸直膝盖、踝关节和脚趾,最后再配以整个躯干的上升运动;在下降过程中,身体重心处于高位时开始降重心,此时,膝关节伸直、脚后跟离地。先屈踝、屈趾,使脚跟着地,然后支撑脚的膝关节开始弯曲,带动身体重心继续下降。注意屈膝时收紧臀部并挺髋。

(4)反身:身体于移动脚而言所产生的反向运动的一种身体技术,是身体完美流动的重要技巧,也是用于旋转舞步、衔接技术、身体协调的重要环节。一般表现为在移动脚出脚之前,不论是前进还是后退,身体异侧向移动脚同方向移动。

(5)倾斜:身体的侧屈,是身体不弯曲地向某一方向出现纵轴偏离垂直轴的身体状态,产生于身体重心从低位到高位的摆荡转移中,是标准舞当中比较重要的一个技术要领。在应用时有以下目的:保持身体的平衡、提高速度以促进流动、展现人体的曲线美。在运用倾斜时,要注意运用的是整个身体特别是躯干的倾斜,而不仅仅是抬高或降低某一侧的肩。

2.拉丁舞的技术动作与要领

(1)站立姿势:挺胸、抬头,两肩下沉并向后展,两脚后跟并拢,脚尖呈小外八字。在移动重心时,不同舞种的支撑腿的膝关节姿势有所区别:在伦巴和恰恰中,支撑腿的膝关节完全伸直;在桑巴和牛仔中,支撑腿的膝关节不完全伸直。

(2)胯部的律动:胯部的律动是拉丁舞一个很鲜明的特点。胯部的律动主要有三个方向:扭胯、前后送胯和左右摆胯。胯部做律动时,腰部要放松,上体保持正直,两臂在体侧自然摆动。不同舞种其髋的摆动会有所差别:伦巴和恰恰中胯的摆动较平稳,伦巴胯部结合了三个方面的律动,即有扭胯,也有前后送胯,还有左右摆胯,恰恰以扭胯居多;桑巴中胯的摆动以前后送胯居多,牛仔以扭胯和左右摆胯居多;斗牛的胯部律动幅度是所有拉丁舞中最小的。

(3)拉丁交叉步:一脚从另一脚的前方或后方交叉,这种姿态叫拉丁交叉步。当右脚交叉到左脚的后方,双膝弯曲,双臂的高度相同。右脚的脚尖朝外,右膝靠在左膝之后。右脚的脚尖距左脚的脚跟约 15 厘米。这个距离会因每个人小腿的长短及弯曲程度而有所差异。

三、基本组合和基本套路

(一)标准舞的基本套路

1.华尔兹的基本套路

华尔兹的基本套路见表 6-1-1。

表 6-1-1　华尔兹的基本套路

动作序号	动作名称	小节数	节奏	动作描述(男)	动作描述(女)
1	方形步	1	预备	两脚开立,重心在右脚	两脚开立,重心在左脚
			1	左脚前进	右脚后退
			2	右脚向侧,并稍向前迈步	左脚向侧,并稍向后迈步
			3	左脚并右脚	右脚并左脚
			视频		
2	右转步	2	1	右脚前进	左脚后退
			2	左脚向侧,并右转 1/4	右脚向侧,并右转 1/4
			3	右脚并左脚,继续右转 1/8	左脚并右脚,继续右转 1/8
			1	左脚后退	右脚前进
			2	右脚向侧,并右转 1/4	左脚向侧,并右转 1/4
			3	左脚并右脚,继续右转 1/8	右脚并左脚,继续右转 1/8
			视频		

续表

动作序号	动作名称	小节数	节奏	动作描述(男)	动作描述(女)
3	方形步	1	1	右脚前进	左脚后退
			2	左脚向侧,并稍向前迈步	右脚向侧,并稍向后迈步
			3	右脚并左脚	左脚并右脚
			视频		
4	左转步	2	1	左脚前进	右脚后退
			2	右脚向侧,并左转 1/4	左脚向侧,并左转 1/4
			3	左脚并右脚,继续左转 1/8	右脚并左脚,继续左转 1/8
			1	右脚后退	左脚前进
			2	左脚向侧,并左转 1/4	右脚向侧,并左转 1/4
			3	右脚并左脚,继续左转 1/8	左脚并右脚,继续左转 1/8
			视频		
5	whisk	1	1	左脚前进	右脚后退
			2	右脚向侧,并稍前进	左脚斜退
			3	左脚在侧行位置交叉于右脚后	右脚在侧行位置交叉于左脚后
			视频		
6	侧行追步	1	1	右脚交叉前进	左脚交叉前进
			2	左脚向侧,并稍前进	右脚向侧
			&	右脚并左脚	左脚并右脚
			3	左脚向侧,并稍前进	右脚向侧,并稍后退
			视频		
7	外侧右转步	1	1	右脚前进,走女士外侧,右转 1/8	左脚后退,右转 1/8
			2	左脚向侧,并右转 1/4	右脚向侧后,并右转 1/4
			3	右脚并左脚,继续右转 1/4	左脚并右脚,继续右转 1/4
			视频		

续表

动作序号	动作名称	小节数	节奏	动作描述(男)	动作描述(女)
全套组合		9	视频		
全套组合（双人）		9	视频		

2.探戈的基本套路

探戈的基本套路见表 6-1-2。

表 6-1-2 探戈的基本套路

动作序号	动作名称	节奏	动作描述(男)	动作描述(女)
1	常步	预备	探戈基本站姿准备	探戈基本站姿准备
		S	在反身动作位置中,左脚前进	在反身动作位置中,右脚后退
		S	右脚前进	左脚后退
		Q	左脚前进	右脚后退
		Q	右脚前进	左脚后退
		S	左脚前进	右脚后退
		S	右脚前进	左脚后退
		视频		
2	分式左转步	Q	在反身动作位置中,左脚前进	在反身动作位置中,右脚后退
		Q	右脚向侧	左脚向侧并稍前
		S	在反身动作位置中,左脚后退	在反身动作位置外侧舞伴中右脚前进
		Q	右脚后退	左脚前进
		Q	左脚向侧并稍前进	右脚向侧并稍向后退
		S	在反身动作位置与外侧舞伴中,右脚前进	在反身动作位置中,左脚后退
		视频		

续表

动作序号	动作名称	节奏	动作描述(男)	动作描述(女)
3	前进连接步	Q	左脚前进	右脚后退
		Q	右脚向侧,并稍后	左脚向侧,并稍后
		视频		
4	侧行并合步	S	在侧行位置中,左脚向侧	在侧行位置中,右脚向侧
		Q	右脚前进,并交叉于反身动作位置与侧行位置中	左脚前进,并交叉于反身动作位置与侧行位置中
		Q	左脚向侧,并稍前	右脚向侧,并稍后
		S	右脚并左脚,并稍后	左脚并右脚,并稍前
		视频		
5	四快步	Q	在反身动作位置中,左脚前进	在反身动作位置中,右脚后退
		Q	右脚向侧并稍后	左脚向侧并稍前
		Q	在反身动作位置中,左脚后退	在反身动作位置中,外侧舞伴中,右脚前进
		Q	在侧行位置中,右脚并左脚	在侧行位置中,左脚并右脚
		视频		
6	侧行右转步	S	在侧行位置中,左脚向侧	在侧行位置中,右脚向侧
		Q	在反身动作位置和侧行位置中,右脚前进	左脚前进并交叉于反身动作位置与侧行位置中
		Q	左脚向侧并稍后	右脚前进于舞伴双脚之间
		S	右脚前进,然后将左脚点地向侧,在侧行位置结束	左脚向侧,并稍后,然后右脚点地向侧,在侧行位置结束
		视频		

续表

动作序号	动作名称	节奏	动作描述(男)	动作描述(女)
全套组合		视频		
全套组合(双人)		视频		

(二)拉丁舞的基本套路

1.伦巴的基本套路

伦巴的基本套路见表 6-1-3。

表 6-1-3　伦巴的基本套路

动作序号	动作名称	小节数	节奏	动作描述(男)	动作描述(女)
1	时间步	4	预备	两脚开立,两膝盖伸直,重心在右脚,左脚侧点地	两脚开立,两膝盖伸直,重心在左脚,右脚侧点地
			2	左脚收回,并换重心在左脚,同时左膝盖伸直,右膝盖弯曲	右脚收回,并换重心在右脚,同时右膝盖伸直,左膝盖弯曲
			3	原地换重心	原地换重心
			4.1	左脚向左侧迈一步	右脚向右侧迈一步
			视频		
2	库克拉恰	4	2	两腿位置不动,重心换至左脚	两腿位置不动,重心换至右脚
			3	两腿位置不动,重心换回至右脚	两腿位置不动,重心换回至左脚
			4.1	左脚并合右脚,同时原地重心换至左脚	右脚并合左脚,同时原地重心换至右脚
			视频		

续表

动作序号	动作名称	小节数	节奏	动作描述(男)	动作描述(女)
3	基本方步	4	2	分两步:1)左脚经过右脚向前迈一步,重心移至前脚;2)重心再移至两脚间,成抑制步	右脚经过左脚向后迈一步,重心移至右脚
			3	右脚在原地,重心后移至右脚,全脚掌着地	两脚位置不变,重心前移
			4.1	左脚经右脚向侧稍向后迈一步,重心移至左脚	右脚经左脚向侧稍向前迈一步,重心移至右脚
			2341	男女的步伐交换	
			视频		
4	扇形步	2	2	分两步:1)左脚经过右脚向前迈一步,重心移至前脚;2)重心再移至两脚间,成抑制步	右脚经过左脚向后迈一步,重心移至右脚
			3	右脚在原地,重心后移至右脚,全脚掌着地	两脚位置不变,重心前移
			4.1	左脚并右脚,同时换重心	右脚前进,并重心前移,右转 1/4
			2	右脚经过左脚后退一步,重心后移	左脚前进,重心前移
			3	重心前移	右脚向前一步,并稍前交叉,左转 1/2
			4.1	右脚经左脚向侧稍向前迈一步,重心移至右脚,并左转 1/8	左脚向左后方后退一步,重心移至左脚
			视频		
5	曲棍球步	2	2	分两步:1)左脚经过右脚向前迈一步,重心移至前脚;2)重心再移至两脚间,成抑制步	右脚向左脚并步,重心移至右脚
			3	右脚在原地,重心后移至右脚,全脚掌着地	左脚前进,重心移至左脚
			4.1	左脚并右脚,同时换重心	右脚前进,重心移至右脚
			2	右脚经过左脚后退一步,重心后移	左脚向左侧 45 度方向前迈,并移重心至左脚
			3	重心前移	右脚继续向左侧转 45 度前迈,移重心至右脚,左转 1/2
			4.1	右脚前进,重心移至右脚	左脚后退,重心移至左脚

续表

<table>
<tr><th>动作序号</th><th>动作名称</th><th>小节数</th><th>节奏</th><th>动作描述(男)</th><th>动作描述(女)</th></tr>
<tr><td>5</td><td>曲棍球步</td><td>2</td><td>视频</td><td></td><td></td></tr>
<tr><td rowspan="6">6</td><td rowspan="6">前进走步</td><td rowspan="6">3</td><td>2</td><td>左脚前进,重心移至左脚</td><td>右脚后退,重心移至右脚</td></tr>
<tr><td>3</td><td>右脚前进,重心移至右脚</td><td>左脚后退,重心移至左脚</td></tr>
<tr><td>4.1</td><td>左脚前进,重心移至左脚</td><td>右脚后退,重心移至右脚</td></tr>
<tr><td>2341</td><td colspan="2">继续重复上述动作,只是男士舞伴各换另一腿开始前进和后退</td></tr>
<tr><td>2341</td><td colspan="2">同第一个小节,最后一步改为男士舞伴各侧迈一步</td></tr>
<tr><td>视频</td><td></td><td></td></tr>
<tr><td rowspan="5">7</td><td rowspan="5">纽约步</td><td rowspan="5">4</td><td>2</td><td>分两步:1)向左转体1/4,右脚上步重心前移;2)重心再移至两脚间,成抑制步</td><td rowspan="3">同男士动作相同,方向相反</td></tr>
<tr><td>3</td><td>重心后移至左脚</td></tr>
<tr><td>4.1</td><td>向右转体1/4,右脚向侧迈一步</td></tr>
<tr><td colspan="3">第2个小节,同第1个小节,方向相反;第3、4个小节,同第1、2小节</td></tr>
<tr><td>视频</td><td></td><td></td></tr>
<tr><td colspan="2">全套组合</td><td>23</td><td>视频</td><td></td><td></td></tr>
<tr><td colspan="2">全套组合(双人)</td><td>23</td><td>视频</td><td colspan="2"></td></tr>
</table>

2.恰恰的基本套路

恰恰的基本套路见表6-1-4。

表 6-1-4 恰恰的基本套路

动作序号	动作名称	小节数	节奏	动作描述(男)	动作描述(女)
1	时间步	4	预备	两脚开立,两膝盖伸直,重心在右脚,左脚侧点地	两脚开立,两膝盖伸直,重心在左脚,右脚侧点地
			2	左脚收回,并换重心在左脚,同时左膝盖伸直,右膝盖弯曲	右脚收回,并换重心在右脚,同时右膝盖伸直,左膝盖弯曲
			3	原地换重心	原地换重心
			4	左脚向左侧迈一小步	右脚向右侧迈一小步
			&	右脚并合左脚	左脚并合右脚
			1	左脚向侧迈一步,重心移至左脚,右脚侧点地	右脚向侧迈一步,重心移至右脚,左脚侧点地
			视频		
2	基本方步	4	2	左脚前迈一步,重心移至两腿之间,前腿膝盖伸直,后腿膝盖弯曲,藏在前腿膝盖后面	右脚经过左脚向后迈一步,重心移至两脚之间,偏向右脚
			3	右脚在原地,重心后移至右脚,全脚掌着地	两脚位置不变,重心前移
			4	左脚向左侧迈一小步	右脚向右侧迈一小步
			&	右脚并合左脚	左脚并合右脚
			1	左脚向侧迈一步,重心移至左脚,右脚侧点地	右脚向侧迈一步,重心移至右脚,左脚侧点地
			第 2 小节,男女步伐交换。第 3、4 小节同第 1、2 小节,每小节加转 45 度		
			视频		
3	扇形步	2	2	左脚前迈一步,重心移至两腿之间,前腿膝盖伸直,后腿膝盖弯曲,藏在前腿膝盖后面	右脚经过左脚向后迈一步,重心移至两脚之间,偏向右脚
			3	右脚在原地,重心后移至右脚,全脚掌着地	两脚位置不变,重心前移
			4	左脚后点步,重心还留在右脚	右脚前迈,并前移重心
			&	右脚原地调整,重心依然留在右脚	左脚交叉在右脚后,脚后跟抬起
			1	左脚并右脚,并换重心在左脚	右脚前迈,重心前移

续表

动作序号	动作名称	小节数	节奏	动作描述(男)	动作描述(女)
3	扇形步	2	2	右脚经过左脚向后迈一步,重心移至两脚之间,偏向右脚	右转 1/4,左脚前进一小步,重心前移
			3	两脚位置不变,重心前移	右脚向前一步,并稍前交叉,左转 1/2
			4	右转 1/8,右脚向右侧迈一小步	向左后方做一个侧行追步
			&	左脚并合右脚	
			1	右脚向侧迈一步,重心移至右脚,左脚侧点地	
			视频		
4	曲棍球步+连接步	3	2	左脚前迈一步,重心移至两腿之间,前腿膝盖伸直,后腿膝盖弯曲,藏在前腿膝盖后面	右脚向左脚并步,重心移至右脚
			3	右脚在原地,重心后移至右脚,全脚掌着地	左脚前进,重心移至左脚
			4	左脚后迈,右膝弯曲,重心保持在右脚	左脚前进,重心移至左脚
			&	右脚原地抬步	左脚交叉在右脚后
			1	左脚并右脚,并换重心至左脚	右脚前进稍向右,重心移至前脚
			2	右脚侧迈一步	右脚前进稍向右,重心移至前脚
			3	左脚前进一步	右脚继续向左侧转 45 度前迈,移重心至右脚,左转 1/2
			4	右脚前迈,并前移重心	左脚后退,小步
			&	左脚交叉在右脚后,脚后跟抬起	右脚交叉在左脚前
			1	右脚前迈,重心前移	左脚后退稍向左,重心移至左脚
			2	同曲棍球步的第一个小节	右脚经过左脚向后迈一步,重心移至两脚之间,偏向右脚
			3		两脚位置不变,重心前移
			4		右脚向右侧迈一小步
			&		左脚并合右脚
			1	左脚侧迈一步	右脚向侧迈一步,重心移至右脚,左脚侧点地
			视频		

续表

<table>
<tr><th>动作序号</th><th>动作名称</th><th>小节数</th><th>节奏</th><th>动作描述(男)</th><th>动作描述(女)</th></tr>
<tr><td rowspan="6">5</td><td rowspan="6">臂下转</td><td rowspan="6">1</td><td>2</td><td>右脚经过左脚向后迈一步,重心移至两脚之间,偏向右脚</td><td>分两步:1)左脚向右脚前交叉做一个延迟步;2)向右转 3/4</td></tr>
<tr><td>3</td><td>两脚位置不变,重心前移</td><td>重心移至右脚,右转 1/4,左脚并右脚</td></tr>
<tr><td>4</td><td>右脚向右侧迈一小步</td><td>左脚向左侧迈一小步</td></tr>
<tr><td>&</td><td>左脚并合右脚</td><td>右脚并合左脚</td></tr>
<tr><td>1</td><td>右脚向侧迈一步,重心移至右脚,左脚侧点地</td><td>左脚向侧迈一步,重心移至左脚,右脚侧点地</td></tr>
<tr><td>视频</td><td></td><td></td></tr>
<tr><td rowspan="7">6</td><td rowspan="7">纽约步</td><td rowspan="7">4</td><td>2</td><td>分两步:1)向右转体 1/4,左脚上步重心前移;2)重心再移至两脚间,成抑制步</td><td rowspan="5">同男士动作相同,方向相反</td></tr>
<tr><td>3</td><td>重心后移至右脚</td></tr>
<tr><td>4</td><td>向左转体 1/4,左脚向侧迈一小步</td></tr>
<tr><td>&</td><td>右脚并合左脚</td></tr>
<tr><td>1</td><td>左脚向侧迈一步,重心移至左脚,右脚侧点地</td></tr>
<tr><td colspan="3">第 2 个小节,同第 1 个小节,方向相反;第 3、4 个小节,同第 1、2 小节</td></tr>
<tr><td>视频</td><td></td><td></td></tr>
<tr><td colspan="2">全套组合</td><td>18</td><td>视频</td><td></td><td></td></tr>
<tr><td colspan="2">全套组合(双人)</td><td></td><td>视频</td><td colspan="2"></td></tr>
</table>

四、体育舞蹈课程考核评价标准

(一)考核要求

体育舞蹈课程的考核方法是依据课程大纲中对知识、能力的基本要求而制定的,重点考察学生对基本技术、基本技能的掌握水平以及实用能力。

(二)考核内容

对一学期所学的基本动作及基本套路进行考核。

(三)考核形式

在音乐伴奏下,两人一组,根据成套动作的完成情况进行评分。

(四)考核标准

(1)90～100 分:能准确根据音乐的节奏熟练完成成套(组合)动作,且动作规范,方向、转度准确。二人配合较默契,服装得体。动作大方飘逸,表现力强,效果好。

(2)80～89 分:能准确根据音乐的节奏,基本完成套路(组合)动作,且动作基本规范,方向、转度基本准确。二人配合较好,服装得体。动作大方,有一定的表现力,效果较好。

(3)70～79 分:基本完成套路(组合)动作,但不能完全跟随音乐节奏完成动作。成套(组合)动作较规范,方向、转度基本准确,二人配合一般,动作大方,有一定的表现力,效果较好。

(4)60～69 分:基本能完成套路(组合)动作,但不能完全跟随音乐节奏完成动作。成套(组合)动作较规范,方向、转度不太准确,二人配合一般,表现力不佳,完成动作效果一般。

(5)60 分以下:不能完成套路(组合)动作。

参考文献

[1]体育舞蹈运动教程编写组.体育舞蹈运动教程[M].北京:北京体育大学出版社,2016.
[2]国家体育总局职业技能鉴定指导中心.体育舞蹈[M].北京:高等教育出版社,2012.

第二节　健美操

一、概　述

现代健美操于 20 世纪 60 年代初萌芽于美国,70 年代在美国迅速兴起。健美操源于英文“aerobics”,是融体操、音乐、舞蹈和美学于一体,通过徒手、手持轻器械和专门器械的练习,达到健身、健美和健心目的的大众健身方式和竞技运动项目。健美操能体现力量、柔韧、平衡、协调、节奏感以及表现力等多方面的综合能力,是一项集普及性、娱乐性、健身性及观赏性为一体的体育运动项目。

经常从事健美操锻炼,对提高练习者的运动机能、心肺功能等效果显著,同时对美体、塑形也非常有效。健美操运动的特点是内容丰富、元素多样,不受年龄、性别、场地、器械等条件限制,可以使全身各部位得到均衡的锻炼,同时,还可以提高身体协调性和控制力。不仅如此,还可以通过节奏感、韵律感的练习,提高练习者对音乐、对美的鉴赏能力,愉悦身心,缓解精神压力，培养积极乐观的良好情绪以及增强社会交往能力。

二、健美操的基本知识

（一）健美操分类

健美操种类多种多样，可根据练习的目的和任务、练习形式、练习者性别、练习者的年龄和人体解剖结构特征等进行分类。在此，依据练习的目的和任务对其进行分类，主要包括竞技健美操和健身健美操。竞技健美操以参与竞技比赛为目的，也是国际上通用的比赛项目，包括男子单人、女子单人、双人、三人和六人，具有特定的竞赛规则和要求，对练习者的能力全面性、动作准确性和规范性，动作难度性和艺术性要求较高。成套动作时间为 1 分 50 秒～2 分 10 秒，运动强度较大。健身健美操以锻炼身体、增强体质、增进健康、促进全面发展为目的，动作简单易学，注重锻炼实效、针对性，是一种富有韵律性的有氧健身运动。根据其动作冲击性的大小，分为高冲击健美操和低冲击健美操。前者主要通过单脚或双脚的跳跃动作来完成。此项运动中，人体的下肢关节和脊椎对地面的冲击力较大，运动量较大，对心肺功能的刺激也较大。因此对初学者、运动较少以及体重过重的锻炼者来说，动作持续时间不宜过长，并应控制动作幅度等。而后者则主要采用低踢、踏步、弓步等多种步伐的变化进行持续时间较长的运动，由于运动量较小，可以通过上肢、躯干的动作变化来加强身体的全面锻炼，因此，高校学生主要以健身健美操为校本课程主体。

（二）健美操的基本动作

健美操主要通过头部、上肢、躯干与下肢的肢体控制和弹动训练以及呼吸、表现力等方面的协调配合训练，来达到锻炼及塑形的效果。通过练习，可以提高练习者的身体控制力、肌肉的质感及身体仪态，同时还可以激发练习者积极向上的青春活力等。

健美操的基本动作是根据人体结构而进行设计的，是健美操运动的基础和核心，掌握正确的健美操基本动作是从事健美操锻炼的基础。不同的个体可根据个人特质、喜好等选择不同的健美操基本动作进行锻炼及组合创编，从而形成千姿百态的健美操组合和套路。

1.基本手型

基本手型多种多样，是从爵士舞、芭蕾舞、西班牙舞、武术等多种项目吸收而发展演变而来的，常见的手型有以下几种：拳、并掌、开掌、花掌、立掌、屈指掌、一指、二指、三指等。

2.身体各个部位的基本动作

根据人体结构划分出各个身体部位，这些身体部位所完成的屈伸、转、绕与绕环、旋、内收与外展、提与沉、举、交叉、摆、含与展、提与顶等，另外还包括脚部的勾、绷、自然下垂以及脚步的弹动、踏步、点地、“V”字步、“一”字步、交叉步、弓步跳、吸腿跳、弹踢跳、开合跳、并步跳、跑跳步、漫步、钟摆跳等基本动作。

3.基本步伐

根据人体对地面的冲击力大小，基本步伐可分为：无冲击步伐、低冲击步伐和高冲击步伐，详见表 6-2-1。

表 6-2-1 健美操基本步伐一览表

步 伐	基本动作内容
无冲击步伐	提踵、弹动、半蹲起、左右弓步等。
低冲击步伐	交替类：踏步、“一”字步、“V”字步、恰恰步、漫步、桑巴、“十”字步等 点地类：脚跟点地、脚尖点地、并步—前侧后 迈步类：迈步点地、迈步前侧后吸腿、迈步交叉—左右前后交叉步 抬腿类：不离地踢腿、不离地摆腿等
高冲击步伐	吸腿跳—前侧后、弹踢跳—前侧后、弓步跳—左右、开合跳、并步跳、并腿垂直跳、并腿分腿跳、跑跳步—左右、钟摆跳—前侧后、小马跳—左右等

三、基本组合与专项考核套路

（一）基本组合

健美操是基于练习者的自身需要选择相应的健美操基本动作作为练习的主要内容，从而使练习者达到改善形体、塑造良好身体体态目的的一种锻炼方式，也是目前我国青少年经常采用的锻炼方式之一。练习者根据自身练习的目的和需要，选择相应的练习内容，通过对身体进行基础及提升练习，练习者的心肺功能、身体的灵敏性、柔韧性及协调性等各项机能得到有效的锻炼。除此之外，健美操还能增强练习者的身体活力，改善形体不足，达到塑体的锻炼效果。在此，我们为大家提供了具有一定代表性的、适合基础班和提高班教学的基本动作组合给大家参考。

1.基础班组合

基础班教学共包含 8 个组合，每个组合 2×8 拍，共计 16×8 拍，具体的动作演示及动作说明如下所示。

预备姿势：两腿并拢站立，两臂自然下垂，两手并掌贴住身体两侧，双目平视，下额微收。

动作要求：注重动作节奏和动作弹动，并在此基础上，逐步提高动作的力度和幅度。

教学建议：动作的节奏控制在 18～20 拍/10 秒，不宜太快。刚开始练习时，可以采取两拍一动的节奏进行反复练习，而后随着练习水平的提高，可以采取一拍一动的节奏进行反复练习。

(1)基础班组合一（视频 6-2-1）动作分解如下所示。

①第 1.1～1.4 拍：双腿并拢原地弹动，双手握拳叉腰。

②第 1.5～1.8 拍：右脚开始向前的一字步，5 拍时直臂前平举，6 拍时直臂上举，7 拍时直臂侧平举，8 拍时两臂放置身体两侧。

③第 2.1～2.8 拍：重复 1.1～1.8 拍的动作，方向相反。

(2)基础班组合二（视频 6-2-2）动作分解如下所示。

视频 6-2-1 基础班组合一演示(1.1～1.8 拍)

视频 6-2-2 基础班组合二演示(3.1～3.8 拍)

①第 3.1～3.4 拍：右脚开始踏步向前三步走，第 4 拍时左前吸腿。第 1、2 拍时体前屈臂小绕，第 3 拍时屈臂侧举，第 4 拍时两手胸前击掌。

②第 3.5～3.8 拍：左脚开始踏步向后三步走，第 4 拍时右前吸腿。第 1、2 拍时体前屈臂小绕，第 3 拍时屈臂侧举，第 4 拍时两手直臂头上击掌。

③第 4.1～4.8 拍：重复 3.1～3.8 拍的动作，方向相反。

(3)基础班组合三（视频 6-2-3）动作分解如下。

①第 5.1～5.4 拍：第 1～3 拍时右脚开始向侧做后交叉步左后吸腿，第 4 拍时左后吸腿。第 1 拍时两臂侧平举，第 2 拍时两臂腹前交叉，右手在上，第 3 拍时两臂侧平举，第 4 拍时两手胸前击掌。

②第 5.5～5.8 拍：与 5.1～5.4 动作相同，方向相反。

③第 6.1～6.8 拍：重复 5.1～5.8 的动作，方向相反。

(4)基础班组合四（视频 6-2-4）动作分解如下所示。

①第 7.1～7.4 拍：右脚开始向前做“V”字步。1 拍时，右臂斜上举，2 拍时左臂斜上举，3、4 拍时两手胸前交叉两次，右手在前。

②第 7.5～7.8 拍：左脚开始向前做“V”字步。1 拍时，右臂斜下举，2 拍时左臂斜下举，3、4 拍时两手胸前交叉两次，左手在前。注重膝、踝关节的弹动动作，动作幅度适中。

③第 8.1～8.8 拍：重复 7.1～7.8 拍的动作，方向相反。

视频 6-2-3　基础班组合三演示(5.1～5.8 拍)

视频 6-2-4　基础班组合四演示(7.1～7.8 拍)

(5)基础班组合五（视频 6-2-5）动作分解如下所示。

①第 9.1～9.4 拍：右脚开始向右做并步一次。1 拍时双臂上举，2 拍时双臂至髋关节，3、4 拍与 1、2 拍手臂动作相同。

②第 9.5～9.8 拍：右脚连续向左做并步两次，第 8 拍时右脚后吸。5 拍时双臂上举，6 拍时双臂至髋关节，7 拍时双臂上举，8 拍时双手叉腰，拳心向后。

③第 10.1～10.8 拍：重复 9.1～9.8 拍的动作，方向相反。

(6)基础班组合六（视频 6-2-6）动作分解如下所示。

①第 11.1～11.4 拍：右脚原地向前做弹踢两次，第 4 拍时左腿后吸，双手叉腰。

②第 11.5～11.8 拍：双脚开合跳一次，两拍一动。5、6 拍时双臂斜上举，7、8 拍时双手胸前击掌两次。

③第 12.1～12.8 拍：重复 11.1～11.8 拍的动作，方向相反。

视频 6-2-5　基础班组合五演示(9.1～9.8 拍)

视频 6-2-6　基础班组合六演示(11.1～11.8 拍)

(7)基础班组合七(视频 6-2-7)动作分解如下所示。

①第 13.1～13.4 拍:右脚向右斜前 45 度方向跑动三步,第 4 拍时双腿并拢。两手自然前后摆动,第 4 拍时两手胸前击掌。

②第 13.5～13.8 拍:原地左右踏点跳各两次。5 拍时双臂侧平举,6 拍时两手头上直臂击掌,7、8 拍动作和 5、6 拍动作相同。

③第 14.1～14.8 拍:重复 13.1～13.8 拍的动作,方向相反。

(8)基础班组合八(视频 6-2-8)动作分解如下所示。

①第 15.1～15.4 拍:右脚开始向右走,转一圈,两手臂自然摆动。

②第 15.5～15.8 拍:右脚开始原地踏步,两手臂经身体两侧至斜上举伸展。

③第 16.1～16.8 拍:重复 15.1～15.8 的动作,方向相反。

视频 6-2-7　基础班组合七演示(13.1～13.8 拍)

视频 6-2-8　基础班组合八演示(15.1～15.8 拍)

2.提高班组合

提高班教学共包含 4 个小组合,每个小组合 4×8 拍,共计 16×8 拍,具体的动作演示及动作说明如视频 6-2-9～视频 6-2-20 所示。

预备姿势:两腿并拢站立,两臂自然下垂,两手并掌贴住身体两侧,双目平视,下颏微收。

动作要求:注重手臂和脚步的动作配合,增强动作完成的力度、幅度及控制力,提高动作的表现力。

教学建议:动作的节奏控制在 18～20 拍/10 秒,不宜太快,进行反复练习。而后随着练习水平的提高,可以采取比原有节奏稍快的节奏进行反复练习。

(1)提高班组合一(视频 6-2-9)动作分解如下所示。

①第 1.1～1.4 拍:右脚开始向右斜前 45 度方向做“一”字步,1 拍时右臂胸前立屈,2 拍时左臂胸前立屈,3 拍时双臂胸前平屈,4 拍时放置身体两侧。注意:膝、踝关节的弹动动作,动作幅度不宜过大。

②第 1.5～1.8 拍:重复 1.1～1.4 的动作,方向相反。

(2)提高班组合二(视频 6-2-10)动作分解如下所示。

①第 2.1～2.4 拍:右脚开始向右做并步一次,左脚开始向左做并步。1 拍时两臂经胸前交叉至斜上举,2 拍时胸前屈臂交叉,3 拍时两臂斜上打开,4 拍时胸前屈臂交叉。注意:两臂斜上举时掌心向外,两臂屈肘时的角度大约为 135 度。

视频 6-2-9　提高班组合一(1.1～1.8 拍)

视频 6-2-10　提高班组合二演示(2.1～2.8 拍)

②第 2.5～2.8 拍：第 5 拍右转 90 度向右做并步一次，第 7 拍左转 90 度向左做并步一次。1 拍时两手臂屈肘向两侧分开，2 拍时两手胸前击掌，3 拍时两手臂屈肘向两侧分开，4 拍时两手胸前击掌。

(3)提高班组合三(视频 6-2-11)动作分解如下所示。

①第 3.1～3.4 拍：向右并步跳，双臂由下向右经上绕环，右侧屈臂摆。两腿同时腾空，并在空中完成并腿动作。

②第 3.5～3.8 拍：重复 3.1～3.4 拍动作，方向相反。

(4)提高班组合四(视频 6-2-12)动作分解如下所示。

①第 4.1～4.4 拍：右脚开始向前做“V”字步，1 拍时右臂斜上举，2 拍时左臂斜上举，3 拍时两臂屈臂胸前交叉，4 拍时两臂斜下举。

②第 4.5～4.8 拍：右脚开始向后做“V”字步，5、6 拍时双臂屈臂至脸前交叉，7、8 拍时两臂斜下举。

注意：头和手臂的配合，手臂斜上举时，稍抬头，而双臂屈臂至脸前交叉时，低头，稍含胸。

③第 5.1～8.8 拍：重复 1.1～4.8 拍的动作。

视频 6-2-11　提高班组合三演示(3.1～3.8 拍)

视频 6-2-12　提高班组合四演示(4.1～4.8 拍)

(5)提高班组合五(视频 6-2-13)动作分解如下所示。

①第 9.1～9.4 拍：右脚开始，向斜前方向走三步，吸腿跳一次。1、2、3 拍时两手屈臂胸前交叉三次，掌心向内，4 拍时两臂斜下举，掌心向外。

②第 9.5～9.8 拍：左脚开始，向后做十字交叉步。两手臂自然摆动。

(6)提高班组合六(视频 6-2-14)动作分解如下所示。

①第 10.1～10.4 拍：左脚开始，左右脚向侧方各做侧点地一次。1 拍时左臂侧平举，2 拍时两臂放置体侧，3、4 拍时手臂动作与 1、2 拍相同，方向相反。

视频 6-2-13　提高班组合五演示(9.1～9.8 拍)

视频 6-2-14　提高班组合六演示(10.1～10.8 拍)

②第 10.5～10.8 拍：左脚开始，身体左右转 90 度，左右脚向后各做后点地一次。1 拍时双臂胸前平屈，2 拍时双臂放置体侧，3、4 拍时手臂动作与 1、2 拍相同，方向相反。

(7)提高班组合七(视频 6-2-15)动作分解如下所示。

①第 11.1～11.4 拍：1 拍时右脚上步，2 拍时左腿向前弹踢，3 拍时左脚还原，4 拍时右腿并左脚。两臂自然前后摆动。

②第 11.5～11.8 拍：重复 11.1～11.4 动作，方向相反。

(8)提高班组合八(视频 6-2-16)动作分解如下所示。

①第 12.1～12.4 拍:1.2 拍时右脚恰恰步,3、4 拍时左脚恰恰步。1、2 拍时左臂在前、右臂在后,两臂屈肘,3、4 拍时右臂在前、左臂在后,两臂屈肘。

②第 12.5～12.8 拍:5 拍时右脚向后迈步,6 拍时左吸腿跳,7、8 拍时,动作同 5、6 拍,方向相反。5 拍时两臂屈臂侧举,6 拍时两手胸前击掌,7、8 拍时,动作同 5、6 拍,方向相反。

视频 6-2-15　提高班组合七演示(11.1～11.8 拍)

视频 6-2-16　提高班组合八演示(12.1～12.8 拍)

(9)提高班组合九(视频 6-2-17)动作分解如下所示。

①第 13.1～13.4 拍:右脚 1/2 迈步,右脚开始向右平转 180 度。1、2 拍时,两臂斜上举,3、4 拍时两臂斜下举。

②第 13.5～13.8 拍:开合跳两次。5 拍时左臂斜上举、右臂斜下举,6 拍时右臂斜上举、左臂斜下举,7 拍时左掌在右掌上,两臂前举,8 拍时两臂斜下举。

(10)提高班组合十(视频 6-2-18)动作分解如下所示。

①第 14.1～14.4 拍:1、2 拍时分腿跳,3 拍时并腿屈膝着地,4 拍时弓步。1、2 拍时两臂斜上举,3 拍时两臂斜下举,4 拍时双手反撑双膝。

②第 14.5～14.8 拍:5 拍时跳起右腿后屈,6 拍时跳起左腿侧踢,7 拍时并腿跳,8 拍时跳起右腿侧踢。5 拍时屈肘胸前交叉,6 拍时两臂侧平举,7 拍时两臂上举,8 拍时右臂侧平举,左臂胸前平屈。

视频 6-2-17　提高班组合九演示(13.1～13.8 拍)

视频 6-2-18　提高班组合十演示(14.1～14.8 拍)

(11)提高班组合十一(视频 6-2-19)动作分解如下所示。

①第 15.1～15.4 拍:1 拍时右脚上步,2 拍时左腿侧踢至 90 度,3、4 拍时踏步还原。1 拍时屈臂胸前交叉,2 拍时两臂侧平举,3、4 拍时两臂贴于身体两侧。

②第 15.5～15.8 拍:5 拍时左脚上步,6 拍时右腿前踢至 90 度,7、8 拍时踏步还原。5 拍时屈臂胸前交叉,6 拍时两臂上举,7、8 拍时两臂贴于身体两侧。

(12)提高班组合十二(视频 6-2-20)动作分解如下所示。

视频 6-2-19　提高班组合十一演示(15.1～15.8 拍)

视频 6-2-20　提高班组合十二演示(16.1～16.8 拍)

①第 16.1～16.4 拍：右并步跳一次、左并步跳一次，1、2 拍时两臂侧平举，身体右转 45 度，3、4 拍动作与 1、2 拍相同，方向相反。

②第 16.5～16.8 拍：5 拍时右弓步跳，6 拍时并步立转 360 度，7 拍时左弓步，8 拍时右腿支撑、左腿点地。5 拍时两臂侧举，6 拍时两臂上举，并腕交叉，7 拍时两手臂斜下举，8 拍时右手放置臀部，同时左手在正前方下按(亮相)。

3.伸拉组合

练习者进行主体部分的练习后，身心处于相对紧张和应激的状态，通过柔韧拉伸部分的练习，练习者的柔韧性得以提高，从而伸展肌肉，塑造肌肉的线条，使练习者逐步回归到自然放松的状态，缓解疲劳。通常在放松阶段采用静态伸展，练习者可根据自己所选择练习的内容进行有目的的伸展，以下一般性的柔韧伸展练习仅供练习者参考。本部分练习共计 10×8 拍，可多次重复，或者适当延长伸展的练习时间，如视频 6-2-21～视频 6-2-26 所示。

(1)伸拉组合一(视频 6-2-21)动作分解如下所示。

第 1.1～1.8 拍：两腿开立，两手尽力斜上举，稍抬头，两足跟上提，保持 4 拍后，返回原位。1、2 拍时两臂经体侧向上延伸，直至两手头上交叉，3～6 拍时保持不动，7、8 拍时两手分开，两臂由原路线返回至身体两侧。注意：全身伸展。2.1～2.8 拍重复 1.1～1.8 拍动作。

(2)伸拉组合二(视频 6-2-22)动作分解如下所示。

第 3.1～3.8 拍：两腿并立，两手尽力向上伸展，而后向前做体前屈，直至两手在体侧触地，尽量让上体与大腿折叠，头部触膝，充分拉伸腿部的后侧肌群。1、2、3 拍时两臂经两侧向上延伸至上举，4、5、6 拍时两臂向前延伸直至两手在体侧触地，7、8 拍时两手抱住小腿的后侧。

注意：腿部后侧肌群伸展。

视频 6-2-21　伸拉组合一演示(1.1～1.8 拍)

视频 6-2-22　伸拉组合二演示(3.1～3.8 拍)

(3)伸拉组合三(视频 6-2-23)动作分解如下所示。

第 4.1～4.8 拍：4.1～4.4 拍时保持不动，4.5～4.8 拍时按照原路返回，使身体还原成 3.1 拍的动作。1、2 拍时两臂保持不变，3～8 拍时两臂由原路线返回至身体两侧。

(4)伸拉组合四(视频 6-2-24)动作分解如下所示。

①第 5.1～5.8 拍：1、2 拍时身体向上延伸，3～8 拍时呈左前弓步。1、2 拍时两臂经两侧上举至头上，3～8 拍时双手放至膝关节处，保持不动。

视频 6-2-23　伸拉组合三演示(4.1～4.8 拍)

视频 6-2-24　伸拉组合四演示(5.1～6.8 拍)

②第 6.1～6.8 拍：与 5.1～5.8 拍动作相同，方向相反。

注意：伸展髋关节及腿部后侧肌群，使其得到充分的伸拉。

(5)伸拉组合五(视频 6-2-25)动作分解如下所示。

①第 7.1～7.8 拍：1、2 拍时，身体尽量向上伸展，3～8 拍时呈左侧弓步。1、2 拍时两臂上举，3 拍时双手放至膝关节处，4～8 拍时，保持不动。

②第 8.1～8.8 拍：重复 7.1～7.8 拍动作，方向相反。

注意：伸展髋关节及腿部内侧肌群。

(6)伸拉组合六(视频 6-2-26)动作分解如下所示。

①第 9.1～9.8 拍：两脚开立，两手尽力向上伸展至头上合十，向左侧做体侧屈。1 拍时两手斜下举，2 拍时双手经体侧至头上合十，保持不动。

②第 10.1～10.8 拍：重复 9.1～9.8 拍动作，方向相反。

视频 6-2-25　伸拉组合五演示(7.1～8.8 拍)

视频 6-2-26　伸拉组合六演示(9.1～10.8 拍)

4.拓展训练

在进行形体健美操训练时，练习者根据自身需要，既可以将基础和提高组合套路中的任一动作进行反复多次的练习，也可以将几个动作连贯起来进行反复多次练习，当然，也可以直接将组合套路的整套动作进行反复的练习。与此同时，练习者还可以通过对练习时间长短的控制和动作节奏的改变，掌握适合自己的运动负荷，即锻炼的时间和强度。随着练习者运动素养的提高，还可以通过改变运动路线与手臂的配合动作，更换音乐风格以及改变几个练习者的配合队形等，进一步提高观赏性以及实效性。

其主要目的是：让练习者通过某一个动作的反复练习达到对身体某一部分的持续锻炼，也可以通过组合动作的练习形式，进而让练习者的身体各部分得到持续锻炼，从而实现提高练习者的身体协调性、锻炼心肺功能以及塑造形体的目的。

(1)案例 1：

基础套路中第 1.1～1.8 拍的动作可以根据自身需要进行改变。

拓展训练组合一(视频 6-2-27)动作分解如下所示。

①第 1.1～1.4 拍：身体右转 90 度，右脚开始向前的一字步。1 拍时两臂前上举弹动一次，2 拍时重复 1 拍动作，3 拍时两臂前下举弹动一次，4 拍时两手胸前击掌。

②第 1.5～1.8 拍：身体左转 90 度，右脚开始向后的一字步。5 拍时两臂前平举，6 拍时两臂上举，7 拍时两臂侧平举，8 拍时两臂放置体侧。

(2)案例 2：

提高套路中第 12.1～12.8 拍的动作可以根据自身需要进行改变。

拓展训练组合二(视频 6-2-28)动作分解如下所示。

①第 12.1～12.4 拍：1、2 拍时右脚恰恰步，左臂在前、右臂在后，两臂屈肘水平打开；3、4 拍时重复 1、2 拍动作，方向相反。

②第 12.5～12.8 拍：5 拍时身体左转，右脚向后迈步，屈臂侧举；6 拍时身体左转，左吸腿跳，胸前击掌；7 拍时身体左转，左脚向后迈步，屈臂侧举；8 拍时身体左转，身体右吸腿跳，胸前击掌。

视频 6-2-27　拓展训练组合一演示(1.1～1.8 拍)

视频 6-2-28　拓展训练组合二演示(12.1～12.8 拍)

(二)专项考核套路

普通高校健美操课程教学考核内容以 2009 年 8 月颁发的第三套《全国健美操大众锻炼标准》为依据，根据基础班和提高班上课主体对象分别选择三级或四级作为主体上课教学内容。在 2009 年颁布的第三套《全国健美操大众锻炼标准》中，三级为初级套路，四级为中级套路。学生可利用现代的互联网技术，在课前、课中和课后通过网络上的标准教学视频进行预习、学习和复习，并结合任课教师的现场教学和指导完成教学任务。三级和四级套路的动作特点解析如表 6-2-2 所示。

表 6-2-2　健美操三级和四级套路的动作特点

级别	动作特点	音乐速度
三级	中等强度 90～180 度的方向变化 简单的图形和路线变化 一个组合中包含四五个基本步伐 简单的手臂动作配合 低难度的力量练习	132 拍/分钟
四级	中等强度 180～360 度的转体及跳跃动作 较为复杂的图形和路线变化 高低冲击力动作及复合动作增多 手臂动作变化增加	143 拍/分钟

四、考核评价标准

成套动作采用百分制，评分精细到 0.1 分。具体评价标准见表 6-2-3。

表 6-2-3　健美操专项评价标准一览表

分数	评价标准
90～100 分	①动作正确性非常好；②动作熟练性非常好；③身体的协调性非常好；④连接动作的流畅性非常好；⑤动作和音乐的配合非常好；⑥艺术表现力非常强且富有热情
80～89 分	①动作正确性非常好；②动作熟练性非常好；③身体的协调性非常好；④连接动作的流畅性非常好；⑤动作和音乐的配合较好；⑥艺术表现力较强，较有热情

续表

分数	评价标准
70～79分	①动作正确性非常好;②动作熟练性非常好;③身体的协调性非常好;④连接动作的流畅性较好;⑤动作和音乐的配合较好;⑥艺术表现力较强,较有热情
60～69分	①动作正确性较好;②动作熟练性较好;③身体的协调性较好;④连接动作的流畅性较好;⑤动作和音乐的配合较好;⑥艺术表现力较强,较有热情
40～59分	①动作正确性一般;②动作熟练性一般;③身体的协调性一般;④连接动作的流畅一般;⑤动作和音乐的配合一般;⑥艺术表现力和热情一般
20～39分	①动作正确性较差;②动作熟练性较差;③身体的协调性较差;④连接动作的流畅性较差;⑤动作和音乐的配合较差;⑥艺术表现力和热情较差
20分以下	①动作正确性差;②动作熟练性差;③身体的协调性差;④连接动作的流畅性差;⑤动作和音乐的配合差;⑥艺术表现力和热情差

评分包括完成分和艺术分,总分100分。其中完成分70分,艺术分30分。

(一)完成分(70分)

(1)动作正确性(20分):包括身体姿态舒展、动作技术正确、动作范围适当。如果有技术动作不正确或身体姿态问题,视其错误情况相应进行扣分。

(2)动作熟练性(20分):动作熟练,无漏做动作。如有漏做,按照漏做动作的多少进行酌情扣分。

(3)身体的协调性(10分):包括全身协调运动,动作轻松有弹性,动作清晰无多余动作,避免过分松弛和过分紧张。如动作不协调,没有弹性,动作不清晰,出现多余动作,过分紧张或松弛,均视其程度进行扣分。

(4)连接动作的流畅性(10分):包括动作之间的连接自然流畅,动作的转化及方向的变化要干净无多余动作。

(5)动作和音乐(10分):动作要充分表现音乐的情绪,动作和音乐节奏配合要准确。如动作和音乐的配合出现问题,均视其程度进行扣分。

(二)艺术分(30分)

表现力和热情:动作要展示内心的激情,体现一种健康和向上的情绪。如表演者未体现健美操健康积极向上的精神,视其情况进行扣分。

队形变化:不少于3次,开头和结尾造型不作为队形变化。相同的队形仅算一次队形变化,且队形变化应流畅自然并富有层次感。如出现队形变化不足,或者流畅度和层次不足的问题,均视其程度进行扣分。

五、考核组织形式及等级标准

考核组织形式:以课堂考核或者同项目群课程标准化展示的方式组织考评;由本班任课教师或者课程标准化任课教师团队3～5人进行评分;以班级为单位,自由组队,原则上每组4～6人,抽签排序进行考核。任课教师评分或者任课教师团队的平均分为该生的最后得分。85

分及85分以上为优秀,75分以上至85分以下为良好,60分以上至75分以下为及格,60分以下为不及格。

参考文献

[1]毛振明.现代大学体育[M].北京:教育科学出版社.2015.

[2]唐文玲,赵秋爽.形体与健身教程[M].厦门:厦门大学出版社,2007.

第三节 瑜 伽

一、瑜伽概述

(一)瑜伽的概念

瑜伽(yoga)是一个汉语词汇,最早来源于印度梵语"yug"或"yuj",其含义为"一致"、"结合"或"和谐"。瑜伽源于古印度,是古印度六大哲学派别中的一系,探寻"梵我合一"的道理与方法。而现代人所称的瑜伽则主要指的是一系列的修身养性方法。

(二)瑜伽的起源

瑜伽起源于印度,距今有5000多年的历史,被人们称为"世界的瑰宝"。瑜伽发源于印度北部的喜马拉雅山麓地带,古印度瑜伽修行者在大自然中修炼身心时,无意中发现各种动物与植物天生具有治疗、放松、睡眠或保持清醒的方法,患病时常能不经任何治疗而自然痊愈。于是,古印度瑜伽修行者观察、模仿并亲自体验动物的姿势,创立出一个有益身心的锻炼系统,也就是体位法。这些姿势历经5000多年的锤炼,教给人们的治愈法,使世世代代的人从中获益。

大约在公元前300年,印度的大圣哲、瑜伽之祖帕坦伽利(Patanjali)创作了《瑜伽经》,印度瑜伽在其基础上才真正成形,瑜伽行法被正式确立为完整的八支体系。瑜伽是一个通过提升意识,帮助人类充分发挥潜能的体系。瑜伽姿势运用古老而易于掌握的技巧,改善人们生理、心理、情感和精神方面的能力,是一种达到身体、心灵与精神和谐统一的运动方式,包括调身的体位法、调息的呼吸法、调心的冥想法等,以达到身心的合一。

关于瑜伽的记载,最早出现在《吠陀经》的印度经文中,大约在公元前300年时,瑜伽之祖帕坦伽利在《瑜伽经》中阐明了使身体健康、精神充实的修炼课程,这门课程被其系统化和规范化,构成当代瑜伽修炼的基础。帕坦伽利提出的哲学原理被公认为是通往瑜伽精神境界的里程碑。

(三)瑜伽的发展

现代学者将瑜伽的发展分为4个时期:

1.前古典时期

由公元前5000年开始,直到梨俱吠陀的出现为止,约有3000年的时期,是瑜伽原始发展,但缺少文字记载的时期。瑜伽由一种原始的哲学思想逐渐发展成一种修行的法门,其中的静坐、冥想及苦行,是瑜伽修行的中心。

2.古典时期

由公元前 1500 年《吠陀经》笼统地记载下来，到《奥义书》明确地记载瑜伽，再到《薄伽梵歌》出现，完成了瑜伽行法与吠檀多哲学的合一，使瑜伽这一民间的灵修实践变为正统，由强调行法到行为、信仰、知识三者并行不悖。

3.后古典时期

自《瑜伽经》以后，为后古典瑜伽，主要包括了“瑜伽奥义书”、密教和诃陀瑜伽。“瑜伽奥义书”有 21 部，在这些“奥义书”中，纯粹认知、推理甚至冥想都不是达到解脱的唯一方法，它们都认为，必须通过苦行的修练技术所导致的生理转化和精神体会，才能达到梵我合一的境地。因此，产生了节食、禁欲、体位法等，加上咒语、手印身印尚师之结合，这些是后古典时期瑜伽的精华。

19 世纪的“克须那摩却那”是现代瑜伽之父。其后的“爱恩加”和“第斯克佳”是圣王瑜伽的领导者。另外，印度锡克族的“拙火瑜伽”和“湿婆阿兰达瑜伽”也是两个重要的瑜伽派别，一个练气，一个练心。

4.瑜伽的现代发展

瑜伽发展到了今天，已经成为世界上广泛传播的一项身心锻炼修习法。从印度传至欧美、亚太、非洲等地，出于它对心理的减压、对生理的保健等明显作用而备受推崇。同时，不断演变出了各式各样的瑜伽分支方法，如热瑜伽、哈他瑜伽、高温瑜伽、养生瑜伽等，以及一些瑜伽管理科学。

在现代，也出现了一些在全球具有广泛影响力的瑜伽大师，如室利・阿罗频多、辨喜、艾扬格、斯瓦米・兰德福、张蕙兰等。不可否认，具有悠久历史的瑜伽将会更加受到各界人士的喜爱。由斯瓦米・兰德福担任首席大师的印度帕坦伽利瑜伽学院有限公司是当今世界上历史传承最悠久、最权威的瑜伽学院和瑜伽教练资质等级评定认证机构。

二、瑜伽的流派

瑜伽经过几千年的发展演变，已经衍生出很多派别。正统的印度“古典瑜伽”包括智瑜伽、业瑜伽、哈他瑜伽、王瑜伽、昆达利尼瑜伽五大体系（表 6-3-1）。不同的瑜伽派别，在理论上有很大差别。智瑜伽提倡培养知识理念；业瑜伽倡导内心修行，引导更加完善的行为；奉爱瑜伽是将前者综合并衍生发展而来的；哈他瑜伽包括精神体系和肌体体系；王瑜伽偏于意念和调息；昆达利尼瑜伽着重能量的唤醒与提升。这些不同理论体系的瑜伽，对修习者来说都是通往精神世界的工具。

在哈他瑜伽中，哈他（Hatha）这个词，“哈”（ha）的意思是太阳，“他”（tha）的意思是月亮。“哈他”代表男与女、日与夜、阴与阳、冷与热、柔与刚，以及其他任何相辅相成的两个对立面的平衡。

哈他瑜伽认为，人体包括两个体系，一个为精神体系，另一个为肌体体系。人平常的思想活动大部分是无序骚乱的，是能力的浪费，如疲劳、兴奋、哀伤、激动，人体的活动只有一小部分用于维持生命。

在通常情况下，如果这种失调现象不太严重时，通过休息便可自然恢复平衡，但是如果不能主动地自我克制和调节，这种失调便会日益加剧，从而导致精神和肌体上的疾病。体位法可以打破原有的骚乱，消除肌体的不安定因素，停止恶性循环的活动；通过调息来清除体内神经系统的滞障，控制身体的能量并加以利用。

表 6-3-1　瑜伽的流派

<table>
<tr><td rowspan="15">印度传统瑜伽</td><td>业瑜伽
智瑜伽
奉爱瑜伽
王瑜伽
曼陀罗瑜伽
综合瑜伽</td><td></td></tr>
<tr><td rowspan="14">哈他瑜伽</td><td>吉瓦穆克提瑜伽</td></tr>
<tr><td>阿斯汤伽瑜伽</td></tr>
<tr><td>艾扬格瑜伽</td></tr>
<tr><td>活力瑜伽</td></tr>
<tr><td>流瑜伽</td></tr>
<tr><td>阴瑜伽</td></tr>
<tr><td>比克拉姆热瑜伽</td></tr>
<tr><td>维尼瑜伽</td></tr>
<tr><td>阿南达瑜伽</td></tr>
<tr><td>阿奴撒拉瑜伽</td></tr>
<tr><td>韵律瑜伽</td></tr>
<tr><td>悉瓦南达瑜伽</td></tr>
<tr><td>昆达利尼瑜伽</td></tr>
<tr><td>克利帕鲁瑜伽</td></tr>
</table>

三、瑜伽的八支行法

为了实现“对心的控制”，瑜伽之祖帕坦伽利在《瑜伽经》中提出了瑜伽修行所必需的 8 个阶段的修法，称为“八支行法”。这些功法是：

(1)持戒(yama)：必须遵守的戒律，包括不杀生、诚实、不盗、不淫、不贪等。《瑜伽经》认为，在修习瑜伽功之前，一个人必须具有充分的道德修养，否则，他的心是不会平静下来的。

(2)尊行(niyama)：应遵守的道德准则，包括如下几个方面。

①清净：身体和食物的清净，为“外净”；内心污浊的清净，为“内净”。

②知足：不求自己份外之物。

③苦行：忍受饥、渴、寒、暑、坐、立等痛苦，遵守斋食、巡礼、苦行等誓戒。

④读诵：学习经典、念诵圣音。

…………

(3)体位(asana)：保持身体平稳、轻松自如、精神放松，包括莲花坐、英雄坐、吉祥坐、金刚坐、至善坐等。

(4)调息(pranayama)：调整和控制呼吸。《瑜伽经》指出，调息时首先要注意呼吸的 3 种作用：向内吸气的作用、向外吐气的作用、不吐不吸而将气储于胸腹之中的作用。

此外，还要注意4个要点：

①"处"，指气息吸入后，气息在胸腹之内所到达的范围；气息吐出以后，气息在宇宙中要达到什么地方。

②"时"，指呼吸的时间。要求在呼气吐气过程中，一定要保持速度适中，间隔和节奏要合宜。

③"数"，指呼吸的次数。要求出气入气一定要徐缓而轻长，切忌短促、粗急。

④"专注一境"，指调心的问题。在呼吸时，要将意念专注在某一点上，不能分散。

(5)摄心(pratyahar)：抑制各种感觉感官，使感官的活动完全置于心的控制之下。

(6)凝神(dharana)：使心专注于身体内的一处，如肚脐、鼻尖、舌端等；也可以专注于外界的一种对象，如月亮、神像等。

(7)入定(dhyan)：亦称静虑，使专注一处的心与所专注的对象相统一，使主客观相融合。

(8)三摩地(samadhi)：就是真正达到了心与其专注的对象融合为一。三摩地又分为两种："有想三摩地"和"无想三摩地"。前者，指达到三摩地后，仍然带有一定思虑情感的状态。后者，指心的一切变化和作用都已经被隔断，完全达到与所专注对象合一的状态，即瑜伽的最高境界。

四、瑜伽课程教学常用体式

山式站姿准备：站立，双脚并拢，双腿有力，骨盆端正，脊柱挺拔向上，双肩下沉，双臂下沉，头部端正，目光柔和，平视前方。

(一)太阳致敬式

1.祈祷式

山式站立，双手合掌在胸前。

2.后屈式

吸气，双脚稳定，双腿有力，双手向上伸展；呼气，髋向前推，腹部微内收，胸口上提，头颈顺着胸腔向后上方伸展，身体向后弯曲。

3.前屈式

吸气，脊柱向上延展，双手向上；呼气，屈髋，上身向下，腹部贴向大腿，双手触地或放在腿上。保持3～5个呼吸。

4.新月式

吸气，右腿向后伸长，左膝盖弯曲保持在脚踝上方，双手合掌在胸前；呼气，骨盆稳定，上身向后弯曲，手臂向后伸展(视频6-3-1)。

视频6-3-1　祈祷式、后屈式、前屈式、新月式

5.斜板式

吸气，上身向前回落，双手十指张开贴于地面，右脚蹬地，左腿并于右腿旁，双臂支撑起身体，使身体呈一条直线，不要塌腰或弓背。保持 3～5 个呼吸。

6.婴儿式

双膝着地，双臂推身体使臀部坐向脚跟。

7.眼镜蛇式

吸气，双手推地，抬起上身，使肩膀来到手腕上方；呼气，屈肘向后，使胸腔先向下，然后手掌推地，使身体向前向上伸展，耻骨压地，手肘微屈；脚背贴地。保持 3～5 个呼吸。

8.下犬式

双手推地，使身体还原到婴儿式。吸气，手掌、脚掌推地，上提膝盖和臀部，直到蹬直双腿；呼气，脚跟下压。保持 3～5 个呼吸(视频 6-3-2)。

9.新月式

右脚先向后提起，然后屈膝收腿向前，落于双手之间。吸气，右腿向后伸长，左膝盖弯曲保持在脚踝上方，双手合掌在胸前；呼气，骨盆稳定，上身向后弯曲，手臂向后伸展。

10.前屈式

双手落地，左脚向前并于右脚旁，双腿伸直，腹部贴向大腿，双手触地或放在腿上。保持 3～5 个呼吸。

11.后屈式

吸气，双脚稳定，双腿有力，双手向上伸展；呼气，髋向前推，腹部微内收，胸口上提，头颈顺着胸腔向后上方伸展，身体向后弯曲。

12.祈祷式

山式站立，双手合掌在胸前(视频 6-3-3)。

视频 6-3-2　斜板式、婴儿式、眼镜蛇式、下犬式

视频 6-3-3　新月式、前屈式、后屈式、祈祷式

(二)体式组合

1.锁腿式

仰卧，双腿伸直，吸气，弯曲右腿，双手抱住膝盖，呼气，起上身，下巴贴向膝盖，保持 3～5 个呼吸；左腿同上；双腿时，仰卧，双腿伸直，吸气，弯曲双腿，双手抱住膝盖，呼气，起上身，下巴贴向膝盖之间，保持 3～5 个呼吸。

2.桥式

仰卧，吸气，弯曲双腿，呼气，抬高臀部、背部，双手贴向地板，保持 3～5 个呼吸。

3.鳄鱼扭转式

仰卧，双手成十字形打开，双脚并拢，吸气，双膝弯曲贴向胸腔，呼气，双膝倒向右侧，同时头倒向左侧，保持3～5个呼吸。吸气，回到中间，呼吸时反方向重复以上动作(视频6-3-4)。

4.弓式

俯卧，双臂向前伸直，吸气，右手握右脚，呼气，上提右脚与右膝，同时上抬胸腔，抬头和左手臂，保持3～5个呼吸；反方向重复以上动作；双腿时，吸气，双手握双脚，呼气，上提双脚、双膝，同时上抬胸腔并抬头，保持3～5个呼吸。

5.猫式

跪立，手臂大腿与地面垂直，吸气，肚脐下沉，翘臀同时上提胸腔，抬头；呼气，肚脐上提，收臀拱背低头。连续做3～5个呼吸。

6.虎式

跪立，手臂大腿与地面垂直，吸气，肚脐下沉，抬右腿向后向上，同时上提胸腔，抬头；呼气，肚脐上提，收右腿膝盖碰下巴，拱背低头；连续做3～5个呼吸。反方向相同。

7.门闩式

跪立，右腿向右侧伸直，吸气，手臂侧平举，呼气，右手伸向右脚背，上身向右侧屈，左臂向右侧伸展；保持3～5个呼吸。反方向相同(视频6-3-5)。

视频6-3-4　锁腿式、桥式、鳄鱼扭转

视频6-3-5　弓式、猫式、虎式、门闩式

8.头到膝式

坐立，弯曲右腿，脚心贴大腿内侧，吸气，手臂上举，背部伸展；呼气，上身下落，腹部贴靠大腿；保持3～5个呼吸。反方向相同。

9.脊柱扭转式

坐立，右脚踩左膝外侧，左手肘扣住右膝外侧，右手指尖轻触地面，吸气，向上伸直脊柱，呼气，向右后方扭转上身；保持3～5个呼吸。反方向相同。

10.船式

坐立，吸气，伸展脊柱，呼气，双腿伸直离开地面60°左右，双手伸直与地面平行，保持7～11个呼吸，呼气，落下腿。

11.换椅式

山式站立，吸气，伸展脊柱，伸手臂向头顶上方，呼气，屈双膝，屈髋，向后坐下，膝盖不要超过脚尖，不要塌腰，保持7～11个呼吸，吸气，回到山式(视频6-3-6)。

12.树式

山式站立，将右脚心贴靠向左小腿或大腿的内侧，右膝朝向右侧，骨盆保持中正，吸气，双手合掌向头顶上方伸展，保持7～11个呼吸，呼气，落下腿。

13.战士二式

山式站立，双脚打开一条腿的距离，右脚尖外展90°，左脚微内扣，吸气，双臂平伸，呼气，弯曲右腿，眼睛看向右手指尖；保持3～5个呼吸。反方向相同。

14.三角式

山式站立，双脚打开一条腿的距离，右脚尖外展90°，左脚微内扣，吸气，双臂平伸，身体向右侧伸展；呼气，身体向右侧落下，右手指尖找地面。左手上举，眼睛看向左手，保持3～5个呼吸；反方向相同。

15.双角式

山式站立，双脚打开一条腿的距离，双脚平行，吸气，向上延展脊柱；呼气，双手插腰屈髋前屈，双手压住双脚之间的地板，肘关节向后屈，头顶向地面的方向，保持3～5个呼吸；吸气，手扶髋，圆背起身还原（视频6-3-7）。

视频6-3-6　头到膝、船式、脊柱扭转、换椅式

视频6-3-7　树式、战士二式、三角式、双角式

16.犁式

仰卧，双手放在体侧，双脚并拢，吸气，双腿同时向上并向后伸直；呼气，将腿移动至头后，双手扶后背；保持3～5个呼吸。

17.肩倒立式

在鱼式的基础上，吸气，双脚离地向上伸，双手扶住腰部，肘部、肩部着地支撑身体，眼睛向上看；保持3～5个呼吸。

18.鱼式

仰卧，双手掌放于臀部下方，吸气，弯曲双臂，肘部支撑地面，腰部和胸腔向上抬起，头离地；呼气，头顶着地；保持3～5个呼吸。

19.挺尸式

仰卧，双腿微张开，双臂张开放于体侧，手心向上；闭上眼睛，放松全身，用鼻子进行腹式呼吸，让呼吸越来越慢（视频6-3-8）。

视频6-3-8　犁式、肩倒立、鱼式、挺尸式

五、瑜伽课程考核模式及评价标准

(一)瑜伽课程考核模式

将全班学生分为三四个小组,每组 8～12 人,进行动作展示。考核内容包括太阳致敬式和体式组合。依照体式的难易程度分为基础班和提高班。

(二)瑜伽基础班和提高班专项考试内容及评价标准

1.考试内容

(1)基础班考试内容:①太阳致敬式Ⅰ;②体式组合Ⅰ。

(2)提高班考试内容:①太阳致敬式Ⅱ;②体式组合Ⅱ。

2.评价标准

太阳致敬式考核标准见表 6-3-2,体式组合考核标准见表 6-3-3.

表 6-3-2　太阳致敬式考核标准

分数	评价标准
优秀:90 分以上	动作规范、熟练,动作衔接流畅,技术要点正确,呼吸与动作配合协调,精神饱满,态度认真
良好:80～89 分	动作规范、熟练、衔接流畅,技术要点正确,呼吸与动作配合协调,精神饱满,态度认真,出现轻微错误动作
中等:70～79 分	动作较为规范,技术要点基本正确,呼吸与动作配合尚可,态度认真,出现显著错误动作
及格:60～69 分	动作不规范,熟练性较差,出现严重错误动作,态度不认真
不及格:59 分以下	不能完成动作组合,遗漏动作,出现严重错误动作,态度很差等

表 6-3-3　体式组合考核标准

分　数	评价标准
优秀:90 分以上	动作规范、熟练、流畅,技术要点正确,呼吸与动作配合协调,精神饱满,态度认真
良好:80～89 分	动作规范、熟练、流畅,技术要点正确,呼吸与动作配合协调,精神饱满,态度认真,出现轻微错误动作
中等:70～79 分	动作较为规范,技术要点基本正确,呼吸与动作配合尚可,态度认真,出现显著错误动作
及格:60～69 分	动作不规范,熟练性较差,出现严重错误动作,态度不认真
不及格:59 分以下	不能完成动作组合,遗漏动作,出现严重错误动作,态度很差等

参考文献

[1]B.K.S.艾扬格.瑜伽之树[M].北京:当代中国出版社,2011.
[2]莫汉.尹岩.纯粹瑜伽[M].北京:中国轻工业出版社,2005.
[3]莱斯利·卡米诺夫.瑜伽解剖学[M].北京:人民体育出版社,2009.

第四节　形体与形象塑造

一、了解形体塑造

尼雪夫斯基说:“人是地球上最美的物类!”

莎士比亚说:“这里有多么好看的人,人类就多么美丽。”

形体是指人的身体形态,包括3个方面的内容:体型、体格、姿态。而形体美则是指在人体正常发育基础上,没有畸形,没有缺陷,没有病态,全身协调,举止和谐,骨骼匀称,肌肤光润,五官端正,双目有神,具有强壮的体魄。塑造形体是为了使人的形体更理想,塑造出世界上一种永远新鲜、永远洋溢着生命力的最动人的美。

(一)形体塑造的概念

形体塑造是把无形美的素质教育,有形的形体美、形象美的训练和培育结合起来,其中,形体美包括体型美、姿态美和动作美。每个人都希望自己拥有匀称、协调、健美的体型,这也是人们不断追求形体美的目标。

体态和形态主要来自先天遗传和后天训练两个方面。其中后天训练更为重要。美来自于内在美和外在美,通过训练,可以将外在形体的趋美性转化为人的内心美,给人带来源源不断的自信,并增加人的魅力。与其说外在美和内在美是互相转化的,不如说它们是互相激发的。一个内在美的人,她/他的形体不一定是美的,但一个形体美的人一定包含某种内在美的意蕴。我们有了美好的心灵,有了丰富的知识和超群的智慧,如果再加上美的形体和形象,岂不是锦上添花、如虎添翼吗?

在这里,将引用相邻项目芭蕾、徒手和手持轻器械的艺术体操,以自然性和韵律性为创编理念,以人体的自然动作为基础,以节奏和美为生命,陶冶人的情操,锻炼坚强的品质,使人心胸开阔,从而达到形体美的目的。

让我们陶醉于美的园地——打造匀称、健美的身材;培养高贵、典雅的气质!

(二)认知形体塑造

人之形体美,美在人之形体,美在人之形态,美在人之形象,美在人之动作,美在人之力量,美在人之心灵。这是人类外在美和内在美的高度自然和谐统一。

高校大学生形体塑造课作为体育改革的一项新内容,是对体育功能的延伸。形体塑造可以帮助大学生树立正确的审美观,科学地改善形体,增进健康,能够了解自己的气质类型,树立个人风格,达到形体美和气质美的统一,塑造新一代有文化、有气质、有品味的大学生。

1.形体塑造的内容

形体塑造包括体型美、姿态美、动作美。

①体型美：比例均衡、对称、和谐；女性以柔和、秀美的曲线为美，男性以坚实、强壮和威严为美。

②姿态美：姿态是指人体在静止或活动中所表现出来的身体姿势和举止的神情。

形体姿态包括：站、立、行、卧几个方面，“站如松，坐如钟，行如风，卧如弓”。因此，姿态美体现出一个人的气质、风度和教养。

③动作美：动作美来自各种体育运动和人们的日常生活之中，是人的表现力和精神风貌的体现。

英国著名哲学家培根说：“相貌的美高于色泽的美，而秀雅合适的动作美又高于相貌的美，这是美的精华。”

2.形体训练的特点与作用

形态塑造的特点：高度的艺术性（美的升华）、健康的娱乐性（美的欣赏）、广泛的适应性（美的体现）、音乐的优美性（美的再现）。

形体塑造的作用：提高体质、强健身体；健美形体，塑造自身；改变气质，再现人生；调节情绪，愉悦身心。

3.形体训练的功能

形态训练有四大功能。

第一，形体训练的美育，是现代女性追求美和健康的需要。让练习者在美的音乐、欢快的节奏中翩翩起舞，陶冶情操，培养她们的想象力、创造力、审美力。

第二，塑造形体美。形体训练是以芭蕾把杆基本动作为基础，借鉴艺术体操的徒手和轻器械，加上坐、立、行的训练，来培养良好的气质与修养，给人以朝气蓬勃、高雅大方、焕发青春、健康向上的感觉。

第三，缓解精神压力、娱乐身心健康。在健身的同时，给人以艺术的享受，可以减轻学习和工作所带来的压力，使人心情愉快，陶醉在美的意境中。

第四，生理保健功能。形态训练能促进中枢神经系统的机能水平；提高大脑皮层兴奋与抑制过程的强度、灵活性、均衡性及综合分析能力；提高血管壁的弹性，使管壁内径增大，血管流量增多，从而使心脏获得充分的营养物质，提高心血管的功能，促进记忆力的条件反射，加快神经性疲劳的消除，使大脑变得更加敏捷。

4.形体塑造的运用

形体塑造的基本动作是形体塑造的基础和核心。各式各样、姿态各异的体态和形态，都是在基本动作的基础上变化和发展起来的。因此，做好基本动作，是培养良好动作体态和形态的基本保障。实现和追求形体美的根本基础在于基本动作的训练，它包括：基本手型、臂型、站、立、手位、脚位、坐姿、把杆、基本步伐、基本舞步、姿态组合及手持轻器械的练习。

二、形体塑造的练习方法

（一）形体塑造的基本动作

1.方向术语（舞台方位）1～8点（图6-4-1）

1点——正前方；2点——右前方；3点——正右方；4点——右后方；5点——正后方；6点——左后方；7点——正左方；8点——左前方。

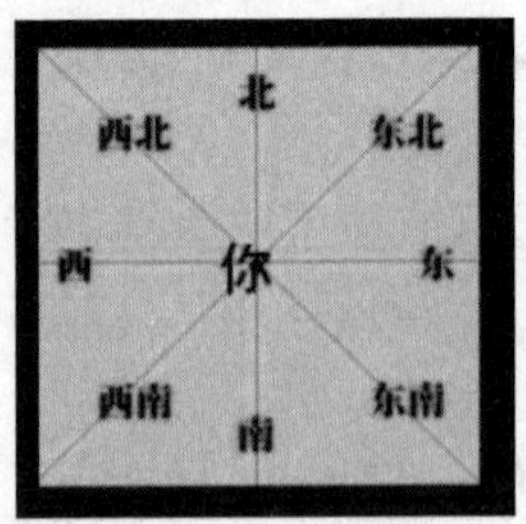

图 6-4-1　舞台方位

2.手型(视频 6-4-1)

①芭蕾舞的兰花手:五子自然并拢,中指和拇指稍内扣。

②西班牙式花掌:五指伸直张开,小指、无名指、中指依次内旋,拇指内扣。

3.臂型

整个手臂成弧形状,腕、肘关节不应有角度。

4.站立的姿态

①站姿:头部正直,两眼平视,下额微抬,两肩下沉,挺胸,收腹,提臀,膝关节并拢伸直,两手位于两侧。

②立姿:双踵尽量立高,膝关节伸直,身体不能前后晃动,梗颈,收腹立腰。

5.手位

芭蕾手臂的 7 个基本位置动作,一定要做到部位准确,手臂始终立腰,收腹,沉肩,梗颈,眼睛随手,头部随手臂的运动方向有规律地转动(视频 6-4-2)。

一位:两臂于体前成弧形,两手相距一个拳头,掌心向内,指尖相对。

二位:两臂前举至身体的胃部,手臂成弧形,掌心向内,指尖相对。

三位:两臂保持形态上举,至头前上方,两臂成弧形,掌心向下。

四位:两臂成弧形,一臂保持三位位置,另一臂至二位位置,掌心向内。

五位:一臂保持在三位位置,另一臂手臂弧形侧移,掌心向下方。

六位:一臂保持侧平举位置,手臂弧形,掌心向前下方,另一臂二位位置。

七位:两臂成弧形侧举,掌心向斜下方一位;两臂于体前成弧形,两手相距一个拳头,掌心向内,指尖相对。

视频 6-4-1　形体塑造手型

视频 6-4-2　七个手位

(二)形体塑造上下肢的基本动作

上肢基本动作的练习是构成动作美的基础核心,通过基本动作的学习使练习者尽快地建立正确的技术动作概念,掌握培养良好的基本姿态的有效方法。只有正确地掌握基本动作才会给人以美的享受，良好的基本姿态反映了练习者的精神面貌、艺术造诣和美的意识。形体塑造有助于练习者拥有与众不同的形象，增强自信。

1.手臂动作

手臂动作包括臂的摆动、绕与绕环、举、振。这些动作都可向前、侧、后及中间方向做（视频 6-4-3）。

2.压腿

压腿分为前压腿、侧压腿、后压腿。要求：主力腿伸直（视频 6-4-4）。

视频 6-4-3 手臂向前、后、侧摆动，绕与绕环

视频 6-4-4 压腿

（1）前压腿：髋关节要正，胸部尽量贴于大腿。要求：前屈时两腿伸直，前胸尽量贴于大腿；侧屈应身体正，外侧尽量伸展拉开。

（2）侧压腿：髋关节外开，侧腰尽量贴于大腿。

（3）后压腿：仰头，上体尽量后屈。后屈时主力腿伸直，仰头下胸，腰、手臂放松随腰而下。

3.踢腿

踢腿分为前踢腿、侧踢腿、后踢腿、压脚跟。

要求：两眼平视，后背立直，踢腿时支撑腿不得弯曲、摆动腿要有一定的速度，充分用力，幅度大，脚下落要轻，有所控制（视频 6-4-5）。

4.躯干前、侧、后屈

要求：膝、髋、腰、胸、颈、头依次向前挺出，臂经前向后摆至上举，浪峰在身前依次出现。可向前、向侧、向后做。波浪要依次，动作应协调、连贯（视频 6-4-6）。

视频 6-4-5 前踢腿、侧踢腿、后踢腿、压脚跟

视频 6-4-6 把杆躯干向前屈、后屈、侧屈

跪撑波浪：由屈臂开始，胸部、髋关节、大腿依次贴于地面，随后撑直手臂，抬头，然后沿原路返回（视频 6-4-7）。

视频 6-4-7 躯干跪撑向前、后波浪

（三）形体塑造的基本步伐

基本步伐组合练习是形体练习的一种常用形式，培养腿部肌肉的方位感以增强行进中身体姿态的控制力和节奏感，能使练习者在掌握若干单个动作后进一步提高基本动作的技术。

要求：行进中身体重心保持相对平稳，挺胸、抬头、立腰、提臀、手臂放松，自然地前后摆动或是按动作要求做，动作的幅度要舒展并富有弹性，身体姿态要控制好。

(1)柔软步：脚尖绷直，脚背外开，向前迈出，前脚掌着地过渡到整个脚掌重心前移。

(2)足尖步：要求足踵尽量提高，脚面外开，脚尖着地过渡到前脚掌支撑，后跟不着地。

(3)滚动步：左脚向前足尖步，左脚脚跟后压，右脚滚动至脚尖与左脚脚尖平行。

(4)弹簧步 ：从脚尖过渡到全脚掌，屈膝，然后依次伸直成提踵立，动作要求连贯，有弹性，可向前、向侧做。

(5)举膝弹簧步：举膝弹簧步及举膝弹簧步跳等，落脚屈膝，重心前移，姿态结束。

（四）形体塑造的基本舞步

(1)变换步：第一步柔软步，第二步并步，第三步再向前柔软步，第四步后脚脚尖点地。可做向前，向侧、向后及其变换步跳。

(2)华尔兹：由三拍完成，第一拍屈膝柔软步；第二、三步两个足尖步，注意整个动作连贯、有起伏，包括向前、向侧、向后及转体华尔兹。向侧转 180°华尔兹，再转 180°华尔兹，转体 180°华尔兹，最后弧形跑姿态结束动作（视频 6-4-8）。

视频 6-4-8　华尔兹基本步法

(3)波尔卡：两拍完成。在节拍前跳起，单脚落地；第一拍，向前滑出做一次，并步跳单脚落地；第二拍，再向前一步跳起。

（五）形体塑造的姿态组合

良好的身体姿态是形成一个人气质风度的重要因素。姿态是我们平时一举一动表现出来的行为习惯。通过姿态操的练习，可以塑造“丰满而不臃肿，苗条而不纤细”的匀称、协调、健美的体形；配合音乐练习能陶冶情操，促进练习者的身心共同发展成完善“人格”。

下面介绍的是改善姿态、美化体形及创造动作美的基本动作练习。以女性身心特点为依据，动作简单、实用、针对性强、具有美感，能有效地改善体态。摆动性动作、波浪动作及弹性动作是形体练习的基本运动形式，肌肉的合理紧张与放松是体现动作的基本要求，练习者要尽量使动作完成得自然、协调、流畅，充分体现出协调、韵律、柔美、优雅等女性气质，从而在日常生活中表现出一种良好的气质与修养，给人以朝气蓬勃、健康向上的感觉（视频 6-4-9）。

视频 6-4-9 姿态组合

(六)器械练习

(1)球操成套动作:持球预备,向前滚动球,上步并步,球由头上开始在体前做滚动球,配合向前身体波浪;向侧做侧滚动球,脚做侧华尔兹步,体前体后交换球,转体 360°,体前由上向下做"8"字绕,左右拍球,节奏性拍球;右手头上做上下"8"字绕,向前一步姿态夹球;向前一步胸臂滚球,向前一步并步做肩背滚球,左右移重心换球;下蹲放球,拨球地滚球,向前反手铲球,起身接球;持球做结束姿势(视频 6-4-10 和视频 6-4-11)。

视频 6-4-10 持球方法正确、错误示范

视频 6-4-11 球操成套的各单个动作

(2)纱巾操动作:纱巾除了以上手持纱巾在体前、体测、头上做摆动、绕环、抛接动作外,还可以做相互之间的配合动作 ,以及做移动跑队形。

纱巾的基本动作(持纱巾的方法)见如下几个视频:

①视频 6-4-12:双手持纱巾(正面与背面)。

②视频 6-4-13:双手、单手持纱巾。

③视频 6-4-14:碎步左右移动纱巾成姿态。

④视频 6-4-15:体前左右摆动、绕环、头上水平绕接转体 360°加小动作。

视频 6-4-12 双手持纱巾

视频 6-4-13 双手、单手持纱巾

视频 6-4-14 碎步左右移动纱巾成姿态

视频 6-4-15 体前左右摆动、绕环、转体 360°

⑤视频 6-4-16:体前左右 S 绕。

⑥视频 6-4-17:体前摆动纱巾,经过头向后摆动下胸腰。

⑦视频 6-4-18:单手体前左右体侧绕环。

⑧视频 6-4-19:单手持纱巾上下摆动,向下做蛇形。

视频 6-4-16　体前左右 S 绕

视频 6-4-17　体前摆动纱巾,经过头向后摆动下胸腰

视频 6-4-18　单手体前左右体侧绕环

视频 6-4-19　单手持纱巾上下摆动,向下做蛇形

⑨视频 6-4-20:纱巾缠绕身体成不同姿态。

⑩视频 6-4-21:两人持纱巾配合跑动。

⑪视频 6-4-22: 抛接纱巾。

视频 6-4-20　纱巾缠绕身体成不同姿态

视频 6-4-21　两人持纱巾配合跑动

视频 6-4-22　抛接纱巾

(七)形体塑造与音乐

形体塑造练习的方法、手段、内容繁多,这些练习只有在美妙动听的伴奏下,才会更显示出它的艳丽光彩,而不会让练习者感到枯燥乏味。

1.形体塑造的音乐特点

形体塑造的音乐不同于健美操音乐,健美操音乐通常采用爵士、迪斯高、摇滚等音乐,而形体塑造对音乐的选择则更倾向于抒情、宽广、欢快、活泼、流畅。随着演变,伴以起伏跳动的旋律，忽急忽缓的速度，一抑一扬，一起一伏，融为一体。例如，钢琴曲、轻音乐、浪漫曲、民族乐等，这些源于生活、贴近生活浓厚的韵味，又凝聚了深刻的民族风情的各类音乐，感动着人们的心灵。完全可以想象出，这感人的乐曲配上优美的形体练习，将会是多么完美的结合。

2.如何选择形体塑造音乐

音乐的风格应与动作的风格相一致。音乐的选择直接影响着形体动作的风格、结构、速度和节奏。音乐选配得好，就容易激发编操者的创作灵感和练习者的锻炼热情。因此，在选配形体动作音乐时，要注意音乐与形体动作的风格应一致。一首优美动听、与动作配合得天衣无缝的乐曲，无疑可以大大增强形体训练的感染力和表现力。节奏是音乐的灵魂，一切优美的旋律都是靠节奏来实现的。它使动作产生韵律感，增加了动作的韵律美，使其体现出更高的美学价值。音乐节奏可以控制和诱导练习者动作的频率、幅度及心理状态，有助于发送神经反应的节奏性规律，使兴奋与抑制更趋于平衡，从而提高练习者肌体的协调能力。同时，音乐还可约束练习者的注意力和思维，控制其心理活动的指向，使练习更具有实效性。音乐节奏感是人对音的长短、强弱、快慢、停顿等的感受能力。它是人的听力、理解力和想象力的综合反映。音乐节奏感好的人通过一定的训练能形成良好的动力节奏感，肌肉用力的紧张和放松能自然交替，达到最佳状态。音乐是声音的艺术，它作为一种艺术形式有着自己独特的、完整的表达方式与方法。音乐的风格指导、控制着动作的风格，音乐的强弱变化为动作的力度和起伏奠定基础。音乐的形象通过声音作用于人们的听觉，使人们产生联想，在头脑中产生艺术形象。声音由弱到强或由强到弱，运动由缓慢到剧烈，或由剧烈到渐渐平缓。柔美和谐的音乐与自由舒展、缓慢柔美的动作相联系；浑厚、强劲的声调与紧张、剧烈的运动相联系。连续不断地重复和变化练习动作，可使练习者的兴奋程度不断增强，进而达到锻炼身体、陶冶情操的目的，使人体的动与静、形与神、身与心相互交融并产生共鸣。不同旋律的音乐对练习者的心理也会产生一系列的影响。

3.培养练习者欣赏和鉴赏音乐

从音乐出发，聆听音乐，感受理解音乐，更容易达到音乐形象与动作形象的完美统一，即通过融入音乐来完成自我表现。若想达到如此的境界，练习者必须具有一定的音乐赏析能力。这也对练习者的音乐素质水平提出更高的要求。多听各种不同旋律、不同风格的音乐可以增强练习者对音乐的感受能力和理解能力，做到声中有形，形中有声，声形一体。

音乐是通过有组织的音符来表达人们思想感情和反映社会现实生活的一种艺术。音乐对人体的神经、肌肉、心理能起到良好的作用。例如，形体训练要求动作美、幅度大、流畅连贯、富有变化；成套操要求动作起伏鲜明、对比强烈。在音乐的选择上，可选用抒情而有节奏的乐曲，也可选用动力性强的旋律或对比鲜明、变化多端的乐曲。音乐的形式繁多复杂，如欢快的、抒情的、古典的、现代的等。不管是什么形式的音乐，都必须符合形体动作的性质和要求。如球呈圆形，动作要求圆滑、柔软、流畅，对音乐的选择则要求流动性强，起伏大、节奏明快而多变。而纱巾面积较大，柔和流畅，动作细腻，将摆动、绕及绕环、抛接等动作连成一体，在音乐的选择上则必须依据动作的情景，要求流畅、抒情、变化多。总之，随着动作的演变，伴以起伏跳动的旋律，最终融合成健与美的艺术。

(八)探讨形体塑造

女性的体形应该丰满而不肥胖，这样的体形是一种健康的美；或者苗条而不瘦弱，这样的体形则另有一种精干的美。但不管是丰满还是苗条，都应该具有女性特有的曲线美，这样才能真正显现出健康、优美的女子形体美。追求苗条和优雅的风度是女性一生的向往，而怎样才是美，却往往被女性忽视，她们只知道盲目地减肥，注重的是美丽而忽视了健康；在乎的是他人的反应而忽视了自身的自然美。只有将体态外观美、气质美、身体的匀称美和动作美这些合为一体，才能构成真正的美。因此，梦想越来越美的女性们必须知道更多的相关知识。下面一道走入探讨形体塑造美的园地吧！

身高主要反映骨骼的生长发育情况；体重反映骨骼、肌肉、脂肪等综合变化的状况；而胸围则反映胸廓的大小及胸部肌肉的发育状况。因此，身高、体重、胸围被列为人体形体三个基本指标。请女士们在进行形体练习前先了解一下女子各部位围度的标准尺度（表 6-4-1）。

表 6-4-1　女子标准尺度参考表

身高/米	胸围/厘米	腰围/厘米	臀围/厘米	大腿围/厘米	上臂/厘米
1. 52	76	58	86	43	23
1. 55	80	60	88	44	23
1.57	8	61	89	46	23
1. 60	83	62	90	47	23.5
1.62	85	63.5	91	48	24
1.65	86	64	93	49	25
1.70	89	67	95	50.7	25
1.72	90	69	97	50.8	25
1.75	91	70	98	51.4	26
1.80	93	71	99	61.4	26

三、专项评分要求

形体塑造分为基础班和提高班，考试内容如下所示。

（一）考试内容

(1)基础班考试内容：①华尔兹组合；②球操。

(2)提高班考试内容：①变换步连接波尔卡步；②纱巾操。

（二）考核评分标准

1.球操考核标准及要求

(1)优秀：90 分以上。

精神饱满，态度认真，动作规范、连贯，持球正确、技术动作正确，球与身体配合协调。

(2)良好:80～89 分。

动作规范、连贯,精神饱满,态度认真,持球正确、技术动作正确,球与身体配合协调,出现轻微错误动作。

(3)中等:70～79 分。

态度认真,动作规范、持球正确、技术动作正确,球与身体配合协调,出现显著错误动作。

(4)及格:60～69 分。

态度较认真,动作基本正确,球与身体配合协调,出现严重错误动作。

(5)不及格:59 分以下。

不能完成动作组合,动作不符合要求,出现失误,遗漏动作,态度不认真等。

2.纱巾操考核标准及要求

(1)优秀:90 分以上。

精神饱满,态度认真,纱巾动作规范,持纱巾连贯正确,纱巾技术动作正确,纱巾与身体配合协调。编排 5 次队形变化。

(2)良好:80～89 分。

动作规范、精神饱满,态度认真,持纱巾正确,技术动作正确,纱巾与身体配合协调,编排 5 次队形变化。出现轻微错误动作。

(3)中等:70～79 分。

态度认真,动作规范、持纱巾正确、技术动作正确,纱巾与身体配合协调,编排有队形变化。出现显著错误动作。

(4)及格:60～69 分。

态度较认真,动作基本正确,纱巾与身体配合协调,编排队形变化少。出现严重错误动作。

(5)不及格:59 分以下。

不能完成动作组合,动作不符合要求,出现失误,遗漏动作,队形变化少,态度不认真等。

参考文献

[1]樊莲香,阿里,汤海燕.形体与现象塑造[M].广州:中山大学出版社,2004.

[2]樊莲香,高校学生形体气质课程体系构想[J].武汉体育学院学报,2004.

[3]唐文玲,赵秋爽.21 世纪普通高等学校体育与健康系列教程:形体与健身教程[M].厦门:厦门大学出版社,2006.

第五节 啦啦操

一、啦啦操概述

(一)啦啦操的起源与发展

啦啦操是一个新兴的体育运动项目,于 100 多年前起源于美国,其英文名为"cheerleading",其中"cheer"有振奋精神之意,起初是早期部落社会的某种仪式,人们以手舞足蹈的表演、欢呼来激励外出打仗或打猎的战士们,希望他们凯旋。

现代啦啦操起源于19世纪80年代的美国普林斯顿大学，它的前身是普林斯顿的一个"pep"(加油打气)俱乐部。当进入20世纪后，女性也开始在这一团体中为"pep"这一活动带来了更多元的风格，啦啦操也开始从军事化的动作套路向现代舞蹈啦啦操演化。20世纪中期，花球出现在啦啦操队员手中，美国啦啦操协会也于1961年成立。20世纪后期，啦啦操迅速发展成专业性更强的体育运动，并逐渐分为技巧啦啦操和舞蹈啦啦操。2003年全明星俱乐部成立，啦啦操正式成为一项竞技性的体育运动。随着21世纪的全球化发展，啦啦操成为大众生活中不可忽视的一部分。

(二)啦啦操的概念

啦啦操是一项集竞技性、观赏性、艺术性和娱乐性为一体的，在音乐的伴奏下，运动员借助道具、标语等集体完成具有强烈感染性的、多样化的舞蹈动作，以及能够体现项目特点的难度、过渡与配合动作，充分展示团队的运动技能技巧，体现青春活力、积极向上的团队精神，并追求最高荣誉感的体育运动。

(三)啦啦操的分类

1.舞蹈啦啦操

舞蹈啦啦操是在音乐伴奏下，运用多种舞蹈元素的动作组合，结合转体、跳步、平衡、柔韧等难度动作以及舞蹈等过渡连接技巧，通过空间、方向与队形的变化表现出不同的舞蹈风格与特点，强调速度、力度与运动负荷，展示运动舞蹈技能以及团队风采的运动项目。舞蹈啦啦操中最常见的有花球舞蹈啦啦操、街舞舞蹈啦啦操和爵士舞舞蹈啦啦操。

(1)花球舞蹈啦啦操：成套动作全程采用花球(男性队员可不使用花球)。该风格啦啦操融合了爵士和街舞的理念，同时强调舞蹈的编排、合适的技巧、视觉效果、创意、舞台效果以及团队的统一性。其最重要的特征在于一致性和视觉效果、干净和准确的动作、强大的花球技术、所融合的舞蹈元素和风格。其中视觉效果包括层次变化、团队合作、队形变化、不同颜色花球的使用等。

(2)街舞舞蹈啦啦操：融合了受街头风格影响的动作和节奏，强调舞蹈的执行、风格、创意、身体控制、节奏、统一性和对音乐节奏的诠释。它也注重融合体育动作如跳跃、停顿、加速以及其他技巧。

(3)爵士舞舞蹈啦啦操：融合了各种动作，组合形成不同的舞蹈、舞伴配合以及技术要领。其强调的是适当的表现技术、伸展、控制、身体位置、风格以及连续性和队伍的统一性。

2.技巧啦啦操

技巧啦啦操是指以托举、金字塔、篮抛、翻腾等技巧性难度动作为主要内容，配合口号，同时结合各种跳步、啦啦操基本手位动作及其他舞蹈元素，利用多种空间转换、方向与队形变化，充分展示高超的团队技能技巧的一项运动项目。

(四)啦啦操的特点

1.团队协作性

啦啦操作为一个团队项目，最显著的特点之一就是团队协作。绝大多数啦啦操项目要求运动员在完成舞蹈动作、技巧难度时有高度的同步性和一致性，运动员需要齐心合作才能完成一次精彩的成套表演，期间只要有一个队员的细微失误都会造成表演视觉效果上的缺失，甚至可能直接导致表演失败。所以在啦啦操的队员们心中都会有很深厚的集体意识，在训练中会累积对彼此的信任和集体凝聚力。因此啦啦操这个项目能够形成一种时刻心系团队,并把协作精神传达给每一个人的特点。

2.青春活力性

啦啦操的本质就是一项在赛场上调动观众情绪,渲染现场气氛,为运动员们呐喊助威的活动。啦啦操的队员们往往有着健康的体魄、健美的体型和青春阳光的形象。在成套表演中,啦啦操队员总会面带着具有亲和力且充满激情活力的微笑,把欢乐喜庆的情绪传播给周围人,将现场气氛带动得热烈活跃。因此,啦啦操运动时刻散发着一种健康乐观、热情蓬勃的魅力,昭示着青春一代的时尚风采。

3.艺术观赏性

啦啦操本身就是一个以舞蹈动作为主要内容的运动项目,必不可少的就是成套表演中所体现出的艺术性、时尚性、观赏性和娱乐性。该项目除了要求舞蹈风格的多变之外(如街舞、爵士舞、现代舞等),对视听觉的欣赏体验也有着很高的要求,需要同时满足音乐的流行性、服饰和道具的美观性、队形和层次编排的巧妙性等多个特点。

二、啦啦操的技术特征与基本动作

(一)啦啦操的技术特征

啦啦操队员在完成动作的过程中,应该保持身体挺拔,头部稍仰,颈椎、胸椎、腰椎在一条直线上。上肢动作的发力点在前臂,32 个基本手位均在肩关节前制动,发力速度快,制动时间短,制动之后没有延伸。在向下一个动作转变时应选择在最短时间内完成,且不得有多余的无控制形态出现。步伐上要求在短时间内到达指定位置,并且在做动作的过程中膝关节不完全伸直,保持微微弯曲的状态以降低重心,使移动平稳。整体动作保证清晰、有力,以突显啦啦操技术的稳定、精确和美感,并展现出健康活力、积极向上的精神面貌。

(二)32 个基本手位的动作及规格

(1)上 M(up M):双臂肩上屈,手指触肩,肘关节朝外(图 6-5-1)。

(2)下 M(hands on hip):双手握拳叉腰于髋部,拳心朝后(图 6-5-2)。

(3)高 V(high V):双臂侧上举 45 度,大拳眼朝前(图 6-5-3)。

图 6-5-1　上 M

图 6-5-2　下 M

图 6-5-3　高 V

(4)倒 V(low V):双臂侧下举 45 度,大拳眼朝前(图 6-5-4)。

(5)T:双臂侧平举,拳心朝下(图 6-5-5)。

(6)短 T(half T):双臂胸前平屈,两拳与肩同宽,拳心朝下(图 6-5-6)。

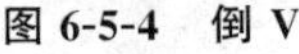
图 6-5-4　倒 V

图 6-5-5　T

图 6-5-6　短 T

(7)上 A(up A):双臂斜上举,拳心紧贴相对(图 6-5-7)。

(8)下 A(down A):双臂向前斜下举,拳心紧贴相对(图 6-5-8)。

(9)L:一臂上举,小拳眼朝前,另一臂侧平举,大拳眼朝前(图 6-5-9)。

图 6-5-7　上 A

图 6-5-8　下 A

图 6-5-9　L

(10)倒 L(low L):一臂前下举,另一臂侧平举,大拳眼均朝前(图 6-5-10)。

(11)K:一臂侧上举 45 度,大拳眼朝前,另一臂向同一侧斜下举 45 度,小拳眼朝前,身体面向前方(图 6-5-11)。

(12)侧 K(side K):双腿弓步开立,重心在两腿之间。一臂向前上举 45 度,另一臂向前下举 45 度,拳心朝下,大拳眼相对(图 6-5-12)。

图 6-5-10　倒 L

图 6-5-11　K

图 6-5-12　侧 K

(13)弓箭(bow and arrow):一臂胸前平屈,肘关节朝外,握拳于肩关节前方,另一臂侧平举,两拳拳心均朝下(图 6-5-13)。

(14)小弓箭(bow):一臂侧平举,拳心朝下,另一臂胸前屈,肘关节朝下,小拳眼朝前(图 6-5-14)。

图 6-5-13　弓箭

图 6-5-14　小弓箭

(15)前 X(front X):双臂交叉前平举,拳心朝下(图 6-5-15)。

(16)高 X(high X):双臂交叉斜上举于头前上方,拳心朝前(图 6-5-16)。

(17)低 X(low X):双臂向前交叉斜下举,拳心朝内(图 6-5-17)。

图 6-5-15　前 X

图 6-5-16　高 X

图 6-5-17　低 X

(18)屈臂 X(bend X):双臂屈肘,前臂交叉于胸前,拳心朝内(图 6-5-18)。

(19)X:双腿开立,双臂头后平屈,肘关节朝外,拳心紧贴后脑勺(图 6-5-19)。

图 6-5-18 屈臂 X

图 6-5-19 X

(20)上 H(touch down):双臂上举与肩同宽,拳心相对(图 6-5-20)。

(21)下 H(low touch down):双臂前下举与肩同宽,拳心相对(图 6-5-21)。

(22)小 H(little H):一臂上举,小拳眼朝前,另一臂胸前屈,肘关节朝下,小拳眼朝前(图 6-5-22)。

图 6-5-20 上 H

图 6-5-21 下 H

图 6-5-22 小 H

(23)高冲拳(high punch):一臂上举,小拳眼朝前,另一手握拳叉腰,拳心朝后(图 6-5-23)。

(24)侧上冲拳(side high punch):一手握拳叉腰,拳心朝后,另一臂侧上举 45 度,大拳眼朝前(图 6-5-24)。

(25)侧下冲拳(low side punch):一手握拳叉腰,拳心朝后,另一臂侧下举 45 度,大拳眼朝前(图 6-5-25)。

(26)斜上冲拳(up cross punch):一手握拳叉腰,拳心朝后,另一臂斜上举 45 度,小拳眼朝前(图 6-5-26)。

(27)斜下冲拳(low cross punch):一手握拳叉腰,拳心朝后;另一臂斜下举 45 度,小拳眼朝前(图 6-5-27)。

图 6-5-23　高冲拳

图 6-5-24　侧上冲拳

图 6-5-25　侧下冲拳

图 6-5-26　斜上冲拳

图 6-5-27　斜下冲拳

(28)W(muscle man):双臂肩上屈,肘关节成 90 度,拳心相对(图 6-5-28)。

(29)斜线(diagonal):一臂侧上举 45 度,另一臂侧下举 45 度,成一条斜线,大拳眼均朝前(图 6-5-29)。

(30)加油(applauding):双手握式击掌于胸前,手略低于下颌,肘关节朝下(图 6-5-30)。

图 6-5-28　W

图 6-5-29　斜线

图 6-5-30　加油

(31)R:一臂斜下举 45 度,拳心朝内,另一臂头后平屈,肘关节朝外,拳心紧贴后脑勺(图 6-5-31)。

(32)短剑(half dagger):一手握拳叉腰,拳心朝后,另一臂胸前屈,肘关节朝下,小拳眼朝前(图 6-2-32)。

图 6-5-31　R

图 6-5-32　短剑

三、啦啦操的组合套路

(一)组合套路一

准备动作:双腿并拢,双手紧贴于体侧,两眼目视前方。

1.第一个八拍

(1)原地纵跳一次,双手经体前收成加油手位。

(2)双脚跳开至马步,双手从胸前打开至高 V 手位。

(3)双脚跳回并拢,还原成加油手位。

(4)双脚跳开成左脚在前的弓步,双手从胸前打开至倒 V 手位。

(5)右脚向左前方迈步,双腿交叉,双手从体前收至短 T 手位。

(6)左脚迈开至与肩同宽,双手打开至 T 手位。

(7)向左转成弓步,右手直臂向左经头上绕环与左臂交叉叠于身体前方斜下 45 度。

(8)收左脚至双脚并拢,双手经体前从下绕至头上,左手高 V 手位,右手收至头后成 X 手位(视频 6-5-1)。

2.第二个八拍

(1)向右转身 180 度,左脚向前迈步,身体重心位于左腿,上肢做右手高冲拳手位。

(2)收右脚至双脚并拢,左手不变,右手落下至 T 手位。

(3)迈右脚至与肩同宽,收右手至下 M 手位,同时低头。

(4)抬头。

(5)向左转身 180 度,右脚向后撤步成跪姿,上肢做左斜下冲拳手位。

(6)右手打开成右侧下冲拳。

(7)左手至右斜上冲拳手位。

(8)左手打开至左侧上冲拳(视频 6-5-2)。

视频 6-5-1　组合套路一第一个八拍

视频 6-5-2　组合套路一第二个八拍

3.第三个八拍

(1)右脚打开与肩同宽,双手收至加油手位。

(2)身体向右倾斜,重心移到右腿上,左脚点地,双手打开至倒 L 手位,转头看右侧地面。

(3)右脚点地向内扣,右手向内绕圈至 T 手位,左手收至下 M 手位,双眼平视前方。

(4)左脚点地向内扣,右手经体前上穿至高冲拳手位。

(5)左脚向右前方迈步,双腿交叉,左手经体侧向上与右手合拢成上 A 手位。

(6)双手下压成倒 V 手位。

(7)踢右侧腿,手位保持不变。

(8)右脚快速收回并拢,手位不变(视频 6-5-3)。

4.第四个八拍

(1)左脚迈开与肩同宽,双手经体前弯曲至下 H 手位。

(2)以左脚为轴,向左转身 180 度,右脚上步至与肩同宽,手位保持不变。

(3)以右脚为轴,继续向左转身 180 度,左脚退步至与肩同宽,回到正面,手位不变。

(4)收右脚至双脚并拢。

(5)迈左脚,重心移至左脚,右手经头上放置脸前,左手收至下 M 手位,该动作保持两拍不动。

(6)重心回到两腿中间,双手打开至斜线手位。

(7)收左脚至双脚并拢,双手收至屈臂 X 手位(视频 6-5-4)。

视频 6-5-3　组合套路一第三个八拍

视频 6-5-4　组合套路一第四个八拍

5.第五个八拍

(1)右脚向正前方迈步,双臂向上冲拳至上 X 手位。

(2)左脚踢至水平(90 度),双手从身体两侧下落至倒 V 手位。

(3)左脚落回身体前侧,两手收至下 M 手位,身体重心移至两腿中间。

(4)收右脚并拢,左手不变,右手经胸前向上至高冲拳手位。

(5)左脚迈开成左弓步,左手不变,右手向左落下至水平,头倒向左侧,身体保持面向前方。

(6)收右腿并拢,左手不变,右手拉回至短 T 手位。

(7)右脚迈开成右弓步,左手直臂于体前从右至左绕环 270 度至 T 手位,右手下 M 手位,同时身体做右波浪。

(8)收左脚并拢,左手收于体侧,右手不变(视频 6-5-5)。

6.第六个八拍

(1)左脚向右前迈步,双腿交叉,左手经短 T 位打开至 T 手位,右手不变。

(2)右手经胸前向下冲拳,成倒 L 手位。

(3)第 3、4 拍:右手直臂向左绕环一周,经过倒 L 手位,回到 L 手位(同第 2 拍)。

(4)身体姿态保持不变,向右转体 180 度。

(5)双脚不变,双手成下 M 手位。

(6)双腿弯曲,重心移至右腿,左手不变,右手经胸前打开,成右侧上冲拳手位。

(7)第 7.5 拍:向左提跨,左脚点地,两腿伸直,右手收至短 T 手位。

(8)下肢动作还原同第 7 拍,右手打开,成右侧下冲拳手位(视频 6-5-6)。

视频 6-5-5　组合套路一第五个八拍

视频 6-5-6　组合套路一第六个八拍

7.第七个八拍

(1)左脚向左迈步站直,左臂上抬至高 V 手位,右手收至头后成 X 手位。

(2)右腿向左后方撤步,双脚交叉同时弯曲,左手收至头后,成 X 手位。

(3)双腿保持弯曲且开度不变,以头带动身体向右绕环同时转体 180 度回到正面。

(4)双腿伸直开立,双手从身体两侧落下至倒 V 手位。

(5)双腿跳回并拢,双手从身体两侧直臂上抬至高 V 手位。

(6)双手直臂向内绕环至下 X 手位,同时弯腰屈膝并低头。

(7)分腿小跳:两腿间夹角为 90 度,手臂成高 V 手位。

(8)双腿快速夹拢,双脚同时落地屈膝缓冲,双手从身体两侧落下紧贴于大腿两侧,同时低头(视频 6-5-7)。

8.第八个八拍

(1)以右脚提踵,同时左脚离开地面,左腿膝盖伸直的颠步动作为过渡,左臂弯曲成小 H 手位,右臂成下 H 手位。

(2)颠步,左右手交换。

(3)颠步,成右臂平举的大弓箭手位。

(4)颠步,右手平屈,成短 T 手位。

(5)右脚向后撤步成弓步,身体后倾,双手向前冲拳成前 X 手位。

(6)右脚收回屈膝,脚尖点地(点地位置为左脚掌的 1/2 处),左腿直立,双手收回至短 T 手位,同时低头。

(7)双脚跳开略比肩宽,双手打开至高 V 手位。

(8)屈膝成马步,上身下趴,手撑膝盖,低头(视频 6-5-8)。

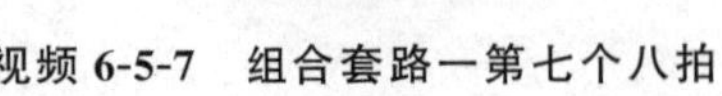

视频 6-5-7　组合套路一第七个八拍

视频 6-5-8　组合套路一第八个八拍

9.第九个八拍

(1)左脚向后撤步跪地,上身保持直立,双手成加油手位。

(2)向右伸直右腿,脚尖点地,双手打开至 T 手位。

(3)下肢动作不变,右臂下 M 手位,左手经左肩向右下 45 度方向冲拳,同时上身微向右转往下趴,低头,眼睛看向脚尖方向。

(4)左手沿斜线方向拉回,经肩前位置,拉回打开,成左侧上冲拳手位。

(5)右脚收回成跪姿,小腿与地面垂直,右手不变,左手直臂向右绕环 180 度至右斜下冲拳手位。

(6)收右腿站起并拢,左手继续直臂绕环并上举,同时右手直臂从体侧上举,双手合拢于上 A 手位。

(7)左脚向左迈开至与肩同宽,双手下拉成 W 手位。

(8)脚步不变,小臂内扣收至短 T 手位,同时低头(视频 6-5-9)。

10.第十个八拍

(1)向左转,同时右脚后撤成弓步,上身直立,身体重心位于两脚中间,向前冲拳至前 X 手位。

(2)右脚收回屈膝,脚尖点地,左腿直立,双手收回至短 T 手位。

(3)右脚向右迈开至与肩同宽,左手叉腰,右手于头上经左绕环一周至左肩后向右打开平举成 T 手位,头先向左转后向右甩回。

(4)右脚不动,左脚上步同时向右转体 90 度回到正面,两脚仍与肩同宽,双手经过肩膀位置上举至上 H 手位。

(5)双脚位置不变,双手下放至短 T 手位,同时做扩胸动作。

(6)双腿弯曲,双手向前平伸,同时做含胸动作。

(7)双腿立直,重心移至左脚,右脚尖点地,左手收至短 T 手位,右手直臂拉开上举至高 V 手位,向左转头并微微低头看向地面。

(8)右脚向左后方撤步,双脚交叉,右脚尖点地,右手收至短 T 手位,左手打开至倒 V 手位(视频 6-5-10)。

视频 6-5-9　组合套路一第九个八拍

视频 6-5-10　组合套路一第十个八拍

组合套路一配乐成套动作正面示范见视频 6-5-11,背面示范见视频 6-5-12;组合套路一成套动作正面示范见视频 6-5-13,背面示范见视频 6-5-14。

视频 6-5-11　组合套路一配乐成套动作正面示范

视频 6-5-12　组合套路一配乐成套动作背面示范

视频 6-5-13　组合套路一成套动作正面示范

视频 6-5-14　组合套路一成套动作背面示范

(二)组合套路二

准备动作:双腿并拢,双臂为加油手位,低头,身体面向三点。

1.第一个八拍

(1)左脚打开与肩同宽,双手合拢拳心相对前冲。

(2)左转 90 度成弓步,右臂水平回收至左胸前,左手下 M 手位。

(3)弓步不变,右臂打开成侧下冲拳手位。

(4)右腿向前收回并拢,手臂回到加油手位。

(5)左脚后撤点地,双臂前伸成前 X 手位。

(6)右腿后退收至并拢,双臂打开成 T 手位。

(7)第 7、8 拍:双脚跳开,双手直臂向内经上 X 手位绕环一周,收至头后成 X 手位(视频 6-5-15)。

2.第二个八拍

(1)左脚前迈,手臂下冲成下 X 手位。

(2)吸起右腿,右脚贴紧左侧膝盖,手臂成上 X 手位。

(3)第 3、4 拍:右腿后撤左腿跟上做并步走,手臂由 W 手位至上 A 手位再回到 W 手位(含半拍)。

(4)第 5、6 拍:右腿前迈,左脚点地,小臂内扣,成短 T 手位。

(5)第 7、8 拍:左腿踢正腿到 180 度,手臂打开成倒 V 手位,收腿时两脚并拢,手位保持不变(视频 6-5-16)。

视频 6-5-15　组合套路二第一个八拍

视频 6-5-16　组合套路二第二个八拍

3.第三个八拍

(1)第 1～4 拍:左脚开始原地踏步四拍,右手从体侧直臂上抬至高 V 手位,左手收至头后成 X 手位;第 2 拍时,左右手臂交换位置;第 3、4 拍重复第 1、2 拍。

(2)第 5～6 拍:双脚跳开,双臂收回至加油手位,该动作保持两拍不动。

(3)第 7 拍:双膝弯曲成马步,双手下冲,低头看花球。

(4)第 8 拍:双脚跳回并拢,双手上拉至短 T 手位,同时抬头(视频 6-5-17)。

4.第四个八拍

(1)双腿保持不变,双手放下紧贴于身体两侧。

(2)第 2～4 拍:右腿后撤,单膝下跪弯腰,右手撑地左手扶膝,往右经坐姿滚地一圈后,起至左腿单膝跪地弯腰姿态,同时左手撑地右手扶膝。

(3)第 5、6 拍:抬起上身,手臂打开成倒 V 手位,该动作保持两拍不动。

(4)收左腿并拢站直,手臂收回至加油手位。

(5)以左脚为轴向右转体 180 度,双臂上举至上 A 手位(视频 6-5-18)。

视频 6-5-17　组合套路二第三个八拍

视频 6-5-18　组合套路二第四个八拍

5.第五个八拍

(1)双脚跳开,双手打开成 T 手位。

(2)移重心至左腿,右腿弯曲,右脚点地,顶左胯,双手合拢置于右胯。

(3)第 3、4 拍:顶右胯同时右脚脚后跟向外翻转,第 3 拍半的动作同第 2 拍。第 4 拍的动作同第 3 拍。

(4)重心回到两腿中间,双臂收至小 H 手位。

(5)以左脚为轴向左转体 90 度,同时右脚收回并拢,脚尖点地,双臂往下放至下 H 手位。

(6)第 7、8 拍:腿部姿态不变,左右手依次折回小 H 手位(先左后右),上身同时做扩胸—含胸的弹动两次(含半拍)(视频 6-5-19)。

6.第六个八拍

(1)第 1、2 拍:右脚向右并步走,右臂弯曲举过头顶,左臂位于倒 V 手位;双臂经下 H 手位后左臂再次以相同动作上举,上身同时做扩胸—含胸的弹动两次(含半拍)。

(2)以右脚为轴向左转体 90 度,同时左脚打开,膝盖内扣,脚尖点地,手臂回到短 T 手位,向右倒头。

(3)左腿膝盖伸直,重心回到两腿中间,手臂下放至下 H 手位。

(4)第 5、6 拍:右腿后撤一步,右臂不动,左臂折回小 H 手位;第 6 拍动作与前一拍对称。

(5)第 7、8 拍:右腿后撤,左腿跟上至两脚并拢,手臂由 T 手位经前收至短 T 手位,同时上身后倾(视频 6-5-20)。

视频 6-5-19　组合套路二第五个八拍

视频 6-5-20　组合套路二第六个八拍

7.第七个八拍

(1)第1～4拍:由左脚开始原地踏步四次,前两拍手位为加油,后两拍手位为倒V。

(2)手臂从体侧直臂上抬至高V手位。

(3)双手直臂向内绕环至下X手位,同时弯腰屈膝并低头。

(4)第7、8拍:分腿小跳:两腿间夹角为90度,手臂成高V手位;落地时两脚并拢,手臂夹回至下H手位(视频6-5-21)。

8.第八个八拍

(1)左腿前迈,左臂打开至倒V手位。

(2)跳开成马步,双手先屈臂收至胸前后下打至倒V手位。

(3)单腿跳收吸右腿,双臂收回至加油手位,低头。

(4)双脚跳开,手臂打开至T手位,抬头。

(5)左脚后撤,左手前平举,右手侧平举。

(6)第6～8拍:以右腿为支撑腿向左立转360度,手臂保持在短T手位,旋转结束后双腿并拢站定,双臂下放至下H手位(视频6-5-22)。

视频6-5-21　组合套路二第七个八拍

视频6-5-22　组合套路二第八个八拍

9.第九个八拍

(1)双脚跳开,双臂从体侧上抬至高V手位。

(2)腿不变,右手叉腰,左手下探触地于两脚中间。

(3)右脚后撤,上身微微后倾,双手拳心相对向正前方冲拳。

(4)收左脚并拢,手臂收回至加油手位,上身恢复正直。

(5)第5、6拍:右腿开始弓步后撤两步,左手下M手位,右手向体前冲拳平举。

(6)向右转体90度同时右脚打开成马步,双手先屈臂收至胸前后下打至倒V手位。

(7)收左脚并拢,脚尖点地,双臂弯曲上收至头顶交叉(视频6-5-23)。

10.第十个八拍

(1)双脚跳开成马步,双手下打至倒V手位。

(2)双脚跳收并拢,双手回到加油手位。

(3)第3、4拍:左脚向右前方迈步,双腿交叉,双臂打开成T手位,保持一拍。

(4)第5、6拍:向右转体180度开立,双臂弯曲上收至头顶交叉,保持一拍。

(5)第7、8拍:继续向右转体180度,双腿交叉,双臂下打开至倒V手位,上身略微往前趴(视频6-5-24)。

组合套路二配乐成套动作正面示范见视频6-5-25,背面示范见视频6-5-26;组合套路二成套动作正面示范见视频6-5-27,背面示范见视频6-5-28。

视频 6-5-23　组合套路二第九个八拍

视频 6-5-24　组合套路二第十个八拍

视频 6-5-25　组合套路二配乐成套动作正面示范

视频 6-5-26　组合套路二配乐成套动作背面示范

视频 6-5-27　组合套路二成套动作正面示范

视频 6-5-28　组合套路二成套动作背面示范

四、啦啦操课程考核模式及评价标准

（一）啦啦操课程考核模式

以自由分组的形式，将全班学生分为每组 3～6 人的若干小组，进行小组成套动作展示。

成套动作内容为：在规定的音乐段落中，连续完成教师教授的 10 个八拍规定动作以及小组自行创编的 4 个八拍动作，其中必须出现至少 3 次的队形变化，同时可自由设计层次变换和添加适当的舞蹈难度动作。

成套动作以花球舞蹈啦啦操风格为主，可适当加入街舞舞蹈啦啦操、爵士舞舞蹈啦啦操的风格动作，以及技巧啦啦操一级难度动作。

（二）啦啦操课程考核评价标准

啦啦操课程考核评价标准参考国际啦啦队联盟（International Cheer Union，ICU）的《国际啦啦操规则》与《2014 年版全国啦啦操竞赛规则》，评分采用 100 分制。评价内容主要包含以下几方面：

（1）规定动作的完整性和标准性（25 分）：规范、清晰、到位地完成 10 个八拍规定动作。

（2）动作技术执行的正确性（25 分）：①移动迅速，呈现精准刚劲的力度感；②准确利落的制动定位；③身体姿态的控制。

（3）团队的协作能力（20 分）：①动作的整齐度和协调感；②动作与音乐的同步性和融合度；③空间的一致性和配合的默契度。

(4)自编部分的编排效果(20 分):自编动作、队形、层次等的创新性、多样性、流畅性及合理性。

(5)表现力(10 分):体现大学生青春阳光、积极自信的精神面貌,展示啦啦操运动激情活力、团结向上的感染力。

参考文献

[1]国家体育总局体操运动管理中心.全国啦啦操竞赛规则(2010—2013 版)[S].2010:34.

[2]国家体育总局体操运动管理中心.啦啦操竞赛规则(2014 年版)[S].2014:91.

[3]马鸿韬.啦啦操运动[M].北京:高等教育出版社,2009:4-19,31.

[4]杨放.啦啦操运动理论与实践[M].广西:广西师范大学出版社,2012:1-18.

[5]王洪.啦啦操教程[M].北京:人民体育出版社,2013:1-21,

第六节　健身健美

一、健身健美

健身健美是一种利用自身重量或各种轻器械、重器械、专门器械和方法进行锻炼,以发展肌肉、增强体力、改善形体为目的的运动项目。随着人类文明的不断进步和社会经济的快速发展,健身健美已成为一种潮流和时尚。健身健美作为体育课程,对大学生来说,不仅具有一般体育运动所共有的锻炼身体、增进健康、增强体质的作用,同时,它还可以较为有效地增强肌力、改善身体形态、提高审美情趣,是“力”与“美”的完美统一。

二、不同部位肌肉锻炼的技术要领和注意事项

(一)胸部肌肉锻炼

1.站姿双臂绳索侧下拉夹胸

要领:两脚开立与肩宽,站立在拉力器下,两臂侧上举握住把柄,两臂肘关节微屈,拳心向外。上体应向前屈 45°左右,随即吸气,两臂由斜上方往胸前下斜线用力夹压,直至两手把柄在下腹前相触,稍停后呼气,缓慢还原,完成动作,重复练习(视频 6-6-1)。

注意:在此过程中要保持头正、身正、挺胸、收腹,防止两臂未均衡用力或猛拉和突然性还原。

2.卧推

要领:仰卧在卧推凳上,身体保持平稳,两臂于胸前伸直,握住杠铃,握距与肩同宽或大于肩,屈臂将杠铃横放在胸部乳头处后吸气,两臂用力向上推起杠铃伸直,稍停 2～3 秒钟后呼气,慢慢放下杠铃还原,完成动作,重复练习(视频 6-6-2)。

注意:在此过程中身体要保持平稳、挺胸、收腹,肩部放松贴于卧推凳上,呼吸要充分,动作要有节奏。

视频 6-6-1　站姿双臂绳索侧下拉夹胸

视频 6-6-2　卧推

3.哑铃仰卧推举

要领：仰卧在长凳上，两臂沿一条弧线向上举起哑铃，然后慢慢还原到手臂与肩位于一个平面上，控制住哑铃，防止拉伤（视频 6-6-3）。

注意：在此过程中要保持身体平稳，呼吸充分，动作有节奏。

4.仰卧飞鸟

要领：仰卧在飞鸟凳上，身体保持平稳，两手拳心相对持哑铃，两臂胸前伸直，呼气后两臂向两侧逐渐屈肘打开，两臂间的角度渐渐变小（上臂和前臂之间的夹角在 100°～120°之间），直至下降到最大限度为止，胸大肌充分扩张，整个胸腔完全挺起，稍停 1～2 秒钟吸气后，以胸大肌的收缩力用力举起，两臂的角度逐渐变大，直至最后两臂伸直，胸前并拢还原成预备姿势，完成动作，重复练习（视频 6-6-4）。

注意：在此过程中身体要保持正直平稳，两臂要在两侧保持较低位置，使胸腔充分扩张。

视频 6-6-3　哑铃仰卧推举

视频 6-6-4　仰卧飞鸟

5.坐姿双臂夹胸

坐在训练器固定椅上，上体保持正直，收腹、挺胸、紧腰，两个前臂贴在阻力器的护垫上，两个上臂与地面平行，吸气后两臂同时用力向中间夹胸，直到两个相分离的阻力器触到一起，稍停后呼气，缓慢还原，完成动作（视频 6-6-5）。

注意：在此过程中上体要保持正直，收腹、挺胸、紧腰。上臂保持与地面平行，两肘关节贴紧阻力器。

6.俯卧撑

要领：两臂伸直，两手撑在俯撑架上，两手间距与肩同宽或者稍比肩宽，身体伸直抬头，眼看下前方，前脚掌撑地或双脚高于头部，呼气后两上臂贴近体侧屈肘，身体应保持伸直状态，慢慢下降至最低位置或上体沉入俯撑架之间，使胸大肌充分伸长、扩张，接着吸气，以胸大肌、三角肌、肱三头肌的力量伸臂，使整个身体上升直至两臂充分伸直，挺胸抬头，完成动作（视频 6-6-6）。

注意：在此过程中身体要保持伸直，双脚置于肩水平或高于肩，难度加大效果显著。

视频 6-6-5　坐姿双臂夹胸

视频 6-6-6　俯卧撑

（二）背部肌肉锻炼

1.坐姿划船

要领：一般采用窄握距，上体要向前倾，这可以使背部充分伸展，让更多的肌肉群得到训练。坐在划船机移动式结构的座椅上，两手握住划船机双桨把手，上身直立，背部要挺直，同时屈膝固定两踝。接着吸气，两臂向后拉划双桨，同时上体挺胸后仰，两腿蹬直，稍停2～3 秒。然后呼气，两臂向前推送桨柄，上体抬起直立，两腿屈膝还原，重复练习（视频6-6-7）。

注意：在动作过程中，上体要注意始终保持正直，当手拉至腹部后，肩部不要向后挺，而是将肘关节向外展开，使背部变宽。

2.引体向上

要领：两臂悬垂在单杠上，两手宽握距，正手握紧横杠，使腰背以下部位放松，背阔肌充分伸长，两小腿弯曲抬起。随即吸气，集中以背阔肌的收缩力量，屈臂引体上升至颈部后，使之接近或触及单杠面，稍停 2～3 秒。然后呼气，以背阔肌的收缩力量控制住，让身体慢慢下降还原，重复练习（视频 6-6-8）。

视频 6-6-7　坐姿划船

视频 6-6-8　引体向上

注意：应避免躯干前后上下摆动、下落时两臂伸不直和意念不集中；动作过程中意念要集中在背部肌群，身体不要前后摆动利用惯性给以助力；全身下垂时，肩胛部要放松，使背阔肌群充分伸长，意念要集中在背部肌群上。采用不同握距对背部进行刺激，但中宽握距的训练效果比较好。

3.反握下拉

要领：调整座椅高度并反向握住拉力器长柄，手掌对着自己，握距稍宽于肩，双膝固定于膝垫下。收腹坐直，挺胸沉肩，双臂伸直高举，然后缓缓下拉手柄至头前与下巴齐平时停住，确保肩部始终未上抬（图 6-6-1）。

注意：在此过程中身体要保持正直，双臂用力均匀。

4.胸前下拉

要领：坐姿，上身可以向后倾斜约 45°角。两臂伸直上举，两手分别握住（两手采用正握）

头上方练习器横杠把柄或高滑轮拉绳横杠两端的把柄。随即吸气，两臂用力从头上方位置垂直向下牵引滑轮拉绳横杠至胸前，稍停 2～3 秒。然后呼气，再缓慢退让还原，重复练习（视频 6-6-9）。

注意：牵引时防止猛拉或突然性还原动作，不准借助于上体摆动或躯干屈伸的力量来完成动作，意念集中于肩部。

图 6-6-1　反握下拉

视频 6-6-9　胸前下拉

（三）腹部肌肉锻炼

1.仰卧屈膝举腿

要领：躺在地上，双手抱头，肘部前伸，双腿弯曲，将一条腿抬起，膝盖顶入两肘之间。接着身体上下同时弯起，如同两头起一样。左右腿替换，重复练习（图 6-6-2）。

注意：上体固定不动，直腿上举时速度较快，放下还原时稍慢，绷直脚尖。

2.屈膝仰卧起坐

要领：屈膝仰卧在垫子上或板凳上，上体伸展，屈臂两手抱住头部，两肘外张。随即吸气，用上腹肌的收缩力量使上体向上抬起至下颏触及胸部。然后呼气，接着两肘外张，上体后仰还原，重复练习（图 6-6-3）。

注意：动作要平稳、缓慢，头前屈、腿屈膝。意念要集中在上腹部肌群；两腿不动，不要使脚和臀部抬离垫子。

图 6-6-2　仰卧屈膝举腿

图 6-6-3　屈膝仰卧起坐

3.仰卧两头起

要领：身体仰卧在平板上，两臂伸直在头顶上方，两腿并拢，吸气，上体和两腿同时迅速往上举起，使两手指和脚尖接触，也可将两手在膝后击掌，两腿和上体尽量靠拢。然后呼气，两手和两腿分开还原成全身仰卧姿势，重复练习（图 6-6-4）。

4.悬垂举腿

要领：在组合锻炼器上挂两条悬垂带，套住双臂，身体自然下垂呈一直线。腹肌收缩，将膝关节拉至臀部高度，然后腹肌进一步收缩，将骨盆拉向胸部，最后缓慢回到起始姿势，重复练习（视频 6-6-10）。

注意：在此过程中两臂要抓紧悬垂带，防止滑手跌下。

图 6-6-4　仰卧两头起

视频 6-6-10　悬垂举腿

（四）肩部肌肉锻炼

1.哑铃侧平举

要领：直立收腹，双手各持一个哑铃，双臂向两侧展开平举然后还原，重复练习（视频 6-6-11）。

注意：此过程应缓慢进行，保持挺胸和双肩下沉。

2.哑铃前平举

要领：直立收腹，双手各持一个哑铃。开始时双臂垂直于身体两侧，掌心相向，保持手腕挺直，双肘微弯，然后平举双臂至与胸齐，持续片刻后缓慢复原（视频 6-6-12）。

注意：在此过程中要伸直手臂，挺胸收腹，脊柱保持正直，身体不要左右摇晃，动作应缓慢。

3.耸肩上提哑铃

要领：站立，双臂下垂于身体两侧，双手持哑铃成预备姿势。通过上提肩胛骨和锁骨来上提哑铃，保持数秒后还原（图 6-6-5）。

注意：在此过程中避免强烈运动，应缓慢地进行，避免下背部拱起，脊柱应直立，挺胸。

视频 6-6-11　哑铃侧平举

视频 6-6-12　哑铃前平举

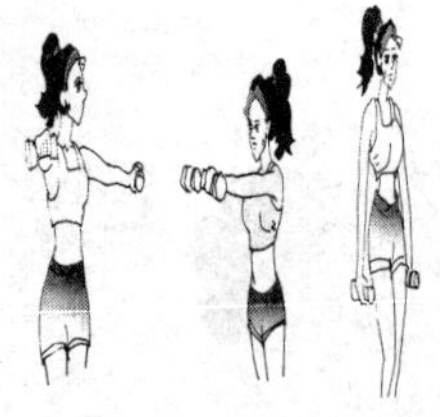

图 6-6-5　耸肩上提哑铃

（五）上肢肌肉锻炼

1.法式握举

要领：双手握住胸前的杠铃，用力向上举起，保持一段时间后，缓慢将杠铃放下至接近前额的位置，再利用收缩肱三头肌的力量将杠铃向上举起，重复练习（图 6-6-6）。

注意：在此过程中要注意节奏，动作缓慢。

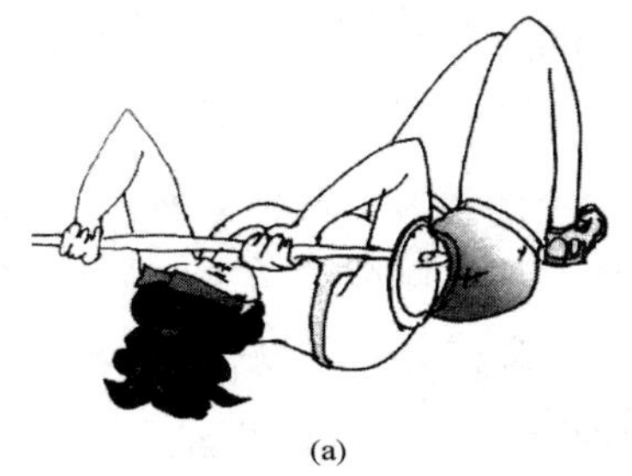
(a)

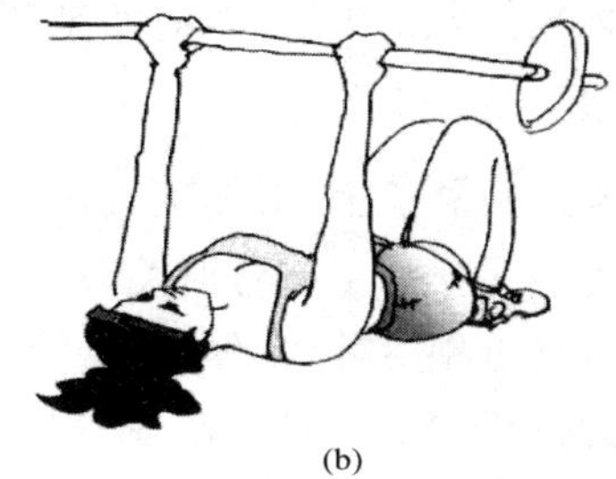
(b)

图 6-6-6　法式握举

2.坐姿双臂反握弯举

要领:坐在肱二头肌训练器固定凳上,上体稍前倾,两臂伸直,上臂搁在斜板上,使腋窝卡在斜板的上沿,拳心向前,两手握住器械把柄。吸气后,两臂借助肱二头肌的力量弯曲肘关节,使两手握住的把柄靠近锁骨,稍停,两肘关节慢慢伸直还原,完成动作(视频 6-6-13)。

注意:在此过程中屈肘时上臂要紧贴斜板面,伸肘时要缓慢且要充分伸直,不要突然性快速伸直。

视频 6-6-13　坐姿双臂反握弯举

3.吊索胸前下拉

要领:面向拉力器站立,正手握住吊索两头,腕关节处于自然位置,手指弯曲,肘关节位于身体两侧夹紧,通过伸肘关节下拉拉力器的绳索,前臂先下降至臀部,然后转向内,拇指在内侧,小指在外侧。还原,重复数次(图 6-6-7)。

注意:在此过程中脊柱要始终居中,在训练中避免含胸、肘外撇,上臂固定,与脊柱平行,动作缓慢而控制有度,通过肱三头肌的力量下拉。

4.单臂低位拉力器站姿弯举

要领:脊柱居中,挺胸收腹,上臂固定,动作缓慢,控制有度,通过肱二头肌的力量上提,要使前臂停止在与地面平行的位置。重复数次后换另一侧练习(视频 6-6-14)。

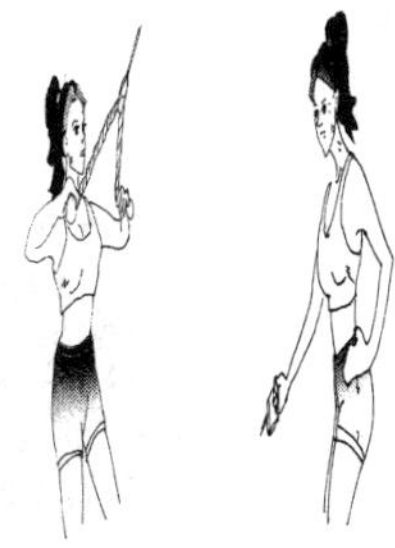
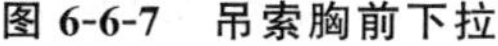

图 6-6-7　吊索胸前下拉

视频 6-6-14　单臂低位拉力器站姿弯举

注意:身体支撑要稳固,不能借助晃动和后倒力量。

5.哑铃弯举

要领:分腿坐在凳子上,上体正直,紧腰、挺胸,稍向前倾,一臂伸直垂放于大腿内侧,拳心向前持哑铃,另一手扶贴于持铃肘关节,并置于同侧大腿内侧膝关节上,吸气后持铃臂用力屈肘上举哑铃,至靠近锁骨处,稍停,然后缓慢伸肘还原,交替重复练习(视频 6-6-15)。

注意:在此过程中上体保持预备姿势,上臂要固定。

6.跪立臂屈伸

要领:右腿跪立于长凳上,用同侧手臂支撑身体,保持脊柱居中,用左手持哑铃,伸展肩关节使上臂与地面平行,屈肘成预备姿势。伸直前臂,还原,重复数次后换另一侧练习(视频 6-6-16)。

视频 6-6-15　哑铃弯举

视频 6-6-16　跪立臂屈伸

注意:在此过程中要保持腰背挺直,避免肘关节下垂或者外展,避免含胸和肩关节下垂,动作缓慢进行。

(六)下肢肌肉锻炼

1.深蹲

要领:两脚开立与肩同宽,身体直立,两手掌心朝前抓握住杠杆于颈部后双肩上,抬头、挺胸、收腹、紧腰,背部尽量伸直,视前方。接着深呼气,两腿屈膝下蹲至两膝完全弯曲,稍停然后再吸气,两腿用力伸膝直立还原(视频 6-6-17)。

注意:上体必须始终保持挺胸收腹直腰的姿势,下蹲时要慢,不准利用屈膝反弹力量做伸腿起立动作。

2.脚踝负重伸膝

要领:坐在伸膝练习器的椅子上,抬头、挺胸、收腹、紧腰直立。双手分别扶在座位两侧,小腿与地面垂直,伸直小腿稍停,再慢慢屈膝下落还原(视频 6-6-18)。

注意:整个动作练习过程不要中途停止或用力过猛,不要突然抬起或落下;大腿始终不抬离椅面。

视频 6-6-17　深蹲

视频 6-6-18　脚踝负重伸膝

3.俯卧脚踝负重屈膝

要领：俯卧在屈膝练习器的固定垫上，抬头、挺胸、收腹、紧腰，前臂弯曲，两手扶在垫子两侧，两腿伸直，后脚踝抵住踝关节阻力器护垫下方。接着吸气，屈膝使大小腿形成小于 90 度的夹角稍停，然后呼气，缓慢伸膝下落还原（视频 6-6-19）。

4.坐姿双腿负重蹬伸

要领：坐在蹬腿练习器的固定座位上，屈膝，两脚分别踏在练习器踏板上，两手握住座位两侧的扶手。接着吸气，用力蹬直双腿，稍停，然后呼气，缓慢屈膝还原（图 6-6-8）。

注意：整个动作练习过程，膝关节伸展和弯曲不受限制，同时充分用力蹬出双腿，动作要连贯、协调、控制好，意念要集中在大部分腿肌肉群上。

视频 6-6-19　俯卧脚踝负重屈膝

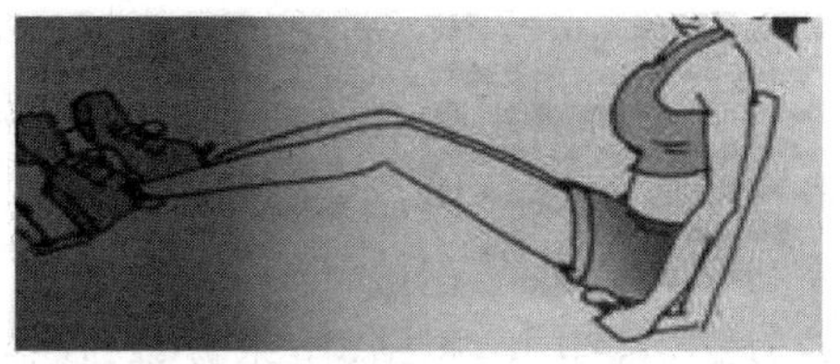

图 6-6-8　坐姿双腿负重蹬伸

注意：屈小腿时动作不要用力过猛，不要撅臀；还原时要用力控制，不要突然回落。

5.持哑铃行进

要领：双手各持一个哑铃，站立于健身房的一端，向前迈一大步，然后将迈步的腿前屈，重心往下降，后腿的膝关节与地面靠近。如此重复迈步（视频 6-6-20）。

视频 6-6-20　持哑铃行进

注意：哑铃重量要适中，行进节奏慢。

三、健身与健美考核的基本标准

（一）技术分

优 10 分，良 8 分，及格 6 分，不及格 3～5 分。

（二）负荷评分标准

各选一个练习以下 6 个主要部位——胸部、腰背部、腹部、肩部、上肢、下肢的技术动作。每个技术动作的每个重量做 5 次，最后全班排名，对体重也进行全班排名（负数）。最后合计，数字小者总名次靠前，打出负荷水平分。

参考文献

[1]阿诺德·施瓦辛格.施瓦辛格健身全书[M].北京:北京科学技术出版社,2012.
[2]德拉威尔.肌肉健美训练图解[M].济南:山东科学技术出版社,2005.

第七节　排　舞

一、概　述

排舞(lince dance)起源于美国西部乡村社交舞,经过几百年的发展,现已成为在音乐伴奏下通过重复的、固定的舞步动作来愉悦身心的国际性体育运动。它以音乐为核心,通过风格各异的舞步组合循环来展现世界各国民间舞蹈的多元文化魅力,集国际性、统一性、唯一性三大特征于一体,不受区域、年龄、性别的限制,受到全世界人民的喜爱。排舞的音乐元素包括美国西部乡村音乐、古典音乐、流行音乐等多种音乐类型,舞蹈元素包括社交舞、体育舞蹈、爵士舞、踢踏舞、东方舞、民族舞、现代舞等多种舞蹈形式,是一项内容丰富、风格多样的休闲健身运动。

作为一项参与人数众多、参与人群广泛的大众体育活动,排舞受到来自世界各地不同国籍、不同性别、不同年龄的各类人群的喜爱和参与。目前,我国许多大中小学校已经将其列入体育课程、课间操、学校社团活动以及大型团操表演的内容之一。它对培养学生的音乐素养和礼仪行为,提高其身体素质,帮助其了解世界文化有重要的作用。

二、排舞的基本知识

(一)排舞分类

目前国内外还没有明确的分类研究。按照舞步组合的结构和变化方向进行如下分类:

1.根据舞步组合结构进行分类

(1)完整型排舞:固定的舞步组合。如果是2/4或4/4的音乐,舞步组合一般由32拍、48拍或64拍组成。如果是3/4拍的音乐,舞步组合一般由12×3拍或16×3拍组成。无论是舞步动作,还是方向变化都较为简单,因此,难度级别大多数属于初、中级。

(2)组合型排舞:由两个或更多的舞步组合构成,而且每一舞步组合的节拍数可相同或不同。一般具有一定的规律或没有一定的规律进行循环,由于舞步组合难度可难可易,数量可多可少,循环可有规律或没有规律,因此,难度级别初、中、高级均有可能。

(3)间奏型排舞:除固定舞步组合外,还有一个或多个相同或不同的间奏舞步。间奏舞步一般不超过1×8拍,较难记忆,且间奏舞步还可根据个人特点、音乐特点、队形变化需要等进行二次创编,因此,难度级别可有中、高级。

(4)表演型排舞:因表演效果或比赛需要,舞步组合较为复杂或者没有固定的舞步组合,要求能够精准地演绎音乐风格,不易于掌握,属于最高难度级别的排舞。

2.按照舞步组合变化方向进行分类

(1)一个方向的排舞：一个或多个舞步组合，从开始直至结束，均面对十二点一个方向进行。

(2)两个方向的排舞：一个或多个舞步组合的完成后，在相反的方向又开始重复这一个或者多个舞步组合的展示，即面向十二点的舞步组合结束后，再面向六点重新开始。

(3)四个方向的排舞：一个或多个舞步组合完成后，都在一个新的方向重新开始。一般按顺时针或逆时针依次在十二点、九点、六点、三点的四个方向变化。

(二)排舞术语

排舞术语是排舞理论和技术等方面记录、交流的专门用语和工具。它以简明、扼要的词汇，准确而又形象地反映出排舞的舞步形式和技术特征。它是在排舞实践发展过程中不断演变和完善的，来源于实践且指导实践，并进而上升为理论。

1.动作方向术语

动作方向是指人体或人体某一部分运动的指向或位置。为了正确辨别身体方向和检查动作旋转的角度，方便理解和记忆套路动作，国际排舞协会规定以时钟的位置和走针方向作为方位和方向，主要包括：十二点、三点、六点和九点四个位置以及顺时针和逆时针两个方向。

2.基本专属术语及基本动作术语

由于国际排舞协会认定英文为国际间的通用交流语言，各种排舞视频网站中上传的均为英文的舞谱，为便于学习、沟通和交流，在此以中英文进行基本术语的介绍(表 6-7-1 和表 6-7-2)。另外，排舞舞谱主要是针对脚步的描述，因此，右和左主要是指右脚和左脚(除个别排舞的手臂动作描述以外)。

表 6-7-1　基本专属术语一览表

排舞 lince danc	编舞者 choreographer	音乐名 music	演唱者 singer
每分钟排数 brm	拍子 count	方向/遍 wall	舞蹈水平 level
初级 beginner	中级 intermediate	高级 advance	前奏/介绍 count in/intro
开始 start	舞蹈顺序 sequence	小节/章节 section	段落/部分 part
结束 end	间奏 tag/bridge	重头开始 restart	重复 repeat
步伐 step	脚 foot	右 right	左 left
脚尖 toe	脚跟 heel	还原 home	原地 in place
前面 front	后面 back	侧面 side	斜角 diagonal
头 head	手 hand	面向 face	膝关节 knee
切分音 syncopated	顺时针 clockwise	逆时针 counter-clockwise	

表 6-7-2 基本动作术语一览表

刷地 brush/scuff	退 back	击掌 clap	交叉 cross	拖步 drag	扇步 fan
进 forward	轻弹 flick	跟弹 heel bounce	跟点 heel dig	跟磨 heel grind	跟开 heel split
跟拍 heel tap	顶髋 hip bump	抬/吸起 hitch	停顿 hold/freeze	勾提 hock	单足跳 hop
跳 jump	踢 kick	提起 lift	锁步 lock	弓步 lunge	点 point
抖肩 shimmy	滑冰步 skate	滑步 slide	踏步 stomp	摇摆 sway	扫步 sweep
旋转 swivel	踢踏步 tap	触点 touch	并步 together	转 turn	扭转 twish

(三)基本步伐

由于排舞运动的手臂动作除个别规定动作以外,其手臂的位置、动作以及风格的演绎可以根据音乐的特点以及练习者的个人技术特点和喜好进行自由发挥和创编,但是脚步的动作要求必须尊重原创,因此排舞运动脚步的规范性至关重要。排舞的基本步伐有很多种,在此仅介绍一些常用的基本步伐,主要包括:平衡步(balance step)、曼波步(mambo step)、剪刀布(scissors step)、水手步(sailor step)、海岸步(coaster step)、桑巴步(samba step)、伦巴盒步(rumba box)、藤步(grapevine/vine)、蒙特利转(monterey turn)、摇椅步(rocking chair)、踢换脚(kick ball change)、三连步转(triple)、开关步(switch)、苹果杰克(apple jack)、查尔斯顿步(charleston)、闪亮步(twinkle)等。

(四)舞谱识别与记写、编排

1.曲目的整体描述

整体描述包括:介绍曲目的名称、创编者、舞步组合的节拍数、曲目的方向变化、难度级别及所选用的音乐出处等。

2.舞步术语和舞码

舞步术语是指每一个八拍或者四个三拍主要完成的舞步动作。舞码是指每一个八拍的节奏口令。根据舞步术语和舞码逐步对舞步组合中的每一个动作进行描述。其中文表达顺序为身体部位—动作方向—动作方法,英文表达顺序为动作方法—身体部位—动作方向。有间奏舞步时,在间奏舞步出现的地方,会有间奏舞步的节拍数、开始的节拍、方向等。

3.记写时的注意事项

排舞作为一项参与人数众多、参与人群广泛的大众体育活动,能够让更多的人参与该项运动的普及和推广是其旺盛生命力的表现。因此,排舞曲目记写要求做到:用语简单易懂、描述准确清晰、术语表达规范、记写前后一致。同时,还需要注意的是,由于排舞是以舞步为主,因此在有多个身体部位参与运动的前提下,要将脚步从整体中剥离出来进行重点描述,然后再描述其他身体部位的动作,如右苹果杰克,同时两臂侧平举。

三、基本套路

普通高校排舞课程教学考核内容:可以从国家体育总局全国排舞运动推广中心推广的曲目中选出具有时代感、活力感、积极阳光的中、高级排舞套路,依据基础班和提高班的上课主体对象选择上课教学内容。学生可利用现代的互联网技术,在课前、课中和课后通过网络上的标准教学视频进行预习、学习和复习,并结合任课教师的现场教学和指导完成教学任务。基础班和提高班套路动作的特点解析见表 6-7-3。

表 6-7-3 基础班和提高班套路动作的特点解析表

级别	动作特点	音乐速度
基础班	中等强度 两个方向 64 拍动作 90~360 度的转体动作及转髋、跳跃动作 较为复杂的图形和路线变化 第二遍仅做 48 拍动作 爵士和街舞	112 拍/分钟
提高班	中等强度 一个方向 96 拍动作 45~180 度的转体动作及转髋、跳跃动作 一定的路线变化 第三遍仅做前 48 拍动作 街舞	132 拍/分钟

四、专项考核评价标准

成套动作采用百分制,评分精细到 0.1 分。具体评价标准见表 6-7-4。

表 6-7-4 排舞专项评价标准

分数	评价标准
90~100 分	①动作正确性非常好;②动作熟练性非常好;③身体的协调性非常好;④连接动作的流畅性非常好;⑤动作和音乐的配合非常好;⑥艺术表现力非常强且富有热情
80~89 分	①动作正确性非常好;②动作熟练性非常好;③身体的协调性非常好;④连接动作的流畅性非常好;⑤动作和音乐的配合较好;⑥艺术表现力较强较有热情
70~79 分	①动作正确性非常好;②动作熟练性非常好;③身体的协调性非常好;④连接动作的流畅性较好;⑤动作和音乐的配合较好;⑥艺术表现力较强较有热情
60~69 分	①动作正确性较好;②动作熟练性较好;③身体的协调性较好;④连接动作的流畅性较好;⑤动作和音乐的配合较好;⑥艺术表现力较强较有热情
40~59 分	①动作正确性一般;②动作熟练性一般;③身体的协调性一般;④连接动作的流畅一般;⑤动作和音乐的配合一般;⑥艺术表现力和热情一般
20~39 分	①动作正确性较差;②动作熟练性较差;③身体的协调性较差;④连接动作的流畅性较差;⑤动作和音乐的配合较差;⑥艺术表现力和热情较差
20 分以下	①动作正确性差;②动作熟练性差;③身体的协调性差;④连接动作的流畅性差;⑤动作和音乐的配合差;⑥艺术表现力和热情差

评分包括舞步分、完成分和艺术分，总分100分。其中舞步分为20分，完成分为50分，艺术分为30分。

（一）舞步分（20分）

(1)基本舞步（12分）：舞步正确、规范，方向变化正确，动作节奏正确。前奏、间奏和结尾的部分可有不同于原舞步的动作。结尾不得超过2×8拍或者8×3拍的动作编排。上肢动作可自由编排。否则视其程度进行扣分。

(2)舞步顺序（8分）：在演绎过程中，没有颠倒或拆分舞步，否则视其程度进行扣分。

（二）完成分（50分）

(1)动作正确性（10分）：身体姿态舒展、动作技术正确、动作范围适当。如有技术动作不正确或身体姿态问题，视其错误情况进行相应扣分。

(2)动作熟练性（10分）：动作熟练，无漏做动作。停顿不超过1×8拍，如有漏做，按照漏做动作的多少进行酌情扣分。

(3)身体的协调性（10分）：全身协调运动，动作轻松有弹性，动作清晰无多余动作，避免过分松弛和过分紧张。如动作不协调、动作不清晰、出现多余动作、过分紧张和松弛，均视其程度进行扣分。

(4)动作连接的流畅性（10分）：动作之间的连接自然流畅，动作的转化及方向的变化要干净无多余动作。

(5)动作和音乐一致性（10分）：动作要充分表现音乐的情绪，动作和音乐节奏配合要准确。如动作和音乐的配合出现问题，视其程度进行扣分。

（三）艺术分（30分）

(1)成套队形编排（10分）：基础班要求队形变化至少3次，提高班要求队形变化至少5次，不包括开头和结束动作，相同的队形仅算一次队形变化，且队形变化应流畅自然并富有层次感。如出现队形变化不足，或者流畅度和层次不足的问题，均视其程度进行扣分。

(2)曲目风格的把握（10分）：动作的完成（包括上肢的动作编排）与曲目风格要协调一致，否则视其程度进行扣分。

(3)表演技巧与总体印象（10分）：动作展示要具有表现力并富有激情，体现一种健康和积极向上的情绪。成套动作的展示具有良好的表演效果，否则视其情况进行扣分。

参考文献

全国排舞广场舞推广中心官方网站（www.linedancechina.org）

第七章

武术类运动

第一节　太极拳

太极拳是中华武术的主要拳种之一，它是根据我国古代阴阳哲理解释拳意而命名的拳术。在长期的流传过程中形成了陈式、杨式、吴式、孙式、武式等技术流派。各式太极拳尽管在动作和编排上有所不同，但是在体松心静、缓慢均匀、劲如抽丝、呼吸自然、圆活连贯、虚实分明、刚柔相济、以意导气、以气运身等特点上是一致的。

中华人民共和国成立后，太极拳的健身作用受到了党和国家的高度重视。国家体育运动委员会以杨式太极拳为蓝本，先后创编了24式简化太极拳、48式太极拳，并修订了88式太极拳。2009年，在继承优秀传统武术教材的基础上，由国家体育总局武术研究院组编写的《中国武术段位制系列教程——杨式太极拳》正式发布。

太极拳于2006年被列入首批国家级非物质文化遗产，它蕴含着阴阳辩证的中国哲学，集道、儒、易、经络学和导引吐纳术等中华智慧于一体。高等院校大学生的太极拳课程本着领会中国传统体育文化的精髓以及强身健体的学习目标，旨在通过太极拳的锻炼，进一步提高个人的意志、品质及修养。

一、杨式太极拳一段

（一）基本功

1.手型

（1）掌：

①虚掌——五指自然分开，虎口成圆形，掌心微含。

②实掌——五指自然伸展，掌心微向前撑。

（2）拳：四指内卷，拇指按压食指、中指的中节，握拳舒松而内含力量。

（3）勾：屈腕，五指捏拢（视频7-1-1）。

2.步型

（1）弓步：两脚前后分开，前腿屈，后腿舒展蹬地，不可绷直。

（2）坐步：松腰、敛臀，重心偏于后脚（视频7-1-2）。

视频 7-1-1　掌、拳、勾

视频 7-1-2　弓步、坐步

(二)单练套路

动作名称见表 7-1-1。

表 7-1-1　杨氏太极拳单练套路动作名称

预备式:并步直立							
第一小节							
1	单鞭起势	2	右捋按势	3	左捋按势	4	右进步搬拦捶
5	左进步搬拦捶						
第二小节							
6	退步双穿左按掌	7	退步双穿右按掌	8	如封似闭	9	十字手收势

杨式太极拳一段单练套路第一小节(单鞭起势、右捋按势、左捋按势、右进步搬拦捶、左进步搬拦捶)见视频 7-1-3。

视频 7-1-3　杨式太极拳一段单练套路第一小节

预备式:并步直立。

1.单鞭起势

(1)左脚向左侧出步,两脚左右开立,与肩同宽。

(2)两臂体前上举,高与肩平,手心向下。

(3)两腿微屈,两掌下落,按于胯前。

(4)重心移至左腿,右脚向右前方斜出(45 °),脚跟着地,左手于体前经右、向上划弧至左侧,右手移至左腹前。

(5)重心移至右腿,左腿屈膝回收,右手向上划弧至右侧;左手划下弧至右胸前。

(6)右手成勾手,上体左转,左手胸前划弧,左脚向前出步,脚跟着地。

(7)右勾手保持不变,重心前移成左弓步,左掌翻掌前推。

动作要点:心静体松、头正颈直、下颚微收、胸背自然、收臀收腹、屈膝松腰,两臂下落与身体下蹲的动作协调一致;推掌时,利用后腿蹬地的力量。

2.右捋按势

(1)重心移至左腿,右脚虚提,左手移至右肩前,右手向下划弧至左腹前,两手合抱。
(2)右脚上步成右弓步,左手按于左胯前,右手上掤,高与肩平。
(3)重心后移,身体右转,右手捋掌引至身体右侧。
(4)重心前移成右弓步,右掌前推。
(5)与(3)的动作相同。
(6)与(4)的动作相同。
动作要点:动作协调一致,以腰带手,气要下沉。

3.左捋按势

(1)重心后移,右脚上提,右手向后捋带,左手收抱于体前。
(2)右脚退步成左弓步,左臂经胸前上掤,右手下按于右胯旁。
(3)重心后移,上体左转,右坐步,左手向后捋带。
(4)左掌翻掌前推,重心前移成左弓步。

4.右进步搬拦捶

(1)重心前移至左腿,左手后引至右肩前,右手移至左腹前。
(2)右脚上步,脚跟着地,右手握拳向右侧搬,左手掌附于右肘内侧。
(3)左脚上步,脚跟着地,右拳旋转抽回至右腰间,左手经侧弧形向前推按。
(4)重心前移至左弓步,右手冲拳,拳眼朝上,左掌收回附于右肘内侧。

动作要点:搬时,右拳经胸前向前翻转撇出下压,拦时,左手拦掌应弧形拦出,捶时,沉肩坠肘,出拳用后脚蹬地的力量。

5.左进步搬拦捶

(1)重心前移至右腿,右手抽回至腰间,左手向左侧搬。
(2)左脚上步,脚跟着地,左手旋转抽回至左腰间,右手经侧弧形向前推按。
(3)重心前移成右弓步,同时左拳由腰际向前上击出,右掌回收至左肘位置。
动作要点:同右进步搬拦捶。

杨式太极拳一段单练套路第二小节(退步双穿左按掌、退步双穿右按掌、如封似闭、十字手收势)见视频 7-1-4。

视频 7-1-4　杨式太极拳一段单练套路第二小节

6.退步双穿左按掌

(1)重心后移至左腿,左拳收回腰间,右拳向右侧搬。
(2)重心前移成右弓步,右拳变掌下按,左掌经右手背上方前穿。
(3)重心后移至左腿,左手翻掌下按,右手掌经左手背上方前穿。
(4)右腿退步,重心落于右腿,右手收于腰间,左掌经左弧形下按。

动作要点:手与脚要协调,穿掌时,手不可高过与喉部,目视前方。

7.退步双穿右按掌

(1)重心前移至左弓步,右手向前上方穿掌,左收回收至胸前。

(2)重心后移成右坐步,左手向前上方穿掌,右手体前由下至上划弧。

(3)左腿退步,身体左转,左收回收至腰际,右掌由上前伸下按。

动作要点:同退步双穿左按掌。

8.如封似闭

(1)两手合抱,重心前移成右弓步,左手移至右臂下。

(2)两手外分,收至胸前,重心后移至左腿。

(3)两掌前推,重心前移成右弓步。

动作要点:不可前俯后仰,边收边分掌,肘大开手小开;边合边推掌,蹬腿、推掌协调一致。

9.十字手收势

(1)右手向右平拉,两臂成一直线,右腿退步,重心右移成右侧弓步。

(2)两手经下交叉合抱于胸,重心左移,右脚收回成开立。

(3)两掌向前平伸。

(4)两手下落至身体两侧。

(5)收左脚,并脚。

动作要点:两手分开和合抱时上体勿前俯;站立后,上体正直,沉肩坠肘。

杨式太极拳一段单练套路完整正面示范见视频 7-1-5;杨式太极拳一段单练套路完整背面示范见视频 7-1-6。

视频 7-1-5　杨式太极拳一段单练套路完整正面示范

视频 7-1-6　杨式太极拳一段单练套路完整背面示范

(三)对打套路

动作名称见表 7-1-2。

表 7-1-2　杨氏太极拳对打套路动作名称

预备式:并步直立		
甲		乙
第一小节		
1	单鞭起势	单鞭起势
2	右捋按势	右捋按势
3	左捋按势	左捋按势
4	右进步搬拦捶	退步双穿左按掌
5	左进步搬拦捶	退步双穿右按掌

续表

第二小节		
6	退步双穿左按掌	右进步搬拦捶
7	退步双穿右按掌	左进步搬拦捶
8	如封似闭	如封似闭
9	十字手收势	十字手收势

杨式太极拳一段对打套路第一小节见视频 7-1-7。

视频 7-1-7　杨式太极拳一段对打套路第一小节

预备式:甲乙并步直立。

1.甲乙单鞭起势

(1)甲乙同出左脚,两脚左右开立。

(2)甲乙两臂平举。

(3)甲乙两手下按。

(4)甲乙右同时体左转,脚向右侧斜前方出步,脚跟着地上,两手划弧。

(5)甲乙双手继续划弧,重心移至左脚,屈膝,身体右转;收左脚,成虚步。

(6)甲乙重心仍在右腿,出左脚,脚跟着地成右坐步;右手划弧在右上方成勾手,左掌划弧至胸前。

(7)甲乙重心前移成左弓步;右手勾手保持不动,左手翻掌前推。

动作要点:屈膝、松腰、敛臀,两臂放松;然后,利用蹬脚拔腿的力量带动手臂上举;沉气、落胯,利用身体的沉劲,促进两手下按。

2.甲乙右捋按势

(1)甲乙重心移至左腿,右脚虚提,左手移至右肩前,右手向下划弧至左腹前,两手体前合抱。

(2)甲乙右脚上步,右手上掤,右手腕部相搭。

(3)乙方右手按住甲方右腕前推;甲方重心后移,上体右转,用右腕掤接乙的推掌并向右侧引化。

(4)甲方右手按住乙方右腕前推;乙方重心后移,上体右转,用右腕掤接甲的推掌并向右侧引化。

动作要点:转腰引化,不可用力横拔。

3.甲乙左捋按势

(1)甲方右脚退步,左手上掤;乙方左脚上步,左手上掤,左手腕部相搭。

(2)乙重心前移成左弓步,左张翻转前推;甲重心后移成右坐步,上体左转,用左手腕搭住乙左掌，后捋。

(3)甲重心前移成左弓步，左张翻转前推；乙重心后移成右坐步，上体左转，用左手腕搭住甲左掌，后捋。

动作要点：甲方右手进攻换成左手进攻时，手上要有点控制力，逼迫或暗示对方换手。

4.甲右进步搬拦捶、乙退步双穿左按掌

(1)乙方左弓步前推，甲方坐步引化；随后，甲上右步搬拳，乙退左步走化。

(2)乙方左腿后坐，右掌前穿，指向甲方喉部；甲方左脚上步，左手拦住乙方的右臂。

(3)甲方重心前移成左弓步，右拳击打乙方胸部；乙方退右步，重心右后移，左手下按甲方右腕。

动作要点：双方的手臂要柔和的粘连在一起；甲方右拳搬后要松柔下来，随乙方的下按而回收；拦掌后要随乙方的化劲继续推送；出拳后要随乙方的下按而走化。

5.甲左进步搬拦捶、乙退步双穿右按掌

(1)乙重心前移成左弓步，同时右掌前穿；甲重心后移成右坐步，出左拳格挡乙穿掌。

(2)乙重心后移成右弓步，同时左掌前穿；甲方重心前移成左弓步，出右掌拦挡乙方穿掌。

(3)甲方上右步成右弓步，左拳由腰际击出；乙方左脚后退，同时出右掌按挡甲方左拳。

杨式太极拳一段对打套路第二小节见视频 7-1-8。

视频 7-1-8　杨式太极拳一段对打套路第二小节

6.乙右进步搬拦捶、甲退步双穿左按掌

(1)乙重心前移成右弓步，同时左掌前穿；甲重心后移成左坐步，出右拳格挡乙穿掌。

(2)甲重心前移成右弓步，同时左掌前穿；乙方重心前移成左弓步，出右掌拦挡乙方穿掌。

(3)甲重心后移成左坐步，同时右掌前穿；乙左脚上步，出左掌拦挡甲方穿掌。

(4)乙方重心前移成左弓步，同时出右冲拳；甲右脚退步，重心后移，同时出左掌按挡乙方冲拳。

7.乙左进步搬拦捶、甲退步双穿右按掌

(1)甲重心前移成左弓步，同时右掌前穿；乙方重心后移成右坐步，并出左搬拳格挡甲方穿掌。

(2)甲重心后移成一右坐步，同时左掌前穿；乙右脚上步，同时出右掌拦挡甲方穿掌。

(3)乙方重心前移成右弓步，同时出左冲拳；甲左脚退步，同时出右掌按挡乙方冲拳。

8.甲乙如封似闭

(1)甲方重心前移成右弓步，左掌前穿，指向乙方的喉咙；乙方重心后移，右手向右捋甲方左肘。

(2)乙方左手捋甲方左腕，双手推按甲方左臂，甲两臂外掤，后移重心引化。

(3)甲方两手外分,将乙方两手引向体侧,乙方顺势跟随。

(4)甲方重心前移成右弓步,双手向前推掌;乙方重心后移,两掌外分引化。

(5)乙方重心前移,双手前推甲方推掌;甲方重心后移,两手上托乙方两臂。

动作要点:封用开劲引化,闭用合劲进逼。

9.甲乙十字手收势

(1)甲方右脚退步,右手平拉;乙方重心左移,左手平拉。

(2)甲方右脚收回,十字合抱;乙方左脚收回,十字合抱。

(3)甲乙两手平伸。

(4)甲乙两手下落。

(5)甲乙左脚并步。

杨式太极拳一段对打套路完整正面示范见视频 7-1-9。

视频 7-1-9　杨式太极拳一段对打套路完整正面示范

二、杨式太极拳二段

(一)基本形态

1.搂手

手掌由下向上向内弧形捋,或手掌由上向下弧形捋。

2.云手

一手由身体异侧腹前向上划至肩前,另一手由肩侧划至身体异侧腹前,两手交替成圆形运动(视频 7-1-10)。

视频 7-1-10　搂手、云手

3.分脚

脚由下向上弹踢,力达脚背。

4.蹬脚

脚由提膝开始前蹬,力达脚跟。

(二)单练套路

杨氏太极拳二段单练套路动作名称见表 7-1-3。

表 7-1-3 杨氏太极拳二段单练套路动作名称

预备式:并步直立							
第一小节							
1	单鞭起势	2	右双手捋按势	3	左双手捋按势	4	右云手 (右圆手)
5	左云手 (左圆手)	6	左搂膝拗步	7	右玉女穿梭 (右穿掌架打)		
第二小节							
8	右分脚	9	转身左分脚	10	转身右蹬脚	11	右穿掌
12	如封似闭	13	十字手收势				

杨式太极拳二段单练套路第一小节见视频 7-1-11。

视频 7-1-11 杨式太极拳二段单练套路第一小节

预备式:并步直立。

1.单鞭起势

(1)左脚向左侧出步,两脚左右开立,与肩同宽。

(2)两臂体前上举,高与肩平,手心向下。

(3)两腿微屈,两掌下落,按于胯前。

(4)重心移至左腿,右脚向右前方斜出(45°),脚跟着地,左手于体前经右、向上划弧至左侧,右手移至左腹前。

(5)重心移至右腿,左腿屈膝回收,右手向上划弧至右侧;左手划下弧至右胸前。

(6)右手成勾手,上体左转,左手胸前划弧,左脚向前出步,脚跟着地。

(7)右勾手保持不变,重心前移成左弓步,左掌翻掌前推。

动作要点:心静体松、头正颈直、下颚微收、胸背自然、收臀收腹、屈膝松腰,两臂下落与身体下蹲的动作协调一致;推掌时,利用后腿蹬地的力量。

2.右双手捋按式

(1)右脚上步于左脚内侧虚提,双手体前合抱。

(2)右脚上步,右臂上掤,左手附于右手旁。

(3)左手微前伸,右手移至左肘内侧,重心后移,身体右转,两手向右捋。

(4)身体转正后两掌置于胸前。

(5)成右弓步,重心前移,两掌前推。

动作要点:捋时,先左掌前移,成拗步捋势,两手如同抚摸雀尾一样。

3.左双手捋按式

(1)右脚退步,左手经胸前上掤,右手附于左肘内侧,成左掤式。

(2)重心后移,身体右转,两手向左捋。

(3)身体转正后两掌置于胸前,重心前移,两掌前推,成弓步。

4.右云手

(1)重心后移微沉,右脚尖外撇,左手向左侧划弧,右手移至左腹前。

(2)重心移至右腿,左脚尖里扣,身体右转,右手经胸前划弧至身体右侧,左手向下划弧至右腹前。

动作要点:身体转动以腰为轴,松腰、松胯,重心平稳;两手交替练习时,状如盘球,缠绵不绝,速度缓慢均匀。

5.左云手

重心左移,身体左转,右脚上步,左手经胸前划弧至身体左侧,右手向下划弧至左腹前。

6.左搂膝拗步

(1)左脚上步,脚跟着地,左搂手至左腹前,右手划弧至右耳侧。

(2)重心前移成左弓步,左下手搂至左胯旁,右掌前推。

动作要点:不可前俯后仰,要松胯松腰,搂手后,左掌下按,肘不过肋,上下肢协调一致。

7.右玉女穿梭

(1)重心后移,左手上架。

(2)重心前移成弓步,右掌前推。

动作要点:架掌用掤劲后引,再前推,劲向前合,一手上举一手前推要与弓步松腰协调一致。

杨式太极拳二段单练套路第二小节见视频 7-1-12。

视频 7-1-12　杨式太极拳二段单练套路第二小节

8.右分脚

(1)重心后移,左掌搂砍。

(2)重心前移至左腿,右手移至左手下,两手成十字上架。

(3)两掌向两侧劈出,右脚向右前侧弹踢。

动作要点:分掌与弹踢要协调一致,力达脚面。

9.转身左分脚

(1)右脚交叉落于左脚外侧,脚尖点地。

(2)身体左转,两掌十字合抱,重心移右。

(3)两手分掌,分别向两侧劈出,左脚弹踢。

10.转身右蹬脚

(1)左脚交叉落于右脚外侧,脚尖点地。

(2)身体右转,重心移至左腿,右脚提起,两掌十字合抱。

(3)两手向前侧推,右脚向右前方蹬出。

动作要点:推掌与蹬脚协调一致,力达脚跟。

11.右穿掌

(1)右脚后落,右手收至腰间,左掌下按。

(2)重心前移成左弓步,右掌前穿。

动作要点:穿掌时,掌心向上,经左手臂上方前穿,指尖朝前。

12.如封似闭

(1)左弓步,左掌前伸,右掌靠近左腕。

(2)重心后移成右坐步,右捋掌。

(3)身体转正,两手下按。

(4)重心前移成左弓步,两掌前推。

(5)左弓步,两手合抱。

(6)重心后移成右坐步,两手分掌。

(7)重心前移成左弓步,两掌前推。

13.十字手收势

(1)右腿退步,重心右移成右侧弓步,右手向右平拉,两臂成一直线。

(2)重心左移,右脚收回成开立,两手经下交叉合抱于胸前。

(3)两掌向前平伸。

(4)两手下落至身体两侧。

(5)收左脚,并脚。

动作要点:两手分开和合抱时上体勿前俯;站立后,上体正直,沉肩坠肘。

杨式太极拳二段单练套路完整正面示范见视频7-1-13;杨式太极拳二段单练套路完整背面示范见视频7-1-14。

视频7-1-13 杨式太极拳二段单练套路完整正面示范

视频7-1-14 杨式太极拳二段单练套路完整背面示范

(三)对打套路

杨氏太极拳二段对打套路动作名称见表7-1-4。

表 7-1-4　杨氏太极拳二段对打套路动作名称

预备式:并步直立		
甲		乙
第一小节		
1	单鞭起势	单鞭起势
2	右双手捋按势	右双手捋按势
3	左双手捋按势	左双手捋按势
4	右云手(右圆手、左下圆手)	右分脚
5	左云手(左圆手、右下圆手)	转身左分脚
6	左搂膝拗步	转身右蹬脚
7	右玉女穿梭(右穿掌架打)	右穿掌
第二小节		
8	右分脚	右云手(右圆手、左下圆手)
9	转身左分脚	左云手(左圆手、右下圆手)
10	转身右蹬脚	左搂膝拗步
11	右穿掌	右玉女穿梭(右穿掌架打)
12	如封似闭	如封似闭
13	十字手收势	十字手收势

杨式太极拳二段对打套路第一小节见视频 7-1-15。

视频 7-1-15　杨式太极拳二段对打套路第一小节

预备式:并步直立。

1.甲乙单鞭起势

(1)甲乙同出左脚,两脚开立。

(2)甲乙两臂平举。

(3)甲乙两手下按。

(4)甲乙上体左转,两手划弧;同时右脚向右侧斜前方出步,脚跟着地。

(5)甲乙双手继续划弧,重心移至左脚,屈膝,身体右转;收左脚,成虚步。

(6)甲乙重心仍在右腿,出左脚,脚跟着地成右坐步;右手划弧在右上方成勾手,左掌划弧至胸前。

(7)甲乙重心前移成左弓步;右手勾手保持不动,左手翻掌前推。

动作要点：屈膝、松腰、敛臀，两臂放松；然后，利用蹬脚拔腿的力量带动手臂上举；沉气、落胯，利用身体的沉劲，促进两手下按。

2.甲乙双手捋按式

（1）甲乙左抱球，甲乙右掤，双方右手腕部互搭，左手扶于对方的肘部。

（2）乙方两手推按甲方右臂；甲方身体右转，向右捋带化解。

（3）甲方两手推按乙方右臂；乙方身体右转，向右捋带引化。

动作要点：向前推进时，要一手管住对方的腕部，一手管住对方的肘部，两手配合用力，控制对方手臂，向前推送。引化时，要用前臂接住对方的推进力，并要主动的引导对方的力量靠近自己的身体，然后再用身体的转动，化解对方的进攻。

3.甲乙左双手捋按

（1）乙方左脚上步，双手前推；甲方右脚退步，左手上棚，成左搭手势。

（2）乙方成弓步两手推按甲方左臂；甲方，身体左转，双手向左捋带引化。

（3）甲方成弓步双手推按乙方左臂，乙方身体左转，双手向左捋带引化。

4.甲右云手，乙右分脚

（1）乙方右手由下向上抄起，推开甲方右臂；乙撤步推拨，甲方身体左转。

（2）乙方右脚弹踢甲方腹部；甲方左手下抄，格开乙方右腿。

动作要点：弹踢前，左脚要调整好距离；云手防守时，要一手由上方走化，一手下抄，对抗中直接用抄抱。

5.甲左云手、乙转身左分脚

（1）乙方右脚下落，身体左转，两手合抱；甲方重心继续右移。

（2）乙方左脚弹踢甲方腹部；甲方身体左转，右手格开乙方的左腿。

6.甲左搂膝拗步，乙转身右蹬脚

（1）乙方左脚下落，身体右转；甲方右脚上步，继续云手。

（2）乙方右脚蹬踢甲方腹部；甲方左手下搂，格开乙方右腿。

（3）甲方左脚上步，右掌推乙方胸部；乙方右脚后落，左手按甲方右腕。

动作要点：甲方根据双方的距离调整脚步。

7.甲右玉女穿梭、乙右穿掌

（1）乙方重心前移，右掌前穿，指向甲方喉部，甲方身体后坐，左手上架。

（2）甲方左腿弓步，右掌推向乙方胸部；乙方重心后移，左手上架。

杨式太极拳二段对打套路第二小节见视频 7-1-16。

视频 7-1-16　杨式太极拳二段对打套路第二小节

8.甲右分脚，乙右云手

(1)甲方身体右转，左手右搂，砍乙方颈部；乙方右手上架。

(2)甲方右腿弹踢乙方腹部；乙方左手下搂，格开甲方右腿。

9.甲转身左分脚、乙左云手

(1)甲方右脚下落，左转身合手，乙方右上步。

(2)甲方左脚弹踢乙方腹部，乙方身体左转，右手格开甲方左腿。

10.甲转身右蹬脚，乙左搂拗步

(1)甲左脚下落，转身合手，提右膝；乙方上步。

(2)甲方右脚蹬踢乙方腹部，乙方拗步下搂，格开甲方右腿。

(3)乙方左弓步，右掌前推；甲方右脚后落，左手下按。

11.甲右穿掌，乙右玉女穿梭

(1)甲方重心前移，右掌前穿，指向乙方喉部；乙方身体后坐，左手上架。

(2)乙方左腿弓步，右掌推向甲方胸部；甲方重心后移，左手按乙方右腕。

动作要点：乙方的抄手要柔和，与左手做好配合。

12.甲乙如封似闭

(1)甲方右手向右搂拨乙方右腕。

(2)甲方双手按乙方右臂，弓步按逼，乙方重心后移，两臂后引。

(3)甲成左弓步，双手推按乙方右臂；乙右坐步，双分掌。

(4)乙成左弓步，双手推按甲方右臂；甲右坐步，双分掌。

(5)甲成左弓步，两手前推乙方右臂；乙右坐步，两手向后化引。

13.甲乙十字手收势

(1)甲方右脚退步，右手平拉；乙方重心左移，左手平拉。

(2)甲方右脚收回，十字合抱；乙方左脚收回，十字合抱。

(3)甲乙两手平伸。

(4)甲乙两首下落。

(5)甲乙左脚并步

杨式太极拳二段对打套路完整示范见视频 7-1-17。

视频 7-1-17　杨式太极拳二段对打套路完整示范

三、太极拳运动小贴士

(1)练习太极拳宜穿较为宽松的衣服、布鞋或运动鞋。初学时，可根据实际情况采用高、中、低架式；在练习的过程中，动作错误容易导致膝盖疼痛，如有不适应及时咨询老师，找出原因，如跪膝是伤膝关节的元凶，即把力压在膝盖头了。

(2)练习太极拳前，应有意识地先放松站立片刻，以达到心静体松、不急不躁。

(3)练习太极拳时注意力要集中，速度要均匀，重心不可忽高忽低，记住七字要决：静、松、稳、匀、缓、合、连。并且要用意念启示、引导动作，以达到意领气行，气到力生。

(4)太极拳练习时的呼吸，采用腹式呼吸来增加呼与吸的深长。腹式深呼吸能够有意识地加大膈肌的升降、腹壁的起伏幅度，增加呼吸量。练习太极拳的速度，一般以一次深呼吸配合拳式的一次起伏，或开合，或一次屈伸，但由于太极拳不是单纯按照一呼一吸的节律要求编排动作的，某些拳式存在开得大合得小，或者屈得多合得少等情况，因此，呼吸与动作变化的配合应该是十分自然的，并不牵强固定某动作是吸还是呼。

(5)练习太极拳的关键在于长期的坚持，“拳练百遍，身法自现，拳练千遍，其理自见”。

四、太极拳考试内容和评分标准

(一)考试内容

太极拳单练套路和对打套路。

(二)评分标准

总分 100 分，详见表 7-1-5。

表 7-1-5　太极拳考试内容和评分标准

内容分值	评分标准
85～100 分	①动作准确性、熟练性、流畅连贯性好 ②动作路线、方向正确性好，没有遗漏或卡顿 ③太极拳风格突出程度高，手眼身法配合协调好 ④攻防清晰度、双方配合默契程度高
70～84 分	①动作准确性、熟练性、流畅连贯性良好 ②动作路线、方向正确性良好，没有明显遗漏动作 ③太极拳风格体现和手眼身法配合协调良好 ④攻防清晰度、双方配合默契程度良好
60～69 分	①动作准确性、熟练性、流畅连贯性一般 ②动作路线、方向正确性一般，有明显遗漏动作 ③太极拳风格体现和手眼身法配合协调一般 ④攻防清晰度、双方配合默契程度一般
60 分以下	①动作准确性、熟练性、流畅连贯性差 ②动作路线、方向正确性差，无法完成全套动作 ③太极拳风格体现和手眼身法配合协调差 ④攻防清晰度、双方配合默契程度差

参考文献

[1]国家体育总局武术研究院.中国武术段位制系列教程：杨式太极拳[M].北京：高等教育出版社，2009.

[2]沈寿.太极拳法研究[M].福州：福建人民出版社，1984.

[3]林建华.郭琼珠.21世纪普通高等学校体育与健康系列教程：武术与健身教程[M].厦门：厦门大学出版社，2007.

第二节　剑　术

剑，是我国古老的四大名器之一，素有“百兵之君”的美誉。在商殷之前，古人就造有身直、带尖和双刃的短兵械，用于御敌格斗和自卫防身。由于演练起来“剑如游龙”，道艺精深，因此，备受历朝历代王公贵族、文人侠士、商贾庶民所喜爱，也曾一度作为权利和地位的象征。随着历史的发展，剑的形制及其应用价值不断演进，剑也由“斗剑”“舞剑”逐渐形成近现代的短兵格斗运动和剑术套路运动。

剑术是剑的运用方法和运动形式的统称。现代武术运动也将剑的各种套路形式泛称为剑术。剑的用法有刺、劈、挂、点、撩、崩、云、抹、穿、压等，再配以剑指，加以各种步法、步型、跳跃、平衡等动作构成了剑术的套路。剑术的套路名目繁多，著名的套路有达摩剑、武当剑、三才剑、七星剑、峨嵋剑等，不下数百种。就其体势，可分为行剑、站剑；就其握法，可分为正把剑、反手剑、双手剑以及正把的单剑和双剑；就其穗长，可分为长穗剑、短穗剑；就其运动形式，可分为单练剑、对练剑。

一、剑的部位术语

剑由剑身和剑柄组成，剑身包括剑尖、剑锋、剑末、剑脊、剑面、剑刃；剑柄包括剑格(护手)、剑茎、剑首，此外，还配有剑穗和剑鞘(图 7-2-1)。

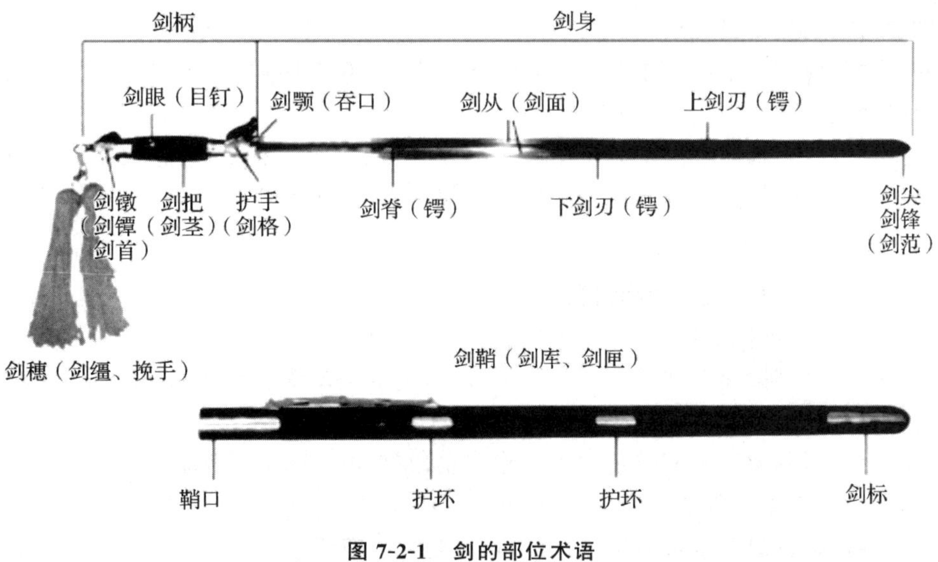

图 7-2-1　剑的部位术语

二、剑术礼仪

武术礼仪是习武者应共同遵守的最基本的道德行为规范，是习武之人精神的一种体现。

（一）持剑礼仪

1.持剑礼

并步自然直立，左手持剑，屈臂，使剑身贴于小臂外侧，斜横于胸前，刃朝上下，右手拇指屈拢成斜侧立掌（或剑指），以掌根附于左手食指指根节，高与胸齐，两手与胸间距为 20～30 厘米，肘略低于手，目视受礼者（视频 7-2-1）。

视频 7-2-1　持剑礼

2.垂剑礼

并步自然直立，右手虎口向上握剑柄，剑尖向下，剑身垂直，剑刃朝左右，左手拇指屈拢成立掌，掌心附于右拇指指根节，掌指向上，高与胸齐，两手与胸间距为 20～30 厘米，肘略低于手，目视受礼者。

（二）递接剑方式

递接器械是武术外在形象的一个重要方面。向对方递交器械时，应剑尖向下。切忌剑尖指向对方，以免有失礼节。

1.递剑方式

（1）双手托剑递（学习者用此法）：并步自然直立，左手托护手，右手托剑身，双手平举，使剑平托于胸前，剑尖朝右，目视接剑者。

（2）双手垂剑捧递（学习者用此法）：并步自然直立，双手捧住护手盘，使剑身下垂，剑刃朝左右，目视接剑者。

（3）单手提剑递（长辈或同辈间可用此法）：并步自然直立，右手拇指、食指、中指捏住剑柄后部，直臂举于体前，剑尖下垂，剑身直立，剑刃朝左右，目视接剑者。

2.接剑方式

（1）双手接“双手托剑递”（教者接剑）：并步自然直立，左手掌心向上，平托递剑者两手之间的剑身，右手掌心向下握剑柄，目视右手接剑。

（2）单手接“垂剑捧递”（教者接剑）：并步直立，左手虎口朝上握剑柄（靠近护手盘处），目视左手接过，然后交右手握剑柄持剑。

（3）单手接“提剑递”（同辈间）：并步自然直立，左手虎口朝上握剑柄（靠近护手盘处），目视左手接过，然后交右手握剑柄持剑。

（4）双手接“提剑递”（学习者接剑）：并步自然直立，双手掌心向上捧住护手盘，目视两手接过，然后交右手握剑柄持剑。

（三）持剑礼应用

1.课堂教学礼仪

上课前，老师向学生问："同学们好！"的同时，行"抱拳礼"或"持剑礼"；学生在回答："老师好！"的同时，也行"抱拳礼"或"持剑礼"。老师落手，然后学生落手立正。礼毕，上课开始。

下课时，老师向学生说："同学们再见！"学生在回答："老师再见！"的同时，互行"抱拳礼"或"持剑礼"；老师落手站立，然后学生落手立正。礼毕，师生下课。

请教前、后时，求教者应先行"持剑礼"，教者回"持剑礼"或点头示意。

切磋对练时，双方互行持剑礼，礼毕，开始对练；对练结束后，双方互行持剑礼，礼毕。

2.竞赛礼仪

运动员听到上场比赛的点名时，应向裁判长行"持剑礼"或"抱拳礼"，裁判长应点头示意，以示还礼。然后运动员走到裁判长的右侧半场完成相同方向的起势和收势。听到宣布最后得分时，也应向裁判行"持剑礼"或"抱拳礼"，以示答谢。

3.表演礼仪

表演者在表演开始前，都应向主席台上的贵宾、领导和现场观众行"持剑礼"；表演结束后，行"持剑礼"或"鞠躬礼"。

三、剑术的基本技术

（一）手型

（1）剑指：食指与中指向前伸直并拢，其余三指内屈手心，拇指压在无名指和小指的第一指节上（视频 7-2-2）。

（2）持剑：掌心贴于剑格，食指附于剑柄，拇指为一侧，其余三指为另一侧，直腕扣握剑格，剑脊轻贴前臂后侧（视频 7-2-3）。

（3）握剑：手握剑柄，拇指扣压在食指第二指节上，其余四指并拢握紧剑柄，虎口靠近剑格，并与剑刃相对，手心向内为正握立剑；手心向外为反握立剑；手心向下为俯握平剑；手心向上为仰握平剑（视频 7-2-4）。

视频 7-2-2　剑指

视频 7-2-3　持剑

视频 7-2-4　握剑

（二）步型

（1）半马步：前脚微内扣，后脚脚尖朝侧，两脚间距为本人脚长的 2～3 倍，两腿屈蹲，大腿略高于水平，身体重心略偏于后腿（视频 7-2-5）。

（2）弓步：前腿屈膝前弓，脚尖朝前，大腿近于水平，膝盖与脚面垂直；后腿挺膝伸直，脚尖斜向前。上肢有动作时,前手、前脚为同一侧的弓步为顺弓步;前手、前脚为不同侧的弓步为拗弓步(视频 7-2-6)。

(3)歇步:前脚脚尖外展,后腿膝关节位于前腿外侧,脚后跟离地,臀部接近于后脚脚后跟为歇步(视频 7-2-7)。

视频 7-2-5　半马步

视频 7-2-6　弓步

视频 7-2-7　歇步

(三)平衡

提膝平衡:一腿直立,另一腿屈膝上提,高于水平,小腿内扣,脚面绷直,内收为提膝平衡(视频 7-2-8)。

(四)步法

(1)上步:并步直立,一脚向前迈步。

(2)退步:一脚越过另一脚向后腿一步。

(3)跟步:后脚向前跟进半步,但不超越前脚(视频 7-2-9)。

视频 7-2-8　提膝平衡

视频 7-2-9　上步、退步、跟步

(五)剑法

(1)刺剑:立剑或平剑向前刺出,力达剑尖,臂与剑成一直线为刺剑(视频 7-2-10)。

(2)挂剑:手臂内旋或外旋,以剑尖为力点,沿身体右侧或左侧走立圆为挂剑(视频 7-2-11)。

(3)劈剑:立剑,由上向下为劈,力达剑身,臂与剑成一直线。抡劈剑沿身体右侧或左侧绕一立圆;后抡劈剑要与身体后转协调一致(视频 7-2-12)。

视频 7-2-10　刺剑

视频 7-2-11　挂剑

视频 7-2-12　劈剑

(4)撩剑:立剑由身后向前上方,贴身划弧直臂撩出,力达剑刃为撩剑(视频 7-2-13)。

(5)截剑:剑身斜向上或斜向下横出,力达剑端为截剑(视频 7-2-14)。

(6)斩剑:平剑向左(右)横出,高不过头与低不过肩之间为斩剑(视频 7-2-15)。

(7)点剑:剑尖由上向下划弧,向前下点击,手腕上提,力达剑锋为点剑(视频 7-2-16)。

视频 7-2-13　撩剑

视频 7-2-14　截剑

视频 7-2-15　斩剑

视频 7-2-16　点剑

四、单练套路

(一)动作名称

剑术单练套路动作名称见表 7-2-1。

表 7-2-1　剑术单练套路动作名称

预备式:并步直立							
第一小节							
1	起势	2	拗弓步刺剑	3	弓步挂劈剑	4	歇步截剑
5	提膝斩剑	6	弓步拦剑	7	右左撩剑	8	剪腕花刺剑
9	转身提膝抹剑	10	弓步上刺	11	并步前指		
第二小节							
12	拗弓步刺剑	13	横裆步右架剑	14	提膝点剑	15	弓步格挡
16	提膝下截	17	右左撩剑	18	剪腕花刺剑	19	转身扫剑
20	弓步左架剑	21	抛接剑	22	收势		

剑术单练套路完整演练见视频 7-2-17。

视频 7-2-17　剑术单练套路完整演练

(二)单式动作说明

预备式:并步直立,面向正前方;左手握剑柄,剑脊紧贴手臂后方,右手呈剑指靠右腿外侧,两臂微屈，目视前方（视频 7-2-18）。

1.起势

（1）右脚向右开步，右手剑指向上托起，左手持剑向体侧展开，目视右手剑指。

（2）左脚并右脚呈并步直立，左臂曲肘提腕，剑直立于身体左侧，右手剑指画弧按在左手腕内侧，目视左斜前方（视频 7-2-19）。

动作要点：开步持剑时要沉肩提肘，并步持剑时要沉肩提腕。

2.拗弓步刺剑

（1）左脚向左上步成半马步，两手收至腰间，右手接剑正握，右手心向内，目视前方。

（2）身体左转，右腿蹬直成左弓步，右手握剑前刺，立剑，力达剑尖；左手向左后伸展，略高于肩，手心朝外，目视前方（视频 7-2-20）。

动作要点：后腿蹬地与刺剑发力动作协调一致。

视频 7-2-18　预备式

视频 7-2-19　起势

视频 7-2-20　拗弓步刺剑

3.弓步挂劈

（1）身体左转，提右脚；右臂内旋由前向下、向左挂剑，力达剑端，左手剑指附于右臂内侧，目视左前方。

（2）右脚向右前落步成右弓步，右手持剑向右前抡劈，力达剑身；左手剑指架于头部上方，目视右前方（视频 7-2-21）。

动作要点：劈剑时从上向下抡大臂，身体顺势前倾，力达剑身。上步弓步后蹬腿与抡劈剑协调一致。

4.歇步截剑

（1）重心上提，身体左转，右手撩剑于头部前方，目视前方。

（2）重心下降，左脚向右脚斜后方退步成歇步；右手握剑向右前下方截击，左臂向左斜后方伸出，目视剑尖方向（视频 7-2-22）。

动作要点：歇步要稳，截剑身体顺势前倾，力达剑端。

5.提膝斩剑

（1）左脚向左前方上步，右手持剑云剑，左手收于腋前，目视剑身。

（2）身体左转提右膝，右手持剑向前斩击，力达剑端，左手随身体转向展开。目视剑尖前方（视频 7-2-23）。

动作要点：云剑时要仰头，剑不要举得太高，手腕要松活；斩剑时要甩臂抖腕，身体要顺势前倾，力达剑端。

视频 7-2-21　弓步挂劈

视频 7-2-22　歇步截剑

视频 7-2-23　提膝斩剑

6.弓步右拦

右脚向右前方上步成右弓步，右手持剑左撩剑再向右斜前方拦出（视频 7-2-24）。

动作要点：上步成弓步要和拦剑协同出，拦剑力达剑刃中部，目视剑身。

7.右左撩剑

（1）重心上提，右脚后点地，身体右转，右手架剑于头部上方，目视前方。

（2）身体左转，右脚上步；右手握剑经体侧划圆向右前上方撩出，力达剑端，左臂向后划立圆侧举，目视剑身。

（3）身体左转，右手握剑体前撩剑，力达剑端，左手剑指立于身后，目视剑身。

（4）右脚向右斜后方退步点地，右手握剑向左前方撩出，力达剑端，左手剑指附于右手腕侧，目视剑尖方向（视频 7-2-25）。

动作要点：撩剑要流畅，力达剑刃前端，眼随剑走。

8.弓步刺剑

（1）身体左转，右腿向上提膝收腿，右手握剑剪腕花，顺势收于右侧腰间，目视前方。

（2）右脚向前落步成右弓步，同时右手握剑前刺，目视前方（视频 7-2-26）。

动作要点：剪腕花手腕要松活。

9.转身提膝抹剑

（1）左脚上步，身体右转 90°，右手俯握剑屈臂于胸前，左手剑指屈臂于右臂下方，目视剑身。

视频 7-2-24　弓步拦剑

视频 7-2-25　右左撩剑

视频 7-2-26　弓步刺剑

（2）身体继续右转，提右膝，右手握剑向右平抹，力达剑端，左手剑指向左侧伸展，眼随剑走（视频 7-2-27）。

10.弓步上刺

（1）右脚下落，右手握剑收于腰间，左手剑指落于腰间。

（2）左脚向左侧开步成左弓步；右手握剑经腰间立剑向前上方刺出，左手剑指向左后伸展，目视剑尖方向（视频 7-2-28）。

11.并步前指

重心右移，收左脚前点地；右手握剑回抽剑收至腰间，左手剑指前方，目视前方（视频7-2-29）。

视频 7-2-27　转身提膝抹剑

视频 7-2-28　弓步上刺

视频 7-2-29　并步前指

12.拗弓步刺剑

要求同前（视频 7-2-20），见视频 7-2-30。

13.横裆步右架剑

右脚向右侧上步成右横裆步；右臂内旋架于头部上方，力达剑身，目视左前方（视频 7-2-31）。

14.提膝点剑

收右脚下落在左脚侧，提左膝，身体左转，右手握剑向左 45 度点剑，左手剑指向左后伸展，目视剑尖方向（视频 7-2-32）。

视频 7-2-30　拗弓步刺剑

视频 7-2-31　横裆步右架剑

视频 7-2-32　提膝点剑

15.弓步格挡

(1)身体右转，右手握剑回抽剑至右肩侧，左手剑指附于右腕处，目视剑身。

(2)左脚向左侧上步，成左横弓步，身体左转，右手握剑向左侧格挡，力达剑身，左手剑指向左后伸展，目视剑身方向（视频 7-2-33）。

16.提膝下截

身体右转提右膝，右手握剑向右下截剑，目视剑身（视频 7-2-34）。

动作要点：下截剑力达剑刃前端，身体微前倾。

17.右左撩剑

要求同前（视频 7-2-25），见视频 7-2-35。

18.弓步刺剑

要求同前（视频 7-2-26），见视频 7-2-36。

视频 7-2-33　弓步格挡

视频 7-2-34　提膝下截

视频 7-2-35　右左撩剑

19.回身扫剑

(1)左脚上步,身体右转俯身,右手俯握剑屈臂于胸前,左手剑指屈臂于右臂下方,目视剑身。

(2)收右脚成丁步,回身躲闪,右手握剑向右平扫,力达剑端,左手剑指向左后伸展,眼随剑走(视频 7-2-37)。

20.弓步左架剑

左脚向左侧上步,身体左转,右手握剑经体前向左侧头部上方架剑,目视右前方(视频 7-2-38)。

视频 7-2-36　弓步刺剑

视频 7-2-37　回身扫剑

视频 7-2-38　弓步左架剑

21.抛接剑

(1)身体右转,右脚退步左侧,扣腕带剑,左手剑指前方,目视左手剑指。

(2)右手握剑由下向上抛起,左手接剑,目视剑身(视频 7-2-39)。

动作要点:轻抛快接。

22.收势

(1)左手屈肘持剑,右手剑指前指;目视右手剑指。

(2)右脚并左脚,右手附于左手腕;目视剑身。

(3)身体转正,左臂垂直下落,左手持剑,右手落于体侧;目视正前方(视频 7-2-40)。

视频 7-2-39　抛接剑

视频 7-2-40　收势

(三)剑术单练套路完整演练

慢速剑术单练套路完整演练,见视频 7-2-41;常速剑术单练套路完整演练,见视频7-2-42。

视频 7-2-41 剑术单练套路完整演练(慢速)

视频 7-2-42 剑术单练套路完整演练(常速)

五、对打套路

(一)动作名称

剑术对打套路动作名称见表 7-2-2。

表 7-2-2 剑术对打套路动作名称

预备式:并步直立

	甲	乙
1	起势	起势
2	拗弓步刺剑	拗弓步刺剑
3	弓步挂劈	横裆步右架剑
4	歇步截剑	提膝点剑
5	提膝平斩	弓步格挡
6	弓步右拦	提膝下截
7	右左撩剑	右左撩剑
8	弓步刺剑	弓步刺剑
9	转身提膝抹剑	回身扫剑
10	弓步上刺	弓步左架剑
11	并步前指	并步前指
12	拗弓步刺剑	拗弓步刺剑
13	横裆步右架剑	弓步挂劈
14	提膝点剑	歇步截剑
15	弓步格剑	提膝平斩
16	提膝下截	弓步右拦
17	右左撩剑	右左撩剑
18	弓步刺剑	弓步刺剑
19	回身扫剑	转身提膝抹剑
20	弓步左架剑	弓步上刺
21	抛接剑	抛接剑
22	收势	收势

(二)对练套路完整演练

对练套路完整演练见视频 7-2-43。

视频 7-2-43　对练套路完整演练

六、武术小知识

(1)剑的正确长度标准是,使用者直臂反持剑,剑尖不低于耳上端。

(2)如何判断剑的好坏?

首先看剑的弹性:手持剑柄,将剑尖着地,用力下压使剑刃片弯曲,然后快速地使剑尖离地,如果剑身快速弹直,则为佳。

其次看剑的硬度:手平持剑,用力左右水平摇摆,剑身弯曲度小,并且随摇左微左曲,随摇右又迅速向右的,为佳。

(3)什么是"六合"?

内三合和外三合,称为"六合"。

"内三合"是心与意合,意与气合,气与力合。

"外三合"是手与足合,肘与膝合,肩与胯合。

七、武术谚语

(1)文以评心,武以观德。

(2)未曾学艺先习礼,未曾习武先习德。

(3)练拳不练功,到老一场空。

(4)眼无神,拳无魂。

(5)手眼相随,手到眼到。

(6)眼观六路,耳听八方。

(7)低头猫腰,传授不高。

(8)练拳不活腰,终究艺不高。

(9)先看一步走,再看一出手。

(10)刀如猛虎,剑似飞凤。

(11)剑无缠头,戟不舞花。

(12)练剑不练圈,到老不沾边。

(13)手心空,使剑灵。

(14)一寸长,一寸强。

(15)一寸短,一寸险。

(16)长以卫短,短以救长。

(17)外练手眼身法步,内修精神气力功。

(18)外练筋骨皮,内练一口气。

(19)拳练百遍,身法自现;拳练千遍,其理自现。

(20)百看不如一练,百练不如一专。

(21)手到脚步到,鬼也打不到。

(22)不怕千招会,就怕一招熟。

八、剑术考试内容与评分标准

(一)成绩评定分值结构

(1)身体素质:满分 30 分。

(2)平时成绩:满分 10 分。

(3)专项成绩:满分 60 分。

(二)考试内容与评分标准

1.身体素质(30 分)

其中长跑占 10%,50 米、立定跳远、坐位体前屈、仰卧起坐(女)/引体向上(男)四项各占 5%;评分标准见《国家大学生体质测试标准》。

2.平时成绩(10 分)

从学生上课出勤与学习态度两方面进行综合评分。学习态度指学生课堂表现是否积极,以及学习进步程度情况;迟到 1 次扣 1 分,早退 1 次扣 1 分,旷课

1 次扣 2 分,病假(医院出具证明)及公假不扣分;未参加上课时数超过总学时数 1/3 者,重修。

3.专项成绩(60 分)

考核内容为剑术单练套路和对打套路,各占 30 分。评分标准见表 7-2-3 和表 7-2-4。

表 7-2-3　剑术单练套路评分标准

内容分值	评分标准
27～30 分	①动作准确性、熟练性、流畅连贯性好 ②动作规范性、技法正确性好 ③劲力顺达性、力点准确性好 ④手眼、身法、步配合协调,身械协调性好 ⑤精神饱满,节奏分明及风格突出程度强
23～26 分	①动作准确性、熟练性、流畅连贯性良好 ②动作规范性、技法正确性良好 ③劲力顺达性、力点准确性良好 ④手眼、身法、步配合协调,身械协调性良好 ⑤精神饱满,节奏分明及风格突出程度良好
18～22 分	①动作准确性、熟练性、流畅连贯性一般 ②动作规范性、技法正确性一般 ③劲力顺达性、力点准确性一般 ④手眼、身法、步配合协调,身械协调性一般 ⑤精神饱满,节奏分明及风格突出程度一般
18 分以下	①动作准确性、熟练性、流畅连贯性差 ②动作规范性、技法正确性差 ③劲力顺达性、力点准确性低 ④手眼、身法、步配合协调,身械协调性差 ⑤神态紧张,节奏分明及风格突出程度低

表 7-2-4　剑术对打套路评分标准

内容分值	评分标准
27～30 分	①攻防清晰，动作熟练度高 ②动作真实，距离适中及合理性高 ③表现逼真，实战意识强 ④双方配合默契度高
23～26 分	①攻防清晰，动作熟练度良好 ②动作真实，距离适中及合理性良好 ③表现逼真，实战意识良好 ④双方配合默契度良好
18～22 分	①攻防清晰，动作熟练度一般 ②动作真实，距离适中及合理性一般 ③表现逼真度一般，实战意识一般 ④双方配合默契度一般
18 分以下	①攻防清晰度及动作熟练度差 ②动作不真实，距离过远或过近，合理性差 ③假打，实战意识差 ④双方配合默契度差

参考文献

[1]国家体育总局武术研究院.中国武术史[M].北京：人民体育出版社，2004.
[2]国家体育总局武术研究院.剑术[M].北京：高等教育出版社，2011.
[3]林建华等.武术与健身教程[M].厦门：厦门大学出版社，2007.

第三节　木兰扇

木兰拳是中华传统武术中的一个拳种，是融中国武术之刚健和民族传统舞蹈之柔美为一体的健身拳术。木兰扇是《木兰拳规定套路》之一，它是在木兰拳的基础上结合扇的特点而编成的一种独具特色的套路运动。它具有动作舒展、姿态优美、拳舞扇飞、扇声鼓荡、轻盈敏捷、气势流畅、灵活多变、潇洒飘逸的特点，目前已成为高等院校中深受学生欢迎和喜爱的体育教学内容之一。

一、扇的组成部分与手型

(1)扇的组成部分如图 7-3-1 所示。

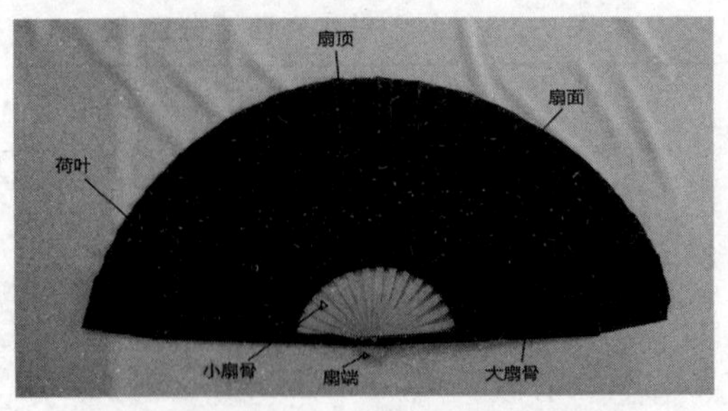

图 7-3-1 扇的组成部分

(2)基本手型如图 7-3-2 所示。

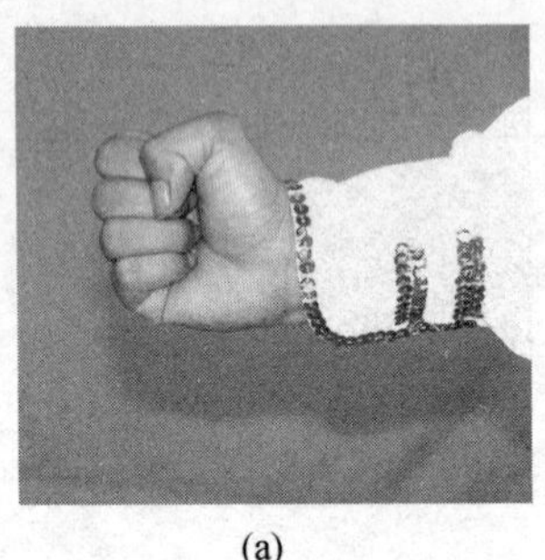

(a)

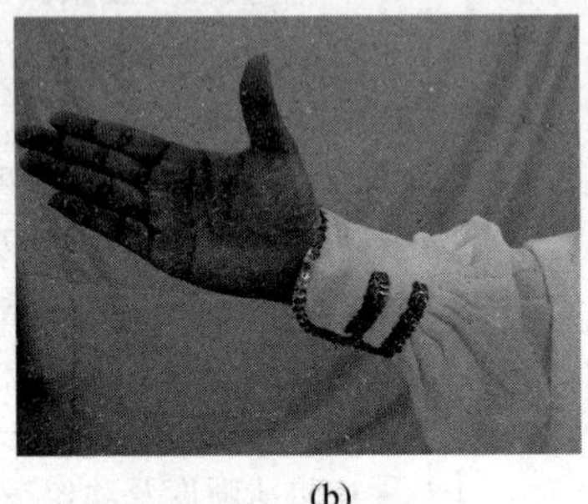

(b)

图 7-3-2 基本手型

二、木兰扇二十式自选套路

(一)动作名称

木兰扇二十式自选套路动作名称见表 7-3-1。

表 7-3-1 木兰扇二十式自选套路动作名称

预备式:并步直立									
1	神龙昂首	2	龙飞凤舞	3	燕子探海	4	金龙穿心	5	推云播雨
6	风卷残叶	7	神女挥扇	8	挥舞彩扇	9	拨云见日	10	彩云飘荡
11	犀牛别宫	12	仙人指路	13	飞燕扑蝶	14	雨打樱花	15	顺水推舟
16	凤凰展翅	17	右侧卷珠帘	18	左侧卷珠帘	19	美女献扇	20	收势

(二)木兰单扇自选套路动作视频分解示范

1.预备式

两脚跟并拢,脚尖外展成八字步,两腿自然站立,右手握扇,两手臂自然垂于身体两侧,目视前方。

动作要点:全身放松,下颌微收,右手握住扇的三分之一处。

2.神龙昂首

(1)身体微向左转。右扇顶微向里扣,左手臂向左侧上方抬至肩高;目视左前方。

(2)左手臂屈肘坐腕,立掌轻推;目视左前方。

(3)身体右转 90°,手腕外旋,手心向右摆掌直至前方;目视前方。

(4)身体左转 45°,左手臂屈肘坐腕,立掌前推;目视前方。

动作要点:转体时以腰带动;两手向左摆起要同时,右手摆至右胯旁,手心朝上,左手与肩同高,手心向下。

3.龙飞凤舞

两脚不动,两手心相对,左手下落至腹前。

(1)上体右转 45°,同时右扇向右侧上方摆起,扇顶斜向上,左手随右转身附于右扇前;两脚跟提起,目视右手。

(2)承接以上动作,与以下动作衔接(简称“上动不停”)。左腿挺膝,脚尖勾起,脚跟向前上方 15°蹬出,脚高于胸,目视左脚方向。

动作要点:两手向外划立圆需松肩,臂微屈,右手握扇以腰带臂向右侧上方摆起;蹬腿时,上体需立身略挺拔,前蹬腿速度不宜过快。

4.燕子探海

(1)左脚尖内扣 45°,重心后移,右手握扇屈肘回收至腹前,扇顶朝左,手心朝上;同时左手外旋虎口,朝前经右手下向前穿出。

(2)重心前移,后脚跟提起,左臂屈肘坐腕,左掌内旋至右胸前立掌;同时右手向前上方抬至头上,扇顶斜向后,目视前方。

(3)左腿支撑;右腿屈膝向后抬起,脚掌斜向上与臂同高;同时右手向前开扇,头向左转,目视前方。

动作要点:重心后移与右扇回收需同时完成,后举腿开扇时需沉肩、立身、拧腰。开扇时抖扇需有力,力达扇沿。

第一段(预备式—神龙昂首—龙飞凤舞—燕子探海)演示见视频 7-3-1。

5.金龙穿心

右脚向右前 45°落步,脚跟着地。右手向下,扇面微下按。

(1)上动不停;右手腕外旋,合扇至虎口中,手心斜向上;目视右手。

(2)两脚不动,上体左转 45°;同时右手心朝上,向左下平摆至胸前,扇顶朝右侧;左手随转体附于胸前;目视左扇顶前方。

(3)左手臂外旋,手心向上,指尖向左侧经右前臂上向左侧穿出;同时身体向右转动 45°,右臂屈肘收至胸前,手心朝上;目视前方。

(4)两脚不动,身体微向左转;同时扇顶经腹前向左穿至左腹前,手心朝上;左前臂内旋屈肘抱于左胸前,手心朝下与右扇相对;目视右手。

(5)重心右移,右腿屈膝半蹲,左腿自然伸直,同时身体右转 90°,右前臂内旋上架至头额右前上方;左手立掌坐腕随之向前推出;臂微屈,掌根与胸同高;目视前方。

动作要点:合扇时需甩腕,动作干净利落。左手穿掌与右扇回抽需协调。

6.推云播雨

(1)右腿支撑,左腿屈膝提起;上肢动作不变;目视前方。

(2)上动不停;左小腿上摆至腰高,脚背向上。

(3)上动不停;左腿挺膝,脚尖勾起,脚跟向左前上方 45°蹬出,脚高于胸;目视前方。

(4)左脚向前下落,脚跟着地;同时两臂向右斜后下落至右腰侧,两手心均向下,扇顶向斜后方;目视右手。

(5)左脚尖外展落地,重心左移;右脚向右前45°方向上步,脚跟着地;同时左手向左上摆起到头额左前上方架掌,掌心向上;右手外旋,手心向上,由后向右脚前上方撩扇,手略高于肩,扇顶斜向上;目视扇顶方向。

动作要点:左腿前蹬时,上体有挺拔之感;蹬腿时速度应缓慢,蹬腿后略控腿,上步与撩扇动作轻柔,同时完成。

7.风卷残叶

(1)右脚尖内扣,重心移至右脚,身体向左后转180°;同时左脚尖外摆至左斜前方45°落步;两手随转体向左平行摆动至身体右前;眼随视右手。

(2)重心移至左腿;右脚向前上步,脚跟着地;同时左手心向外、向后摆至腹前,右手臂屈肘收至腹前,扇顶朝左;目视右前方。

(3)上肢动作不变,右脚尖外展45°落地,重心移至右脚。

(4)右脚独立支撑;左脚屈膝提起,脚尖自然下垂;上肢动作不变;目视前方。

(5)上动不停;左小脚上抬至腰高,脚背向上;目视前方。

(6)左腿挺膝,脚尖勾起,脚跟向前上蹬出,脚高于胸;上肢动作不变;目视前方。

(7)左脚体前下落,脚跟着地;上肢动作不变。

(8)左脚尖内扣,身体右后转180°,重心移至左腿;右脚尖摆至右前45°处落地;同时两手随转体向右后下方摆至体前,左手心朝上,扇顶朝斜下方。

(9)右腿屈膝,左脚跟离地提起;同时右手向右后斜上方摆起,扇顶斜向右后上方;左手摆至右胸前立掌坐腕;目视扇顶方向。

动作要点:向右后斜上方摆扇时需松肩、转腰、转体,手眼相随。

第二段(金龙穿心—推云播雨—风卷残叶)演示见视频7-3-2。

8.神女挥扇

(1)重心右移,左脚向前上步,脚跟着地,脚尖外展约90°,落地后重心左移。同时右手向下、向前撩扇至与肩平,手心朝上;左手附于右胸前立掌,目视前方。

(2)右手腕上翘向里开扇,同时头向左转,目视前方。

动作要点:叉步时立身、拧腰、合胯。开扇时手腕回甩要干脆有力,力达扇沿。开扇、拧腰、转头需同时完成。

9.挥舞彩扇

(1)两脚不动;右手内旋,扇面翻转向下至腹前,扇顶朝左;同时左手臂外旋,手心朝上;目视右扇。

(2)右手以腕为轴,平扇向内旋转至手心斜向上。

(3)左腿蹬直,右腿提起经左腿前向左侧盖步,脚前掌着地;同时右手继续外旋至头上方,扇面反向上,扇顶朝前;左手内旋,手心翻向下,头上抬,眼看扇面。

(4)两脚不动。右手继续向外、向下云转至身体左侧胯旁,扇顶朝里;左手向外、向上架至头额左上方;目视右手。

(5)两脚跟提起,以两脚掌为轴身体向左后转180°;同时右手内旋平云扇至手心翻向上,然后继续向左前旋转至脸前左前方,手心朝外,扇面朝外,扇顶朝左;左手外旋,掌心向内从体前下落至胸前，然后随转体向左上平带至左斜前方，略高于肩。右脚向右前 45°上步，脚跟着地，目视左前方。

动作要点：右手旋转云扇时，松肩，臂略撑圆，以腰带臂，以腕为轴旋转云扇。

10.拨云见日

两脚不动；两手以腕为轴向前上右旋腕云扇，左手至左胸前，手心朝下，肘微屈抱球；右手心朝上，与左手心相对。

动作要点：云扇时要以腰带扇，两臂旋摆的弧度不可过大，眼随扇走。

11.彩云飘荡

右脚尖外展 45°落地，重心移至右腿，左脚跟抬起；同时两面三刀手以腕为轴，由右向左在面前云转至左胸前，手心均朝右，扇顶朝左（云扇时头略抬起），眼随视两手。

动作要点：两臂从右向左云转以腰带臂，以臂带腕云转。云转时需沉肩、坠肘，云扇不过头。

第三段（神女挥扇—挥舞彩扇—拨云见日—彩云飘荡）演示见视频 7-3-3。

12.犀牛别宫

（1）右腿支撑；左脚向前上步，脚跟着地；同时身体微向右转，两手臂随转身略向右摆。

（2）左脚尖内扣 90°，身体右后转 180°，右脚跟抬起成右虚步；同时两手臂随转身向右平摆，右手摆至右腰后，手背朝后，扇顶朝上，扇面朝后；左手摆至右肩前，手心朝内；目视左手。

（3）重心前移至右腿；左腿向后屈膝上抬，脚背斜向下，高与臀平；同时左手向下、向左弧形摆至头额左前上方翻掌，手心向上，指尖朝右，头向右转，目视右侧前方。

动作要点：转身、扣步、扇平摆动作需轻灵、平稳、协调；后举腿、亮掌、转腰、转头需同时完成。

13.仙人指路

（1）左脚向左前方落步，脚跟着地；同时右手下落经右胯旁，手臂外旋，手心向前上方托起，高与肩平；左手下落，手心朝下附于右前臂上；目视前方。

（2）左脚尖内扣，身体右转 180°，右脚尖外摆至右前方 45°落步，重心移至右腿，左脚跟离地；同时两手臂随转体向右平摆至右前上方，扇顶向右脚尖方向，扇面斜向上；目视扇顶前方。

（3）左脚向左前 90°上步，脚前掌着地；右手摆至右上方然后右手臂微内旋，扇面向左脚尖方向，扇顶朝上；左手向右下按掌至左腹前；目视前方。

（4）扇面略向前推，左手拉至左胯前。

（5）右手腕上提内扣，扇顶向前，手心向下；同时左脚掌略高，回拉成左前点步；目视前方。

动作要点：落步与托扇需轻柔协调。扣步转体、平摆扇、推扇这一连串动作需连贯、轻灵、柔和、平稳。

14.飞燕扑蝶

右脚屈膝全蹲，左脚外侧向前擦地伸出成坐莲步；同时扇顶向前下穿出，手心向下；左手臂向左近左腿；目视扇顶前方。

动作要点：重心需缓慢下降；坐莲步时两膝关节内侧需并拢。上体前俯时不得弓背；向前下方穿扇时要左转腰、顺右肩。

第四段（犀牛别宫—仙人指路—飞燕扑蝶）演示见视频 7-3-4。

15.雨打樱花

(1)右脚蹬地,向前上步,脚跟着地,同时两手臂下落至体前,手心相对。

(2)右脚尖内扣,身体左转,重心右移;同时左手微上提,手心向下;右手摆至腹前,手心朝内;眼随视两手。

(3)右脚支撑;左脚向右腿后插步,脚前掌着地;同时左手向左摆至体后,手臂贴于右腰上。

(4)重心后移,左腿屈膝稍蹲成右虚步,身体右转;同时右手外旋,向右后下方合扇于虎口中,扇顶斜向下,目视扇顶方向。

动作要点:摆扣步时重心需平稳、轻灵;插步合扇时需右拧腰、顺肩;合扇时腕外甩,力达扇骨前部,有外劈之势。

16.顺水推舟

(1)重心前移,左脚跟离地;同时右手握扇,扇顶向前划弧至体前。

(2)重心后移,左脚跟离地左膝微屈;同时右手向下、向右划弧至身体右侧下方,扇顶斜向下;左手不动。目视扇顶。

动作要点:扇向前上撩起劲达扇骨前部;撩扇和下摆扇需以腰带臂、以臂带扇;重心前后移动与扇的上下摆动需协调、连贯、完整。

17.凤凰展翅

(1)右脚尖内扣,重心右移,身体左后转 180°;同时右手腕内旋,扇顶向前、向下、向后摆至右下方,手心朝上;左手随左转身向左上方摆掌,手心向上;目视前方。

(2)右腿独立支撑;左腿勾脚尖向前上方踢起,脚高于腰;同时左手向下、向后摆至身体左侧,手心斜向上;右手向上摆至额头前上方,向左脚方向开扇,扇顶朝前,目视前方。

动作要点:踢腿时上体需直立,左腿直腿上踢,右腿膝关节不得过分弯曲;开扇时抖腕需干脆有力,力达扇沿;踢腿、开扇、摆掌需同时完成,动作到位后微控腿。

第五段(雨打樱花—顺水推舟—凤凰展翅)演示见视频 7-3-5。

18.右侧卷珠帘

(1)左脚体前下落,脚跟着地,脚尖外展;同时右手臂内旋,手心向下按扇至腹前;左手心朝上,向左斜后方摆起。

(2)重心前移,右脚跟离地;同时右手外旋,手心朝上;左手向前摆至胸前,手心朝下。

(3)右脚向前上步,脚跟着地;同时右手下按至腹前;右手扇骨经左手背上向前穿出,高与肩平;目视前方。

(4)右脚尖外展 90°,身体随之右转 90°,重心右移,左脚向左前上步,脚跟着地;同时右手内旋,手心翻向下,扇面按至腹前;左手心朝上,虎口朝前经右手背向上穿出,高与扇平,目视左手前方。

(5)左脚尖内扣,重心左移;右脚向右前 45°上步,脚跟着地;同时两手微内旋,手心向右平摆,扇面朝右;目视前方。

(6)右脚尖外展 45°落地,身体可转 45°,重心移至右腿;左脚向前上步,脚跟着地。同时两手随转体向右平摆,右手摆至右腰背后,手心贴于右腰上,手朝外;左手摆至右胸前;目视右背侧前方。

(7)两腿不动;上体微左转,左手向左摆至身体左侧,目视左手。

动作要点:这一组动作主要表现穿掌、按掌,穿扇、按扇,摆掌、摆扇的手法与扇法的变换,在掌法与扇法的运动中注意以腰带动四肢；步法以上步后脚尖外展为主，脚尖外展落地与转体需协调配合；步法轻灵，手法轻柔，动作连贯圆活。

19.左侧卷珠帘

(1)左脚尖外展 90°落地，同时身体左转 90°；左手内旋，手心朝外立掌向前推出。

(2)左腿支撑；右脚向前上步，脚跟着地；同时左手按至腹前；右手由后向前提至腹前，手微外旋，手心朝上，扇骨尖向前上穿出，略高于肩；目视前方。

(3)右脚尖内扣，身体左转 90°，重心右移，左脚跟离地向内拧转；同时右手内旋，手心朝下按至腹前；左手外旋，手心向上，虎口朝前，经右手背向上方穿出，高与肩平，目视前方。

动作要点：同右倒卷珠帘。

20.美女献扇

(1)左腿支撑，右脚前掌向外弧形扫至后方，脚尖斜向外；身体左转 90°，同时左手斜向外，右手外旋，虎口朝上，两手随转体微向左平摆；同时右手向下收至腹前，手心朝内，扇顶朝下；左手背于体后，手背贴于腰部。

(2)左脚向右 45°上步，脚尖着地，右脚向前上步，脚跟着地；同时右手向右上方合扇至虎口中，扇顶斜向上；目视扇顶方向。

动作要点：右脚跟上步与体侧合扇需同时完成；重心前移与开扇需同时完成；开扇抖腕应干脆有力，力达扇沿。

21.收势

(1)重心前移，两腿微屈，右脚跟向前收至左脚跟内侧，两脚尖微外展；同时左手外旋，手心朝上，抬至头上方，手心斜向内；目视前方。

(2)两腿自然伸直，两手臂向前下落至身体两侧内收；目视前方。

动作要点：并步上举时松肩，两臂呈弧形。

第一段至第六段(右倒卷珠帘—左倒卷珠帘—美女献扇—收势)演示见视频 7-3-1～视频 7-3-6；正面完整示范和视频 7-3-7，背面完整示范见视频 7-3-8。

视频 7-3-1　第一段

视频 7-3-2　第二段

视频 7-3-3　第三段

视频 7-3-4　第四段

视频 7-3-5　第五段

视频 7-3-6　第六段

视频 7-3-7　木兰扇正面完整示范　　　　视频 7-3-8　木兰扇背面完整示范

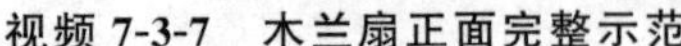

三、木兰扇考试内容与评分标准

(一)考核内容

木兰扇自选套路(集体)项目。

(二)评分标准

采用100分制,具体标准见表7-3-2。

表 7-3-2　木兰扇考试评分标准

分值	评分标准
100～90分	①服装统一、队形整齐 ②神态自如、精神饱满、动作优美、风格突出、动作与音乐和谐一致 ③运劲顺达,动作连贯圆活,手、眼、身、步法及身械配合协调
89～85分	①服装统一、队形整齐 ②精神饱满、节奏分明及风格突出程度良好 ③动作准确性、熟练性、流畅连贯性良好,动作与音乐较和谐一致
84～70分	①服装、队形较不统一和整齐 ②手、眼、身、步法及身械配合协调性一般 ③精神饱满,节奏分明及风格突出程度一般
69分以下	①服装不统一、队形不整齐 ②动作准确性、熟练性、流畅连贯性差 ③神态紧张,节奏分明及风格突出程度低

参考文献

[1]国家体育总局武术运动管理中心.木兰拳规定套路[M].北京:人民体育出版社,2000.
[2]林建华等.武术与健身教程[M].厦门:厦门大学出版社,2007.

第四节　跆拳道

一、理论部分

(一)起源与概述

跆拳道(taekwondo)起源于朝鲜半岛,形成于朝鲜民族的生产生活实践当中,已有三千多年的历史。它的重新崛起是在 20 世纪 50 年代中期,"跆拳道"一词是 1955 年由韩国的崔泓熙将军命名的。现代跆拳道是结合当代东亚武技之长、在韩国发源的武术运动之一。"跆"字意味着像台风一样猛烈、强劲地跳跃,是"脚"的意思;"拳"是拳头的意思,是用来防护和进攻的武器;而"道"是指人生的正确道路,又指礼和方法。

跆拳道在 1988 年作为表演项目亮相奥运会,在 2000 年成为奥运会的正式比赛项目。近年来,随着传播范围的扩大和练习人数的增加,跆拳道运动在世界范围内取得了迅速的发展。

(二)跆拳道的特点

跆拳道是一项拳脚并用的技术,但其中又以脚为主,约占 70%,故又被称为"脚的艺术"。在跆拳道的练习过程中讲求方法和见解,刚直相向,以刚制刚,方法简练,动作追求速度、力量和击打效果,将击破作为测试功力的手段之一。动作强调呼吸,注重发声,要求在气势上给人以威严的感觉,发出洪亮并带有震慑力的声音来显示自己的威力。发声应和呼吸配合,让自己身体内部的阻力减小,也有助于提高动作速度,助人集中精力,使动作发挥出更大的威力。跆拳道讲求内外兼修,注重技术和礼仪,方法独特,将功力作为水平的检验标准,十分强调尊师重道,注重礼仪修养和自我道德水平的提高,在任何情况下都要以礼相待,以礼始、以礼终,养成并保持谦虚友好的作风。

(三)跆拳道的分类

根据组织体系来分,跆拳道主要分为世界跆拳道联盟(World Taekwondo Federation,WTF)和国际跆拳道联盟(International Taekwondo Federation,ITF)两大组织以及其他的民间跆拳道组织。其中,ITF 成立时间较早,较为传统,又被称为"防卫跆拳道""传统跆拳道",比赛装备为只戴拳套,不穿其他护具。WTF 成立时间较晚,是现在奥运会所采用的体系,相对比较安全,具有欣赏性、实用性、竞技性,传播范围较广,又被称为"奥林匹克跆拳道""竞技跆拳道""现代跆拳道",在比赛时穿护具,不戴拳套。

根据内容来分,跆拳道可以分为套路(WTF 称品势/ITF 称特尔)、对抗(又称竞技)、击破、特技等部分。其中,套路是一系列动作组合而成的成套动作,讲求攻防结合,将各种攻防技术按照一定的规律和攻防意图结合起来,形成规定的动作,适合人们徒手演练。对抗是两人在一定的范围内,按照既定的规则进行对抗。击破是利用不同的动作击碎不同厚度的木板等物品。特技具有很强的观赏性,将旋转跳跃和拳腿动作结合而形成难度较高,观赏性较强的动作。

(四)跆拳道的礼仪

跆拳道是一项十分讲究礼仪,重视礼仪的运动,要求练习者以礼始,以礼终,尊师重道。控制力和技巧是学习跆拳道必须具备的基本素质,同时练习者也应提升自己的精神和气质。

"以礼使,以礼终"是跆拳道武士精神的中心思想。在练习者进入道场时要向国旗和教练行礼,表示对祖国的热爱和对教练的尊敬。在对练和比赛开始及结束的时候,都需要互相行礼以表示尊敬、谦让和感谢。在被裁判判罚时也应向裁判员行礼以表示服从。此外,在训练开始和结束时都要向国旗与教练行礼,在训练开始之前行礼,表示自己努力训练的决心,在训练结束之后行礼,反思自己是否认真全力地训练,并表示对教练教导的感谢和对队友陪伴的感谢。

（五）跆拳道精神

跆拳道精神为：礼义，廉耻，忍耐，克己，百折不屈。

在练习跆拳道的过程中，要恪守礼仪和道德规范，有强烈的法制观念，忠于祖国和民族，热爱国家和人民，讲求义气，要有强烈的正义感和公民意识，有帮助弱者和见义勇为以及自我牺牲的精神；也要尊重前辈，尊重师长，尊重队友，遵守规则，不做违反道德伦理的事情，知耻知礼，廉洁自爱；同时，也要坚持不懈，忍耐住练习的辛苦和单调，克制住自己的惰性和邪念，时刻以高标准严格要求自己，在遇到困难时不屈服，在遇到挑战时不退缩，勇敢面对练习过程中的种种阻碍，做到乐观向上，坚持自我，百折不屈。

（六）练习的意义

跆拳道是一项较为全面的运动，需要活动全身的肌肉和关节，将手、脚和全身其他连接部位作为整体组合在一起，按照科学的训练原理进行衔接，能够让练习者更好更全面地了解自己的身体。

练习跆拳道是一个较为辛苦的过程，因而能够修身养性，培养人们如坚韧不拔的优秀意志品质，并且在练习过程中，练习者能够逐步受到跆拳道精神的感染，时刻将其铭记在心，并在生活中的个人言行里体现出来，提高自己的道德修养。

跆拳道能够强身健体，练就人们健全的体魄，陶冶人们的情操，在遇到危险时还能起到防身的作用，使我们在关键时刻能够保护自己和周围的人。跆拳道还能教会我们如何做人，如何做事，让我们学会调节自己、战胜自己的方法，让我们在面对困难时不屈服，面对挑战时不退缩，面对失败时不落泪，面对挫折时不灰心，使我们无论在面对内部环境还是外部环境的变化时，都能够迅速地适应自如，有利于我们在社会中更好地生存，调节身体内外部的平衡性，达到内外协调，和平统一的结果。

（七）规则简介

1.竞赛形式

跆拳道比赛包括两方，分别是“Chung”（青）和“Hong”（红），双方以脚踢击打对手的头部和躯干，或者运用拳头击打对方身体而得分。比赛分为 3 个回合，每个回合有 3 分钟，每两个回合之间休息一分钟。获胜方法有：得分最高；将对手击出场外；使对手的判罚分数达到 3 分；对手被剥夺比赛资格或弃权。比赛开始之前，裁判发出立正和行礼的指令后，双方立正并相互行礼，然后裁判下令准备并喊“Shi-jak”宣布比赛开始，双方即可开始比赛。

2.比赛场地

跆拳道的比赛场地为 8 米×8 米的八边形无障碍场地，因为比赛场地是八边形，所以运动员常将其称为“八角垫”。选手踏出八角垫以外为出界，所以八角垫以外的区域为警戒区域，警戒区域是用来提醒选手注意平台或场地边缘的。场地的地面铺上有弹性的垫子，以提高安全性，防止运动员受伤。

3.得分

对手头部、腹部及身体两侧为击打得分部位，小腹以下为禁止击打部位。击打对手应用允许的身体部位，必须用正确握紧的拳头的食指和中指前部或脚踝关节以下的部位击打对手。若裁判中至少两位对击打进行认定并记录，则得分有效。

击中躯干计 1 分，旋转踢击技术击中躯干计 2 分，击中头部计 3 分，旋转踢击技术击中头部计 4 分，一方运动员被判 2 次“警告”或 1 次扣分，另一方运动员得 1 分。

4.犯规

被判罚“警告”的行为：双脚越出边界线；转身背向对手逃避进攻；倒地；故意回避比赛，态度消极；抓、搂抱或者推对方运动员；攻击对方运动员腰部以下部位；伪装受伤；使用不该使用的部位进行攻击或撞击对方运动员；用拳头攻击对方运动员的头部；教练员或运动员有不良言行；提膝阻碍或逃避对方运动员的攻击。

被判罚“扣分”的行为：裁判发出“分开”口令后仍然继续进攻；攻击倒地运动员；故意抓脚或用手推使对方运动员摔倒；故意用拳头攻击对方头部；教练员或运动员打断比赛进程，使用过激语言，严重违反体育道德。

5.击倒

一方由于对手发力，脚底以外的其他任何部位触地即为被击倒。选手被击倒后，裁判发出暂停指令，指示另一方退后，然后裁判开始 10 秒的读秒。被击倒的选手必须等待裁判读秒至第 8 秒，才会被裁判判定该选手是否能继续比赛。若其能够继续比赛，则比赛继续；若不能继续比赛，则主裁判员继续读秒至“10”，并判定另一方以击倒获胜。

6.胜方

在一般比赛中，若双方分数相同，则由裁判根据比赛中双方表现的主动性来决定在各个回合的比赛中哪一方占优势。而在决赛中，双方将进行第四回合，先得分者胜，若无人得分，则裁判通过判断在该回合中哪一方占优势而决定最后的胜方。

7.获胜方式

(1)击倒胜(knock out，K.O 胜)。

(2)主裁判终止比赛胜(win by referee stops contest ，RSC 胜)。

(3)比分或优势胜(判定胜)。

(4)对方弃权胜(弃权胜)。

(5)对方失去资格胜(失格胜)。

(6)主裁判判罚犯规胜(犯规胜)。

8.重量级划分(奥运会级别)

男女各分为 4 个级别：男子 58 公斤以下级，男子 68 公斤以下级，男子 80 公斤以下级，男子 80 公斤以上级；女子 49 公斤以下级，女子 57 公斤以下级，女子 67 公斤以下级，女子 67 公斤以上级。

9.防护服

由于在竞赛中全身接触，跆拳道比赛要求参赛选手穿防护服，于头部、身上、前臂、胫骨、腹股沟佩带护具。比赛前所有参赛选手将接受检查，以确保其将应穿护具穿戴整齐。

10.其他规则

(1)若同时出现的犯规在一种以上，则裁判以处罚较重的犯规为准。

(2)若双方均被击倒且读秒至 10 秒后均无法恢复，则击倒前得分高者获胜。

(3)若选手得分后立即犯规，则其所获分数可判无效，如故意摔倒。

(4)头部被击中倒地的选手在 30 秒内不得参加比赛。

二、技术部分

(一)基本步法

1.格斗姿势

两脚开立，与肩同宽，膝关节微微弯曲，前脚脚尖向身体正面方向倾斜 45°，后脚跟微微抬起，将重心置于两腿之间，上身保持自然直立状态，身体的侧面对着前方，双手握拳，前手与肩膀保持同一高度，后手置于下颚处，两拳的拳心相对，同时目光直视前方。

注意，双臂所放置的位置不是一成不变的，要根据实战的实际情况随时进行调整。双脚之间的距离和重心的高低，也应根据具体情况随时调整，调整至适合进攻，动作稳健的状态(视频 7-4-1)。

2.前进后退步

(1)前滑步：实战姿势准备站好，上体保持不变，后脚蹬地发力向前，前脚向前滑行一步，后脚迅速跟上，最终保持实战姿势(视频 7-4-2)。

(2)后滑步：实战姿势准备站好，上体保持不变，前脚蹬地发力向后，后脚向后滑行一步，前脚迅速跟上，最终保持实战姿势(视频 7-4-3)。

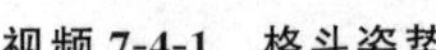

视频 7-4-1　格斗姿势

视频 7-4-2　前滑步

视频 7-4-3　后滑步

(3)上步：实战姿势准备站好，以前脚脚掌为轴，向内旋转 90°，后脚抬起向前脚内侧方向前迈一步，身体向前，转换成另一侧实战姿势(视频 7-4-4)。

(4)撤步：实战姿势准备站好，以后脚脚掌为轴，向内旋转 90°，前脚抬起向后脚内侧方向一步，身体向前，转换成另一侧实战姿势(视频 7-4-4)。

3.跳换步

实战姿势准备站好，两脚同时跳起，在空中进行前后交换，同时身体随之旋转，形成另一侧的实战姿势(视频 7-4-5)。

注意：在做上述步法的过程中应该注意重心不能上下起伏过大，通过胯部拧转和腿脚蹬地相结合而发力，保持平稳，做完后迅速恢复到实战姿势准备状态，做到能够随时进攻或者躲闪。

视频 7-4-4　上步、撤步

视频 7-4-5　跳换步

(二)手的技术

1.直拳

拳:将食指至小拇指并拢握紧,大拇指紧贴置于中指和食指第二关节处于地面。使用直拳时,将双手握拳置于腰间,拳由腰部向前径直冲出,击打心窝位置(位于身体垂直的中心线处),拳心向下(视频 7-4-6)。

2.下格挡(以右手为例)

左臂屈肘,左拳置于右肩,拳眼朝外,拳心向上,右手微弯置于身体前方,随即左臂下拉,同时右手收回腰间完成动作,在这个过程中两臂在身体前方交叉(视频 7-4-7)。

3.中格挡(以左手为例)

左臂屈肘向左后方 45°位置外展,大臂与小臂之间成 120°左右的钝角,左拳置于耳朵高度,同时右臂伸直抬起呈冲拳姿势,随即左臂向身体中心摆动,同时旋转发力,右手收回腰间(视频 7-4-8)。

4.上格挡(以左手为例)

左臂屈肘置于右腹前,右臂屈肘置于左肩,两拳的拳心相对,小臂平行,随即左手上拉置于头部的斜上方,同时右手收回腰间,在这个过程中,双臂在体前交叉(视频 7-4-9)。

视频 7-4-6 直拳

视频 7-4-7 下格挡

视频 7-4-8 中格挡

视频 7-4-9 上格挡

(三)腿的技术

1.前踢

后脚蹬地,同时重心移动至前腿。提起大腿过程中髋部略向前送,膝盖朝前,脚背绷直,双手自然放于身体两侧;继续前送髋关节,同时继续向前抬腿,当大腿抬起至适合高度时弹出小腿,使用脚面击打目标。髋部回落同时小腿快速折叠收回,落于体前,最后撤回开始位置,还原站架(视频 7-4-10)。

注意:提膝要尽量贴近裤线,踢出时尽量打直,同时支撑腿予以积极配合。

2.横踢

后脚蹬地提膝,大小腿折叠向上和前提膝,以支撑脚的脚掌为轴旋转 180°,同时将提膝腿的膝关节旋转抬至水平状态,小腿快速鞭打向前踢出,按照原路线收回后恢复成实战姿势(视频 7-4-11)。

注意:提膝同样要尽量贴近裤线,大小腿之间折叠夹腿充分,膝关节转平,踢完后注意收腿动作,不能直接落地。

3.下劈

重心移动至前脚,后腿提起,略微旋转同时向上送髋,使该腿膝盖尽量贴近胸部,身体重心上移，再将该腿高举过头，伸直贴近上体，身体略微向前或者保持正直，重心持续向上；再将该脚脚面绷直，腿快速下劈，用脚掌或者脚后跟击打对方的头部，同时身体稍微向后仰来控制重心，击打完成后自然落地（视频 7-4-12）。

注意：充分利用蹬地、绷脚、下落以及转髋的力量，使动作发挥出最大的威力。上身要与腿进行充分的配合，不能僵直不动。

视频 7-4-10　前踢

视频 7-4-11　横踢

视频 7-4-12　下劈

（四）品势步法

1.准备势

两脚开立，与肩同宽，双脚脚尖向前，双手握拳置于腹前。

2.开立步

两脚开立与肩同宽，双脚脚尖向前，双手握拳置于身体两侧。若右手握拳，左手抓住右手手腕，置于背后，则为跨立步（视频 7-4-13）。

3.马步

两脚开立，略宽于肩膀，双脚内缘间隔两三倍脚长，两脚脚尖平行，挺胸收腹直背，双膝屈膝半蹲，重心置于两脚之间（视频 7-4-14）。

4.前行步

像是正在向前行走一样，两脚之间的距离为正常走路一步的步距，重心置于两腿之间，前脚脚尖朝前，后脚脚尖略向外倾斜 15°至 30°（视频 7-4-15）。

5.弓步

前后脚分立，两脚之间间距一步半，宽度为一拳，前腿屈膝，后腿用力蹬直。要注意，前腿膝关节和脚尖垂直，身体重心置于双腿之间，前脚脚尖向前，后脚脚尖略向外倾斜 15°至 30°（视频 7-4-16）。

视频 7-4-13　开立步

视频 7-4-14　马步

视频 7-4-15　前行步

视频 7-4-16　弓步

三、基础品势（太极一章）

（1）品势准备。

（2）向左转身前行步，左手下格挡。

（3）右腿上步成前行步，右手冲拳。

(4)向右后方转身成前行步,右手下格挡。
(5)左腿上步成前行步,左手冲拳。
(6)以右脚为轴,左脚向左方旋转 90°落成弓步,左手下格挡。
(7)腿脚不动,右手冲拳。
(8)左脚为轴,右脚向身体右侧旋转 90°落成前行步,左手中格挡。
(9)左脚上步成前行步,右手冲拳。
(10)左脚向左后方旋转 180°落成前行步,右手中格挡。
(11)右脚上步成前行步,左手冲拳。
(12)以左脚为轴,右脚向右方旋转 90°落成弓步,右手下格挡。
(13)腿脚不动,左手冲拳。
(14)右脚为轴,左脚向左旋转 90°落成前行步,左手上格挡。
(15)左腿不动,右腿前踢后落成前行步,右手冲拳。
(16)左脚为轴,右腿向右后方旋转 180°落成前行步,右手上格挡。
(17)右腿不动,左腿前踢后落成前行步,左手冲拳。
(18)右脚为轴,左腿向右侧旋转 90°落成弓步,左手下格挡。
(19)右腿上步成弓步,右手冲拳。
(20)收势(视频 7-4-17)。

视频 7-4-17 基础品势——太极一章

四、跆拳道考试内容与评分标准

(一)考试内容

(1)跆拳道技术:跆拳道前踢(左、右)、横踢(左、右)、下劈(左、右)。
(2)跆拳道品势:太极一章。

(二)评分标准

1.跆拳道前踢(左,右)(20%)

(1)礼仪:踢脚靶前向拿靶人敬礼。
(2)服装:考试应穿道服。
(3)格斗士:踢腿前的准备姿势。
(4)发声:攻击脚靶时要发声。
(5)前踢:提膝、绷直脚背、夹小腿、弹腿、收腿的动作标准,落地的落脚点准确,踢完前踢的站架标准和重心平稳。
(6)踢靶:攻击脚靶的时候应绷直脚背,用脚背攻击脚靶的中心位置并配合发声。

2.跆拳道横踢(左,右)(20%)

(1)礼仪:踢脚靶前向拿靶人敬礼。

(2)服装:考试应穿道服。

(3)格斗士:踢腿前的准备姿势。

(4)发声:攻击脚靶时要发声。

(5)横踢:做到提膝、绷直脚背、夹小腿、转胯的同时旋转支撑脚、弹腿、收腿的动作标准,落地的落脚点准确,踢完后的站架标准和重心平稳。

(6)踢靶:攻击脚靶的时候应绷直脚背,用脚背攻击脚靶的中心位置并配合发声。

3.跆拳道下劈(左,右)(20%)

(1)礼仪:踢脚靶前向拿靶人敬礼。

(2)服装:考试应穿道服。

(3)格斗士:踢腿前的准备姿势。

(4)发声:攻击脚靶时要发声。

(5)下劈:提膝、收腿、勾脚、蹬腿、下压、落地的动作标准,落地后的落脚点准确,踢完后的站架标准和重心平稳。

(6)踢靶:攻击脚靶的时候要勾起脚,用脚掌下压攻击脚靶的中心位置并配合发声。

4.太极一章(40%)

(1)礼仪:以礼始,以礼终。

(2)服装:考试应穿道服。

(3)发声:发声动作要完成。

(4)太极一章:做好并记住每一个基本动作,包括前行步、弓步、正拳、下格挡、中格挡、上格挡、前踢。记住行走路线,在地面的轨迹是一个“王”字,第一条线先左后右,前进后打第二条线先右后左,再前进后打第三条线先左后右,最后返回打完最后一拳发声,转身回原地。最后一拳要发声,声音要短促、响亮、有力。

参考文献

[1]刘卫军.跆拳道[M].北京:北京体育大学出版社,2001.

[2]何俊.搏击跆拳道[M].北京:北京体育大学出版社,2002.

第五节　长　拳

长拳是以拳势舒展、动迅静定、快速有力、节奏鲜明为特点的一个武术拳种。它是在查拳、花拳、华拳、红拳、炮拳、少林拳等传统拳术的基础上发展起来的。其动作内容丰富,多窜奔跳跃、起伏转折、闪展腾挪、旋转翻滚,并且多腿法。练习时强调人体内外合一,精神、气息、劲力与动作协调一致。在攻防技击方面,强调长击速打、主动出击、以快治慢、以刚为主。

目前,长拳已被各类学校选为青少年武术教育的主要内容。2009年,由国家体育总局武术研究院组编写的《中国武术段位制系列教程:长拳》正式发布。高等院校的武术长拳课程教学除了传授中华武术的文化内涵,以及提高学生的身体素质之外,还着重培养学生的道德修养以及吃苦耐劳的意志品质。

一、长拳一段

(一)基本功

1.手型(视频 7-5-1)

(1)拳:四指并拢卷曲握紧,拇指扣在食指、中指第二关节面上。拳心朝下为平拳,拳眼朝上为立拳。

动作要点:拳面要平,五指卷紧,直腕。

(2)掌:四指并拢伸直,大拇指紧贴食指,弯曲扣紧。掌心朝前为立掌,掌心朝上为仰掌。

动作要点:四肢伸直,拇指扣紧。

(3)勾:五指第一指节捏拢在一起,屈腕至极限。

动作要点:五指尖捏紧,屈腕用力。

2.步型(视频 7-5-2)

(1)弓步:两脚前后开立,前腿屈膝,大腿接近水平,脚尖微内扣,膝关节与脚尖在一条垂直线上;后腿挺膝伸直,脚尖内扣斜向前。左脚在前为左弓步,右脚在前为右弓步。

(2)马步:两脚左右开立(约 3 倍脚长),脚尖朝前,屈膝下蹲,大腿接近水平,膝关节内扣,膝盖与脚尖约在一条垂直线上,重心落于两脚中间。

动作要点:前脚弓、后脚绷,挺胸立腰。

(3)虚步:一腿屈膝下蹲,大腿接近水平,脚尖外展 45°左右;另一腿微屈膝,以脚尖内侧向前虚点地面。两脚相距约 2 倍脚长,两膝相距约 10 厘米,重心落于后脚,左脚虚点地为左虚步,右脚虚点地为右虚步。

动作要点:挺胸塌腰,虚实分明。

视频 7-5-1　手型——拳、掌、勾

视频 7-5-2　步型——弓步、马步、虚步

(二)单练套路

长拳一段单练套路动作名称见表 7-5-1。

表 7-5-1　长拳一段单练套路动作名称

预备式:并步直立							
第一小节							
1	起势	2	弓步冲拳	3	马步格挡	4	弓步劈掌
5	抱拳弹踢	6	双峰贯耳	7	虚步护身掌		
第二小节							
8	马步格挡	9	弓步冲拳	10	弓步双架掌	11	提膝勾手
12	弓步闪身	13	虚步护身掌	14	收势		

长拳一段单练套路第一小节演示见视频 7-5-3,第二小节见视频 7-5-4。

视频 7-5-3　长拳一段单练套路第一小节

视频 7-5-4　长拳一段单练套路第二小节

预备式:并步直立,两手自然垂于体侧,目视前方。

动作要点:抬头、立身、挺胸、收腹、两脚并拢。

1.起势

(1)并步抱拳:两拳迅速上提抱于腰间,掌心朝上同时迅速向左侧甩头,目视左前方。

动作要点:抱拳、摆头协调一致,动作迅速。

(2)弓步看拳

①右脚向右前方上步,两掌体前交叉,左拳在上,拳心朝下;右拳在下,拳心朝上,两臂稍弯曲,目视两拳方向。

②重心右移,左腿蹬直,右腿屈膝成右弓步,左拳向前冲出,拳心朝下,力达拳面;右拳外旋抱于腰间,拳心朝上,目视左冲拳方向。

动作要点:右脚向右前方 45°方向上步,动作要快,冲拳有力度。

2.弓步冲拳

身体左转,左脚向前上步成左弓步。左臂外旋,左拳收抱腰间,右拳向前快速冲出,力达拳面,拳心朝下,高与肩平、目视前方。

动作要点:上步稳定,冲拳快速有力,左拳回收与右拳前冲要同时。

3.马步格挡

身体右转,重心后移,左脚回收内扣,两腿屈膝成马步。左臂屈肘外旋,向前、向内横格挡,拳心朝内,拳面朝上;右拳收抱腰间,拳心朝上,目视左前方。

动作要点:转体、格挡协调一致。

4.弓步劈掌

身体左转,右脚向前上步成右弓步。左拳收抱腰间,拳心朝上,右拳变掌由后向上、向前抡臂劈出,拇指一侧朝上,力达掌外沿,目视右前方。

动作要点:上步快速,劈掌力达掌外延。

5.抱拳弹踢

重心前移,右掌变拳收抱腰间,拳心朝上,右腿由屈至伸向前弹踢,目视前方。

动作要点:左腿弹踢,力达脚尖,单脚站立稳定。

6.双峰贯耳

重心前移,左脚前落成左弓步;两拳向外、向前、向内弧形贯击,力达拳面,拳眼斜朝下,目视前方。

动作要点:落地轻,贯拳有力。

7.虚步护身掌

重心后移,左脚回收成并步。两拳变掌,外旋向下弹击后收至腰间,掌心朝上。重心下降,右腿屈膝下蹲，左脚前伸成左虚步，两掌推至体前成立掌，左臂微屈，掌心朝前；右掌附于左肘内侧，掌心朝左，目视前方。

动作要点：下弹和推掌动作要迅速，两掌前推要有内合之力。

8.马步格挡

左脚向前踩实，脚尖内扣，身体略右转，右脚向后活步，两腿屈膝成马步。右掌变拳收抱腰间，左掌变拳，屈肘外旋格挡，力达前臂内侧，目视格挡方向。

动作要点：手脚协调一致。

9.弓步冲拳

身体向左拧转，右拳随即冲出，力达拳面，拳心朝下；左拳收抱腰间，拳心朝上，目视前方。

动作要点：蹬腿拧腰，冲拳有力。

10.弓步双架掌

左脚退步撤成右弓步，两拳变掌交叉上架，右掌在外，掌心朝外，目视架掌方向。

动作要点：后撤迅速，两臂由下向上架起。

11.提膝勾手

右膝提至胸前；两臂微内旋，向下拍击后摆至体后，两掌变勾手，勾尖朝上，目视右前方。

动作要点：提膝迅速，单脚站立稳定，拍击有力。

12.弓步闪身

右脚落于左脚内侧，左脚快速向左侧上步成左弓步。左勾手变掌，摆至右肩内侧成立掌，掌心朝外，右勾手变掌，摆至胸前后再向右前下方切掌，掌心朝下，力达掌外沿，目视切掌方向。

动作要点：闪身与切掌要迅速、连贯。

13.虚步护身掌

重心右移，左脚向右脚并步；两掌外旋下弹后收至腰间。右腿屈膝下蹲，左脚前伸成左虚步；两掌推至体前成立掌，右臂微屈，右掌附于左肘内侧，掌心朝左，目视推掌方向。

动作要点：推掌与虚步同时完成。

14.收势

(1)重心右移，左脚尖内扣成左弓步；右臂经上向身体右侧打开，目视右手。左脚迅速向右脚并拢，两腿直立，两掌变拳收抱腰间；迅速向左摆头，目视左侧。

(2)两拳变掌自然垂于体侧，头向右转正，目视前方。

动作要点：抱拳、转头迅速，协调一致。

长拳一段单练套路完整正面示范见视频7-5-5；长拳一段单练套路完整背面示范见视频7-5-6。

视频 7-5-5　长拳一段单练套路完整正面示范

视频 7-5-6　长拳一段单练套路完整背面示范

(三)对打套路

长拳一段对打套路动作名称见表7-5-2。

表7-5-2 长拳一段对打套路动作名称

	甲	乙
预备式:并步直立		
第一小节		
1	起势	起势
2	弓步冲拳	马步格挡
3	马步格挡	弓步冲拳
4	马步劈掌	弓步双架掌
第二小节		
5	抱拳弹踢	提膝勾手
6	双峰贯耳	弓步闪身
7	虚步护身掌	虚步护身掌
8	收势	收势

长拳一段对打套路第一小节示范见视频7-5-7,第二小节示范见视频7-5-8。

视频7-5-7 长拳一段对打套路第一小节示范

视频7-5-8 长拳一段对打套路第二小节示范

预备式:甲乙相距1米左右,并排直立,目视前方;乙向后转,两人面向相反方向站立。

1.甲乙起势

甲乙并步抱拳,弓步看拳,目视对方。

2.甲弓步冲拳、乙马步格挡

甲左脚上步成左弓步,右拳向乙胸部冲出,力达拳面,高与肩平,左拳收抱腰间,目视乙方。乙身体略右转,右脚后收活步,两腿屈膝成马步;左臂屈肘外旋,以前臂内侧向内横格甲右臂,目视甲方。

动作要点:甲冲拳要快速有力,乙格挡要把握时机,格挡部位在前臂近腕侧。

3.乙弓步冲拳、甲马步格挡

乙左臂下压甲右臂，蹬腿左转成左弓步；右拳向甲胸部冲出，拳心朝下，力达拳面，目视甲方。甲向右转身，左脚回收内扣，屈膝成马步；左臂屈肘外旋，向内横格挡乙右臂，右拳收抱腰间，目视乙方。

动作要点：乙下压与冲拳反击衔接要快，甲格挡要及时。

4.甲弓步劈掌、乙弓步双架掌

甲下压乙前臂，身体左转，右脚上步成右弓步；右拳变掌由体后经头上向乙头部劈打，力达掌外沿，目视乙方。乙重心后移，左脚蹬地后退成右弓步；两拳变掌交叉上架甲劈掌，右掌在外，掌心朝外，目视甲方。

动作要点：甲上步劈掌要迅速，乙后退敏捷，两掌交叉上架稳定。

5.甲抱拳弹踢、乙提膝勾手

甲重心前移，左腿由屈到伸向乙弹踢，脚面绷平，力达脚尖，右掌变拳收抱腰间，目视乙方。乙重心后移，右膝提起闪躲；两掌向下拍击甲左脚而后顺势变勾手摆至身后，勾尖朝上，目视甲方。

动作要点：甲弹踢有力，乙提膝迅速，拍击准确。

6.甲双峰贯耳、乙弓步闪身

甲左脚前落成左弓步，两拳经体侧向乙头部横贯，拳眼斜朝下，力达拳面，目视乙方。乙重心后移，右脚落于左脚内侧，左脚向左侧上步成左弓步；右勾手变掌向甲膝关节处切击，屈肘摆至胸前，力达掌外沿；左掌摆至右肩内侧成立掌，掌心朝外，目视甲方。

动作要点：甲贯拳要猛，乙闪身要快。

7.甲乙虚步护身掌

(1)甲重心后移，左脚回收成并步；两拳变掌外旋向下弹拨乙右手后回收至腰间，掌心朝上，目视乙方。乙身体右转，左脚收至右脚成并步；两掌外旋下弹后收至腰间，掌心朝上，目视甲方。

(2)甲乙右腿屈膝下蹲，左脚前伸成左虚步；两掌向前推出，右臂微屈，右掌附于左肘内侧，目视对方。

8.甲乙收势

(1)甲乙重心右移，两脚碾地，身体右转，右臂经上向身体右侧打开，目视右手；左脚迅速向右脚并拢，两腿直立，两掌变拳收抱腰间，向左摆头，目视对方。

(2)甲乙两拳变掌，两臂自然垂于体侧，目视前方；乙向后转，甲乙并排直立，目视前方。

长拳一段对打套路完整正面示范见视频 7-5-9。

视频 7-5-9　长拳一段对打套路完整正面示范

二、长拳二段

(一)基本功

1.步型(视频 7-5-10)

(1)仆步:两脚左右开立,一腿伸直平仆,接近地面,脚尖内扣,两脚全脚掌着地;另一腿屈膝下蹲,大小腿贴紧,膝微外展,脚尖外展约 45°。仆左腿为左仆步,仆右腿为右仆步。

动作要点:沉髋,平仆腿伸直外蹬。

(2)丁步:两脚并步直立,屈膝半蹲,一脚脚面绷平,另一脚全脚掌着地,脚尖点地靠拢支撑腿。左脚尖点地为左丁步,右脚尖点地为右丁步。

2.手法(视频 7-5-11)

(1)亮掌:一掌经身体同侧向外并向上弧形摆至头上方,抖腕翻掌,掌心朝上。

动作要点:抖腕要快。

(2)推掌:一掌从腰间向前推出,过肋时前臂内旋加速,臂伸直,高与肩平。

动作要点:拧腰旋臂,力达掌根。

(3)穿掌:臂由屈到伸,沿身体某一部位穿出,掌心朝上。

动作要点:力达掌指。

(4)按掌:掌由上向下或由远及近按压。

视频 7-5-10 仆步、丁步

视频 7-5-11 亮掌、推掌、穿掌、按掌

(二)单练套路

长拳二段单练套路动作名称见表 7-5-3。

表 7-5-3 长拳二段单练套路动作名称

预备式:并步直立							
第一小节							
1	起势	2	跃步劈掌	3	马步架冲拳	4	提膝亮掌
5	弓步双架掌	6	右蹬腿	7	左鞭腿	8	勾手侧踹
9	虚步护身掌						
第二小节							
10	弓步架掌	11	马步格挡	12	搂手勾踢	13	弓步反劈掌
14	丁步勾手亮掌	15	马步双推掌	16	翻身跳	17	虚步护身掌
18	收势						

长拳二段单练套路第一小节示范见视频 7-5-12，第二小节示范见视频 7-5-13。

视频 7-5-12　长拳二段单练套路第一小节示范

视频 7-2-13　长拳二段单练套路第二小节示范

预备式：两脚并拢直立，两手自然垂于体侧，目视前方。

动作要点：抬头、立身、挺胸、收腹、两脚并拢。

1.起势

(1)并步抱拳：两拳迅速上提抱于腰间，掌心朝上，同时迅速向左侧甩头，目视左前方。

(2)正踢腿：头向前转正，两拳变掌经体前交叉向上、向外摆至体侧，掌心朝外，高与肩平，目视前方。左脚上步，重心前移，右腿勾脚挺膝，直腿向额前正前方上踢。

(3)弓步看拳：右脚向右前落地，两拳体前交叉，两臂稍屈，目视两拳方向。左腿蹬直，右腿屈膝成右弓步；左拳向侧冲出，拳心朝下，右拳外旋抱于右腰际，拳心朝上，目视左冲拳方向。

2.跃步劈掌

(1)重心移至左腿，身体微左转，右膝提起；两拳保持不变，目视前方。

(2)左脚蹬地，右脚向前迈出，身体腾空；两拳变掌抡摆，目视前方。

(3)右脚前落，左脚随之落于右脚前，右腿蹬直成左弓步；左拳收抱腰间，拳心朝上，右掌向前抡劈，力达掌外沿，目视前方。

动作要点：跃步要迅速，右劈掌要快速有力。

3.马步架冲拳

身体右转 90°，左脚内扣，两腿屈膝成马步；右掌上架，左拳向左侧冲出，拳心朝下，力达拳面，目视冲拳方向。

4.提膝亮掌

(1)起身，左拳变掌，在两臂体前交叉，掌心朝上，目随两手。

(2)重心移至右腿，左膝高提；两臂内旋向身体两侧划弧分开，右掌弧形上摆至头上方亮掌，掌心朝上，左掌变勾手摆至身后，目视左前方。

动作要点：高提膝，独立稳。抖腕亮掌时，快速摆头。

5.弓步双架掌

左脚下落，右脚后退一步成左弓步；左勾手变掌，两掌体前十字交叉，向额前上方架起，右掌在外，掌心朝外，目视前方。

6.右蹬腿

重心移至左腿，右脚提起向前蹬出，力达脚跟；两掌变拳收抱腰间，拳心朝上，目视前方。

7.左鞭腿

(1)重心前移，右脚前落，两拳保持不变，目视前方。

(2)重心移至右腿，身体右转，右脚尖外展；左脚提起，脚面绷平，大腿带动小腿弧形向前鞭打，力达脚背及小腿前侧；右臂屈肘上摆，左臂伸直，目视左脚鞭打方向。

动作要点：右脚尖外展，挺膝展胯，鞭打有力。

8.勾手侧踹

(1)身体微左转，两臂屈肘于胸前；左脚落于身体左侧，脚尖外展，目视前方。

(2)重心移至左腿，身体左转，向左倾斜，右手变勾手摆至体后，左手摆至头上亮掌，身体自然侧倾，右膝提起，向前横脚踹出，目视踹腿方向。

动作要点：左脚尖外展，踹击有力。

9.虚步护身掌

(1)右脚落地，脚尖内扣，身体左转，左脚向右脚并步；两掌划弧于体前下捋后收至腰间，目视右前方。

(2)右腿屈膝下蹲，左脚提起前伸，脚尖点地成左虚步；两掌向前推出，左掌掌心朝前，右掌附于左肘内侧，目视前方。

10.弓步架拳

左脚上步成左弓步，左右掌变拳收抱腰间，左臂内旋向额前上方屈臂架起，目视前方。

11.马步格挡

身体右转，左脚内扣，两腿屈膝成马步；左臂屈肘外旋向前、向内横格，力达左前臂内侧，目视格挡方向。

12.搂手勾踢

(1)重心移至左脚，身体左转；两拳变掌于体前交叉，右手在上，目视双手。

(2)重心前移，右脚尖勾紧向前、向上勾踢；两掌内旋向下拍压后，顺势变勾手摆至体后，勾尖朝上，目视右前方。

动作要点：勾踢要勾紧脚尖，擦地而行，力达脚背及脚踝处。

13.弓步反劈拳

(1)提右膝，左勾手变掌，抡臂向前按掌，掌心斜朝下，约与胸高；右勾手变拳收于腰间，目视前方。

(2)右脚前落成右弓步，右拳于体前划弧向前上方反拳劈打，左掌置于右肘下，目视反劈拳方向。

动作要点：按掌与反劈拳衔接要紧密。

14.丁步勾手亮掌

重心后移，右脚回收至左脚内侧成右丁步；右拳变勾手摆至身后，勾尖朝上，左掌摆至头上方，抖腕亮掌，目视右前方。

15.马步双推掌

(1)身体右转，右脚抬起转身震脚，左脚顺势收至右脚内侧，脚尖点地；两手随转体上摆，击响后外旋下按收于腰间，掌心朝前，自视前方。

(2)左脚侧迈一步，两腿屈膝成马步；两掌同时向前推出，掌心朝前，力达掌根，目视推掌方向。

动作要点：跳步轻灵，马步稳定，双推掌与马步同时完成。

16.翻身跳

(1)身体右闪成右弓步,两臂随身体右倾向左摆动,目视左侧。

(2)左右脚依次弧形上步,右脚蹬地;身体腾空左转,翻身跃起旋转一周,两臂随之抡摆,目视左掌。

(3)左右脚依次落地,左腿伸直,右腿全蹲,脚尖外展成左仆步。左臂随身体翻转向上抡摆一周后置于左腿上方,掌指朝前,拇指一侧朝上;右臂摆至身体右后侧,拇指一侧朝上,目视左掌方向。

动作要点:身体翻转应轻灵敏捷,腾空要高,落地要稳。

17.虚步护身掌

(1)身体微右转,左脚收至右脚内侧成并步;两臂前摆下弹回收至腰间,目视前方。

(2)身体微左转,右腿下蹲,左脚前伸,脚尖点地成左虚步;两掌向前推出,右掌附于左肘内侧,目视前方。

18.收势

(1)重心右移,左脚尖内扣成左弓步;右臂经上向身体右侧打开,目视右手。左脚迅速向右脚并拢,两腿直立,两掌变拳收抱腰间;迅速向左摆头,目视左侧。

(2)两拳变掌自然垂于体侧,头向右转正,目视前方。

动作要点:抱拳、转头迅速,协调一致。

长拳二段单练套路完整正面示范见视频 7-5-14;长拳二段单练套路完整背面示范见视频 7-5-15。

视频 7-5-14　长拳二段单练套路完整正面示范

视频 7-5-15　长拳二段单练套路完整背面示范

(三)对打套路

长拳二段对打套路动作名称见表 7-5-4。

表 7-5-4　长拳二段对打套路动作名称

预备式:并步直立		
第一小节		
	甲	乙
1	起势	起势
2	跃步劈掌	弓步架掌
3	马步架冲拳	马步格挡
4	提膝亮掌	搂手勾踢
5	弓步双架掌	弓步反劈掌

续表

第二小节		
6	右蹬腿	丁步勾手亮掌
7	左鞭腿	马步双推掌
8	勾手侧踹	翻身跳
9	虚步护身掌	虚步护身掌
10	收势	收势

长拳二段对打套路第一小节示范见视频 7-5-16,第二小节见视频 7-5-17。

视频 7-5-16 长拳二段对打套路第一小节示范

视频 7-5-17 长拳二段对打套路第二小节示范

预备式:甲乙并步直立,甲向右后方退一步,乙向左前方上一步。甲乙前后距离约 1 米,横向距离约 1.5 米,乙向后转。

1.甲乙起势

甲乙并步抱拳,上步正踢腿,弓步看拳,目视对方。

2.甲跃步劈掌、乙弓步架拳

甲重心移至左腿,身体微左转,右膝提起,向前跃步成左弓步;右拳变掌经上划弧向乙头部抡劈,左拳收抱腰间,目视乙方。乙重心前移,左脚向前跨步成左弓步;左拳内旋,屈臂上架甲右臂,目视甲方。

3.甲马步架冲拳、乙马步格挡

甲身体右转,左脚内扣,两腿屈膝成马步;左拳向乙胸部冲出,右掌架于头上方,目视乙方。乙身体右转,左脚内扣,两腿屈膝成马步;左臂屈肘外旋,向内横格甲左臂,目视左臂格挡方向。

4.乙搂手勾踢、甲提膝亮掌

乙身体左转,右脚勾挂甲左脚跟部;两拳变掌后摆,至体后变勾手,目视甲方。甲重心后移,提左膝躲避乙方勾挂;两臂体前交叉,左掌摆至体后变勾手,右掌弧形上摆至头上方亮掌,目视乙方。

动作要点:乙勾踢时,脚跟贴地;甲提膝及时,单脚站立要稳定。

5.乙弓步反劈拳、甲弓步双架掌

乙右脚前落成右弓步,左勾手变掌向外、向上、向下体前按掌;右勾手变拳反劈甲头部,力达拳背,目视甲方。甲左脚下落,右脚退步成左弓步;两掌经腹前向前上方交叉上架乙拳,掌心朝外,右掌在外,目视乙方。

6.甲右蹬腿、乙丁步勾手亮掌

甲重心前移，右脚提起，大腿带动小腿向乙腹部蹬出，脚尖向上，力达脚跟；两掌变拳，收抱腰间，目视乙方。乙重心后移，右脚迅速回收至左脚成丁步；右拳变勾手经体前划弧向下、向外勾挂拦截甲腿；左掌上摆至头上方，掌心朝上，目视甲方。

动作要点：甲蹬腿迅速、敏捷，乙收脚闪身要快，右臂外挂有力。

7.甲左鞭腿、乙马步双推掌

甲右脚外展前落，身体微右转，左脚提起，大腿带动小腿弧形向乙头部鞭打，力达脚背及小腿前侧；右臂上摆至下颌处，左臂伸直随体摆动，目视左脚鞭打方向。乙身体右转 180°，右脚向右跨步，两腿屈膝成马步；右勾手变掌，双掌向前推拦甲鞭腿，目视击拍方向。

动作要点：甲左鞭腿要快，乙右闪快速轻灵，双掌击拍要及时。

8.甲勾手侧踹、乙翻身跳

(1)甲左脚前落，两臂屈肘于胸前，目视乙方。乙重心右移，身体侧闪，两臂自然下摆，目视甲方。

(2)甲重心移至左脚，脚尖外展，身体左转、倾斜，右脚提起，向乙横脚踹出；右手变勾手摆至体后，左手摆至头上亮掌，目视乙方。乙左右脚依次上步，腾空翻身跳起，躲避甲的侧踹。

9.甲乙虚步护身掌

(1)甲右脚落地，身体左转，左脚收至右脚成并步；两掌收至腰间，目视乙方；乙翻身落地后，左脚收至右脚成并步，两掌收至腰间，目视甲方。

(2)甲乙右腿屈膝下蹲，左脚前伸成左虚步，两掌向前推出，目视对方。

10.甲乙收势

(1)甲乙重心右移，两脚碾地，身体右转，右臂经上向体右侧打开，目视右手；左脚迅速向右脚并拢，两腿直立，两掌变拳收抱腰间，向左摆头，目视对方。

(2)甲乙两拳变掌，两臂自然垂于体侧，目视前方。乙向后转，甲乙并排直立，目视前方。

长拳二段对打套路完整示范见视频 7-5-18。

视频 7-5-18　长拳二段对打套路完整示范

三、长拳运动小贴士

(1)习练长拳宜穿宽松的服装、运动鞋或布鞋。

(2)基于长拳运动的特点，此课程对学生的协调性和柔韧性要求都是较高的，每一个动作都要求全身各个部位均要参与。反之，通过一段时间练习也可明显提高学生的协调性和柔韧性。初学长拳时，不可过急，均从基本功开始，准备活动须充分，各个关节要充分伸展拉开，避免受伤。

(3)如有不慎扭伤或摔伤,在确定非骨折的情况下,于24小时内进行冷敷,之后再进行外敷药物处理。

(4)套路中涉及单练与对打,单练以巩固动作、提高技术为主,对打以灵活运用动作进行攻防练习为主。因此,初学者宜先反复习练单个动作,再到组合练习,最后到成套练习。熟练单练套路的练习后,再将动作拆分,进行对打套路的攻防练习。

(5)武术运动属于体育,亦高于体育。因此习练长拳的同时,建议有意识地了解武术文化,能更快理解拳意,正确理解"习武先习德",并将其融入实践中。

四、长拳考试内容及评分标准

(一)考试内容

长拳单练套路和对打套路。

(二)评分标准

总分100分,单练套路和对打套路各占50%,详见表7-5-5和表7-5-6。

表7-5-5　长拳单练套路评分标准

内容分值	评分标准
40～50分	①动作准确性、熟练性、流畅连贯性好 ②动作规范、技法正确性好 ③劲力顺达、力点准确性好 ④手眼、身法、步配合协调,熟练完成整套动作 ⑤精神饱满、节奏分明及风格突出程度强。
30～39分	①动作准确性、熟练性、流畅连贯性良好 ②动作规范性、技法正确性良好 ③劲力顺达性、力点准确性良好 ④手眼、身法、步配合协调良好,较为熟练完成整套动作 ⑤精神饱满、节奏分明及风格突出程度良好
25～29分	①动作准确性、熟练性、流畅连贯性一般 ②动作规范性、技法正确性一般 ③劲力顺达性、力点准确性一般 ④手眼、身法、步配合协调一般,基本完成整套动作 ⑤精神饱满、节奏分明及风格突出程度一般
24分以下	①动作准确性、熟练性、流畅连贯性差 ②动作规范性、技法正确性差 ③劲力顺达性、力点准确性低 ④手眼、身法、步配合协调差,无法独自完成整套动作 ⑤神态紧张,节奏分明及风格突出程度低

表 7-5-6　长拳对打套路评分标准

内容分值	评分标准
40～50 分	①攻防清晰,动作熟练度高 ②动作真实,距离适中及合理性高 ③表现逼真,实战意识强 ④双方配合默契度高
30～39 分	①攻防清晰,动作熟练度良好 ②动作真实,距离适中及合理性良好 ③表现逼真,实战意识良好 ④双方配合默契度良好
25～29 分	①攻防清晰,动作熟练度一般 ②动作真实,距离适中及合理性一般 ③表现逼真度一般,实战意识一般 ④双方配合默契度一般
24 分以下	①攻防清晰度及动作熟练度差 ②动作不真实,距离过远或过近,合理性差 ③假打,实战意识差 ④双方配合默契度差

参考文献

[1]全国体育学院教材委员会.中国武术教程[M].北京:人民体育出版社,2004.

[2]国家体育总局武术研究院.中国武术段位制系列教程:长拳[M].北京:高等教育出版社,2009.

[3]林建华.郭琼珠.21 世纪普通高等学校体育与健康系列教程:武术与健身教程[M].厦门:厦门大学出版社,2007.

第六节　自卫防身

广义上来说,讲自卫防身是保护自己的合法权益不受侵害。而作为身体运动的自卫防身是一项运用踢、打、摔、拿等各种方法,以制服对方,保护自己为目的的身体对抗技术。自卫防身术不完全等同于散打,也不同于拳击、摔跤、跆拳道等其他对抗性重的竞技体育项目,它以各种实战格斗技术为素材,是一个综合性的格斗知识体系、技术体系,并采用理论与实践相结合的方式,通过各种案例分析,达到学以致用的目的,注重提高学生的实战技巧和自卫防身的综合能力,以简单实用为原则。

一、自卫防身动作技术方法

(一)实战姿势

实战姿势是各种格斗技术的一项最为基本的技术动作,它也是进攻和防守动作的开始和终止动作，在进攻和防守动作开始之前和结束之后，一般都要保持实战姿势（视频 7-6-1）。

视频 7-6-1 实战姿势

动作要点：身体侧转，两脚前脚掌支撑身体，后脚跟虚离地面，两膝和髋关节微屈，双腿自然放松，小腹放松，胸口微含，双手一前一后保护好上体和头部，下颌微收，两眼平视前方。

重要提示：实战姿势没有统一的定式动作，可因人因势而异。在初学阶段一定要保持好这种姿势，熟练后再做变化。实战姿势在接近对手时和与对手对峙的过程中，能保护和防守自己的要害部位，便于随时出击进攻对手，使自己处于攻守兼备的状态。另外，实战姿势在应用时的高低要视对手的情况而定，要做到攻守灵活、严密，移动方便，姿势不可太低。

（二）常用步法

步法是格斗对抗技术的重要一环，在面对对手时，一般在保持“实战姿势”的前提下进行各种步法移动，让身体不断地移位，调整与对方的空间距离，寻找和创造进攻与防守的最佳机会，所以步法的快慢和移动幅度的大小，会直接影响攻防技术运用的效果。步法要做到：灵活、快速、平衡能力强、距离和速度控制到位。

1.向前滑步（视频 7-6-2）

动作要点：后脚发力，前脚迅速向前移动，前脚上步与后脚跟步的衔接要紧密，在移动过程中身体姿势保持不变。

重要提示：用以快速接近对手，抓住机会进攻。移步时脚应迅速擦地滑行，身体重心应平稳，始终保持在两脚之间，身体不可前倾，上体和上肢姿势应保持不变。

2.向后滑步（视频 7-6-2）

动作要点：前脚发力，后脚迅速向后移动，后脚退步与前脚跟步的衔接要紧密，在移动过程中身体姿势保持不变。

重要提示：用以快速摆脱对手，拉开距离。移步时脚应迅速擦地滑行，身体重心应平稳，始终保持在两脚之间，身体不可后仰，上体和上肢姿势应保持不变。

3.左滑步（视频 7-6-2）

动作要点：右脚发力，左脚迅速向左移动，左脚左移与右脚跟步的衔接要快，在移动过程中身体姿势保持不变。

重要提示：用以快速向左移动、闪避，以摆脱对手的正面进攻。移步时脚应迅速擦地滑行，身体重心应平稳，始终保持在两脚之间，不可左倾，上体和上肢姿势应保持不变。

4.右滑步（视频 7-6-2）

动作要点与重要提示：参考“左滑步”。

5.向前交叉步（视频 7-6-3）

动作要点：两脚同时移动，动作幅度不要过大，保持身体的稳定。

重要提示：用以快速接近距离较远的对手，为腿法的运用做铺垫。交叉步时两脚贴地滑行，不要腾空，两脚交换要快。

6.向后交叉步(视频 7-6-3)

动作要点：两脚同时移动，动作幅度不要过大，保持身体的稳定。

重要提示：用以快速脱离对手低位腿法的进攻。交叉步时两脚贴地滑行，不要腾空，两脚交换要快。

7.向左环绕步(视频 7-6-4)

动作要点：步幅不宜过大，移动时身体姿势保持不变，身体和眼睛始终面对对手。

重要提示：用以避其锋芒，避开对手正面的猛烈进攻，寻找最佳的时机从侧面反攻对手。撤步时连续滑移，步子应成弧形环绕，后脚步幅稍大于前脚，上体和上肢姿势不变。

8.向右环绕步(视频 7-6-4)

动作要点与重要提示：参考“向左环绕步”。

视频 7-6-2　滑步

视频 7-6-3　交叉步

视频 7-6-4　环绕步

(三)常用拳法

1.左、右手冲拳

动作要点：以实战姿势为基础，蹬地转腰，以腰带手臂，向鼻尖前方冲出，力达拳面。

重要提示：左冲拳击打距离短，速度快，灵活性强，但力度小，常常用以试探、引诱、迷惑对手，为其他拳、腿法的运用引路。使用左冲拳时不可有预兆蹬地、拧腰、顺肩整体用力，重心不可前倾，应快打快收，迅速还原(右手同左手，方向相反)。

冲拳动作展示见视频 7-6-5；冲拳双人对练展示见视频 7-6-6。

视频 7-6-5　冲拳动作

视频 7-6-6　冲拳双人对练

2.左、右手摆拳

动作要点：以实战姿势开始，蹬脚转腰，以腰带手，直出横摆，力点在鼻尖前方。

重要提示：这是一种横向型拳法，主要用于从侧面击打对手。击打要借助转体的力量，上体要保持正直，不可向后引臂欲摆，拳要走弧线(右手同左手，方向相反)。

摆拳动作展示见视频 7-6-7；摆拳双人对练展示见视频 7-6-8。

视频 7-6-7　摆拳动作

视频 7-6-8　摆拳双人对练

3.左、右手勾拳

动作要点：以实战姿势开始，身体左转，蹬脚转腰，以腰带手，拳由下向上击出。

重要提示：勾拳适用于近距离实战，出拳时重心稍微下沉，通过蹬地拧腰加大出拳的作用距离与力度（右手同左手，方向相反）。

勾拳单人动作展示见视频 7-6-9；勾拳双人对练展示见视频 7-6-10。

视频 7-6-9　勾拳单人动作

视频 7-6-10　勾拳双人对练

（四）常用腿法

1.正蹬腿（视频 7-6-11）

动作要点：以实战姿势开始，支撑脚外展，前踢腿向前提膝，小腿加速向前蹬出。

重要提示：用力时上体不可过于后仰，屈膝腿要高抬，运用爆发力，快速连贯，直线蹬击，力点在脚跟，前腿正蹬多用于防守反击及主动进攻（右腿同左腿，方向不同）。

2.侧鞭腿（视频 7-6-12）

动作要点：以实战姿势开始，支撑脚脚尖外展，以腰带腿、以腿带脚向前弧形踢出，力达脚背。

重要提示：用力时以转体带动摆腿，弹踢时膝部向前发力鞭打，小腿加速横向鞭击，力点在脚背，主要用于从侧面打击对手（右腿同左腿，方向不同）。

3.侧踹腿（视频 7-6-13）

动作要点：以实战姿势开始，支撑脚外展，前腿小腿外翻，收腿外展，力达脚底。

重要提示：踹腿是实战中实用性较高的腿法之一，通过步法的调整，可在不同的距离内使用，变化较多，易攻不易防。动作完成时，髋关节要充分外展，身体与大、小腿要成一条直线，支撑腿放松（右腿同左腿，方向不同）。

视频 7-6-11　正蹬腿

视频 7-6-12　侧鞭腿

视频 7-6-13　侧踹腿

（五）常用摔法

1.抱单腿靠别（视频 7-6-14）

动作要点：顺对方来势，前脚积极上步，后脚紧跟，同时身体下潜，搂抱对方前腿上提同时上步靠别，肩膀前顶。

重要提示：完成动作时要紧紧靠压住对方前腿，腿要别紧，不能让对手的支撑脚有活动的空间，一般用于主动进攻（如下潜抱单腿）或防守反击（接腿反击）。

2.抱单腿后拉（视频 7-6-15）

动作要点：顺对方来势，接腿后撤。

重要提示：完成动作要利用对方来势，顺对方的重心向后下方用力，主要用于接抱对手的蹬腿进攻。

3.接腿上托（视频 7-6-16）

动作要点：接住对方的进攻腿，顺势后移然后上托迫使对方失重。

重要提示：完成动作要利用对方的来势，顺对方的重心先向后移动化解对方的力量，然后快速上托上提，迫使对方失去重心，用于接抱对方的蹬腿或侧踢进攻。

视频 7-6-14　抱单腿靠别

视频 7-6-15　抱单腿后拉

视频 7-6-16　接腿上托

4.抱腿抹脖勾踢（视频 7-6-17）

动作要点：顺势接住对方的进攻腿，上步近身，同时一只手从后面勾抹对方颈部，后腿迅速勾踢对方的支撑腿。

重要提示：在动作完成时，勾拉颈部与勾踢支撑腿要协调用力，勾拉颈部的手臂要旋转向身后用力，主要用于接抱侧踢进攻。

5.搂腿压胸（视频 7-6-18）

动作要点：顺势下潜近身，一手搂住对方的前脚上提，另一手按压对方胸口并前推。

重要提示：完成动作时，搂腿上提和压胸前推动作要协调一致，同时身体向推压方向略微侧转，可用于主动进攻或拳法的防守反击。

视频 7-6-17　抱腿抹脖勾踢

视频 7-6-18　搂腿压胸

(六)常用防守技术

1.躲闪(视频 7-6-19)

重要提示:躲闪动作以实战姿势为基础,头部动作保持不变,目视对手,靠上体和脚步的移动来躲避对方的进攻。

2.拍击(视频 7-6-20)

重要提示:拍击动作以实战姿势为基础,用手拍挡对方的进攻,动作幅度不宜过大,主要用于改变对方进攻的方向,化解对方的主要力量。

视频 7-6-19　躲闪

视频 7-6-20　拍击

3.格挡(视频 7-6-21)

重要提示:格挡动作以实战姿势为基础,用手臂化解对方的进攻,在格挡时手臂要滚动用力,动作不宜过大,主要用于破坏对方的直线进攻。

4.抄抱腿(视频 7-6-22)

重要提示:抄抱腿动作以实战姿势为基础,顺对方来势,侧身躲开对方的进攻点,两手臂(小臂)上下夹抱对方进攻腿。

视频 7-6-21　格挡

视频 7-6-22　抄抱腿

(七)常用擒拿技术

擒拿是我国劳动人民在斗争实践中创造的传统武术技击方法,历史悠久,内容丰富,变化多端,尤其适用于近身搏斗。其针对人体的关节活动功能的局限性及薄弱点,根据反关节控制的原理,结合螺旋、缠绕、杠杆等多种劲力的变化运动,以达到擒伏与解脱、控制与反控制的目的。擒拿部分通过 6 个具有代表性的动作来说明擒拿中各种劲力变化的方式,了解人体的构造及其运动的规律和特点,从而达到学以致用的重要目的。

1.手抓手的擒拿技术

(1)截掌勾腕:本式以被抓之右手反制对方抓腕之左手,当对方握力很强时,如何能反勾其腕?关键是要在用左手按对方抓右腕之左掌背的同时,右手乘对方紧抓不舍之机,使掌指拧腕前钻,这一拧一钻,就能使对方紧握之手松动(视频 7-6-23)。擒拿法常常要用被抓住之手就势反制对方,凡属这类动作,都要用拧腕钻裹法。因为拧腕动作包含两种运动:一是杠杆力,二是螺旋力,这两种劲一结合,便可使抓腕动作解开。对方握力虽大,但拇指与食指间形成的“虎口”毕竟是个“口”,指细而腕粗,拧腕动作可形成一种杠杆撬动力,自然撬开对方的虎口;同时,拧腕本身是一种螺旋形的拧钻劲,此劲力面旋扭,力点不定,而抓腕是横向力,拧腕是螺旋形的直钻劲,直破横是拳法之常理,而且这是杠杆劲同螺旋钻拧劲两个劲力的结合运用,再加上另一手相助,故能巧妙地反制对方。这个道理,在擒拿的很多动作中都有体现。

(2)屈肘压腕:甲右腕开始向外旋转时,左手仍控住乙抓腕之左手不变,随着右腕的转动,对方左手被拧转在下,自己的左手也要由按随之变为由下向上的抱,要在运动过程中控住乙的左手,为压腕动作准备条件。当被抓之右腕一转动,对方抓腕之左手必随之被反扭过来,处于下方,而尺腕关节则扭转向上,身躯亦被迫下伏,至此压腕动作只需右肘稍向前移,使右小臂尺骨恰好压在乙方被反扭着的左手尺腕关节上,再将左手上端乙之左手掌,右肘下压乙左腕,两手交错用力,即可重挫乙的左腕关节(视频 7-6-24)。此外,甲方在屈肘压腕的同时,右脚前进扣跪乙方在前的左腿,这种锁步关腿法,是中国擒拿法的重要技击特点。其作用是克住对方脚步,阻止变化,充分发挥擒拿法的克制威力,同时还含有挂腿挑跟,使用绊跌招法重创对手的作用。在用本式压腕克敌后,若再使右臂朝外横摔,抖击对方面部,右脚同时挂绊其左脚跟,可当即将乙方跌翻在地(视频 7-6-24)。

视频 7-6-23　截掌勾腕

视频 7-6-24　屈肘压腕

2.抓领口的擒拿技术

(1)倒抓犁耙:动作所抓部位一定要准确,甲用左手抓乙右腕,用的是倒抓法,即虎口向后朝着对方的手掌,抓的部位应使左手掌抓住对方右腕的背面,虎口叉对准其小指侧尺骨腕关节,这是本式拿腕的标准。稍有移位,必然会缩小拧腕幅度,失却制敌威力。抓腕得手后,要立即将左手外旋,从而将对方右腕朝外反扭。在拧扭对方右腕的同时,自身必须右转逼进,上面用左肘拐臂挟住对方右肘,下面上左脚,扣住对方在前的右小腿及足跟,迅速将对方控制在下,此即本式克敌之关键(视频 7-6-25)。这个动作主要应付从正面击来的直臂前冲之手,如抓发、拍面、掐喉、劈肩,击打胸腹及匕首前刺、单刀下劈等进攻动作。

(2)搓背反掌:此动作中含胸转体至为关键,首先是因为本式要求将对方右手向其右肩拧扭反牵,同时,尤其在对付臂力大的对手时,其腕粗手硬顶住胸膛,用两手也不易扭动其腕,这就要靠含胸转体动作来制伏对手(视频 7-6-26)。含胸可化开对方劲力,转体可运用身体重量,帮助手的拧扭以增强其挫腕之力。

视频 7-6-25　倒抓犁耙

视频 7-6-26　搓背反掌

3.头部被抓的擒拿动作

(1)低头挫腕:左手抓腕扭脆是该动作的重点。但在动作过程中抓腕后的扭腕动作,制动范围太小,因为对方抓发之手被控制在自己勾着的头顶部位。这就要求,在头部向右摆动和左手随之使用扭腕动作时,右脚应稍向后移,体位随之稍向后挪动,腰背稍向上撑起,这就让开了扭腕空间,又牵动了对方的重心,从而奏效(视频 7-6-27)。

(2)抱头顶腕:这个动作的重点在于控后抓发之手于头顶,转身回头拧翻其掌腕,抬头挺掌,反折其掌腕关节(视频 7-6-28)。

视频 7-6-27　低头挫腕

视频 7-6-28　抱头顶腕

二、实施自卫防身技术的原则

自卫防身的目的是保护自己,所以对人体的速度、力量、灵巧、耐力等身体素质有较高的要求;自卫防身中讲究“一胆、二力、三功夫”,培养“胆识”在自卫防身中是十分重要的。当自己的合法权益受到侵害时要做到敢于面对,临危不乱,让自己冷静下来积极思考应敌的对策和方法;自卫防身的目的是防卫自身,不是侵犯他人,是以达到自卫效果为目的,而不是过度地伤害对手,最理想的效果是运用智慧做到“不战而屈人之兵”。

在自卫防身过程中要遵循以下几点原则:首先,确认周边环境。自己是处在一个开放的空间还是密闭的空间,周围是闹市还是偏僻之处,能不能根据周边环境甩开对方,有没有可以用于藏身躲避的障碍物或可供自己防身的器具。尽可能地避免和施暴者的正面接触,尤其是肢体接触;其次,实施求救。一方面可以通过呼喊求救,或者利用手中的通讯工具求救,制造噪声吸引其他人的注意力进行求救,如果发生被对方胁迫或劫持的情况,尽可能地制造一些求救的线索信息;最后,积极自救。要观察对方的情况和对方的目的,好好利用自身的优势(例如,一名女性在面对自卫防身的情况时,表面可以装出一副弱者的样子迷惑对方,一旦抓住机会就可给对方以重创),利用避实就虚、声东击西等智慧与对方周旋,一旦有机会就要一击奏效,不要给对方翻身的机会。

三、技术考核内容与评分方法

(一)考核内容及所占分值(百分制)

(1)拳法组合一种:直、摆、勾三种拳法任意组合,组合拳法中必须是自己最熟练的两种或两种以上拳法的组合套路。分值 25 分。

(2)拳腿组合一种:直、摆、勾三种拳法和正蹬、鞭腿、侧踹三种腿法任意组合,组合拳腿中必须是自己最熟练的拳腿动作。分值 25 分。

(3)摔法组合一种:拳法攻防中的摔法,腿法攻防中的摔法以及纠缠、贴身中的摔法任选一种,必须是自己最擅长的摔法动作。分值 25 分。

(4)拿法两种:抓手、抓头、抓衣领等擒拿动作(可以创新或借鉴)与反擒拿动作任选一种,必须是自己最熟练、擅长的动作。分值25分。

(二)评分方法

自卫防身技术考核评分方法见表7-6-1。

表7-6-1　自卫防身技术考核评分方法

分值区间	动作评定要求
20～25分	四组动作与动作组合完成态度认真,情景设计内容丰富合理;劲力充足,击打效果十分明显;拳、腿、摔动作技术流畅,配合十分熟练
15～19分	四组动作与动作组合完成态度认真,情景设计内容基本合理;劲力充足,击打效果明显;拳、腿、摔动作技术基本流畅,配合熟练
10～14分	四组动作与动作组合完成态度认真,情景设计内容基本合理;劲力一般,击打效果一般;拳、腿、摔动作技术基本流畅,配合不够熟练
10分以下	四组动作与动作组合完成态度不够认真,情景设计内容不够合理;劲力不明显,击打效果一般;拳、腿、摔动作技术不够流畅,配合不够熟练

参考文献

[1]体院院校通用教材.中国武术教程[M].北京:人民体育出版社,2004.
[2]中国武术段位制系列教程.自卫防身术[M].北京:高等教育出版社,2014.
[3]中国武术散手编写组.中国散手[M].北京:人民体育出版社,1990.

第八章 户外冒险运动

第一节 马拉松

一、马拉松运动的概述

公元前490年,波斯帝国向希腊发动了大规模的侵略战争。希腊军民在米尔迪亚德元帅的指挥下,对入侵者进行了英勇反击。波斯军队人多势众、兵强马壮,不断向希腊领土挺进,波斯军队很快就逼进了希腊的军事要地马拉松镇,如果此镇丢失,则意味着亡国之期不远矣。而英勇的希腊军民以少胜多、以弱胜强,在马拉松镇打败了波斯侵略军,取得了反侵略战争的胜利。

为了尽快将这一喜讯传到首都雅典,米尔迪亚德元帅命令传令兵菲迪波德斯去完成这一光荣使命。菲迪波德斯刚刚从刀光剑影的战场上下来,身上多处受伤,异常疲劳,可是,他一接到命令便立即奔向首都,胜利的喜悦和强烈的爱国心激励着他奋力奔跑。谁都没想到这位勇士竟然一口气跑了42公里(1公里=1千米),当满身血污的菲迪波德斯跑到雅典广场,便高兴地喊道:“我们胜利了!”说完这位勇士就倒在地上停止了呼吸。为了纪念这位勇士的爱国壮举,1896年在希腊雅典举行的近代第一届奥林匹克运动会上,就将跑完当年勇士菲迪波德斯跑过的这段路线的距离作为一个竞赛项目,定名为马拉松比赛。

2019年3月11日中国田径协会马拉松年度报告指出,2018年全国举办马拉松赛事的数量(800人以上规模)达到了1581场,累计参赛人次583万,2018年中国马拉松年度产业总规模达746亿。

目前,男子马拉松赛世界纪录为2018年9月16日在德国柏林马拉松赛上肯尼亚选手基普乔格的成绩2小时1分37秒,这是最新的男子马拉松世界纪录。女子马拉松世界纪录是由英国女子马拉松名将拉德克里夫在2003年4月13日伦敦马拉松赛上创造的2小时15分25秒。2003年首届厦门马拉松赛后,厦门大学体育课也设立了马拉松选项课,到2019学年,目前我们每学期的马拉松课程有4个班级,每班限额100多个同学,每年有超过800名厦大学生学习马拉松课程。马拉松选项课的开设,让很多原本怕跑步和讨厌跑步的同学开始不再害怕跑步,不再讨厌跑步了,许多同学甚至开始爱上跑步,爱上马拉松,开始挑战厦门马拉松,甚至是全国各地马拉松赛、世界各地的马拉松赛。

二、马拉松锻炼的基本原则

(一)健康第一原则

我们参加马拉松训练最主要的目的就是希望通过科学系统的锻炼,提高人体健康水平,展示挑战人体极限负荷的强悍体能和坚强意志品质。譬如2013年香港马拉松赛就有一位101岁的印度马拉松老人辛格，他还能跑完10公里的赛程。

2510年前第一位马拉松勇士就付出了牺牲生命的代价，我们也亲眼看到某些马拉松选手参加比赛或训练时出现意外甚至是死亡。我们认为，马拉松运动并不是每个人都可以参加的，盲目进行超长距离挑战是很危险的。参加马拉松比赛必须有健康的身体，以积极参加有针对性的、专业的训练为前提。运动员从事马拉松训练和比赛，一定要注意安全，量力而行。心脏病、心血管疾病等不能参加，同时，当感冒、发烧、胃肠炎等急性病发生时也不能参加。跑步前要注重深呼吸，充分做好热身操和拉伸操。提醒大家奔跑过程中要始终保留一定体能，不能筋疲力尽，不乱拼，不乱冲。跑完后也要进行一定的慢跑、放松和拉伸运动。

（二）积极主动原则

我们认为跑马拉松最主要的目的就是通过锻炼，提高我们的身体机能，让我们拥有健康的身体和坚强的意志力，远离病痛，为社会创造更多的精神财富和物质财富，节约更多的社会资源。如果大家都爱上跑步、坚持跑步，冬练三九，夏练三伏，酷暑天也能一抬腿10千米不中暑；暴风雨来了，寒流来了，依然能穿着背心短裤，吹着海风，20千米拉练无一人感冒，保持强健的体魄，远离医院，这样就能够节约大量的医疗资源。

经常参加马拉松锻炼能有效提高人体心肺功能，通常人们安静时每分钟心率是70次，马拉松运动员安静时每分钟心率一般不超过50次。有一种说法：动物心脏犹如马达，保修期约为14亿次，小型动物每分钟心跳接近200次，它们的寿命是20年；中型动物每分钟心跳是120次，它们的寿命是40年；大型动物每分钟心跳为80次，它们的寿命是70年；龟类每分钟心跳不足20次，它们的寿命可达几百岁。在正常的范围内，心率越低，心脏的寿命越长。通常人们的肺活量是2500～4000毫升，马拉松运动员平均肺活量是4500～6000毫升，肺活量的提高，也就是生命力的提升。运动不足容易导致人体吸收代谢功能不好，造成贫血，通过积极锻炼，马拉松选手体内的血红蛋白含量更高；我们知道人体内的病毒和细菌怕高温，跑步会促使体内温度超过40度，这样就能大量破坏病原体的生存环境。参加马拉松锻炼，持续时间长，大量排汗、排毒和杀毒，能够提高人体免疫功能，促进健康。

（三）循序渐进原则

循序渐进原则是指马拉松训练的运动负荷应从小到大，从少到多，从慢到快，从适应→提高→再适应→再提高，慢慢积累慢慢进步。通常我们采用集体慢跑，大家先按每公里7分钟配速，也就是田径场400米跑道每圈3分钟，从1公里2公里跑起，慢慢适应，然后慢慢增加公里数，每次增加1公里，通常经过5～10次训练，大家都能轻松地按每公里7分钟配速跑完5～6公里；在此基础上，我们再进一步提高要求，要求慢跑5～6公里，每公里按6分钟配速完成。依此类推，适应→提高→再适应→再提高，通过几个月循序渐进的训练，很多马拉松爱好者都能达到按每公里6分钟的配速，完成10～20公里的跑量，这样就达到参加全程马拉松比赛的基本要求了。

（四）持之以恒原则

马拉松锻炼应该提倡毛竹定律，先扎根后发展，提倡长期化、经常化、终身化，要有十年磨一剑的精神。当选择了马拉松锻炼，就是选择了乐于锻炼，乐于吃苦。马拉松训练需要持之以恒。从事马拉松训练，应坚持每周四五次跑步锻炼，每次30～90分钟，每次跑量控制在5～15公里为宜。提高马拉松成绩需要积累较多的跑步时间和跑量。不要一时兴起，三天打鱼两天晒网，没有坚实的跑步基础，就去盲目挑战极限，盲目挑战马拉松比赛，那将危害身体健康，甚至可出现生命危险。

(五)全面发展原则

马拉松训练,耐力是最根本、最主要的,但马拉松比赛是一项超长距离的极限挑战,运动员需要具备较强的身体素质,马拉松训练应该注重系统锻炼,全面发展,速度、耐力、力量、弹跳、柔韧、灵敏六大身体素质均要全面加强,综合提高。其一,马拉松运动员的速度训练非常重要。速度越快,进行慢速跑的时候越轻松。其二,马拉松运动员的力量训练是完成比赛的有力保障。马拉松训练需要的力量是一种持续性的小负荷力量,建议采用小杠铃负重原地半蹲、小杠铃负重弓步换腿蹲、小杠铃负重大弓箭步走、草地弹性纵跳、哑铃摆臂等,每个练习做 100 次或 50 米,重复 4 组,每周进行 2 次。

(六)运动量适宜,区别对待原则

马拉松运动员的训练量是非常大的,对专业运动员来说,每天一趟全程马拉松的跑量也许只是小菜一碟,但是,毕竟每个人的精力体能有限,生活中不只有跑步,还有家庭、工作、学习……对于广大马拉松选手,我们不提倡大运动量训练。我们认为,更高更快更强,不断征服人体极限的马拉松运动训练是职业运动员在科学、营养、康复等综合保障下才能进行的。

马拉松的训练应该遵循适宜运动量的原则,并非越大越好,越多越好,越快越好,应根据每位运动员的实际情况,制定科学合理的训练计划。通常我们以训练停止时的心率来确定个人的运动负荷,每 10 秒钟心跳 20～25 次为小运动量,每 10 秒钟心跳 25～30 次为中运动量,每 10 秒钟心跳 30 次以上为大运动量;我们还可以用自我感觉来判断,每次训练后不感到特别疲劳,精神放松,吃睡正常为适宜运动量。每天睡醒晨脉保持在 40～60 次最好。

三、马拉松锻炼的基本方法

(一)匀速跑

跑马拉松和我们开车一样,越匀速越省油,越匀速越节约体能。所以,马拉松最基本的训练方法就是匀速跑。马拉松训练没有捷径,只有通过大量的匀速跑才能提高跑步能力。所谓匀速跑,就是根据每位马拉松选手的不同水平,制定每公里不同的跑速,可以选择每公里 3 分 30 秒配速,每公里 4 分钟配速,每公里 5 分钟配速,每公里 6 分钟,每公里 7 分钟等。如果想在 3 小时 10 分钟内完成,那么,每公里跑速应该控制在 4 分 25 秒～4 分 30 秒之间,每 14 公里(1/3 马拉松)应掌握在 60～63 分钟之间。如果想在 5 小时内完成比赛,那么,你应该按每公里 7 分钟的配速前进,其实,这样的跑速难度并不大。只要你经常锻炼,意志坚强,有耐心,坚持到底,就肯定能完成。

马拉松配速参考表 8-1-1。

表 8-1-1 马拉松配速参考

全程成绩	14 公里	28 公里	42 公里
300	60 分钟	120 分钟	180 分钟(4 分 15 秒/公里)
330	70 分钟	140 分钟	210 分钟(5 分钟/公里)
400	80 分钟	160 分钟	240 分钟(5 分 45 秒/公里)
430	90 分钟	180 分钟	270 分钟(6 分 25 秒/公里)
500	100 分钟	200 分钟	300 分钟(7 分钟/公里)

1.场地匀速跑

根据自己的训练水平，在田径场上进行5～10公里的匀速跑。在进行场地匀速跑过程中，建议每次训练都应手握秒表，精准掌握每圈400米的跑速，如10000米匀速跑，即25圈，尽量做到每圈的跑速都一致，最后2圈再去冲刺，随着训练次数的增加，训练能力的提高，速度可从每圈120秒、100秒、90秒、80秒不断提高。

2.公路匀速跑

公路匀速跑是马拉松训练最主要的手段，应该选择几条环境优美，空气清新，车少安全的跑步路线。最好有GPS跑步表，这样就可以有效监控自己的配速，配速慢的话就可以多跑几公里，配速快的话就可以少跑几公里。

（二）间歇跑

经过一阶段的训练，马拉松选手体力增强了，体能提高了，要想跑得更快更好些，在保持匀速跑训练的前提下，还应每周进行一两次间歇跑训练，提高要求，强化跑步瞬间的能力。

1.短距离的变速跑和间歇跑

重点提高100米、400米、1000米能力，宜采用几个组合：

(1)100米快跑+100米慢跑，5～10个为1个组合。

(2)200米快跑30秒，间歇3分钟，5～10个为1组合。

(3)400米快跑70秒，间歇1分钟，5～10个为1组合。

(4)1000米3分20秒反复跑，间歇5分钟，5个为1组合。

2.组合间歇跑

重点提高5000米、10000米的能力，宜采用几个组合：

(1)小型倒金字塔(5000米+2000米+1000米)：5000米每400米90秒配速，2000米每400米80秒配速，1000米每400米75秒配速，每个练习间歇5～10分钟。

(2)小型拖拉机(4000米+3000米+2000米+1000米)：4000米每400米90秒配速，3000米每400米85秒配速，2000米每400米80秒配速，1000米每400米75秒配速，每个练习间歇5～10分钟。

（三）模拟比赛节奏跑

马拉松选手在参加全程马拉松比赛前，应根据自己的训练水平和跑步能力，合理确定自己的挑战目标，并按照挑战目标，计算好每公里的配速，按这个配速赛前连续几天进行1/3马拉松、半程马拉松、2/3马拉松的实战演练。如果有高水平跑者领跑、带跑或陪跑则效果更佳。

（四）变换环境跑

通常马拉松训练比较枯燥反味，应该适当调节训练内容，变化一下训练场地和训练环境，对提高马拉松爱好者的训练热情很有帮助，如场地跑、公路跑、山地跑、公园跑、沙滩跑、草地跑、海边跑、江边跑、河边跑、湖边跑、森林跑等。

（五）强化力量训练

力量训练能促进人体激素生成，让男生更阳刚，女生更柔美。通常每周在跑步训练后，应安排一两次力量素质训练，每次30分钟，可以选择下述的练习：杠铃卧推、杠铃上举、杠铃挺举、杠铃负重半蹲、杠铃弓步蹲、仰卧举腿、仰卧起坐、背肌力量、拉肩背、哑铃摆臂、正平板、侧平板等。马拉松选手的力量训练原则是小重量，多次数，还可进行徒手的原地半蹲 200 次×4 组，大弓箭步走 50 米×4 组，草地沙地弹跳 200 次×4 组等；同时，还需要进行大量的全身伸展、拉伸、牵引练习。

四、马拉松锻炼的技术

（一）速度型跑者的跑步技术

1.速度型跑者的着地缓冲

着地缓冲阶段的主要任务是减少地面对人体的冲击，减少水平速度的损失，为尽快转入后蹬创造有利条件。衡量马拉松运动员着地缓冲技术好坏的主要标准，就是看他在这个阶段人体前进的水平速度损失的情况，水平速度损失越少的运动员着地缓冲技术越好。

运动员脚着地瞬间的运动速度小，就能有效减少水平速度的消耗。英国著名运动员赛巴斯蒂安·科的脚着地瞬间速度为 1.1 米/秒，苏联女运动员恩·奥利札莲科为 1.4 米/秒。由于脚着地瞬间的速度小，在缓冲阶段的速度损失也少，如赛巴斯蒂安·科的缓冲期间的速度损失为 0.35 米/秒，恩·奥利札莲科为 0.50 米/秒。

脚着地前摆动腿大腿积极下压，小腿顺势前摆并做扒地动作，着地腿的膝关节是弯曲的，和足跟几乎在一条垂直线上，这对完成缓冲动作有积极作用。这是现代速度型跑者的跑步技术特点。

脚着地时用前脚掌或前脚掌外侧先着地，然后过渡到全脚掌着地，赛巴斯蒂安·科是用前脚掌外侧先着地的，中国女运动员曲云霞是用前脚掌先着地的。脚着地点应距离身体重心投影线近些，优秀运动员为 20～30 厘米，赛巴斯蒂安·科是 20 厘米，英国史·奥维特是 26 厘米。阻碍人体前进的力主要是支撑反作用力的向后水平分力。脚着地点距离身体重心投影线近才能减少这个分力（图 8-1-1），如脚在 A 点着地，距离身体重心投影线远，则支撑反作用力（OR′）的向后水平分力（OR'_1）就大；若在 B 点着地，其支撑反作用力（OR）的向后水平分力（OR_1）就小。脚着地点距离身体重心投影线近也是现代速度型跑者的技术特点。

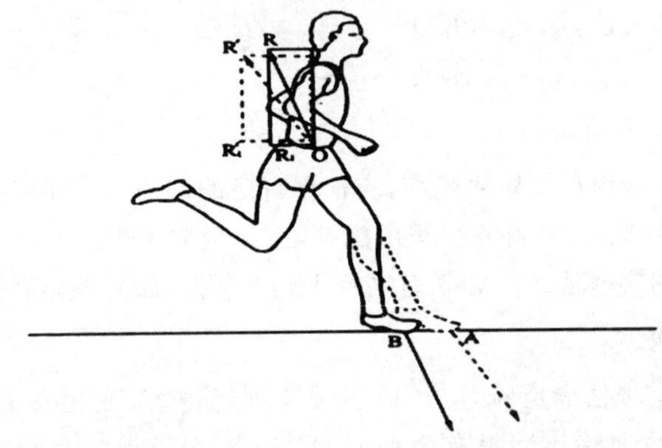

图 8-1-1 脚着地阶段的力学分析

脚着地时，脚尖应正对跑步前进方向，脚向外或向内偏都是错误的。轮流着地的两脚内缘应成一条直线，这样才能较好地保持跑步的直线性。脚着地后，小腿后侧肌群和大腿前侧肌群应积极而协调退让，以减缓着地的制动力。这样就使伸肌得到预先的拉长，为后蹬创造有利条件。在伸肌退让的同时，应迅速屈踝、屈膝和屈髋完成缓冲动作。在缓冲过程中，屈膝是起主导作用的。

这时，身体靠惯性向前运动，使机体获得一个短暂的休息。未参与工作的肌肉群应适度放松，主要表现在骨盆向摆动腿一侧倾斜，摆动腿的膝关节低于支撑腿的膝关节。

2.后蹬与前摆

跑步过程中，一腿进行后蹬，另一腿进行前摆。这是产生跑步前进动力的阶段，是途中跑技术的主要阶段。后蹬与前摆是矛盾的两个方面，是对立的统一。积极前摆可增加后蹬力量，有力的后蹬可促进前摆的效果，后蹬与前摆协调配合，才能产生更大的前进动力。当身体重心移到支撑点正上方时开始后蹬，后蹬的开始也是积极前摆的开始，后蹬结束的瞬间也是前摆达到最高点之时。

后蹬产生的支撑反作用力是向前上方的，前摆的惯性又加大了这个推动人体前进的力量。后蹬腿的三个关节要充分伸展，用力的顺序是伸髋→伸膝→伸踝。摆动腿屈膝前摆，并带动髋部前送(图 8-1-2)，这是现代速度型跑者的主要技术特点。

图 8-1-2 奎罗伊 1500 米跑技术

后摆结束时，后蹬腿的膝关节不应完全伸直，通常为 160°～170°。摩洛哥运动员奎罗伊的后蹬动作较充分，膝关节角度均在 170°左右(图 8-1-2③、⑲)。曲云霞后蹬时膝关节的角度为 165°左右(图 8-1-3⑯)。曲云霞在后蹬结束时，摆动腿的大腿前摆不高，与地面约成 36°(图 8-1-3⑧)。膝部主要是向前摆，带动身体迅速前移。奎罗伊在后蹬结束时，摆动腿有一个强有力的高抬动作，大腿与地面约成 25°(图 8-1-2⑤、⑲)。做这个动作时，正是后蹬腿伸踝的“末节”用力的时刻。在支撑腿快速蹬伸的同时，摆动腿屈膝前摆，能更充分地发挥蹬摆产生的前进动力。后蹬腿的膝关节角度小，摆腿前摆不高是现代速度型跑者的共同技术特点。速度型跑者在训练中，除了需要发展蹬摆的力量外，还要注重发展脚掌肌的力量和踝关节的柔韧性。

后蹬的方向必须与跑的方向保持一致，后蹬时产生的支撑反作用力的方向应当通过人体重心并与跑的方向相吻合。要做到这一点，摆动腿起着重要的作用。前摆的方向不正，必然影响后蹬的方向。因此，必须保持两脚和两膝的动作与跑的方向一致。

后蹬结束时，上体稍前倾，后蹬腿充分伸展，髋部前送，摆动腿的小腿与支撑腿几乎平行(图 8-1-2⑤、⑲)。奎罗伊的髋部前送的幅度大(图 8-1-2⑤、⑳)，使后蹬脚最大限度地落在身体之后，加大了后蹬的工作距离。这是运用奎罗伊较好的腿部力量和良好的柔韧性分不开的。曲云霞是运用摆动腿的膝部用力前摆来带动髋部前移，减小后蹬角。若后蹬角大，其支撑反作

图 8-1-3 曲云霞跑步技术

用力的向前水平分力就小，从而使跑速减慢。在保证合理技术的前提下，减小后蹬角是改进技术，提高跑速的有效方法。奎罗伊和曲云霞的后蹬角基本都是在 50°左右。

奎罗伊摆动腿着地积极下压，扒地动作明显，缓冲阶段速度损失小，上体保持微前倾姿势，有利于身体前移，使其始终保持较高的速度（图 8-1-2⑫～⑮、26～30）。

马拉松比赛在赛道转弯时，身体应稍微向转弯方向倾斜，外侧摆动的幅度较大，外侧着地时脚掌稍内旋。身体向左倾斜的角度与速度成正比。

3.速度型跑者的腾空

后蹬腿蹬离地面，人体进入腾空阶段。蹬地腿的小腿应迅速向大腿折叠，形成以髋关节为轴，大腿长度为半径的摆动过程。

奎罗伊大小腿折叠的角度为 25°左右，曲云霞为 50°左右。优秀运动员都非常重视大小腿的折叠动作，不过高地向后甩小腿，而是在脚上抬的同时膝向前摆。这样就缩短了摆动半径，加快了摆动的角速度。

人体腾空后，沿惯性向前运动，又获得一个短暂的休息。这时主要肌肉群都应适度放松，尤其是两腿的肌肉，以减小腿部毛细血管的压力，使更多的血液流入肌肉，供应氧和能量物质；同时也使静脉血管舒张，增加回心血量，带走代谢物质，避免因废物堆积而造成肌肉过早疲劳。速度型马拉松跑者必须具有肌肉用力和放松交替的能力，这样才能节省能量消耗，保持较快的速度跑完全程。

4.速度型跑者的上体和两臂

速度型马拉松选手上体应采取稍前倾的姿势，前倾的角度以 3°～5°为宜。这种姿势对发挥蹬摆力量有利，并能保持自然步长。前倾过大或后仰都会造成紧张和消耗体力。在奔跑过程中，上体前倾角度的变化范围为 2°～3°，后蹬瞬间前倾增大，腾空时前倾角度减小。摆臂动作能保持身体的平衡，更主要的作用是增强蹬摆效果。应当把臂部摆动产生的动量转移到推动人体前进的合力中去。两臂弯曲约 90°，两肩放松，做前后自然摆动，肘关节的角度在垂直部位可大一些，有利于两臂肌肉的放松。

（二）耐力型跑者的跑步技术

耐力型跑者的跑步用力程度、动作的速度和幅度等方面低于速度型跑者，但在经济地使用能量和在跑的全程始终保持正确技术等方面的要求又高于速度型跑者。

在耐力型跑者奔跑过程中，脚着地缓冲是重要的技术环节，其目的是尽量减小前蹬时产生的阻力，减少水平速度的损失。因此，脚着地前，大腿要积极下压，膝关节是弯曲的(图 8-1-4④和图 8-1-5⑤)，这就为着地缓冲创造了有利条件。脚着地瞬间，要迅速屈踝、屈膝、屈髋进行缓冲，同时大腿和小腿的伸肌要进行积极的退让收缩。我国著名长跑运动员王军霞在缓冲时，三个关节的角度变化是：踝关节 19°～25°，膝关节 12°～13°，髋关节 12°～17°。以前脚掌或脚掌外缘有弹性地着地，再过渡到全脚掌。优秀的耐力型跑者着地缓冲时，损失速度是很小的一般为 0.3～0.5 米/秒。着地点距身体重心投影线一般为 20～30 厘米。脚着地时，脚尖应正对跑进的方向，不应内偏或外偏。如果跑者脚着地时外偏 20 度，脚长 28 厘米，则每一步要比沿前进方向放脚损失 1.68 厘米，若该跑者的步长为 1.80 米，则每 10 公里要多跑 93 米，可见，八字脚对马拉松比赛成绩影响很大。

积极的蹬摆技术：后蹬腿三个关节充分伸展，摆动腿向前摆出，并带动骨盆前送，这是耐力型跑者技术的关键环节。它能减小后蹬角，加长后蹬和前摆的工作距离，加快人体前移的速度。后蹬角一般在 60°左右，赛・奥伊塔的后蹬角为 55°(图 8-1-5①)，王军霞的后蹬角为 62°(图 8-1-4⑨)。在支撑时期，当摆动腿大腿稍超过支撑腿时，摆动腿的弯曲程度最大(图 8-1-4⑥和图 8-1-5⑦)。摆动腿在对抗肌放松的情况下自然弯曲。后蹬结束后，人体进入腾空阶段，腿部肌肉应当适时放松。耐力型跑者必须具备用力和放松的能力，才能保持较快的速度跑完全程。

图 8-1-4　王军霞跑步技术

图 8-1-5　塞・奥伊塔 5000 米途中跑技术

耐力型跑者的上体保持稍微前倾或正直的姿势，该姿势可以更好地发挥蹬摆的效果，为肌肉和内脏器官的工作创造良好的条件。两臂做前后钟摆式的摆动，手在前摆时不超过身体的中线，向上约达锁骨的高度，后摆时手摆到躯干的后缘线。跑速加快，摆臂的幅度随之加大。

通常耐力型跑者的步长，女子为1.50～1.80米，男子为1.70～2.00米，步频为3.5～4.3步/秒。每位跑者都应当有较稳定的步长和步频，形成适宜的奔跑节奏。采用加大步幅的方法来提高跑速会受到一定的限制，因为步幅过大会消耗更多的体力。提高跑速应当以在保持稳定步幅的前提下加快步频为宜。

目前，耐力型跑者的跑法存在个体差异，一种跑法是大步幅跑法，赛·奥伊塔就采用这种跑法，他跑得自然，面部肌肉放松，动作轻快，没有多余动作。后蹬动作较为充分，膝关节角度约165°，摆动腿前摆较高，大腿与地面成30°（图8-1-5①），向前摆动大于向上的动作，髋部前送，步幅较大。后蹬时，髋、膝、踝依次伸展，能量传递的效果好。脚蹬离地面后大小腿折叠约为43°（图8-1-5⑦）。

另一种跑法是高频率跑法，王军霞就属于这种跑法。奔跑动作非常轻松自然，步频稳定在3.7步/秒左右。后蹬时膝关节角度为166°，后蹬的向前性和能量传递效果好。摆动腿的大腿抬得不高，膝关节主要是前摆，转入支撑时期的水平制动力小（图8-1-4⑥～⑨）。脚蹬离地面后，小腿后抬不高，几乎与地面平行（图8-1-4④），大小腿折叠约70°（图8-1-4⑫～⑭），步幅较小。

耐力型跑者奔跑的技术动作要自然、放松，身体重心平稳，缓冲效果好，后蹬与前摆协调配合，保持稳定的奔跑节奏，肌肉用力和放松交替效果好，全程始终保持正确的技术。

（三）综合性跑者的跑步技术

综合型跑者的技术动作应当轻松、自然，适当缩短步幅，加快步频，减少能量消耗。马拉松奔跑过程中的着地缓冲阶段的动作有重要意义。正确的着地缓冲技术，可以减小地面对人体的冲击，使水平速度的损失减少到最低程度，并为有效的后蹬和前摆创造有利条件。在脚着地瞬间，小腿几乎处于垂直的姿势（图8-1-6④、⑧），用前脚掌或前脚掌外侧由上向下着地，然后过渡到全脚掌。着地动作要柔和、放松，没有“扒地”动作。着地点距身体重心投影线应尽可能近些。

图 8-1-6　马拉松跑的技术动作

当身体重心离开支撑点时，开始进行后蹬和前摆。后蹬时注意髋关节要充分伸展，膝关节不必伸直，积极伸展踝关节结束后蹬。在后蹬的同时进行前摆，前摆的大腿抬得不高（图8-1-6②、⑥），向前摆动的动作大于向上的动作。后蹬腿蹬离地面后，屈膝向前摆动，膝关节弯曲程度小，小腿与地面几乎是平行的（图8-1-6④、⑧）。要注意减小后蹬角，以减小身体重心的上下起伏幅度。

上体正直或微微前倾（1°～2°），头在躯干的延长线上，两臂小幅度前后方向与步频同节奏地摆动，两肘弯曲角度以 90°为最佳。

上坡跑时应稍加大上体前倾角度，缩短步幅，为了保持跑速可用加快步频的方法来补偿步幅短的损失，下坡时步幅适当加大，上体正直，可用全脚掌或脚外侧先着地，步频可适当慢些，以保持正常的跑速。

马拉松跑者还应掌握逆时针跑、拐弯跑、折返跑等技术，要注重培养在快速奔跑中服用饮料和水的能力。

五、马拉松锻炼的技巧

马拉松运动最主要的技术要领是：放松，省力，匀速。要求是：抬头、挺胸、立腰，身体直立，表情微笑，鼻子嘴巴都用上，大口深呼吸，肩臂放松，两手半握拳或张开，上臂和前臂成 90°夹角，协调摆动，小步幅，快步频（图 8-1-7，注意观察图中跑者的脚落地动作）。口诀是：抬腿低低，落地轻轻，步子小小，频率快快。轻快轻快，先轻后快，尽量保持身轻如燕，落地无声，呵护好腿脚，脚落地要正，不能八字脚，宜采用滚动式落地法，就是用走路的方法来跑步，像鹿一样

（a）

（b）

（c）

（d）

图 8-1-7　马拉松跑步姿势

轻巧,可以尝试用脚后跟先着地过渡到整个脚掌的跑法。本节作者荣膺中国田径协会评选的中国马拉松年度十大人物,截至2019年5月25日呼和浩特马拉松赛,已成功挑战完成美国波士顿、加拿大温哥华、澳大利亚黄金海岸,以及泰国、韩国、马拉西亚等全球90个全程马拉松。

跑步时还应保持心情放松,开心愉悦,想着开心的事,欣赏着美丽的景色,尽量节省体能,不能忽快忽慢,全程42公里最好都能保持匀速前进。我们知道20公里竞走比赛,专业运动员能在1小时20分钟内轻松完成,那么,能不能在跑与走之间寻找出适合自己前进的捷径呢?能不能在中华武术中悟出以柔克刚、保持体能、四两拨千斤的技巧呢?这是值得商榷和研究的问题。新手参加马拉松比赛,建议跟着能力强,有经验的官方兔子领跑员一起跑,这样会轻松很多。

参考文献

[1]黄力生.马拉松训练需要讲究科学[J].厦门大学学报哲社版(教学论文增刊),2014.
[2]文超.田径运动高级教程[M].北京:人民体育出版社,2010.

第二节　攀岩运动

一、攀岩运动简述

(一)攀岩运动的概述

攀岩运动是一项在天然岩壁或人工岩壁上进行的向上攀爬的运动,它通常被归类为极限运动。其目标是在不坠落的情况下,往上攀爬到达一条预先设计好的路线的顶端或者结束点,以此享受攀爬的乐趣,但是同时攀岩具有一定的风险性。攀岩运动对身体素质和心理素质都有一定要求,一名优秀的攀岩者,通常在力量、耐力、敏捷性、平衡控制以及心理调节能力方面都有出色的表现,要求人们在各种高度及不同角度的岩壁上,连续完成转身、引体向上、腾挪甚至跳跃等惊险动作,集健身、娱乐、竞技于一身,是一项刺激而不失优美的极限运动,被全球的攀岩迷们称为"峭壁上的芭蕾"。

20世纪80年代初,攀岩运动从北美进入我国,开始时主要是作为中国登山协会的训练内容,以后渐渐在民间流行起来(根据国际登山运动发展的趋势,由中国登山协会派出8名教练员、运动员到日本长野县系统学习攀岩技术,之后攀岩运动在我国逐渐发展壮大起来)。首先是各地的一些大学先后组织了登山、攀岩协会,而后一些热衷户外运动的年轻人又自发组织了民间户外俱乐部,每到周末或节假日他们就背起背包到山里去攀登自然岩壁。

(二)攀岩比赛项目

1.速度赛

速度赛采用顶绳保护,在专业速度赛道进行攀登,根据完成比赛路线的时间来决定名次。速度赛标准赛道由国际攀岩联合会指定。岩壁线路为高度15米,宽度3米的A和B两个赛道,岩壁仰角为5°;所有速度赛所使用的岩点大小、形状、颜色,岩点的摆放形状和位置,都有严格的规定,不可更改;两条赛道并排(左边为A道,右边为B道),一模一样(图8-2-1)。

图 8-2-1　两条赛道并排

2.难度赛

难度赛岩壁线路高度为 15 米，采用先锋攀登形式，把最后一把快挂挂上即为 top。比赛前，每名选手有 6 分钟的观察线路时间，观察结束后，选手回到隔离区，再依出场顺序依次比赛。隔离区意味着选手出场前不得观看其他选手攀爬，以维持比赛公平性。比赛时，必须采用先锋攀登方式，每名选手仅有一次攀爬机会，时间限制在 6～8 分钟不等。最后成绩按照攀爬高度计算。登顶的话则记为“top”；没登顶的以爬过的岩点的数目计算，如 17.20；如果一个人摸到了一个点但并没有使用它（如爆发跳起摸到了一个点但并没有抓住）则算为一个加号，如 17＋（可以看作 0.5）。点数越高，成绩越好，点数相同，时间越短，成绩越好。难度赛更多的是考验选手的力量、耐力与分析线路的能力（图 8-2-2）。

图 8-2-2　难度赛

3.抱石赛

岩壁一般不超过 6 米高，岩壁下方有专业抱石垫。一条线路可能只有七八个岩点。抱石赛定有几条固定线路，在规定时间里攀爬几条固定的路线，有多次尝试机会。双手合手触碰线路的结束点 3 秒即为完成这条线路。规定时间内完成的线路越多成绩越好；完成线路数目相同，尝试的次数越少成绩越好；每条线路中途会有一个特别标示的点，即为“bonus”（奖励点），获得“bonus”的判定标准是使用了这个点（发力或重心转移），拿到“bonus”的个数也算作成绩的一部分。评比时优先看完成线路条数。抱石赛线路较短，对技巧尤其是力量有很高的要求，考验选手平衡、柔韧、爆发力等(图 8-2-3)。

图 8-2-3 抱石赛

(三)攀岩技术装备的分类

攀岩是一项具有一定危险性的运动,但可以使其在安全范围内进行,前提是技术装备符合攀岩运动的需要。开展攀岩运动,进行攀岩训练之前应该了解攀岩装备的性能、保养及其作用。由于攀岩是一项具有一定危险性的运动,从这项运动诞生之日起,人们就开始不断地研制生产各种为攀登者提供安全保障和便于这项运动开展的装备和器械。因为所有这些装备都会涉及攀登者的生命安全,在选择和购买时必须考虑其质量、用途、性能等因素。一般来说,有国际攀登联合会(Union International Alpine Associations,UIAA)认证标记或欧洲标准(Conformite Europeene,CE)标记的都能保证安全。

1.攀岩绳

攀岩绳又称主绳,是攀登的象征,主要目的是避免攀岩时发生冲坠的危险,为攀登者与保护者之间建立一种可靠的远程连接,或为操作者提供安全的平衡过渡。在攀爬的困难点或是意外发生而致使坠落时,攀岩绳能保护攀登者的安全;同时,它也是在任何情况下使攀登者安全回到地面以及继续某个路线攀登的方式,因此在攀岩运动中攀岩绳被称为"攀岩者的生命线"(图 8-2-4)。

图 8-2-4 攀岩绳

2.安全带

安全带为攀爬者和确保者(保护者)提供一种舒适、安全的固定装备,可以把坠落的冲击力分散到腰和腿上,避免力量过于集中而使腰部受到伤害。安全带通常包括腰带、腿环和一种前方有附加的连接系统,腰带为主要受力部分(图 8-2-5)。

3.保护器

保护器的主要功能是在攀爬和下降过程中，当主绳以正确方式通过保护器或下降器时，其特殊构造能增加摩擦力，使主绳的制动端只需较小的握力即可控制受力端的较大重量(图 8-3-6)。

4.铁锁

铁锁又称钩环或者扣环，是可自由开合的金属环状物，用来连接攀登者和主绳、保护器、绳套以及架在岩壁上保护点的工具。铁锁的纵向抗拉力大于横向抗拉力；铁锁门打开时，纵向抗拉力会降低；铁锁门是最薄弱的环节，不可直接受力。铁锁有三个基本形状：O 形、D 字形、梨形。铁锁要具有 UIAA 或国际法规委员会评估服务(International Code Council Evaluation Service，ICC-ES)的认证，来历不明且没有认证的铁锁不可使用(图 8-2-7)。

图 8-2-5 安全带

图 8-2-6 保护器

图 8-2-7 铁锁

5.头盔

头盔能有效保护头部，避免被落石或上方攀岩者掉落下来的器械砸到；避免由非正常脱落状态以及许多可能会突然撞到坚硬岩面的情况下所带来的头部伤害(图 8-2-8)。

6.攀岩鞋

攀岩鞋的发明是提高攀登水平的重要变革。攀岩鞋的鞋底采用特殊的橡胶，摩擦力大大增加。攀岩鞋可使攀登能力大增，好的攀岩鞋应该很服帖，并且越是适合攀登的，就越能提高攀登能力(图 8-2-9)。

7.镁粉和粉袋

在攀岩界，镁粉通常指碳酸镁粉再加上二氧化碳等原料。攀登时的碳酸镁粉，主要作用是吸收手上的汗液和岩壁支点表面的水分，以提供更大的抓力(图 8-2-10)。

图 8-2-8 头盔

图 8-2-9 攀岩鞋

图 8-2-10 碳酸镁粉

二、攀岩基础学习

(一)绳结技术的概念及种类

绳结技术是指通过各种打结方法使绳索之间、绳索与其他装备之间相互连接的方法,是进行攀登训练必须掌握的基本技术之一。在攀登过程中,绳结打法的对错直接关系到攀登者的人身安全,因此熟悉各种绳结的打法与其功能是极其重要的。如下就是攀岩时主要使用的绳结及绳套。

1.布林结

在顶绳攀登中可选的连接方式,它的优点在于方便快捷,缺点是不受力时容易松动以至完全脱开(图 8-2-11)。

2."8"字结

广为人知的"8"字结形如其名,打好后会呈现"8"的形状,主要用于防滑。当绳子比较粗的时候,将绳端先行交叉,绳头绕过主绳穿过绳圈后拉紧便可完成;当绳子比较细的时候,将绳端对折,把对折部分转两圈,绳头穿过绳圈,拉紧完成。即使两端拉得很紧,依然可以轻松解开,主要用于进行结组或设置保护点(图 8-2-12)。

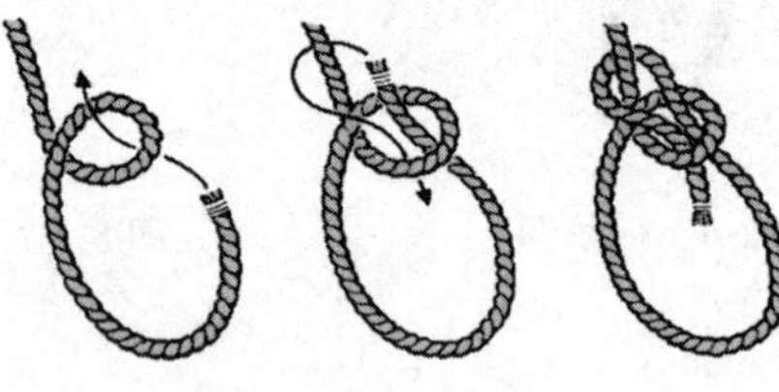

图 8-2-11　布林结

图 8-2-12　八字结

3.渔人结

渔人结是一种用于连接两条不太粗的绳索的结,其特点是结构简单、强度高,可以用在不同粗细的绳子上。其打法是两条绳索各自通过单结绑到另一条绳子上,将两条绳子用力向两边拉即可(图 8-2-13)。

4.双套结

双套结俗称猪蹄扣,广泛地应用在将绳索绑在物体上,它不但简单而且实用,尤其在绳索两端使力均等时,双套结可以发挥出很大的效力(图 8-2-14)。

图 8-2-13　渔人结

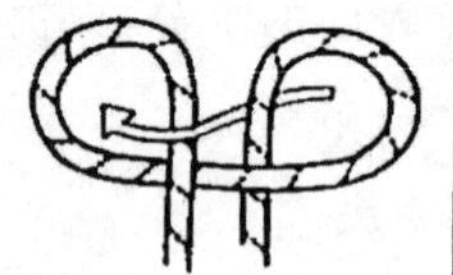
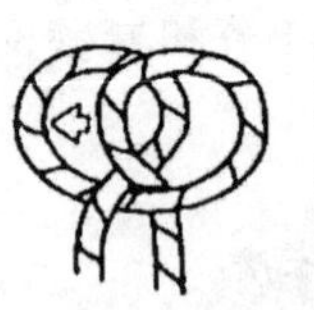
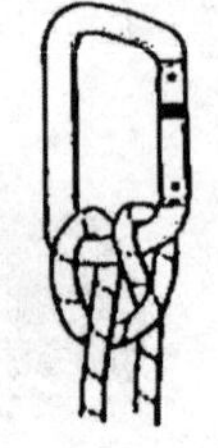

图 8-2-14　双套结

5.普瑞斯克结

此结带有滑动性,在承受重力时,此结不打滑;但当力量放松时,可能沿着绳索滑动,可用来代替上升器(图 8-2-15)。

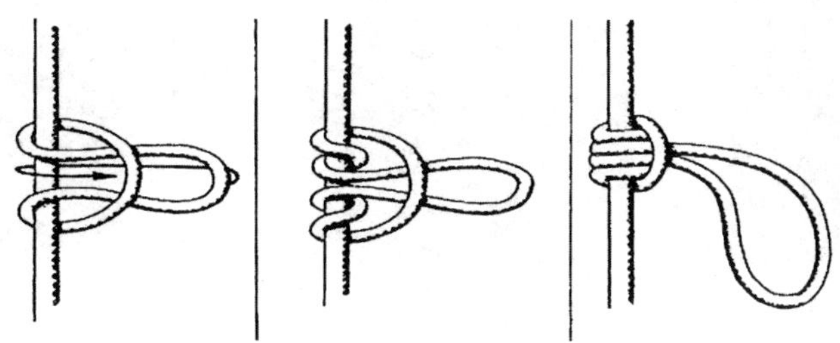

图 8-2-15 普瑞斯克结

6.意大利半扣

严格来讲,它不是一种闭合的绳结,这个绳结必须要有锁具配合才能完成,它可以用来做顶绳保护,但只能在不产生冲坠的情况下使用,并不适合先锋保护(图 8-2-16)。

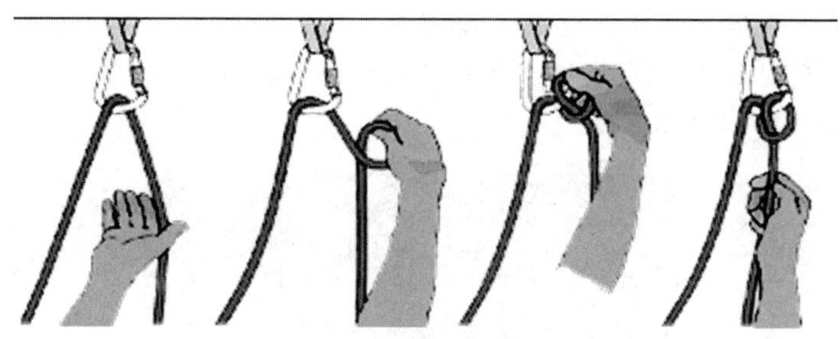

图 8-2-16 意大利半扣

(二)攀岩基本动作

在攀登时,上、下肢要协调舒展,攀岩要有节奏,上拉、下蹬要同时用力,身体重心一定要落在脚上,保持面向岩壁、三点固定支撑、直立于岩壁上的攀登姿势。

1.手部动作

在攀登中用手的根本目的是把身体拉向岩壁并保持向上的趋势和维持重心平衡。用手抓握岩点的基本原则是向岩点的开口方向用力抓握,且手抓握用力的方向和前进的方向相反。根据岩壁上岩点突出(凹陷)的位置和方向,攀岩的基本手法有握、捏、抠、拉、撑、摁、搂、戳、推等,但也不要太死板,同一个岩点可以有多种抓握方法。

(1)握:根据岩点的形状,有紧握、曲握和开握三种角度的握法,较多应用于凸起较大,可以用整个手掌包握的岩点。基本方法是四指张开与大拇指相对,整个手掌甚至掌心接触并包住整个岩点(图 8-2-17)。

(2)捏:捏主要是针对一些条状的、在竖直方向上没有明显凸起的岩点,基本动作就是用大拇指和其余四指中能用到力的手指相对用力,将岩点捏在手中(图 8-2-18)。

(3)抠:对于一些岩点,只能用手指尖去接触,将手指第二关节用力弯曲成 90 度,大拇指压在食指上协助用力,常用于接触面积较小或可用凹槽较浅的岩点。一般仅用四指的尖端接触岩点,第一指节成钝角,第二指节弯曲接近直角,大拇指压住食指或岩点帮助固定和发力(图 8-2-19)。

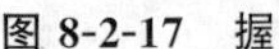
图 8-2-17　握

图 8-2-18　捏

图 8-2-19　抠

(4)拉:有侧拉、反拉和对拉。当有些岩点比较好用力时,可以将手指向掌心弯曲,用力将身体拉起来,常用于凹槽较深,可以伸进四指的岩点。一般将四指尽量插入岩点凹槽,根据凹槽深度自然弯曲手指,靠四指接触岩点,大拇指在外面辅助按压(图 8-2-20)。

(5)撑:利用台阶、缝隙或其他地形,以手掌和小臂使身体向上或向左右移动。针对凸起的岩点或平台等地形,用手掌根部或整个掌面推压,使身体反方向固定或移动(图 8-2-21)。

(6)摁:靠摩擦使手掌掌面在岩点上向心用力。用于倾斜面较大、没有明显可抓握的凹槽并且可接触面积较大的岩点。四指均呈钝角,与手掌一起按压在岩点上,靠调整手腕与手掌的角度来增大压力和摩擦(图 8-2-22)。

图 8-2-20　拉

图 8-2-21　撑

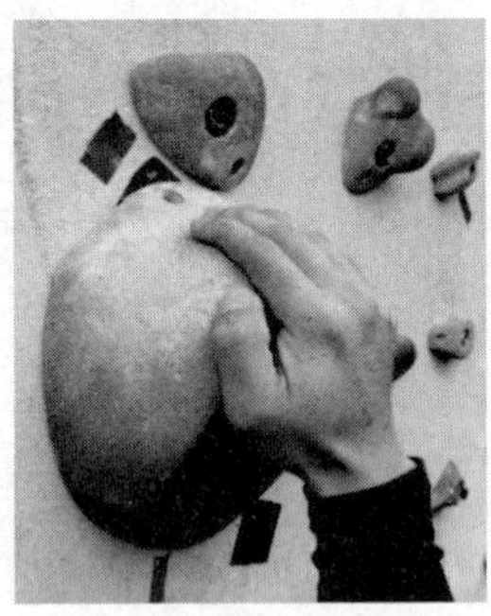
图 8-2-22　摁

(7)搂:屈手,并且手掌小指一侧与岩点接触固定,通常用于凸起较大的岩点。运用时弯曲四指,靠小指和小鱼际与岩点接触勾住岩点(图 8-2-23)。

(8)戳:在抓握指洞造型时,一个手指深入岩点指洞内,大拇指压住其他三指。一般用在指洞岩点上,一个或两三个手指插入岩点指洞内,通常需要较强的指力(图 8-2-24)。

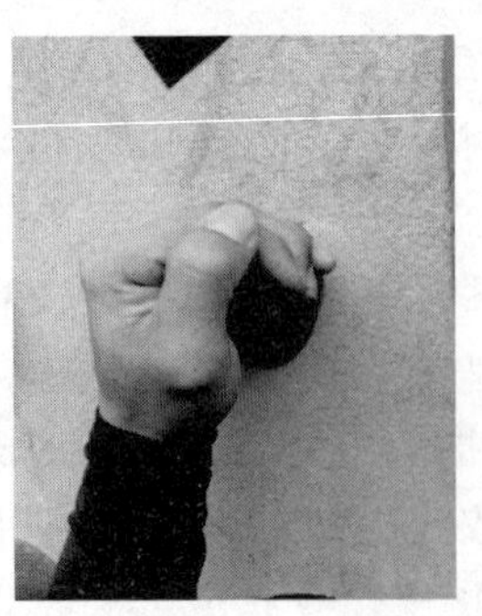
图 8-2-23　搂

图 8-2-24　戳

攀岩运动中手的力量十分重要，可通过俯卧撑、引体向上、指挂引体向上、提捏重物、指力板、攀石等方法进行练习。在攀登较长线路时，可选择没有仰角或仰角较小，且有较大支点处轮换休息双手。

2.脚部动作

攀登岩壁主要依靠腿脚的力量与动作使身体向上运动并保持重心平衡，而手仅是帮助从一个立足点到下一个立足点时维持身体的平衡，此外，腿脚的负重能力、爆发力、耐力等都很强，远远大于手臂。

（1）脚尖外侧踩点：脚的四趾趾尖用力，脚外侧贴近岩壁（图 8-2-25）。

（2）脚尖内侧踩点：脚的大拇趾用力，脚内侧贴近岩壁（图 8-2-26）。

图 8-2-25　脚尖外侧踩点

图 8-2-26　脚尖内侧踩点

（3）脚尖钩点：用脚尖钩住支点，通过膝关节向回收力，挂住身体。在钩的过程中伸腿、屈胸，向上直到脚能够到支点。在横向移动时，当感觉身体要脱离岩面时，可以寻找旁边或低于腰部高度的支点用脚后跟或脚趾钩住，以便挂住身体，从而使手不受其他支点的限制（图 8-3-27）。

（4）脚跟挂点：将脚后跟放于支点上部，挂住支点，通过挂脚，下肢向下用力，挂住身体。挂和钩的最终目的是让攀登者获得"第三只手"，以保持身体平衡。脚跟挂点在有仰角线路的攀登中用得较多（图 8-2-28）。

图 8-2-27　脚尖钩点

图 8-2-28　脚跟挂点

在使用脚点时，要善用施力的方向，转动脚踝可增加脚底和脚点的接触面积，获得最大的摩擦力和支撑力。在攀登过程中，首先要找到适当的踏脚位置；其次，再去寻找手抓的位置，并且在每次向上移动时，应利用脚来支撑体重，不要过分用手的力量拉，手的作用主要是协调配合，以维持身体重心平衡，即使双臂有天生神力，也几乎不可能只用手攀爬100米以上。

攀登时，焦虑会使疲倦加剧。疲倦会让腿部肌肉痉挛而颤抖，好像踩缝纫机一般，故称为“缝纫机效应”。此时，最好放松心情，更换腿部姿势，或者移向下一个踏足点、放低脚跟，或者伸直腿部。

（三）攀岩保护技术

保护技术是指为了防止在攀登过程中因动作失误而引起意外险情所使用的各种规范保护操作技术，是攀登者必须要掌握的基本技术之一，也是攀岩专业技术的重要组成部分。保护既是一门科学也是一项艺术，优秀的保护者，不但能保护攀登者的安全，而且能使攀登者攀登得更轻松。

基板保护手法：攀岩中的保护主要有个人保护和双人及多人组合保护两种。组合保护技术多用于集体教学中，即由一名主保者和一名或多名辅保者共同保护攀登者的安全。个人保护技术是最基本的保护技术，根据其具体操作步骤简称“五步保护法”。目前，法式保护手法是我国普遍采用的保护手法。具体操作步骤如图 8-2-29 所示。

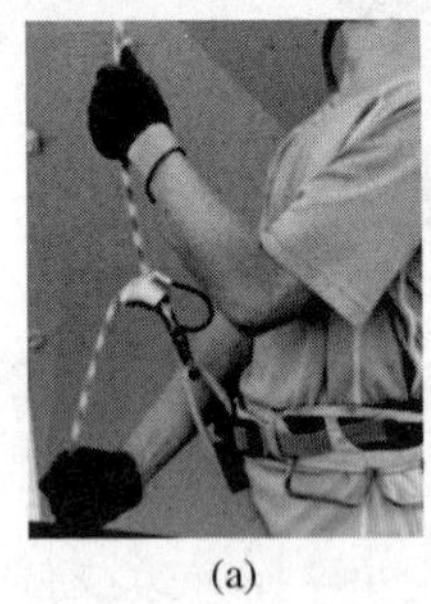
(a)
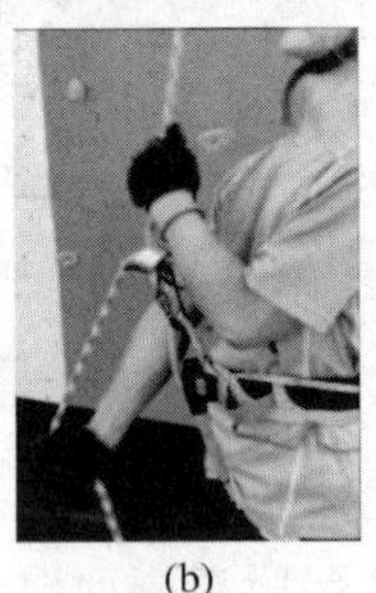
(b)

(c)

(d)
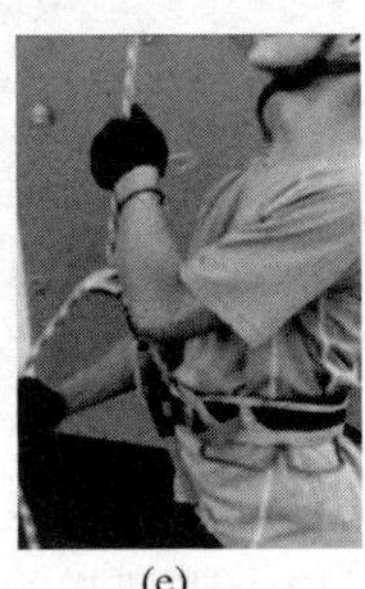
(e)

图 8-2-29　攀岩保护技术

第一步：用双手拉紧绳子，导向手（左手）握住活动绳端向保护者身体方向回收，同时制动手（右手）从保护者的身体朝外拉出。

第二步：接第一步，制动手将拉出的绳子迅速折放于髋关节处，手心向内。

第三步：导向手从保护装置下方绕过保护装置，在制动手前抓握住制动绳端。

第四步：制动手松开绳子，并迅速抓握住导向手前的制动绳端。

第五步：导向手回到与攀登者相连接的活动绳端，恢复成预备姿势，并重复上述动作步骤进行保护。

（四）攀岩常见损伤及预防

1.损伤

（1）手指损伤：攀岩会使手变得粗糙甚至疼痛，很多攀岩者手指关节肿大，而且是反复性的肿，可严重到无法握拳，甚至无法弯曲。这都是急于求成，大量攀爬，又不注重手指关节按摩放松，长时间积累形成的。最后会严重影响攀爬者水平的提高。

（2）肘部损伤：肘部损伤在攀岩中也比较常见，肘部损伤大都是肌腱炎，它的发生是因为跟腱受力过度。跟腱重复地过度拉伸，并且没有足够的时间去修复自己，也就是说训练过量，或者训练过于频繁，最终会导致在攀岩过程中只是很小的受力便可使其受伤。

(3)肩部损伤:肩关节,主要是指肱骨与肩胛骨之盂唇所形成的关节,锁骨则横于其上,与肩峰形成肩锁关节。在这个狭小的空间内,关节、肌腱、韧带与滑囊的经常性摩擦与碰撞,可引起肩关节的伤病,尤其是在攀岩过程中强度过大的悬挂拉伸或者是反掌的动作等都会引起肩部损伤。

2.预防

(1)热身与准备活动:运动前热身是预防运动伤害的第一要素。就攀岩而言,可先在简单的岩墙上攀爬简单路线 2～3 分钟以促进血液循环,直至身体些微出汗,但是不能让手臂硬化。接着,为了增加肌肉弹性、避免拉伤,可进行 20 分钟的搓揉。

(2)柔软度训练:柔软度训练可加强肌肉的伸展性,对增加关节运动幅度及防止肌肉拉伤十分重要。此外,伸展度愈好的肌肉,肌力增加的幅度愈大,而柔软度差的人患肌腱炎的概率亦较高。

(3)训练计划的排定:正确的训练计划不仅可避免运动伤害的发生,受伤后,训练计划的适度调整更可协助患部康复。为了使生理状况得到充分复原,须在一连串的攀登日中安插休息日。此外,训练时应避免反复尝试同一动作或选择固定形态的路线。

(4)避免尝试危险动作:除了拉伤和一些皮外伤外,有时候一些如动态、倒扣、闭锁型抓法、抠岩穴的危险动作,亦可能引起肌肉、肌腱拉伤或韧带扭伤等急性运动伤害。原则上应尽量以静态及平衡动作攀爬,避免将肢体伸展到极限,且在感到些许疼痛时即选择放弃。

三、考核

(1)装备检查:对安全带、头盔、主锁等装备能够正确穿戴和规范使用(15 分)。

(2)绳结:8 字结、渔人结、双套结的正确打法(15 分)。

(3)攀爬考核:设定考试线路(难度),按难度赛规则计分,加权取成绩(70 分)。

参考文献

[1]韩春远.攀岩运动[M].广东高等教育出版社,2009.

[2]高等学校新世纪体育教材编写委员会.攀岩[M].北京:高等教育出版社,2006.

[3]郝光安.攀岩[M].高等教育出版社,2007.

[4]国家体育总局职业技能鉴定指导中心组.攀岩[M].北京:高等教育出版社,2012.

第三节　定向运动

一、定向运动简介

(一)定向运动的概述

定向运动作为一种新兴的体育运动,起源于欧洲,具体形式为运动员利用地图和指北针到访地图上所指示的各个点标,以最短时间且准确完成全程者为胜。定向越野运动是一项野外运动项目。地图是寻找检查点的依据,组织者在专用的定向越野地图上将预设在地面上的检查点标志标绘在图上(图 8-3-1),并规定寻找检查点的顺序,指北针给参与者指明方向。定向越野运动是目前世界公认的奥林匹克体育运动和军事体育运动。它既是一种户外休闲、娱乐运动,又是一种竞技运动,且对参加者的体能和智力都有较高要求。定向越野运动通常在野外森林中举行，也可以在公园、校园，以及城市街头举行；而且定向越野运动可以很容易设计出满足不同年龄、性别、体能和定向技能水平参加者需要的比赛路线，因此参与定向越野运动很少受到条件限制（除自然因素）。

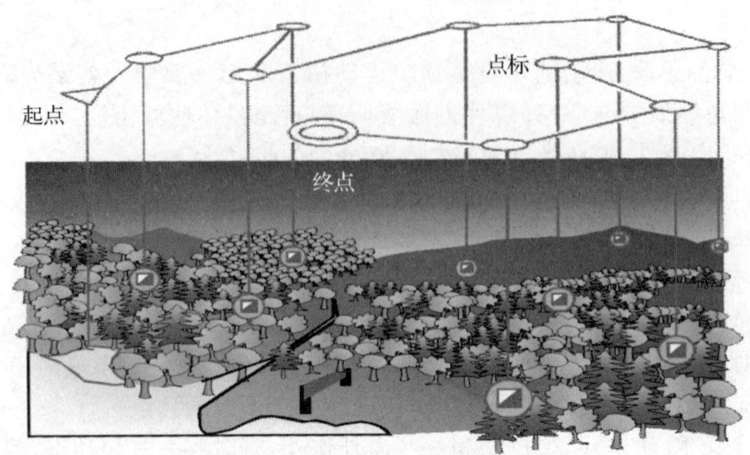

图 8-3-1　定向越野路线

（二）定向运动比赛种类

1.百米定向

遵照定向技术原理和定向比赛规则，在大约 100 米×100 米的场地（操场/小花园）范围内以人工布景的形式进行比赛，在比赛过程中，观众可以看到运动员比赛的全过程，而且赛场内还可能会伴有音乐，比赛持续时间在 10 分钟左右（图 8-3-2）。百米定向最早是由中国人提出的。

2.短距离定向

短距离定向是一种定向比赛类型，简称短距离赛。短距离赛的技术要求低，难度小，主要检验运动员在复杂环境中的读图和试图能力，以及在高速奔跑条件下分析、选择路线的能力，整个赛程都体现了速度因素的重要性。短距离赛通常在容易跑动的公园、街区或野外进行，并允许观众在比赛场地内观赏比赛（图 8-3-3）。男子和女子短距离赛的比赛胜出时间为 12～15 分钟。

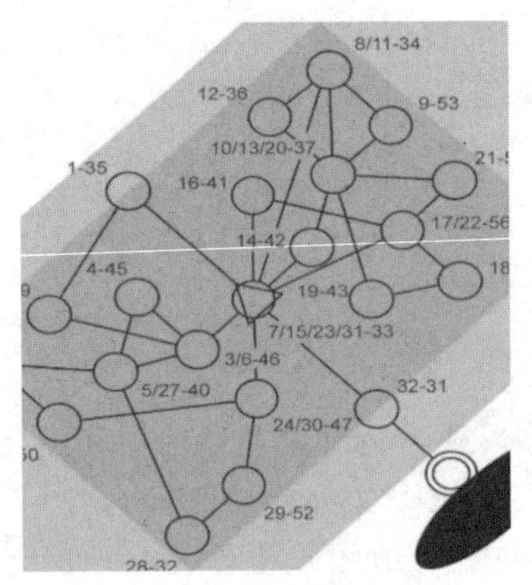

图 8-3-2　百米定向

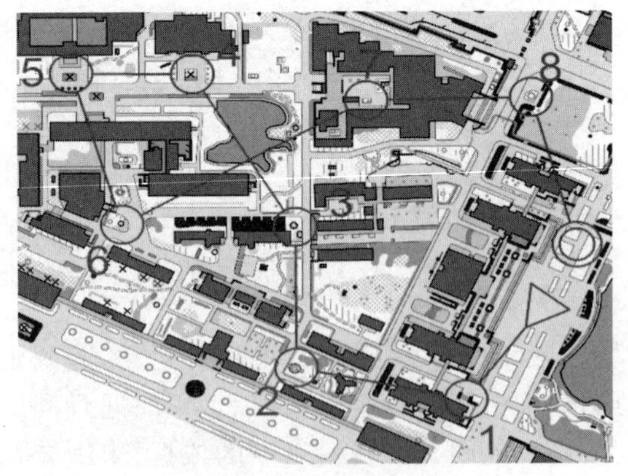

图 8-3-3　短距离定向

3.中距离定向

中距离定向赛是一种定向比赛类型，简称中距离赛。中距离赛的难度大、技术要求高，主要检验运动员持续集中注意力读图的能力、不间断地改变跑动速度和方向的能力，以及穿越不同地形和植被的能力，整个赛程中都体现了精确定向和路线选择的重要性，甚至一个很小的错误都可能对比赛结果产生决定性的影响。中距离赛一般在野外举行，地形比较复杂(图8-3-4)。男子和女子中距离赛的比赛胜出时间为30～40分钟。

4.长距离定向

长距离定向赛是一种定向比赛类型，简称长距离赛。长距离赛事的难度中等，对技术和体能都有较高的要求，主要检验运动员在长时间的技术和体能要求下的读图能力、路线选择能力、距离判断能力等。长距离赛整个赛程都体现了路线选择和概略定向的重要性。长距离赛一般在野外举行，比赛地形应提供良好的路线选择可能性(图8-3-5)。男子和女子长距离赛的比赛胜出时间为90～100分钟或70～80分钟。

图8-3-4　中距离定向

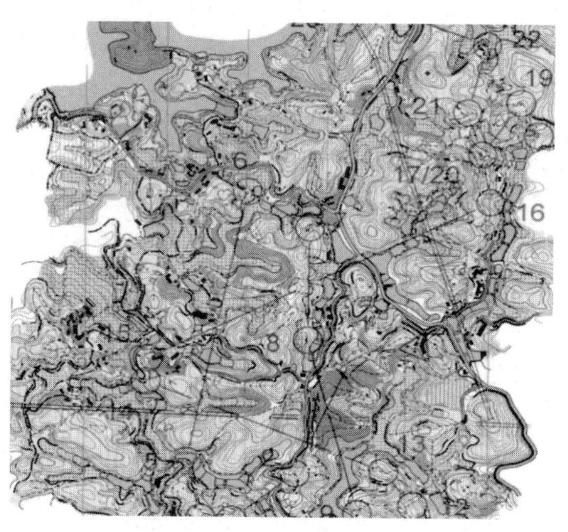

图8-3-5　长距离定向

5.积分赛定向

积分定向通常以个人方式进行。它是在比赛区域内预先设置好许多检查点，并根据地形的难易程度、距离远近、点的位置的相互关系不同而赋予每个检查点以不同分值(图8-3-6)。选手必须在规定时间内自行找到若干或全部检查点，以积分最高且用时最少者为优胜。

6.团队赛定向

团队赛通常以三四个人为一个团队进行比赛，地图上面分为两部分，第一部分是必打点，该部分用直线连接，并且标有相应的序号，团队中的每个人都必须按照此顺序找到相应点位；第二部分是自由点，该部分由团队进行自由分配，每一个点位至少有一个人到达即可，自由点打点没有顺序要求，可自行规划，也可以穿插在必打点中，以队中最后一个人到达终点的时间为整队用时(图8-3-7)。

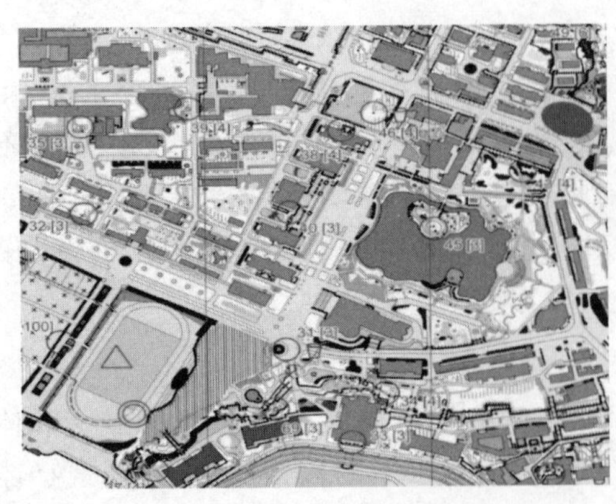

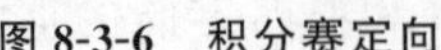
图 8-3-6　积分赛定向

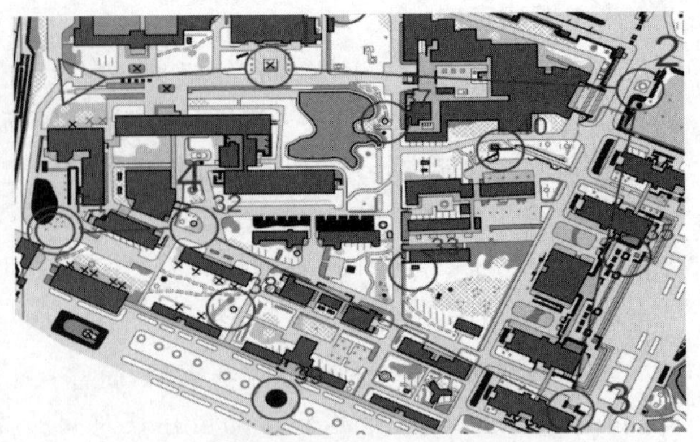

图 8-3-7　团队赛定向

7.接力赛定向

接力赛定向是定向比赛的团体项目之一，即比赛时接力队的每个运动员按照预先排好的顺序一个接一个地完成一段路线，比赛成绩在全部检查点准确完成的基础上取决于全队所用的总时间，接力赛通常是参赛者全体出发，而非间隔时间出发，数条不同的路线会同时被采用，以减少参赛者尾随其他参赛者的情况发生。

（三）定向运动的物质条件

1.指北针

指北针是一种用于指示方向的工具，利用地球磁场作用，指示北方方位，必须配合地图寻求相对位置才能帮助参赛者明确身处的位置，广泛应用于各种方向判读，如定向运动、野外探险、城市道路地图阅读等领域（图 8-3-8）。指北针与指南针的作用一样，磁针的北极指向地理的北极，利用这一性能可以辨别方向。在世界上某些地方，指南针也叫作指北针。

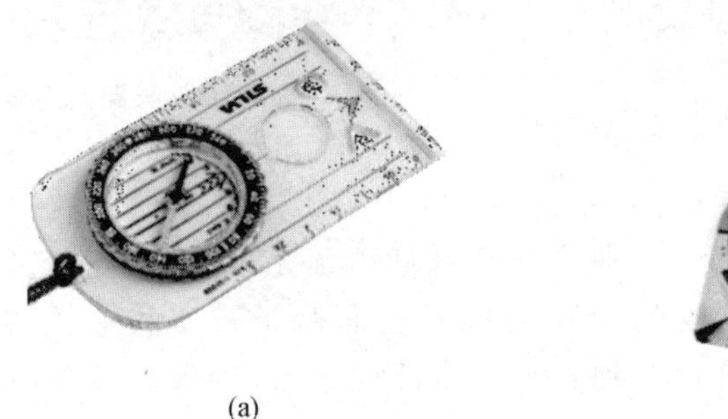

(a)　　(b)

图 8-3-8　定向指北针

2.定向地图

地图是先于文字形成的用图解语言表达事物的工具。人们通常将地图看成“地球表面局部在平面上的缩写”。定向地图是一种专门为在野外、校园或者公园进行运动的人们制作的精确详细的地图（图 8-3-9）。为了利于使用者比较、辨别地面的障碍程度，同时保证地图在运动中的清晰易读性能，定向地图一般包括图名、指北线、比例尺注记、等高距注记和图例说明。地图是定向越野中最重要的器材，它的质量的好坏直接影响到运动员比赛的成绩和关系到比赛是否公正，因此，国际定向越野联合会专门为国际间的定向越野比赛制定了《国际定向运动图制图规范》。

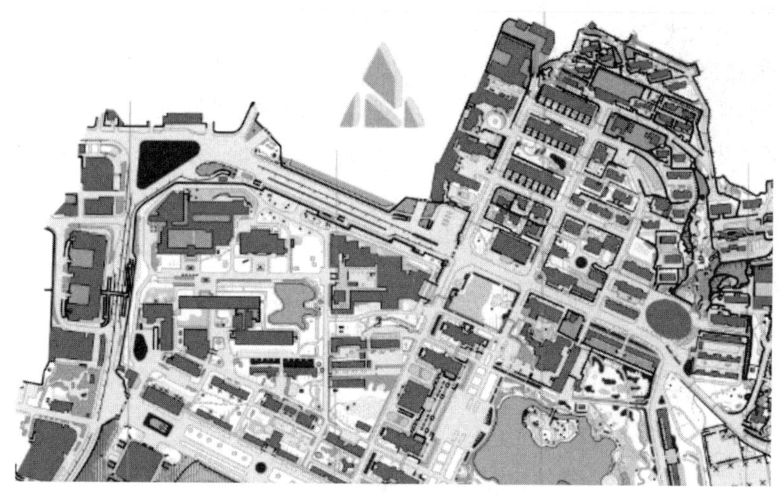

图 8-3-9　定向地图

3.点标旗

点标旗又名检查点标志，是由三面标志旗连接组成。每面正方形小旗，沿对角线分开，左上为白色，右下为红色，旗的尺寸为 30 厘米×30 厘米，可以用硬纸壳、胶合板、金属板、布等材料制作(图 8-3-10)。标志旗通常要编上代号(国际上过去曾使用数字作为代号，现已规定使用英文字母)，以便选手在比赛时根据旗上的代号来判断是否找到了正确的检查点。

4.点签器

点签器是与检查点配合作用的，它提供给运动员一个到达位置的凭据。点签的样式很多，但最常见的是手动钳式点签器(图 8-3-11)。点签器置于赛场中的与之对应的检查点上，当选手在其上打卡，将这一点的检查点编号和打卡时刻写入选手所持的 CH 卡的同时，点签器中自动备份选手的 CH 卡号和打卡时刻(图 8-3-12)，以备赛后有争议时进行数据比对。

图 8-3-10　点标旗

图 8-3-11　手动钳式点签器

图 8-3-12　打卡器卡座和指卡

5.定向运动场地

定向运动比赛的地形多数以丘陵地较为合适。这种场地的优势在于具有一定数量树木覆盖，起伏中等，高差中等，地形细部丰富，小地物多，通视区域有限，农作物少，地表覆盖物可踩，不可通行地域少等。

二、定向运动基础知识学习

(一)地图的识别

定向地图是建立在地形图基础之上的运动用图,它与一般地图相比,更加详尽地记录了地面的情况。它利用等高线表示山的形状和高度,利用各种颜色表示前进的难易程度、植被分布,利用各种符号表示地面的特征。一张标准的地形定向地图主要包括比例尺、地图颜色、地物符号、等高线等。

1.比例尺

地图的比例尺是指地图上的线段长度和实地相应的线段的水平长度之比,它是地图数学基础中决定地图内容详细程度和地图精度的重要因数(图 8-3-13)。

$$公式:比例尺=\frac{图上距离}{实地距离}$$

图 8-3-13 比例尺

定向地图的比例尺通常在 1∶1000 至 1∶15000 之间。比例尺的选择主要取决于比赛类型,如百米定向地图的比例尺大多在 1∶1000 至 1∶2500 之间,短距离定向比赛地图的比例尺大多为 1∶4000 或 1∶5000,中距离和长距离比赛大多为 1∶10000 或者 1∶15000(图 8-3-14)。

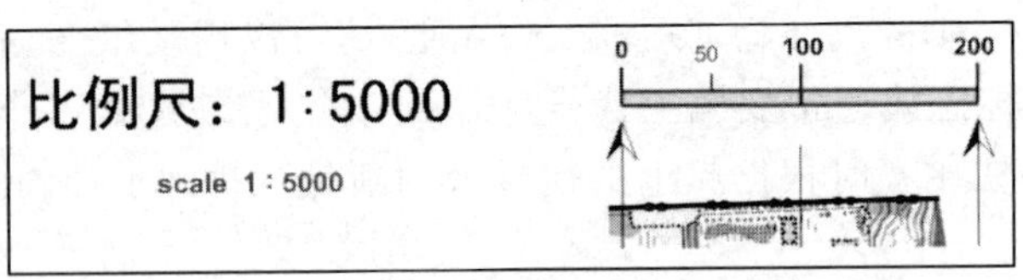

图 8-3-14 定向地图比例尺的常用表示形式

2.地图颜色

定向运动专用地图以颜色配合各种线条及特定符号来表示实地上各种地形、地貌、地物的形状、分布状况及其相关位置(图 8-3-15),因此颜色是定向地图中最基本的构成要素。定向地图使用的颜色主要有七种:

①蓝色象征任何有水的地方。

②黄色代表开阔地:田野、牧场或空旷区。

③黑色代表任何人造物体,小路、小径、输电线或岩石、悬崖峭壁和大石头。

④白色表示容易通过的森林区。

⑤绿色代表浓密,不易通过的森林区,绿色越深,越难通过。

⑥棕色表示等高线和主干道及坚硬的路面。

⑦黄绿色是私宅区域,禁入,如民宅、私家花园或草坪。

⑧红/紫红色指南北线。

3.地图符号

地图符号即图例符号,它是由形状不同、大小不一、色彩有别的图形和文字组成符号表示的,是一种定向专用地图的语言(图 8-3-16)。这些符号主要由三组类型构成。

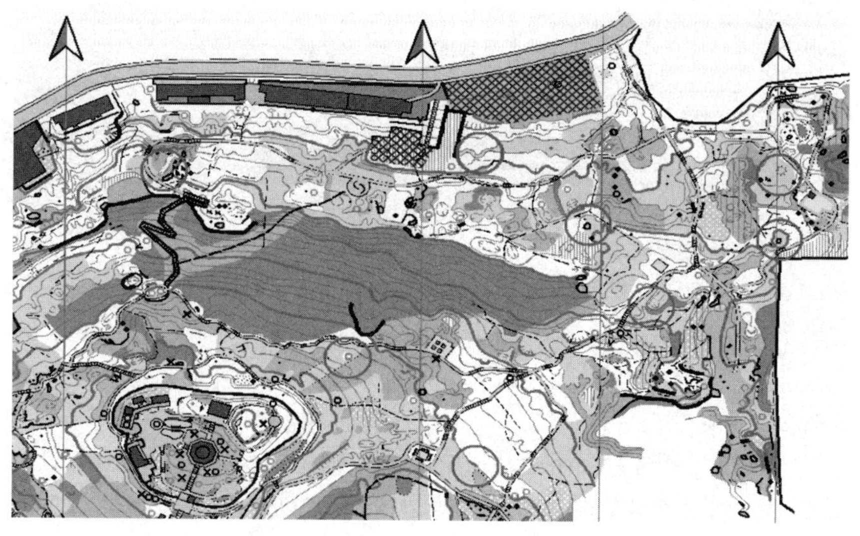

图 8-3-15　定向地图颜色及特定符号

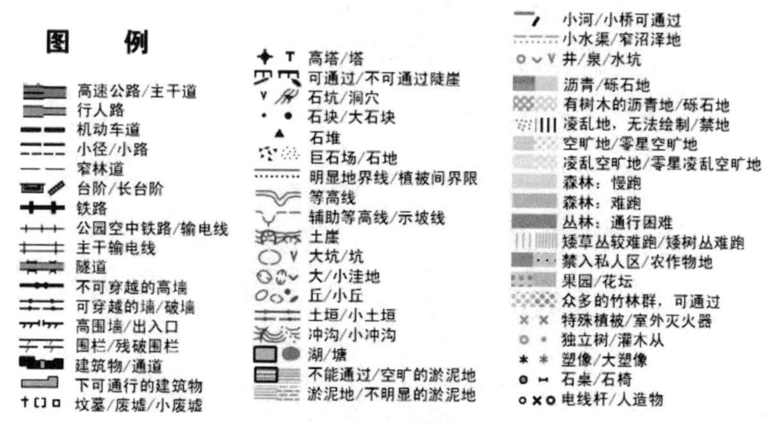

图 8-3-16　地图符号

①面状符号:地图事物呈面状分布,当实际面积较大时,按地图比例尺缩小后,仍能表示出其分布范围时用面状符号表示,如大的湖泊、大片森林等。

②线状符号:地面上呈带状或线状延伸的事物,按地图比例尺缩小后,长度可依比例表示,宽度不能依比例表示的情况,在图上用线状符号表示,如道路、输电线、河流等。

③点状符号:客观事物在地面上所占的面积较小,在图上不能按比例尺表示其分布范围时,则用点状符号表示,如石头、树、电塔等。

4.等高线

等高线是地面上高度相等的点的连线在水平面上的投影,它是用棕色线条呈现的一圈套一圈的曲线图形。定向地图就是利用等高线来表示山的形态及起伏状态的(图 8-3-17)。通过等高线,我们不仅可以了解地面上各处的高差、地势起伏的特征,还可以根据地图上等高线的密度和图像,分析地貌特征,如山脉的走向,山脊、山谷、山脉的高度等。

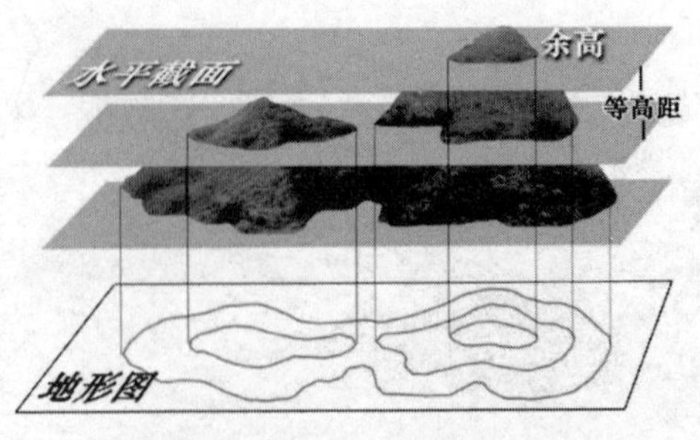

图 8-3-17 等高线

（二）指北针的运用

在定向运动中，指北针的主要用途是标定地图和确定前进方向。与利用实地特征标定地图和确定前进方向一样，利用指北针标定地图和确定前进方向必须掌握持握指北针的正确方法。

1.指北针持握方法

在进行读图时，用指北针前端右侧顶角压在自己在地图目前的位置后面，水平持握定图于身体正中的位置，高与腰或胸齐，前进方向箭头与身体正中线平行指向身体的正前方（图 8-3-18）。

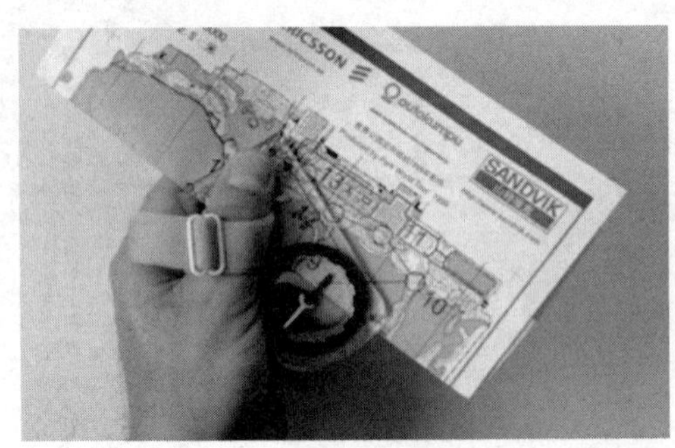

图 8-3-18 指北针持卧方法

2.标定地图

沿着选定路线前进时，随着前进方向的改变，向身体转动方向相反的方向转动地图，当地图磁北线的北端与指北针磁针的红端（北端）一致时，地图既被标定。

3.确定前进方向

首先，将指北针的右侧顶角定在地图上自己目前的位置，并使基板上的前进方向线与目前站立点与目标点位置的连线平行（图 8-3-19）。

然后，水平持握指北针于身体前面正中的位置，高与腰或胸齐。转动身体直到指北针磁针与磁北线平行，磁针的北端（红端）与磁北标定线的北端一致。前进方向箭头所指的方向即前进方向或目标所在方位（图 8-3-20）。

图 8-3-19　定位置

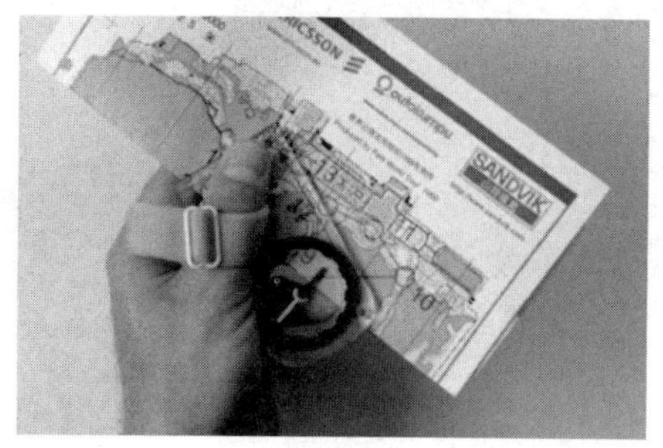

图 8-3-20　箭头所指的方向即前进方向

(三)定向运动基本技术

定向技术主要是指帮助参赛者在取得地图,进入场地后,快速并准确地寻找到检查点的整个过程中必须要掌握的方式方法。

1.拇指法

这是刚刚接触定向运动时必须要掌握的基本技术。在定向运动中常用拇指压住图上本人目前站立点的位置,把拿图手的拇指想象为自己(在图中缩小了的自己),当向前运动时,拇指也在图上做相应移动。该方法主要是帮助运动员随时明确自己在图上的位置(图 8-3-21)。

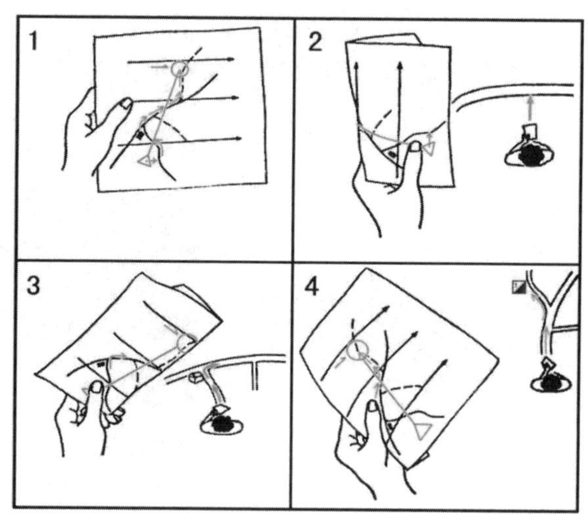

图 8-3-21　拇指法

2.沿线形地貌选择路线

这是初学者必须要掌握的一项基本技术,线形地貌就是指河流、栅栏、小路、围墙等,显著地物指建筑物、独立树、石碑等区别于其他事物的参照物,熟悉这些特征地形地物,可以为初学者提供更加安全、快捷的路线。其方法是按所跑路线的顺序,分段、连续或者一次性地记住前进方向上所经过的地形点、两侧的特征物等内容,使实地的情景能够不断地与记忆内容"迭影"、印证,做到"人在地上跑,心在图上移"(图 8-3-22)。

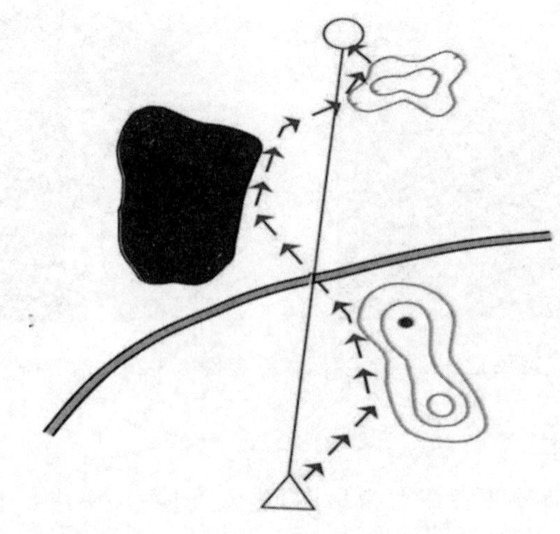

图 8-3-22 沿线形地貌选择路线

3.偏向瞄准法

这是初学者提升定向运动水平必须要掌握的一项基本技术。当检查点位于线状地形上或其附近时，因我们所处的位置与其遥遥相对而不是顺延，此时我们如果直接瞄准它前进，途中多种因素造成的偏移可能会使我们在到达该线状地形后，不知检查点在何方（不知是向左或者向右寻找）。相反，假如一开始我们就有意识地将目标方向向左或者向右偏移一定的角度（需注意偏移的幅度要适当），则在到达线状地形后检查点所在的位置就非常明确了（图8-3-23）。

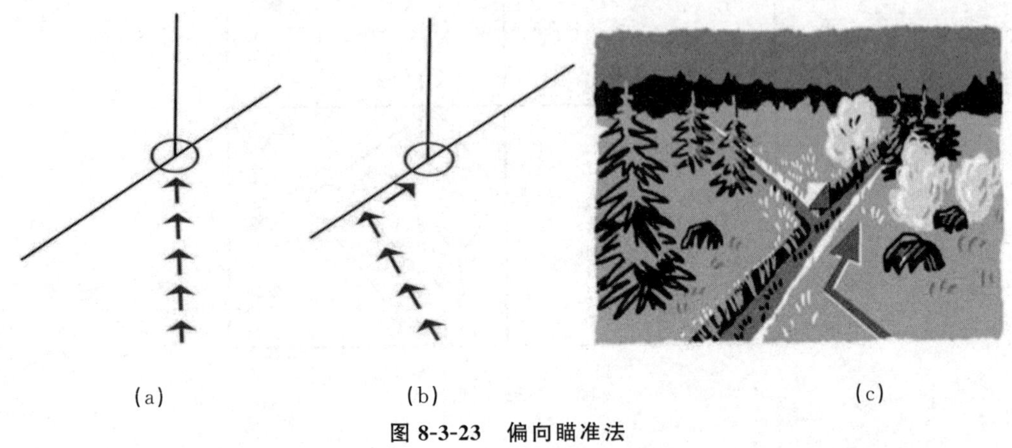

(a) (b) (c)

图 8-3-23 偏向瞄准法

4.简化视图法

这是初学者向精英选手迈进所必须要掌握的一项技术。简化视图是指忽略地图上小的或次要的特征，仅选择出大的或对导航和“捕捉”检查点有实际意义的特征。在许多情况下并不是所有的细节都有导航作用，盲目地读地图的所有细节反而会降低运动员的行进速度。因此如非必要，只需要读地图上比较大的或具有导航作用的特征（图 8-3-24）。

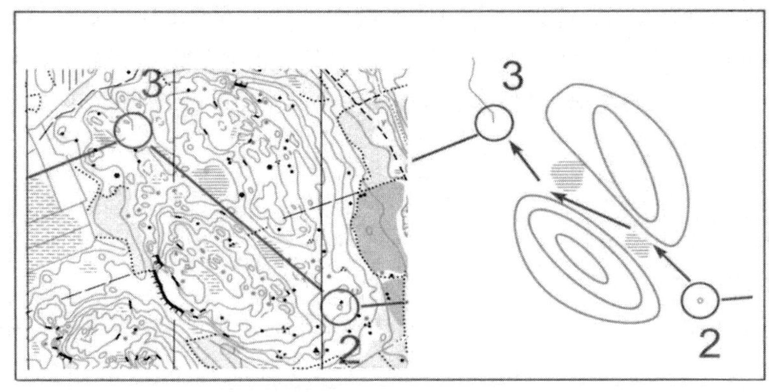

图 8-3-24 简化视图法

（四）定向运动损伤及处理

1.皮外伤

定向运动中的皮外伤主要有擦伤、刺伤、划伤三种。参与者要穿越不同的地形，所选路线崎岖不平，乱石、杂草、树枝纵横交错且定向运动强度较大，行进速度快，因此容易发生摔倒，导致皮肤与地面摩擦或身体在攀爬穿越中与地物摩擦，或被带刺植物刺伤划伤。

处理：在活动前做好相应的预防工作，穿戴有效的运动服装及护具等。如果发生相应皮外伤情况，对于面积不大的较干净的伤口只需用碘伏涂擦，不包扎。

2.踝关节扭伤

参与者在崎岖不规则地形环境中奔跑，跑步速度一般为变速跑，速度时快时慢，踝关节是距离地面最近的负重关节，又是全身负重最多的关节，行进中由于地形和速度等因素，很容易出现踝关节扭伤。

发生关节扭伤，需要做好两个方面的应急处理：一是现场急救，立即停止受伤踝关节的活动，高抬足部，尽早将冰袋敷于踝部扭伤处，冷敷约 20 分钟，再用绷带对受伤踝关节做 8 字交叉固定，送医院紧急治疗；二是伤后处理。

3.摔伤

除扭伤外，定向运动中摔伤也很常见，有一般摔伤和严重性摔伤之分。前者主要是身体表皮或软组织受伤以及开放性伤口。而严重受伤主要有深度开放性伤口、骨折、内部脏器受伤。其中最常见的是骨折，典型表现是伤后出现局部变形，肢体等出现异常运动，移动肢体时可听到骨擦音，此外，伤口剧痛，局部肿胀、淤血，伤后出现运动障碍。

处理：无论是否有出血或疼痛现象，原则上，对摔伤者不要轻易采取移动措施，也不要搓揉按摩，否则可能加重伤势。首先，要观察和判断，观察摔伤的情景、伤情和部位，以判断是否有骨折等严重摔伤；其次，果断采取措施，对于开放性伤口要把留于皮下、伤口内的杂物清除，再根据实际情况使用外用药物涂于患处。

4.肌肉痉挛（抽筋）

在复杂的场地和路线上快速跑动对体能消耗比较大，尤其是小腿部位一直处于运动状态。因此，在定向运动中很容易出现小腿肌肉痉挛，俗称抽筋。

处理：对肌肉痉挛的处理，首先是主动伸展或被动拉直痉挛的肌肉，并可适当按摩松解痉挛或做热敷松懈肌肉紧张。小腿肌肉痉挛者，自己可努力伸直腿站起来，身体可稍向前倾，可使小腿肌肉伸展；也可以坐在地上，伸直膝关节，使小腿肌肉得到伸展，并按压足趾使其背屈，同时按摩小腿肌肉。

5.中暑

在闷热的夏季，在山区或密林中开展定向运动容易引起中暑。中暑主要表现为头晕、眼花、耳鸣、恶心、胸闷、心慌、无力、口渴、大汗、四肢发麻等。

处理：首先应将中暑人员移至通风阴凉处休息，垫高其头部，松解衣扣，根据判断，对轻度中暑者可自行处理；对较重中暑，尤其是昏迷者，要立即拨打120，请医生抢救。

综上所述，定向运动没有固定场地、固定地形环境，也没固定路线，参与者要在陌生的环境中奔跑，具有一定运动伤害的风险。因此，我们应根据其项目和伤害的情况特点及时对运动损伤进行处理。

三、考核内容

（一）理论

以个人为单位，以校园图或者公园图为底图，在规定的时间内，快速地识别出地图中的地物符号、图例说明及颜色（随机抽取），认识的种类越多排名越靠前（40分）。

（二）实践

考核场地为校园或者公园，以小组为单位和团队赛的形式进行考核，首先看成绩是否有效，在成绩有效的情况下根据时间的快慢进行排名，用时越短排名越靠前（60分）。

参考文献

[1]王翔，彭光辉，张新安，等.定向运动[M].北京：高等教育出版社，2005.

[2]张晓威.定向越野[M].北京：星球地图出版社，2013.

第四节　野外生存生活训练课

一、野外生存生活训练概述

野外生存生活训练是指在户外自然环境中开展的生存生活技能训练，野外生存生活训练中的很多内容、技术、技能源自人类早期在作战、生产劳动、日常生活中获得的生存经验。例如，人类为了上山采摘，创造出攀岩及下降的技能；为了作战和迁徙，积累了长途跋涉、翻山越岭的“穿越”经验；为了狩猎，发明了辨路追踪的方法；为了捕鱼和寻找新大陆，掌握了泅渡、舟渡和潜水的本领。在这些生产劳动和开拓人类生存发展空间的拼搏中，都可以找到野外生存生活的发展轨迹。可以说，野外生存生活技能是从原始战争、劳动生产、科学探险中不断积累、提炼、完善出来的宝贵财富。

随着现代社会文明的高速发展，许多生活在城市的人群处于工作、学习、生活等各方面的压力之中，厌倦了钢筋混凝土森林浑浊的空气，最终选择走出城市，回归到野外的自然环境中。

人们通过个人、家庭或好友组队，借鉴野外生存生活的训练经验，携带野外生存生活的装备，去到远离城市的、原始的、人迹罕至的地方进行野外生存生活体验。这种活动通常被称为“户外运动”“户外冒险”，因为这种体验活动对个人和团队都具有全面的锻炼价值，加之人们对大自然生活的向往，很快便在世界各地盛行起来。许多国家把“野外生存生活”列入了学校教育体系中，作为提高学生生活技能、培养学生健全人格、增强不同环境下的适应能力和竞争力的教育课程。

2002 年 7 月，全国教育科学“十五”规划国家级课题《拓展高校体育课程，促进学生身心发展》课题组组织 7 所大学的大学生开展了把“野外生存生活训练”作为高校体育课程内容的实验研究。

二、野外生存生活的指导原则

（一）安全第一原则

野外活动具有一定风险，安全第一的原则是用生命代价换来的宝贵经验，没有充分的安全保障，野外生存生活训练所带来的所有收益都将毫无意义。

任何参与野外生存生活训练课程的同学，首先要考虑 3 个问题：首先，这次活动的风险是否在自身的控制范围以内；其次，需要提前预备哪些技术、装备来规避可能存在的风险；最后，如何做好体能方面的准备。安全的管理必须贯穿所有野外活动的全程，这点在任何的环节中都必须被强化执行。

（二）环保原则

环保不仅是一种行为，更是一种美德，是衡量一个从事野外活动的人最基本的道德准则。大自然是一个精巧而复杂的生命系统，当我们走进大自然时，必须记住：这里的每一棵树、每一块石头、每一个生物，都已经在此和睦地生活了许久。当我们离开后它们将继续在此地生活下去，它们才是这里真正的主人，而我们则是匆匆过客。如果大家不试着努力去改变一些行为和习惯，大自然将会由我们喜爱的样子走向灭亡，而适合开展野外活动的区域也将变得一片狼籍，这是每一个参与野外活动的人不愿意看到的。所以，请尽可能地在享受野外活动所带来的乐趣的同时减小对环境产生的冲击。

（三）LNT 法则

LNT（leave no trace）法则也称环境最小冲击法则，最早在 20 世纪 80 年代由美国林务局提出，其核心理念是推广野外活动的道德行为规范，致力于正确地引导全球范围内的野外爱好者在活动中共同承担保护环境的责任。

LNT 法则实施的 7 个原则：

1.做好充分的计划与准备

想要对环境造成最小程度的破坏，必须提前做好充分的计划和准备，做到目的明确、行动直接，否则拖沓反复的行程不仅会对环境造成破坏，而且会降低野外活动的体验甚至提高野外风险。

2.在可耐受的地面行走和露营

无论何时都要行走在现有的步道上，不要贪图一时的便利而另辟蹊径。在露营时，应选择在干草地或雪地等可耐受的地面进行露营。

3.慎重地处理垃圾

在野外活动中，应妥善处理产生的垃圾，如食物残渣、排泄物、塑料制品等。将可带走的垃圾全部带走，避免使用清洁剂等物品。合理修建临时厕所，使用完后应恢复原样。

4.保持自然风貌

野外活动中，往往会经过人迹罕至、历史遗迹等值得停留参观的地方。但我们在享受的同时必须遵守原则，尽量保持自然环境原貌，这样才能让更多的人欣赏到和你所欣赏的一样的美景。

5.合理在野外用火

在野外，尽量不要砍伐树木用来生火，火对环境和地面的破坏是严重且长久的，有些被火侵袭过的地方甚至几十年都无法恢复。所以在野外，请尽量使用炉头套锅、头灯等照明设备进行照明。

6.尊重野生动植物

动物是大自然的生灵，我们在野外要给予它们足够的尊重，了解它们的习性并尽量不要去打扰它们，这样才能与它们和谐相处。

7.为他人着想

若在同一地区还有其他露营者，请尽量不要打扰别人。例如，举行篝火晚会应先征得他人同意；在少数民族地区，应尊重当地的风俗，尊重当地人的生活习惯。

三、野外生存生活装备常识

(一)服装

野外生存生活服装应符合野外环境的变化，野外服装应具备保暖、舒适、耐磨、防风防水、透气等特点，选择适合自己的服装是进行野外活动的基本要求。常用的野外服装包括：

(1)羽绒服(图 8-4-1)：羽绒服是野外活动中重要的保暖装备，但一般不会穿着羽绒服行走。

(2)冲锋衣、裤(图 8-4-2)：冲锋衣最早用于登高海拔雪山，当离顶峰还有 2～3 小时路程的最后冲锋时，会脱去羽绒服，卸下大背包，只穿一件冲锋衣轻装前进，这就是其中文名字的由来。冲锋衣具有轻便、防水防风、耐磨等特点。

图 8-4-1　羽绒服

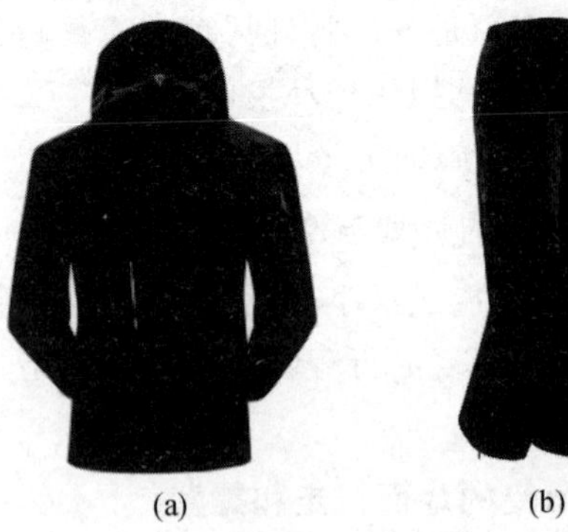

图 8-4-2　冲锋衣、裤

(3)速干衣(图 8-4-3):速干衣在外界条件相同的情况下,更容易将水分挥发出去,干得更快。它将汗水迅速地转移到衣服的表面,通过空气流通将汗水蒸发,从而达到速干的目的,一般的速干衣的干燥速度比棉织物要快 50%,是夏季进行野外活动的首选。

(4)帽子(图 8-4-4):在野外,不同种类的帽子具有不同的功能,鸭舌帽具有遮阳功能,可以防止紫外线灼伤头部皮肤;羊毛、抓绒帽可以给头部提供保暖。

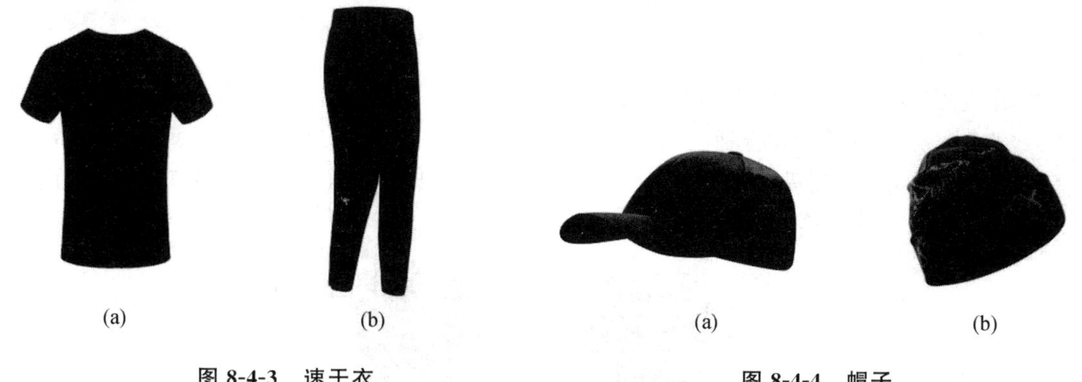

(a)　(b)　(a)　(b)

图 8-4-3　速干衣　　图 8-4-4　帽子

(5)太阳镜(图 8-4-5):人在阳光下通常要靠调节瞳孔大小来调节光通量,当光线强度超过人眼调节能力,就会对人眼造成伤害。野外活动中,特别是夏天时,需要使用太阳镜来遮挡阳光,以减轻眼睛调节造成的疲劳或强光刺激造成的伤害。

(6)手套(图 8-4-6):手套是野外活动中给手部提供保护和保暖的必要装备。

图 8-4-5　太阳镜　　图 8-4-6　手套

(二)行走装备

野外行走装备应具备安全、舒适和高效的特点,长时间的野外行进,必须挑选合适的行走装备,借助一些行走工具,才能为野外的行进提供更多的安全保障。常用的行走装备有以下几种:

(1)鞋(图 8-4-7):野外活动时,不适合穿皮鞋、新鞋以及各种暴露脚面和脚趾的鞋。应尽量穿运动鞋或是专业的登山鞋。

(2)袜子(图 8-4-8):合适的袜子是对脚最妥帖的关怀,野外活动中应穿着纯棉的袜子以保证足部在行走过程中保持干爽,也可以穿着 COOLMAX 面料(一种功能性纤维)的袜子,除了保暖透气,还能避免鞋子磨脚。

(3)登山杖(图 8-4-9):登山杖是长距离野外行走的辅助工具,有利于保持行走的节奏、减小上坡下坡对身体造成的冲击,避免滑倒,也可以帮助使用者涉水渡过河流。

图 8-4-7　登山鞋

图 8-4-8　袜子

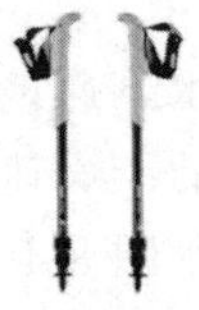

图 8-4-9　登山杖

(三)背包

野外生存环境比较恶劣,条件相对艰苦,行进的路程较远,所需携带物品多,需要用到背包(图 8-4-10)。背包的好坏与合适与否会直接影响到行进途中的安全,应选择适合自己身材、符合行程要求的背包,最为重要的则是背包的背负系统。背包负重的原理需基于三个方面的考虑:稳定性、重力传递的合理性和贴合性。

(a)

(b)

图 8-4-10　背包

挑选完合适自己的背包后,首先面临的就是如何将需要携带的物品打包好。打包是一个十分重要的工作,如果打包不合适,背负起来将会很不舒服,好的打包可以给背负者减轻负担。在装包时,我们需要注意以下三个原则:完整性原则、平衡性原则和易取得原则。根据以上三个原则我们总结了以下打包技巧(图 8-4-11):

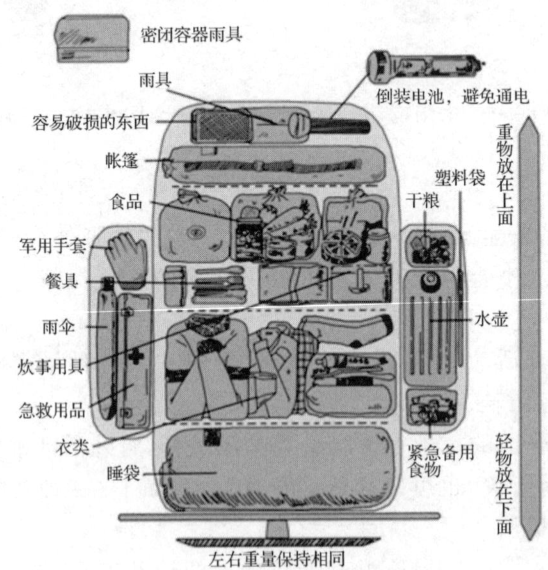

图 8-4-11　打包技巧

质量较重的物品应放置在背包的中上部并靠近背部，避免重心向后倒；体积大、质量轻的物品应放置在背包的下部，这样不影响重心且在装包后因上部的重物压迫可以使得背包更加的密实；坚硬的物品应独立放置，切不可以正对背部，否则在跌落时容易受伤，同时也要避免坚硬物品对其他物品造成损伤；装包时背包左右重量应相仿，避免重心偏向一边导致背负时造成不适；预备防水袋，避免物资进水受潮从而失效。常用的物品应放在易取得的位置；养成定点放置的习惯，这样在收纳时速度更快，在光照不足的时候可以尽快找出需要使用的物品；减少不必要的外挂，这样更加美观，也将行动中的安全隐患降至最低。

（四）炊具

在野外如何吃得好也是我们不能忽略的问题，有了足够的营养和能量补充，才能获得充沛的体能，才能更加尽情地享受野外活动带来的乐趣。

1.炉具

炉具的种类很多，在野外我们常常会用到气炉或者油炉。

(1)气炉(图 8-4-12)：所有炉具中最常用、最方便，也是最易操作的。气炉使用的是瓦斯，主要成分为甲烷，以气罐形式储存，燃烧时间为 2 小时左右。

(a)

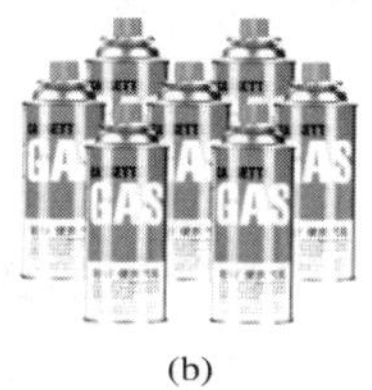

(b)

图 8-4-12　气炉

(2)油炉(图 8-4-13)：适合在高海拔使用，炉身设计比较先进，燃烧时不会导致燃料瓶温度上升，使用安全。

(a)

(b)

图 8-4-13　油炉

2.套锅及餐具

制作套锅(图 8-4-14)的材料有铝、不锈钢和钛合金。铝锅轻便，导热快，使用效率较高，但易变形，受热不均容易导致食物烧糊，不易清洗。不锈钢锅具易清洗，烹调食物不易粘锅的优势，

图 8-4-14　套锅及餐具

但重量较大携带沉重，导热慢，寒冷条件下使用困难。钛合金强度高不易刮伤，加热时不易导致食物被破坏，易清洗，重量较轻，但价格略为昂贵。

（五）营地装备

1.帐篷

帐篷是营地建设中最重要的组成部分，帐篷可以提供舒适的野外休息环境，使露营者免受风雨之苦（图 8-4-15），也可以防止蛇虫侵扰，降低在野外过夜的风险。

帐篷可以分为四季帐篷、三季帐篷，又分为高山帐篷和旅游帐篷。聚酯和尼龙是现今制作帐篷最常用的材料，强度高、重量轻、易干耐磨是其最主要的特点。不同款式的帐篷结构上存在一些差异，但大体可以分为外帐、内帐、帐杆、帐钉和防风绳。要注意的是，帐篷在使用过后一定要晾干再收起来，否则会发霉，也会使帐篷的防水性能受到影响。

2.睡袋

在野外露营时，帐篷具有防风防雨的作用，而保暖的需求则由睡袋（图 8-4-16）来满足。因此，选择合适的睡袋十分重要，睡袋的种类较多，根据用途不同可以分为两大类：一类睡袋较薄，一般为抓绒面料，用于春夏秋三季；还有一类睡袋用于较为寒冷的环境，这类睡袋多为羽绒睡袋或合成纤维睡袋。

3.睡垫

由于在野外露营时很难找到平整的地方，如果直接睡在帐篷里会觉得很不舒服，所以就需要在帐篷内铺设睡垫（图 8-4-17）来起到防硌的作用。除了防硌，睡垫也同样会起到保暖、防潮的作用。

图 8-4-15　帐篷

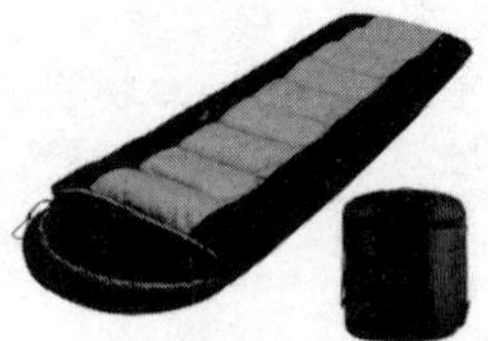

图 8-4-16　睡袋

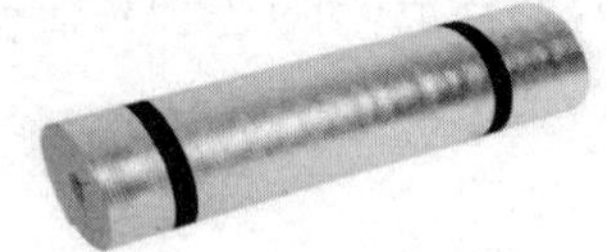

图 8-4-17　睡垫

（六）必备工具

1.刀具

在野外如果只能带一件物品，那么一定是一把刀（图 8-4-18）。刀的作用有很多，可以防身、烹饪、伐木、制作物品，还可以用来切水果、开罐头。可以说，刀是野外生存过程中最重要的工具之一。

图 8-4-18　刀具

2.灯具

在野外,特别是夜晚,是没有现成的照明设备提供给露营者的,为了避免大家在晚上"摸瞎",照明用的灯具(图 8-4-19)是在野外露营的必备物品。灯具的种类有很多,野外生存生活常用的灯具有手电筒、头灯和营地灯。这些灯具可以在野外的夜晚给我们的行动提供保障。

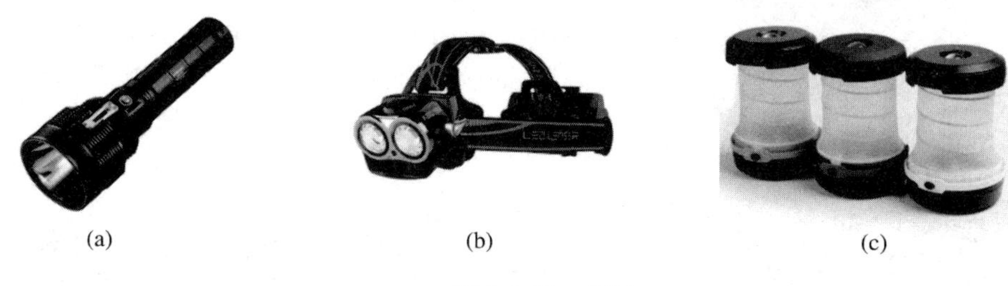

(a) (b) (c)

图 8-4-19 灯具

3.指北针

指南针(图 8-4-20)是我国四大发明之一,被广泛运用在航海、军事、探险等活动中。现在人们在野外一般使用指北针,因为地图的标识都是"上北下南",为了便于使用,指北针上面红色的指针永远指向北方。指北针是野外穿越徒步时不可或缺的工具,可以配合地图进行导航,明确自身站立点,通过定向技术安全脱离困境。

图 8-4-20 指北针

四、野外生存生活技能

(一)绳结技术

绳结技术是野外生存活动中必备的技能之一,常常用于攀登和下降,是需要不断熟悉和练习的技能。常用的绳结有以下几种。

1."8"字结

8 字结(图 8-4-21)是攀登过程中最常用的绳结,该绳结由于形似阿拉伯数字"8",所以被称为"8"字结。其打法简单易记,成形后结构牢固可靠,也是在正式攀岩比赛中唯一可以直接与攀登者进行连接的绳结。

2.布林结

布林结也叫"称人结"(图 8-4-22),被誉为绳结之王,宜结宜解,安全性高。布林结在野外常常用来设置保护点，常见的保护点通常是树木、石头或横杆。布林结方便快捷，大强度使用后便于解开，但在一松一紧受力时容易松开，所以在使用时需要加上防脱结。

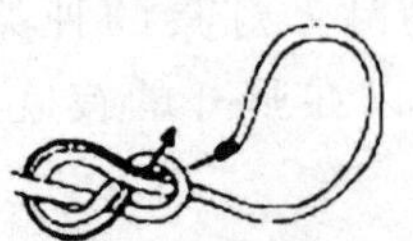
(a) 在绳索中部分打个八字结

(b) 顺着结目从反方向穿过绳索的末端

(c) 用力拉紧结目

图 8-4-21 "8"字结

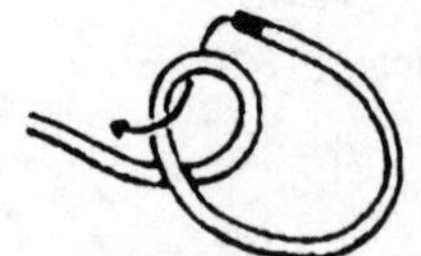
(a) 在绳索的中间打一个绳环

(b) 将绳头穿过绳环的中间

(c) 绕过主绳

(d) 再次穿过绳环

(e) 将打结处拉紧便完成

图 8-4-22 布林结

3.蝴蝶结

蝴蝶结(图 8-4-23)也称工程结或中间结，两端承力，环不受力，容易解开，可在攀登时系在中间人的锁上或身上，也可用来挂东西，用途广泛。

(a) 将绳索中间部分做成"8"字形的绳圈，接着把A部分往上拉，使其成为(b)中的形状

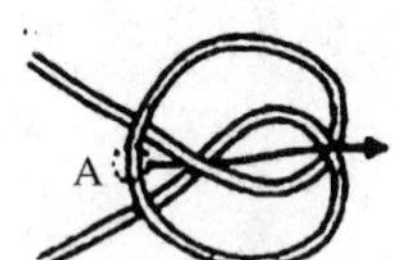

(b) 再把A部分朝头方向穿过拉出

(c) 拉紧结目完成

图 8-4-23 蝴蝶结

4.双套结

双套结(图 8-4-24)是所有绳结的基本结，在其他绳结的开头和结束使用。双套结通常应用在两段施力均等的物品上，用于水平拉力之下防止滑动，或是在绳子末端绽开时帮助暂时防脱。缺点是当结打太紧或弄湿时很难解开；如果只在绳索的一端使力的话，双套结可能会乱掉或松开。

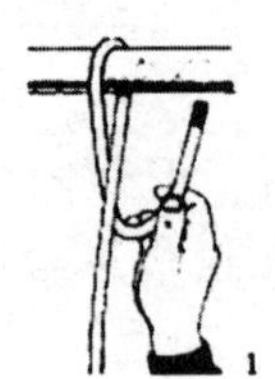

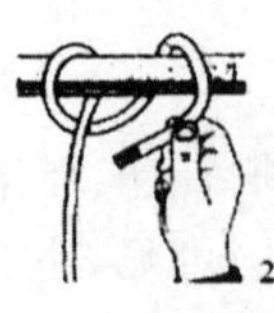

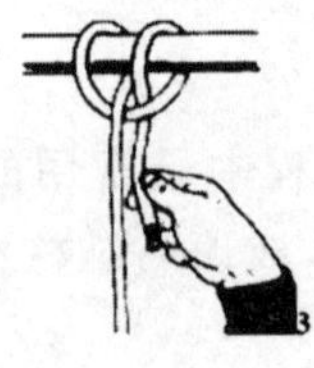

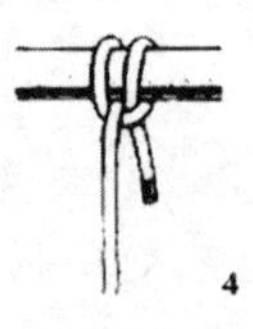

图 8-4-24 双套结

5.平结

平结也称方结(图 8-4-25),日常生活中使用较多,如捆扎东西或包扎伤口,仅适用于连接粗细和材质相同的两条绳子;但不适用在较粗、表面光滑的绳索上。缠绕方法一旦出现错误,结果可能会变成一个不完全的活结,用力一拉就会散开。缺点是如果拉得太紧,就不太容易解开;不过如果双手握住绳头,朝两边用力一拉,就可轻松解开。打结秘诀:左搭右、右搭左。

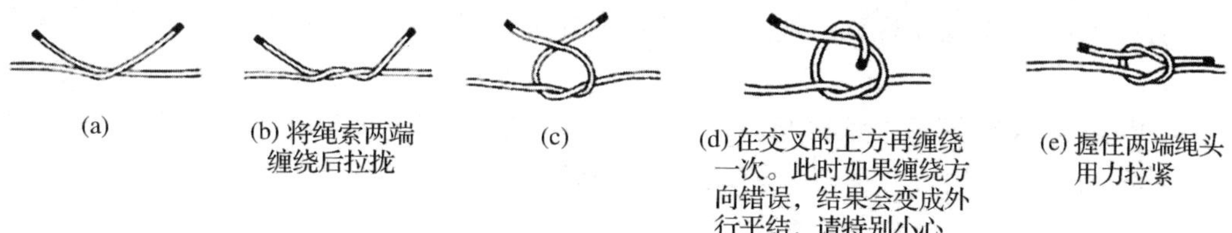

(a)　(b) 将绳索两端缠绕后拉拢　(c)　(d) 在交叉的上方再缠绕一次。此时如果缠绕方向错误,结果会变成外行平结,请特别小心　(e) 握住两端绳头用力拉紧

图 8-4-25　平结

(二)徒步技能

徒步穿越是野外生存主要形式之一,在较长的路线、复杂的地形中,高超的徒步穿越技能可以更好地帮助自己节省体能,提高野外安全系数。当然,健康的体魄和良好的体能储备是徒步穿越最重要的条件之一。这些没有捷径可以走,所以我们在徒步穿越之前必须制定长期的锻炼计划,不断的提升自己的身体素质,为野外徒步穿越打下坚实的体能基础。

行进时,应根据地形来改变自身的重心。野外不是城市,人是直立行走的动物,会本能地直起身子对抗地心引力。略微弯腰到合适的角度,可以让负重传递到髋部和脚上。上坡时,应将腰弯低与坡面保持平行,脚要踩实,一步一步向上行进。行进时,可以用手向上提背包带,或用手托住背包,最大限度地减小肩部压力。下坡时,双腿应略微弯曲进行缓冲,腰部挺直,重心放于髋部,让背包的重量压在肩膀上。若不慎打滑,可以向下坐在地上而不至于向前翻滚。上下坡时不要将手放进口袋,摔倒时手要灵活地帮助自己进行缓冲。

烈日下行进要注意防晒,穿着轻薄透气的衣物,避免中暑。在丛林中行进时应穿上长袖长裤,避免蛇虫侵扰。夜间行进应携带照明设备,要注意仔细反复地辨认方向,严格地遵守询问和应答条例,定时清点人数,做好路标。

(三)攀爬与下降

1.攀爬

徒步穿越的过程中,需要攀爬的地方众多,但大多数情况下不会超过 10 米的高度,坡度大约在 50°～80°之间。攀爬是非常耗费体力的,需要一定的身体协调能力。在大部队行进过程中,可以让体能较好的同学先行攀爬,然后利用绳索给后面的同学提供帮助。

攀爬时手脚合力必须有支撑点,最好能确保四肢中有 3 个支撑点,因此在攀爬前就要选择好线路,避免爬到一半悬在半空中进退两难。攀爬时身体必须贴近岩壁,重心后移会增加滑坠的危险。在山上,植物的根系深扎在土壤中,丛生的草丛有时可以支撑一个成年人的重量,但并不是所有的草都可以抓,大部队行进时若反复抓拽草丛,容易造成草丛脱落而导致悲剧的发生。

2.下降

在无法徒手下坡,不得不使用绳索通过一些沟谷障碍时,称为下降,也称滑降。在 60°以下的坡面，可以使用下滑法完成下降。但坡度超过 60°或坡度不均匀时，为安全考虑，需要利用绳索进行下降。绳索下降需要用到专业的下降器材，如下降器、8 字扣配合绳索等下降方式。

（四）营地建设

1.营地选择

在野外选择一片适合露营的地方，是得到充分休整的保障，在选择营地时，通常要注意以下几点：

(1)近水：扎营时必须选择靠近水源地或村庄的地方，这样便于取得生活用水，如选择靠近溪流、湖潭、河流边的地方。但不能将营地扎在河滩边上或干枯的河床里，一旦下暴雨或上游水库放水、山洪暴发，就会有生命危险。

(2)背风：在野外扎营时应考虑背风的问题，尤其在山谷、河滩附近，要选择背风的位置扎营，帐篷的门不宜对着风的来向。

(3)远离悬崖：不可以把营地扎在悬崖上面或下面，避免夜间意外坠落，也避免山崖落石造成危险。

(4)背阴：选择背阴处扎营，避免在白天受到太阳直射而导致帐篷内过于炎热，可以在大树下或山的北侧扎营。

(5)防兽：在选择营地的时候要仔细观察附近是否有野兽活动的足迹、粪便和巢穴，避免在蛇虫洞穴附近扎营。预备一些驱蚊、虫、蝎的药品，避免有毒动物的侵扰。

(6)防雷：在雨季或是多雷电区域露营，绝对不能将营地扎在高地上、高树下或比较孤立的平地上，那样容易遭到雷击。

2.营地规划

营地选择好之后马上要建设营地，尤其是具有一定规模的营地，故整个营地的功能性区域规划就显得非常重要。一个齐备的营地应分为帐篷宿营区、用火区、就餐区、娱乐区、用水区、卫生区等区域，各区域间功能独立、互补且最好不要重叠。用火区域应在下风位置，避免燃烧到营地中的装备。就餐区应靠近用火区，便于做饭和就餐。活动娱乐区域应在就餐区的下风，以免扬起的尘土污染食物。卫生区域应离营地有一定的距离且不可靠近水源，以免造成污染。用水区域应划分为两段，上游为食用水源，下游为生活用水。

良好的营地规划可以使大家的野外露营体验成倍增长，但在享受露营的快乐时，也应该注意不要对他人造成打扰。露营完毕后应尽量恢复营地的原貌，将产生的垃圾和排遗带走，为后来者提供一个良好的露营环境。

（五）野外伤害处置

野外生存活动过程中存在一定的安全隐患，任何意外事故，都将对野外生存生活训练课程的教学和活动带来负面和不利影响。掌握野外活动过程中伤害的处置方法，可以将已经发生的危险程度降至最低。在实施救援时，应先保证自己和被救助者处于安全环境下，若不是则应立即转移到安全地点，再行施救。

1.肌肉痉挛及关节扭伤

肌肉痉挛俗称抽筋。过度运动、寒冷刺激、电解质补充不足、缺水都会导致肌肉筋挛。发生肌肉痉挛时应停下休息，对痉挛处进行按摩、被动反向伸展，补充水和电解质。野外徒步前应进行充分的热身，及时进行补给可以有效地预防肌肉痉挛。

关节扭伤是野外活动中常见的伤病，踝关节是最易扭伤的部位。出现扭伤后后疼痛是必然出现的症状，常常还伴有肿胀、皮肤青紫、关节无法转动等现象。出现扭伤应立即停止行进，有条件的情况下可立即用冷水浸泡或冰敷扭伤部位。避免按揉扭伤部位。扭伤 3 天后可用热水浸泡受伤部位以加速恢复。

2.出血及止血

在野外环境下经常会出现割伤、擦伤而导致的出血，止血方法因出血部位的不同而有所差异。毛细血管出血可以自行止血，做好消毒处理，可以用创可贴等物品止血。静脉出血为暗红色，可以按压止血，在用绷带包扎时要稍加力。动脉出血则较为危险，血液随心脏的跳动喷涌而出，不及时处理会危及生命。四肢大动脉出血通常可使用止血带，缠止血带时不可太松也不可过紧，以血液不流出为度，缠绕时间不得超过一小时，每 1 小时应松开 1～2 分钟，松开时应按压伤口止血。

3.中暑和失温

在夏天进行野外活动时，常会因为暴晒、高温、缺水、过度劳累、大量流汗而导致中暑。中暑严重者会发展为热射病而危及生命。对中暑患者，应立即将其转移到阴凉通风处，解开病人衣物，进行头颈部冷敷、散热；若病人呼吸停止则对其进行人工呼吸；若 30 分钟体温仍未下降，必须立即就医治疗。

失温又称低温症，冻僵是最严重的失温，失温是由低温环境、潮湿环境造成的，保暖措施不当容易导致失温。失温的诊断标准为核心温度低于 35℃。对于低温症患者应立即将其转移出寒冷环境，换上干燥的衣物，通过烤火、晒太阳、互相依偎取暖。有条件的情况下可进食高热量食物，喝热汤。

4.狗咬伤

野外活动过程中常常会碰到野狗或是家养的烈性犬，狗伤人的事件时常发生，如果被携带狂犬病毒的狗咬伤可能会引起狂犬病，危及生命。遇到带有攻击性的狗时应尽量绕开，若不幸被咬到，应立刻采取救护措施。被咬后应立即以肥皂水进行彻底清洗，以去除残留于伤口的病毒，清洗与疫苗接种和被动免疫具同等重要性，不可忽视。在做完清洗处理后应尽快接种狂犬疫苗与免疫血清。

5.毒蛇咬伤

毒蛇头部有毒牙、排毒导管和毒腺，毒腺位于头侧眼后下方的皮肤下面。当毒蛇咬人时，毒腺中的毒液通过排毒导管输送到毒牙而注入伤口内。毒液主要经淋巴循环和血循环扩散，引起局部中毒和全身中毒症状。蛇毒主要含蛋白质、多肽类和多种酶，依成分不同分为神经毒、血液循环毒和混合毒三种，毒素不同其临床表现也有差异。被毒蛇咬伤后切忌惊慌，首先要判明是否为毒蛇咬伤。这可通过蛇的牙痕进行判断，无毒蛇的牙痕多呈一排或两排，而毒蛇的牙痕则多呈两点（一对）或数点（两三对）。被咬后不要惊慌奔走，更不要奔跑，应保持镇静，以免加速毒物的吸收和扩散；应立即在伤口近心端 2～3 厘米处用绳带结扎，每隔 20 分钟左右放松 1 分钟，防止肢体缺血坏死；以伤口为中心用刀划“＋”字，使毒液流出；尽快到医院急诊室进行处理，将伤口切开、冲洗，进行吸毒和排毒，注射抗毒血清，最好选用多价抗毒血清。

五、野外生存生活训练课专项考评内容及标准

(1)关于户外LNT、急救、安全知识等的考核。

(2)户外技术考核:包括绳结运用、装备器材的使用、行军技巧、营地选择等。

(3)两天一夜综合性考核:考验学生户外技能真实应用能力,包括营地生活、野外技能、应急能力、团队协作等。

参考文献

[1]柴松,王洪武.大学生野外生存生活指南[M].北京:中国科学技术大学出版社,2008.

[2]国家体育总局职业技能鉴定指导中心.户外运动[M].北京:高等教育出版社,2017.

[3]猎鹰.中国野外生存手册[M].北京:现代出版社,2012.

[4]杨天庆,崔学梅.野外生存之旅[M].兰州:甘肃人民出版社,2008.

[5]史蒂芬·考斯,克里斯·佛萨斯.登山圣经[M].7版.吴佩真,吴俊奇,吴逸华,译.汕头:汕头大学出版社,2007.

第九章 水上项目

第一节 游 泳

一、游泳运动的发展概述

在距今大约400万年前，地球上就出现了早期人类。古人类在布满江、河、湖、海的地球上生活，不可避免地要与水打交道。人们依山打猎，傍水捕鱼，为了寻觅食物，为了躲避猛兽的侵袭，不得不跋山涉水。在生产劳动和同大自然作斗争的过程中，人们不仅发展了奔跑、跳跃、投掷等技能，还学会了游泳，从而大大拓展了人类活动的领域。毫无疑问，游泳是人类最古老的生存手段之一。

在人类历史的长河中，游泳最初是作为生产和军事上的特殊技能而受到重视的，而生产和军事的需要又反过来促进了游泳技术的发展。随着社会生产力的提高，文化、教育、艺术、体育等产业相继产生和发展起来，游泳的功能也逐渐转变为满足人们精神生活的需要，于是便产生了包括水嬉在内的娱乐游泳活动。竞技性游泳活动几乎是紧随着娱乐游泳活动的产生而出现的，是娱乐性游泳的发展与提高。

在1896年第1届奥运会上，游泳被定为正式比赛项目。现今，奥运会游泳比赛共有34个小项，男女各17项，男子项目为：50米自由泳、100米自由泳、200米自由泳、400米自由泳、1500米自由泳、100米仰泳、200米仰泳、100米蛙泳、200米蛙泳、100米蝶泳、200米蝶泳、200米个人混合泳、400米个人混合泳、4×100米混合泳接力、4×100米自由泳接力、4×200米自由泳接力、10公里公开水域。女子项目为：50米自由泳、100米自由泳、200米自由泳、400米自由泳、800米自由泳、100米仰泳、200米仰泳、100米蛙泳、200米蛙泳、100米蝶泳、200米蝶泳、200米个人混合泳、400米个人混合泳、4×100米混合泳接力、4×100米自由泳接力、4×200米自由泳接力、10公里公开水域。个人混合泳规定按蝶泳→仰泳→蛙泳→自由泳的顺序游完全程，混合泳接力按仰泳→蛙泳→蝶泳→自由泳的顺序进行，其中的自由泳是指除仰泳、蝶泳、蛙泳以外的任何姿势。

二、熟悉水性

熟悉水性的练习可以让游泳初学者了解和体会水的特性，消除怕水心理，逐步适应水环境，习惯游泳时身体姿势的改变，并初步掌握一些水中活动的基本技能，为进一步学习蛙泳技术打下良好的基础。

(一)水中行走

水中行走(视频 9-1-1)可以使初学者初步体会并适应水的浮力和阻力,初步掌握在水中维持身体平衡的方法,消除怕水心理。

(1)手扶池边水中行走:在游泳池中,侧对池壁,手扶池边,向前、向后迈步行走;或面向池壁,手扶池边,向左、向右迈步行走。

(2)手不触壁,在游泳池中向前、向后、向侧行走。

(3)在游泳池中,做向各个方向的跳跃式行走。

视频 9-1-1　水中行走

(二)呼吸

游泳时的呼吸,要用口在水面上吸气;吸气后脸浸入水中稍闭气;然后用口和鼻在水中缓慢呼气,并一直呼出水面。由于脸部大部分时间浸在水中,抬头吸气的时间比较短,因而要求在口露出水面时不停顿地迅速把气吐尽,并借此动作将附着在口、鼻周围的水吹开,然后立即快速吸气。呼气要尽,吸气要深,呼与吸之间不能停顿。总的来说,水中的呼吸可以按“快吸→稍闭→慢呼→猛吐”的节律进行。

1.水中闭气

手扶池边或拉同伴的手,深吸气后闭气,慢慢下蹲,把头浸入水中,睁开眼睛,停留片刻后起立,在水面上换气(视频 9-1-2)。

2.水中呼气

扶池边或拉同伴的手,深吸气后闭气,慢慢下蹲,把头浸入水中,睁开眼睛。停留片刻后,用口、鼻慢慢呼气,直到呼尽,然后起立在水面上用口吸气(视频 9-1-3)。

3.连贯呼吸

站立水中,上体略前倾,两腿略下蹲,两手扶池边或扶大腿。水面上吸气后,低头将脸浸入水中,闭气片刻,然后开始均匀缓慢地呼气,并向上抬头;当口露出水面时,不停顿地迅速将气吐尽,紧接着快速吸气。连续练习,体会“快吸→稍闭→慢呼→猛吐”的要领(视频 9-1-4)。

视频 9-1-2　水中闭气

视频 9-1-3　水中呼气

视频 9-1-4　连贯呼吸

（三）浮体

要学会游泳，必须要能漂浮起来，并能在漂浮状态下平稳地站立起来。通过浮体练习，可以进一步熟悉水性，体会水的浮力，适应身体无固定支撑的悬浮姿势，初步掌握在水中控制身体平衡的能力。

1.抱膝浮体

水中原地站立，深吸气后闭气下蹲，低头屈腿抱膝团身，双膝尽量贴近胸部，前脚掌轻蹬池底，身体就会自然漂浮于水中。站立时，两臂前伸下压，抬头，同时两腿下伸，脚触池底站稳，两臂在体侧轻轻拨水维持身体平衡（视频 9-1-5）。

2.展体浮体

水中开立，略下蹲，两臂放松自然前伸。深吸气后闭气，身体前倒并低头，两脚轻轻蹬池底后，两腿上摆，自然伸直稍分开，身体成俯卧姿势漂浮于水中。站立时，先收腹屈膝，然后两臂下压，抬头，同时两腿下伸，脚触池底站稳，两臂在体侧轻轻拨水维持身体平衡（视频 9-1-6）。

视频 9-1-5 抱膝浮体

视频 9-1-6 展体浮体

（四）滑行

滑行是熟悉水性的重点，它可以帮助初学者掌握在漂浮状态下维持身体平衡的能力，体会游泳的基本身体姿势，为以后学习蛙泳技术打下基础。

1.蹬底滑行

两腿并拢站立水中，两臂前伸并拢。深吸气后上体前倒，一腿向前迈出，略屈膝下蹲。头和肩浸入水中后，两脚掌依次用力蹬池底，两腿随即伸直上浮并拢，身体成流线形贴近水面向前滑行（视频 9-1-7）。

2.蹬壁滑行

两脚并拢背对池壁站立水中，两臂并拢前伸。深吸气后闭气低头，上体前倒成俯卧姿势浸入水中，头夹在两臂之间。同时，两腿轻蹬池底向上屈膝收腿，迅速将两脚掌贴在池壁接近水面处，臀部提高至水面。两腿随即用力蹬壁，全身充分伸展成流线形贴近水面向前滑行（视频 9-1-8）。

视频 9-1-7 蹬底滑行

视频 9-1-8 蹬壁滑行

三、蛙泳基本技术与练习方法

蛙泳，即身俯卧水中，两臂同时并对称地划水，两腿同时并对称地做收、翻、蹬、夹动作。蛙泳的身体姿势平稳，动作省力，呼吸自然，而且每个动作周期结束后都有一定的滑行放松时间，较容易学习，而且掌握动作节奏后很快就能游较长的距离。

（一）腿部技术

蛙泳的腿部动作是保持身体平衡、推动身体前进的一个重要因素，特别是对初学者来说，腿部动作占的作用更大。蛙泳腿部技术可以分为收腿、翻脚、蹬夹、滑行 4 个紧密相连的动作环节。

1.收腿

收腿时，腿部肌肉放松，大腿自然下沉，两膝开始弯曲并逐渐分开，小腿和脚跟在大腿后面向前运动，踝关节放松，脚底基本朝上，脚跟向上、向前移动，向臀部靠拢，两腿边收边分开，收腿结束时，两膝内侧的距离约同肩宽，大腿与躯干成 130°～140°角，大、小腿折叠紧密，小腿与水面接近于垂直，为翻脚和蹬夹做好准备[图 9-1-1(a)]。

2.翻脚

当收腿使脚跟接近臀部时，大腿内旋，两膝稍内扣，小腿向外张开，两脚背屈使脚掌勾紧向外翻开，脚尖转向两侧，小腿和脚的内侧面向后，形成良好的对水面，为蹬夹动作做好准备[图 9-1-1(b)]。

3.蹬夹

蹬夹动作在翻脚即将完成时就已开始。由于翻脚动作的惯性，脚在后蹬的开始阶段是继续向外运动，完成充分的翻脚。随后，由腰腹和大腿同时发力，依次伸展下肢各关节，两脚转为向后向内运动并稍下压，直至两腿蹬直并拢，完成弧形的鞭状蹬夹[图 9-1-1(c)]。蹬夹动作是推动身体前进的重要动力来源，蹬夹动作的推进效果主要取决于蹬夹时腿的运动方向、对水的推力大小及运动速度。

4.滑行

蹬夹结束后，腿处于较低的位置，脚距离水面为 30～40 厘米。此时两腿伸直并拢，腰、腹、臀及腿部的肌肉保持适度紧张，使身体成流线形向前滑行，准备开始下一个腿部动作周期。滑行中，要注意保持两腿较高的位置，减少滑行时的阻力。

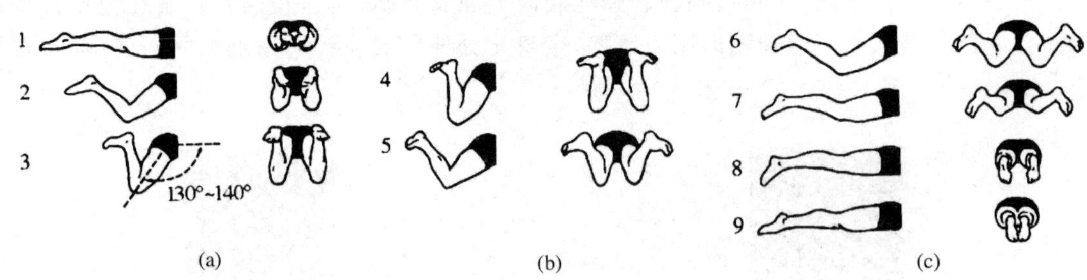

图 9-1-1　蛙泳腿部技术

（二）腿部动作练习方法

1.跪撑翻脚压腿

两脚分开跪于垫上，两膝间的距离同肩宽，勾脚，脚尖朝外，小腿和脚的内侧贴地，两手后撑，慢慢振压（图 9-1-2）。

2.俯卧模仿蹬夹练习

俯卧凳上或出发台上，模仿蛙泳腿的收、翻、蹬、夹动作。老师或同伴可站在后面抓住练习者的双脚，帮助练习者体会收腿路线、翻脚姿势和蹬夹路线（视频 9-1-9）。

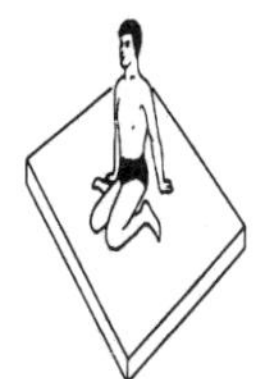
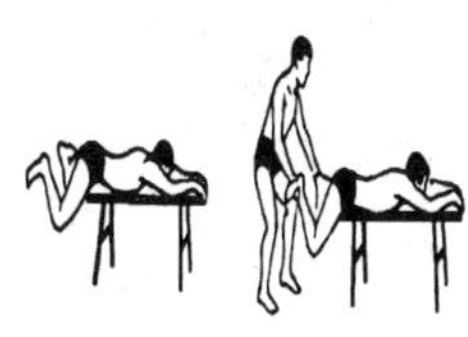

图 9-1-2　跪撑翻脚压腿

视频 9-1-9　俯卧模仿蹬夹练习

3.站立蹬夹

手扶池壁站立水中，一腿支撑，另一腿做上下方向的蛙泳收、翻、蹬、夹动作。注意蹬夹时大腿内旋、膝内扣，大腿先下压，带动小腿和脚往下弧形蹬夹水（视频 9-1-10）。

4.扶边蹬夹

一手抓池槽，另一手手指朝下在水下撑住池壁，身体俯卧水中，做蛙泳腿的收、翻、蹬、夹动作。老师或同伴可站在后面抓住练习者的双脚，帮助练习者体会和纠正动作（视频 9-1-11）。

视频 9-1-10　站立蹬夹

视频 9-1-11　扶边蹬夹

5.滑行蹬夹

蹬边滑行后继续低头闭气，做蛙泳腿的动作向前游进，体会连贯的收、翻、蹬、夹和滑行的动作（视频 9-1-12）。

6.扶板蹬夹

俯卧水中，两臂前伸，两手扶在打水板两侧，做蛙泳腿的动作向前游进，可配上呼吸动作，逐渐加长练习距离（视频 9-1-13）。

视频 9-1-12　滑行蹬夹

视频 9-1-13　扶板蹬夹

(三)臂部技术

蛙泳时,整个手臂动作都是在水下完成的,手的划水路线近似于两个相对的“桃心形”,即两手从“桃心”的尖顶开始,不停顿地划动一周回到尖顶。为便于分析,可把蛙泳的一个划水动作分为外划、下划、内划、前伸 4 个紧密相连的动作阶段。

1.外划

外划是从两臂前伸并拢、掌心向下的滑行姿势开始的。外划时两臂内旋,两手掌心转向外斜下方,略屈腕,两臂向外横向划动至两手间距离约两倍肩宽处。外划的动作速度较慢(图 9-1-3)。

图 9-1-3 外划

2.下划

手臂在继续外划的同时,前臂稍外旋,肘关节开始弯曲,转腕使掌心转为朝向后下方,以肘关节为轴,手和前臂加速向下、向后划动。在下划的过程中,手和前臂的运动速度较快,幅度大,而上臂的移动不多,前臂与上臂之间的夹角迅速缩小。下划结束时,肘关节明显高于手和前臂,手和前臂接近垂直于游进方向,肘关节约屈成 130°角(图 9-1-4)。

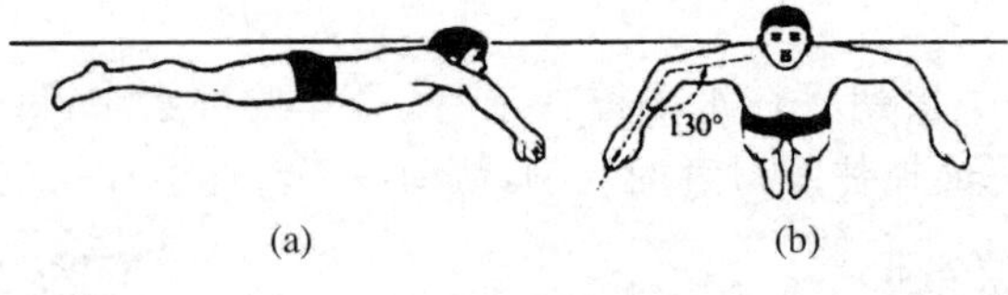

图 9-1-4 下划

3.内划

内划是手臂划水产生推进力的主要阶段。随着下划的结束,掌心迅速转向内后方,手臂加速由外向内并稍向后横向划动,屈肘程度进一步加大,肘关节也同时向下、向后、向内收夹至胸部侧下方。两手划至胸前时几乎靠在一起(图 9-1-5)。

4.前伸

当内划接近完成时,两手在继续向内、向上划动的过程中逐渐转为向上、向前弧形运动至颌下。此时,两手靠拢,两掌心逐渐向下,手指朝前。接着,肘关节不停顿地沿平滑的弧线前移,推动两手贴近水面向前伸出。与此同时迅速低头,将头夹于两臂之间(图 9-1-6)。

图 9-1-5 内划

图 9-1-6 前伸

（四）臂部与呼吸配合动作的练习方法

蛙泳手臂与呼吸配合技术的口诀为：外划的同时抬头吸气，前伸低头闭气，滑行均匀呼气。

1.陆上原地模仿练习

两脚开立，上体稍前倾，模仿蛙泳两臂划水与呼吸配合的动作。要求划臂过程圆滑，前伸后稍停，然后再开始下一个动作（视频 9-1-14）。

2.水中原地练习

两脚开立站在齐胸深的水中，上体略前倾，做蛙泳两臂与呼吸配合的动作。要求划臂过程圆滑，两臂前伸并拢后稍停，然后再开始下一个动作（视频 9-1-15）。

视频 9-1-14　陆上原地划臂呼吸模仿练习

视频 9-1-15　水中原地划臂呼吸练习

3.行进间练习

在齐胸深的水中，上体略前倾，做蛙泳两臂划水和呼吸的配合动作，且借助划水所产生的反作用力向前行进（视频 9-1-16）。

4.托扶划臂

两人一组，帮助者站在侧面托住练习者的髋部，练习者俯卧水中，做蛙泳两臂划水和呼吸的配合动作（视频 9-1-17）。

视频 9-1-16　行进间划臂呼吸练习

视频 9-1-17　托扶划臂呼吸练习

（五）完整配合技术练习

练习蛙泳的完整配合技术前，首先要建立起“臂先腿后”的动作概念。在掌握了臂、腿的正确配合技术后，逐渐加上呼吸动作，就形成了完整的蛙泳。蛙泳臂、腿配合技术口诀为：外划腿不动，内划始收腿，前伸翻好脚，加速蹬夹腿，臂腿都并拢，放松漂一会。

1.陆上站立模仿练习

原地站立，两臂上举并拢，掌心向前，先按四拍做蛙泳臂、腿配合模仿动作：

①两臂向侧下分开划动，腿不动。

②两臂向内划至胸前，同时一腿屈膝上提做收腿和翻脚动作。

③两臂向上伸直。

④腿向下弧形蹬夹，还原成预备姿势。

逐步过渡到连贯进行(视频 9-1-18)。

2.水中臂、腿分解配合游

蹬壁滑行后继续低头闭气,做蛙泳臂、腿分开的动作向前游进。两臂做一次划水动作前伸并拢后,两腿再做一次收、翻、蹬、夹动作,臂、腿交替进行,建立先伸臂再蹬夹的动作概念。

3.水中臂、腿连贯配合游

蹬壁滑行后继续低头闭气,做臂、腿连贯配合的蛙泳动作向前游进,着重体会臂、腿动作配合的正确时机。

4.完整配合游

在臂、腿连贯配合蛙泳的基础上,加上抬头吸气的动作,形成完整配合技术。注意划水动作不要太快,抬头动作不要太猛。可先练臂、腿配合两次,呼吸一次的动作,然后过渡到臂、腿配合一次,呼吸一次的正常蛙泳动作(视频 9-1-19)。

视频 9-1-18　陆上站立完整配合技术模仿练习

视频 9-1-19　完整配合游

四、游泳必修课专项考核内容与方法

(一)达标(占 60%)

蛙泳男 100 米,女 50 米,连续游完,不计时。

(二)技评(占 40%)

在距离达标的基础上予以技评。

(1)36～40 分:动作完成好、协调,姿势优美。

(2)32～35.9 分:动作完成较好、协调,姿势较优美。

(3)28～31.9 分:动作完成较好、协调(有少许动作没到位)。

(4)24～27.9 分:动作完成尚好,不大协调。

(5)24 分以下:虽然能达标,但动作完成差,严重不协调。

第二节　皮划艇

一、皮划艇运动概述

皮划艇是皮艇和划艇两项运动的总称,但人们常常用皮划艇一词指代皮艇。皮艇的起源可以追溯到世界上最古老的船——独木舟,它是原始人打猎、捕鱼和运输的生产工具。其雏形形成于北美洲格陵兰岛,爱斯基摩人用动物皮包在木架子上制作成兽皮船。皮艇运动除却自身的巨大魅力之外,还有很强的锻炼效果,对参与者的身心有着极大的益处,我们可以从运动价值和教育价值两方面来具体分析。在运动价值上，皮艇属于速度耐力型运动。该运动能有效地增强心血管系统和呼吸系统的功能以及肩部三角肌、背部背阔肌等主要肌群的力量，使人体的耐力得到提升。同时皮艇还可以锻炼肢体的协调性从而提高平衡能力，并塑造出优美的身体线条。从教育价值上看，参与皮艇运动主要有五个益处：

(1)有利于磨砺人们敢于尝试新事物的勇气，增强自主探索和解决问题的信心。

(2)提高参与者的专注力，锻炼其随机应变的能力。

(3)强化人们高速高效的意识，提高工作效率。

(4)多人皮艇还能锻炼参与者的团队协作能力。

(5)参与者和水的亲密接触也有利于加深对自然的理解和感情。

二、皮划艇器材介绍

(一)艇体介绍

皮划艇呈中间宽两头尖的流线型，以便破水和导水，长度从 3 米到 6 米不等，其主要部件有艇体、座椅、可调节脚蹬和尾舵。

根据材质的不同，皮划艇可以分为滚塑艇、玻璃纤维艇、碳纤艇等。奥运会比赛以碳纤艇为主，大众休闲使用最多的是滚塑艇。其按照乘坐人数分为单人艇和双人艇，以下主要对单人滚塑艇进行介绍，如图 9-2-1 所示。

(二)座板

皮划艇采用坐姿划行，人坐于舱中，座板后部有可调节前后距离的靠垫，靠垫下部为支撑臀部的坐具，如图 9-2-2 所示。

图 9-2-1　单人滚塑艇

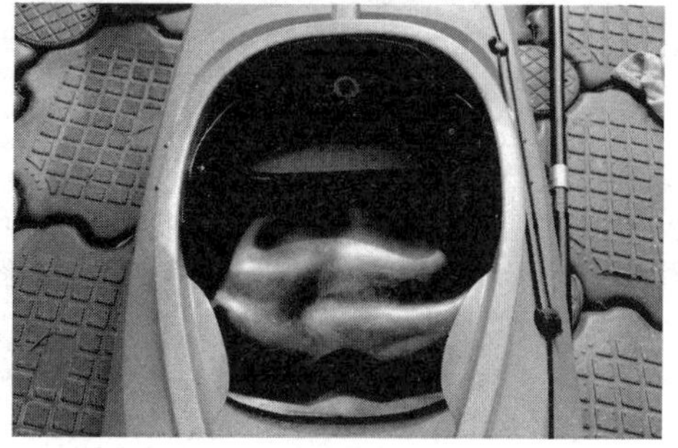

图 9-2-2　座板

(三)可调节脚蹬

脚蹬主要有两个功能：一是作为将下盘动力传输到上半身的重要装置，借助脚蹬提供的支点来蹬腿转腰，从而将下肢力量传递到肢体上部，转化成前进的动力；二是作为控制尾舵的装置，脚蹬的上部通过舵绳连接尾舵，通过踩踏左右两边的脚蹬以实现调节尾舵方向的功能。

脚蹬与座椅的距离可以根据自己的腿长进行调节，以达到充分发力的效果。图 9-2-3 中所示的脚蹬是通过旋转轴柄、前后移动脚蹬来进行位置调整的。脚蹬与座椅之间的距离是否合适在很大程度上影响了腿部的发力效果。

(四)尾舵

尾舵作为控制船艇方向的重要装置，设置在船尾上，使用船艇前须将其舵叶放入水中。尾舵左右两端通过舵绳分别与两个脚蹬连接，通过踩踏脚蹬来控制舵叶在水中的角度，使船身得以转向。踩下左边脚蹬，尾舵向左，船头往左转，右边亦然。尾舵转向的原理是通过舵叶在船尾一侧施加阻力，从而使船转向该侧。对于竞速选手，一丝一毫的阻力都是需要想办法克服的，因此，在熟练地掌握划船技术后，可以尽量减少尾舵的使用，以保持船速，如图 9-2-4 所示。

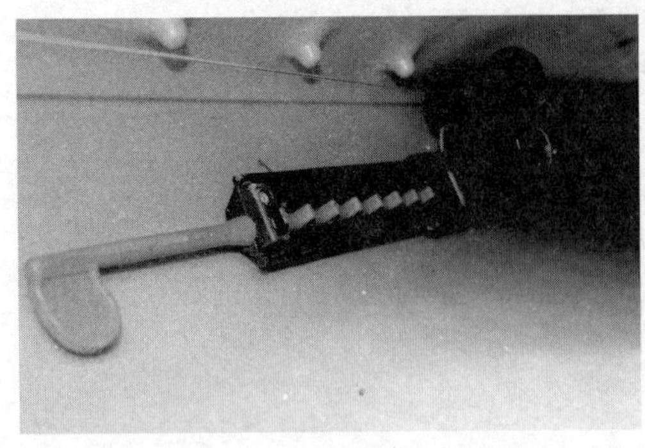

图 9-2-3　脚蹬

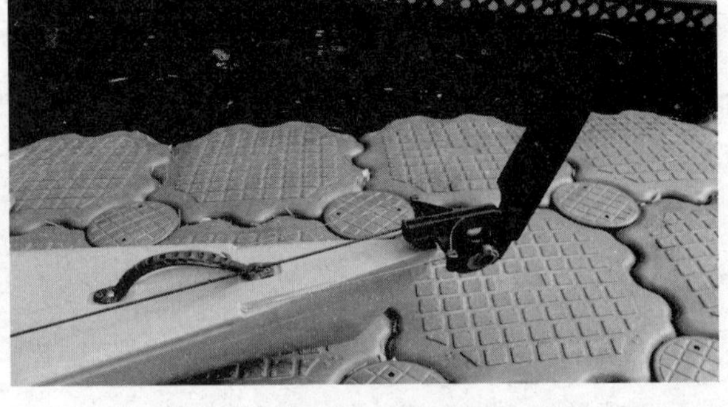

图 9-2-4　尾舵

（五）防水密封舱

防水密封舱在滚塑艇中极其常见，它主要有两个功能：一是作为储备物品的隔水空仓，在航海旅行过程中，行李可以置于密封舱内；二是作为提供浮力的浮力舱，其中的空舱减少了艇体的重量，给船提供了较大的浮力，同时在船翻覆的情况下，密封舱盖可以使得艇体不至于很快进水。需要注意的是，在下水前务必检查密封舱盖是否盖好，以防进水，如图 9-2-5 所示。

图 9-2-5　防水密封舱

（六）桨

皮艇的桨叶为双叶桨，即在桨杆的两头各有一个叶片。桨按其材质可分为塑料桨、碳纤桨。塑料桨的优势是耐磕碰；碳纤桨的优势为形变小，抓水效果好，常为比赛用桨。在桨叶的中部设有可调节桨长度、桨叶角度的装置。划船者可以根据自己的身高、臂长来调节桨长，以达到最佳的做功效果。再者，通过调节两个桨叶的角度（一般为 60°～90°），可以减小回桨过程中不必要的身体旋转以及拉桨时非入水桨叶所产生的风阻。碳纤桨桨叶为贝壳状，该设计使它能够很好地抓水，从而产生充足的向前推动力，如图 9-2-6 所示。

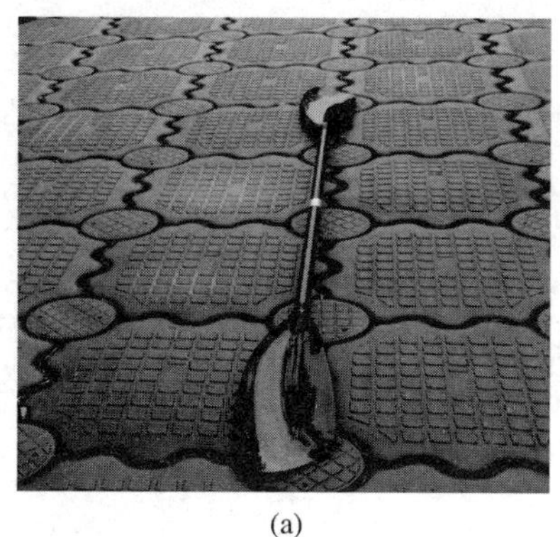
(a)

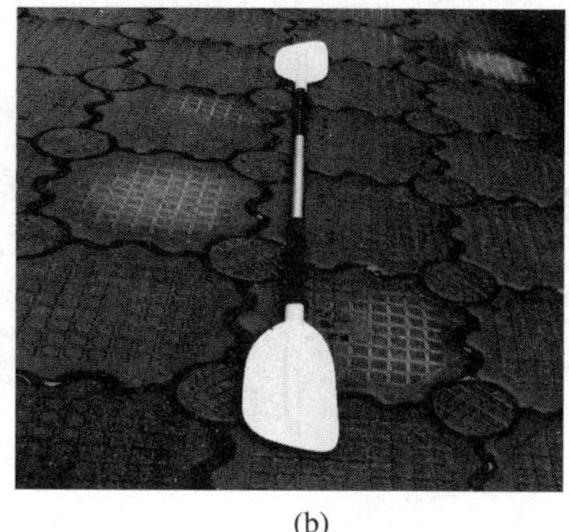
(b)

图 9-2-6　桨

三、皮划艇基础技术与练习方法

驾驭皮划艇需要循序渐进地掌握几个重点动作技术，从最基本的握桨、坐姿、上下艇动作开始，到划行时的前进、后退以及转向。一个好的开始是成功的一半，本部分将对这一系列的入门动作进行详细的技术讲解。

（一）握桨

两手正握桨杆，对称地放在头顶上，上臂与肩部持平。肘关节弯曲成 90°。握桨手分为转桨手和辅助手，按个人习惯选择左手或右手为转桨手，通常惯用右手的人选择右手为转桨手。

以右手为例：转桨手（右手）实握称为转桨控制端，控制桨的旋转；辅助手（左手）虚握称为辅助端。当双手握桨往前伸直时（掌心朝下），转桨手掌指关节应与同侧桨面在一个平面上，即转桨手一端的桨叶与水平面成垂直 90°；当桨举靠在头顶时（掌心朝前），应调整双手握距使双臂与桨形成 4 个直角，即小臂与桨成直角，肘关节成直角（视频 9-2-1）。

重点：肘关节成直角。

难点：转桨手指关节与同侧桨面在一个平面上。

易犯错：两边握桨不对称。

（二）入艇、出艇

入艇：身体面向船头；将桨杆紧靠于座舱口前方，着地端桨叶与地面平行且施力面朝上，座舱口与桨叶相隔；靠近船一侧的手同时握住船舱口和桨杆，拇指与虎口扣住舱口内缘，四指同时抓住船缘与桨杆，另一手则扶住岸边（初学者可请求他人扶住船以控制平衡），先将靠近船一侧的脚伸入座舱，左腿与右腿成交叉后坐下，臀部坐于座舱口后方，两只脚打开交叉并顺势伸入船舱里，调整脚蹬距离即可（视频 9-2-2）。

重点：手抓住船舱前端，左腿与右腿成交叉向下坐。

难点：重心落在船舱的中心线上。

易犯错：重心落在左右两侧；前脚上船，后脚侧向用力蹬岸，使船偏离码头。

(三)坐姿

臀部坐于艇座舱正中间(通过双手撑住座舱口以调整臀部位置),使船左右平衡,双腿自然蹬住座舱内两边的脚蹬板,背部自然挺直,身体略向前倾 10°～15°,重心落在前方(视频9-2-3)。

视频 9-2-1　握桨

视频 9-2-2　出、入艇

视频 9-2-3　坐姿

重点:躯干前倾。

难点:腰部要坐直。

易犯错:整个腰背贴着靠垫,甚至上半身向后仰。

(四)可调节脚蹬与姿势

调整脚蹬前后位置,使得双腿微屈,大腿与小腿成 120°～130°(视频 9-2-4)。

重点:双腿微屈。

难点:大腿与小腿成 120°～130°。

易犯错:直腿。

(五)划桨技术

一个完整的划桨循环动作可以分解为准备、入水、拉桨和出水复位 4 个部分(视频9-2-5)。

1.准备

以右边为例,准备动作:上体带动肩膀和躯干以自身为纵轴一起向左边转动约 70°;右膝弯曲而臀部向前转动,左膝伸直,使身体与船身形成一个夹角;右肩充分前伸,拉桨手保持笔直,伸向鼻子正前方,推桨手大臂保持水平,同时推桨手握拳,指关节与眉毛齐高,距离头部约35 厘米(视频 9-2-6)。

视频 9-2-4　可调节脚蹬与姿势

视频 9-2-5　陆上划桨技术

视频 9-2-6　准备入水

2.入水

入水动作:桨叶入水要贴近船边,左脚撑住脚蹬板,桨叶与水面成 40°～50°;桨叶入水点要超过脚,以脚掌前端为定位点,且每次入水以其为参照,在可驾驭的范围内逐渐前移入水点,从而延长有效拉桨距离(视频 9-2-7)。

重点:肩轴和躯干一起转动。

难点:转体蹬腿并直臂拉桨。

易犯错:躯干没有转动时已经开始拉桨。

3.拉桨

抓水和拉桨之间没有停顿一直到拉桨结束。拉桨时腰部发力,躯干快速向右后方转动拉桨,此时,右脚要撑住脚蹬板,右臂(拉桨手)要直臂向后拉桨,左臂(推桨手)向鼻子正前方支撑桨往前(用虎口推桨,要有用力推艇向前的感觉)。一拉一推,边拉边推,同时发力。划桨到大腿的中部,右臂开始屈肘准备出水(视频 9-2-7)。

重点:定位推桨手推桨到达的位置,定型拉桨手直臂后拉动作。

难点:蹬腿转腰,边拉桨边推桨。

易犯错:拉桨屈臂。

4.出水复位

拉桨手拉到髋关节前,右手(拉桨手)屈肘提肘并转动手腕向上转桨出水,复位到左右对称的入桨准备动作。感受旋桨切水出水的动作,定位拉桨手出水位置,在大腿中部提肘出水复位(视频 9-2-7)。

重点:出水动作要迅速、干净利落,入桨准备动作前桨叶凹面朝下。

难点:屈臂提肘转动手腕向上翻转。

易犯错:复位时手腕没有向上翻转。

(六)前进

拉桨手从前往后拉桨,推桨手向前推桨,从而使船往前行。皮划艇所有的动作主要靠转体蹬腿发力而非肩臂(视频 9-2-8)。

重点:拉桨与推桨的配合。

难点:蹬腿转体。

易犯错:屈臂拉桨。

(七)后退

与前进划桨方向相反,(右手)拉桨手从后往前推桨,从而使船往后退,掌握后退是学会转弯的基础(视频 9-2-9)。

视频 9-2-7　入水、拉桨、出水、复位

视频 9-2-8　前进

视频 9-2-9　后退

重点:两边的桨叶要对称向前推。

难点:桨叶凸面从后往前推。

易犯错:身体会前后移动。

(八)转弯

以左转弯为例,右手从前往后入水拉桨,让桨在船侧做大圆弧运动,从船首划到船侧。继而左手从后往前入水推桨,从船尾至船侧反向划大弧。右边一拉,左边一挡,使艇体左转。右手拉桨尽量向前一些，但不要太勉强（以能轻松达到为准），同时推桨的手也要配合放低。桨面入水时都要垂直，受力面朝向船体外。在划大圆弧时，用上身体的力量，尽量让两只手保持相对静止（视频 9-2-10）。

重点：右边划桨弧度要大。

难点：拉桨与挡桨的配合。

易犯错：两边划桨一致。

（九）扫桨横移

练习扫桨横移动作：这个动作难度较大，要求充分感受到桨与水的相互作用力。首先使用正常的前向用桨握桨方式，身体侧倾，把桨横向伸出，几乎竖直地插入水中；推桨手臂与桨杆大致形成一个直角，并保持这个高度；桨叶从外侧拉水至船舷边，桨的受力面需要指向船体的一侧（视频 9-2-11）。

重点：推桨手要用直力。

难点：身体重心侧倾。

易犯错：推桨手高度不够，桨叶没有插入水中，没有借用身体重心力量拉桨。

视频 9-2-10　转弯

视频 9-2-11　扫桨横移

（十）皮划艇安全救援技术

水可载舟，亦可覆舟。在充分体验到皮划艇带来的乐趣后，也不要忘了安全问题。安全始终要放在第一位，应尽可能地减小安全风险。本部分从风险规避与风险应对两个角度进行讲解。

1.风险规避

（1）救生衣。尽可能在安全熟悉的水域环境下划船，时刻保持安全警惕，并穿着救生衣。救生衣是水上运动中非常重要的一个部件，可以在船艇翻覆的情况下保证人能够轻松地浮在水面上。因此正确地穿戴救生衣是一件极其重要的事，切不可嫌其麻烦或高估自己的游泳水平而弃之不顾。在穿着救生衣时务必要检查拉链、下部活扣、侧面活扣及上部收缩带是否正确处理，如图 9-2-7 所示。

（2）哨子。哨子在皮艇运动中可用于发出沟通交流的信号。在一定距离的水面上难以清晰地传递声音，而提前约定好的哨声口令可以帮助教学顺利地进行，使得团队成员间能够顺利进行沟通，在紧急情况下也可提醒周围的人进行施救，如图 9-2-8 所示。

2.风险应对

在遇到船体翻覆的情况下，应该沉着冷静，迅速脱离艇身游出水面。头部脱出水面后，尽量抓住船桨与艇边缘，以此获取浮力。虽然带着艇游泳是一件很费劲的事，但在大多数情况下不要放弃皮划艇和桨，因为艇可以提供浮力，并易于救援时被发现。

图 9-2-7　救生衣

图 9-2-8　哨子

(1)单人安全救援。当人落水后，落水者快速从艇下把头露出来，脱离艇身并游出水面，继而抓住皮艇。当皮艇进水不多时，落水者需要迅速凭靠自己的力量把艇翻正。落水者双手托住船舱边上靠近自己一侧的船舷，然后借助水的浮力用力向上翻转。船身翻转成功后，身体逐渐移动至艇尾并用双手跨过船身抓住艇尾对侧，然后双手下压，逐渐把身体拉到船上，此时上身是从一侧趴在艇上的。然后把髋部压在艇尾上，将靠近船尾一侧的脚跨过船尾，身体便可横跨着骑坐在艇上，逐渐向前移动到座板，臀部顺势入座，最后把双腿放进船舱里(视频9-2-12)。

(2)双人 T 形救援。协助排水(T 形救援)：意外翻覆落水，落水者自救后，应该先排除艇舱内的积水，再重新回到艇舱中。舱中积水时是很难掌握平衡的，需要在救援者的协助下排水。在协助排水的过程中，要充分沟通并做到协调一致，以保障救援中的安全。

首先，救援者应将已方的艇身靠近被救艇的船头，并与之垂直构成“T”形。落水者在被救艇艇尾一侧用力将艇尾下压，有利于艇友从另一端抬起艇首。艇友抬起艇首后，使皮艇船舱朝下，两人协作前后起伏，让舱中积水流出。排除大部分积水后，翻转艇身，并使两条艇的船头与船尾分别相并。救援者辅助扶着被救艇，落水者在两条艇的中间，双手分别撑在两条艇的艇体上面，然后双腿提起放入己方的船舱内，向上攀爬，直至回坐入舱中(视频 9-2-13)。

视频 9-2-12　单人安全救援

视频 9-2-13　双人 T 形救援

(十一)皮划艇练习方法

练习皮划艇进阶技术动作，应按照循序渐进、由浅及深的原则，我们将进阶练习分为以下六个步骤，依次是平衡性练习、陆上空桨划桨练习、水上划桨练习、蹬腿转体练习、上肢与下肢蹬转配合练习以及对称性练习。

1.平衡性练习

掌握平衡是驾驭皮艇的首要任务，只有在自如地控制皮艇平衡的情况下才能够充分发挥出身体机能，练习动作、施展技战术等。特别是对不会游泳的初学者来说，对水畏惧是难免的，但要快速地掌握皮艇运动的技术，需要克服恐惧心理，因此首先应练习平衡性。在这个环节，如果条件允许，在安全的前提下，不妨大胆去突破船体平衡的舒适区，刻意让自己落水。

练习步骤：

第一步，练习上船平桨保持平衡动作：入艇，将桨保持水平，在自己的舒适区内左右轻微摇晃，感受船的平衡感。

第二步，练习失去平衡复位的动作：入艇，首先用桨压水，感受水给桨的反作用力，再逐渐摇晃大胆去突破自己的舒适区，并通过压桨的方式恢复平衡，并将桨在水中来回运动，感受因为桨运动角度的不同，所产生的不同力的效果。

2.陆上空桨划桨练习

很多人可能会认为水上的实操练习更能提升技术，从而忽视了陆上的练习。其实陆上有许多水上不具备的良好条件。比如说，陆上空桨练习可以在没有水阻的情况下仔细体会动作细节，可以更好地让教练或同伴观看并点评自己的动作，可以随时随地进行练习，等等。长期的陆上动作定型练习是很有必要的。在水上发现问题，带着问题在岸上进行练习改进，再入水实践，这是一个良好的循环，将会使技术提升得更快，如图 9-2-9 所示。

(a)

(b)

图 9-2-9　陆上空桨划桨练习

练习方法步骤：

(1)第一步：练习入桨准备动作，此处有 3 个重点细节。

①拉桨手保持笔直，伸向鼻子正前方。

②推桨手大臂保持水平。

③推桨手拳头指关节与眉毛齐高，距离头部约 35 厘米。

(2)第二步：练习拉桨动作，此处有 2 个重点细节。

①拉桨手保持笔直往下往后拉桨。

②推桨手向鼻子正前方支撑桨往前。

(3)第三步：练习出桨复位动作，此处有一个重点细节，即拉桨手屈肘上抬，恢复到左右对称的入桨准备动作。

陆上划桨技术动作重点：练习入桨准备动作时，推桨手大臂要水平，肘部不要超过肩部，拉桨手水平伸向鼻子正前方，不要下垂。拉桨出水过程中，拉桨手不要屈臂太早而过分依靠手臂力量拉桨，否则手臂会累得很快。

3.水上划桨练习

在水上划行的过程中要时常思考自己的动作是否正确，何处还可以再进行改进。为改善技术动作，在水上进行划桨动作定型练习是很有必要的，通过反复的练习，形成对正确动作的肌肉记忆。

练习方法步骤：

（1）第一步：练习入桨准备动作。充分伸展动作，拉桨手在前方伸直，以脚掌前端为定位点，且每次以其为参照（黑胶带是个很好的工具），在可驾驭的范围内逐渐前移入水点，从而延长有效拉桨距离。

（2）第二步：练习拉桨动作。腿部发力，蹬腿转胯，手保持笔直，拉桨手往下往后拉桨，推桨手往鼻子正前方水平推桨。定位推桨手推桨到达的位置，定型拉桨手直臂后拉的动作。

（3）第三步：练习出桨复位动作。拉桨手保持笔直拉桨至大腿处（只有充分转胯才能保持手一直笔直到大腿处），弯肘上抬使桨叶出水，动作对称复位。大臂保持水平，拳头指关节与眉毛齐高，距头部眉毛处约35厘米，保持足够的舒展空间，发力顺畅。充分感受旋桨切水出水的动作，定位拉桨手出水位置，在大腿中部提肘出水复位。

水上划桨技术动作重点：在技术练习过程中，拉桨环节桨叶可不用完全没入水中，以减小拉水阻力，重点感受技术连贯性，要充分利用腿部、身体腰腹的肌肉力量，而不要过分依赖手臂的力量，否则手臂很快就会酸痛。

4.蹬腿转体练习

蹬腿转体练习对皮艇运动来说是极其重要的部分。对于新手，经常会出现的问题是，不善于利用腿部力量而过多地使用手臂的力量，通过屈肘靠肱二头肌的力量去拉水拉桨，这很容易使得手臂发酸发胀。而观察专业运动员的发力特点，其腿部力量的利用率是极高的。因此，如果想要提升皮艇技术能力，腿部力量是关键环节之一，以下详细讲解陆上及水上的转体练习方法。

练习步骤：

陆上练习：找一位同伴，脚掌互相蹬住，并借助双手，通过蹬腿的力量使自己站立起来。过程中要求手部伸直，放松，充分感受腿部蹬出的力量。两位同学为对方提出改进建议，互相竞争，互相帮助，共同进步。

水上练习：上艇下水，在近岸区域练习并感受蹬腿转腰的动作，将力量充分传导到水中。其中一个很有效的方法便是将船头顶靠在岸边划水，原因是在静水划行中能够更好地感受力量的传递感。

蹬腿转体重点：腿部是划船力量的根源，蹬腿转体的练习应贯穿划皮划艇过程的始终。蹬腿速度要快，发力要猛，大腿的力量在常年走路的锻炼下远胜过手臂。

5.上肢与下肢蹬转配合练习

上肢与下肢的配合是皮艇动力传输的关键所在。腿部力量和腰腹力量是皮艇划行的主要动力源，而其产生的强大动力是通过核心来传递的。核心的作用是将下半身的力量传递到上半身从而转换为船前进的动力，一个强大的核心对船速有极大的促进作用。

练习步骤：

（1）第一步：在陆上手持一根竹竿站立，双手握杆水平向前，腿部微屈，上半身略微前倾，不可前后仰俯，力量从脚底传达至髋关节带动上半身转体，仔细体会腿部力量的传递。

（2）第二步：陆上手持一根竹竿，坐下模仿艇上划水动作，两脚蹬在固定处，做出蹬腿转体与入桨、抓水、拉桨、出水、复位配合的动作。

（3）第三步：手持桨在近岸处顶住船头进行桨入水、抓水、拉桨、出水、复位动作的配合。

(4)第四步:水上进行入水、抓水、拉桨、出水、复位动作练习,进行上肢与下肢蹬腿转体完整配合练习。

6.对称性练习

因为习惯,每个人左右两边身体的力量是不均衡的,因此初学者在划行过程中经常会出现偏航的现象。通过尾舵来调整方向,实际上是对动能的一种消耗。因此,单纯地通过增强划桨的对称性来控制方向,是提高身体输出能量利用率的极佳办法,可以在相同的能量消耗下提高船速。

对称划桨是一个非常精细的动作技术,要求在航向出现细微偏离的情况下,通过左右两个半身的力量大小以及入桨离船体的距离远近的综合调整,矫正偏离,达到直线航行的效果。在练习时应用心去感受桨对水的作用力的大小与方向,体会入水角度、拉水方向、出水角度的变化对船行方向的影响,进而掌握对称划桨的技术。划桨过程中,桨叶尽可能贴近船身划桨,这样可减小偏航的程度。

四、皮划艇考试内容与评分标准

(一)考试内容

皮划艇专项考试共100分,其中包括:

(1)前进(15分)。

(2)后退(15分)。

(3)转弯(15分)。

(4)扫桨横移(15分)。

(5)水上单人救援、双人救援(40分)。

(二)考试办法和评分标准

1.前进技评

(1)13~15分:技术动作完成好,划桨技术动作流畅,划桨两边轨迹一致,并在航道中间划行100米。

(2)10~12分:技术动作完成得较好,划桨技术动作较流畅,划桨两边轨迹一致,并在航道中划行100米。

(3)1~9分:技术动作完成尚好,划桨技术动作欠佳(有少许技术动作没有到位),划桨两边轨迹一致,能划行100米。

2.后退技评

(1)13~15分:技术动作完成好,两边划桨要协调对称地后退,并在航道内后退100米。

(2)10~12分:技术动作完成得较好,两边划桨要协调对称地后退,并在航道内后退100米。

(3)1~9分:技术动作完成尚好,两边划桨不对称地后退,能后退100米。

3.转弯技评

(1)10~15分:技术动作完成好,能够协调划桨,划行绕过浮球标。

(2)1~9分:技术动作完成尚好,划桨不太协调,会碰到浮标。

4.扫桨横移技评

(1)10～15 分：技术动作完成好，能够协调划桨，并在航道内横移 10 米。

(2)1～9 分：技术动作完成尚好，划桨不太协调，并在航道内横移 10 米。

5.水上单人救援、双人救援技评

(1)30～40 分：技术动作完成好，能够熟练地完成救援全套技术动作。

(2)1～29 分：技术动作完成尚好，不太熟练救援全套技术动作。

参考文献

[1]桑托.静水皮划艇初级教练执教课程(1 级)[Z].北京：中国皮划艇协会，2016.

[2]高亮，韩薇.大学体育与健康[M].北京：北京邮电大学出版社，2012.

[3]田麦久.运动训练学[M].北京：人民体育出版社，2000.

推荐网站

中国皮划艇协会(CCA)：http://www.chncanoe.cn/

国际皮划艇联盟(ICF)：https://www.canoeicf.com/

美国皮划艇协会(ACA)：http://www.americancanoe.org/

第十章
体育养生

第一节 形意强身功

“形意强身功”是在我国传统形意拳的基础上，经过长期的实践、总结和研究而创编的一套健身功法。它汲取了形意拳健身、养身和技击的理论精华，根据“形意十二形拳”中各种动物的特征、形态和运动方法，仿形会意，精心创编而成。例如：传说中的“龙”有束骨之法，伸缩之妙，能腾云倒海，威力无穷，则练习时取其意，仿其形，起落翻钻，伸缩吞吐，主要练神；“虎”有扑食跳涧之猛，呼啸震山之威，取之威力，主要练骨增力；“马”有疾蹄之功，更有冲撞之勇，取其勇猛；“猴”善攀跃纵跳，轻巧灵活，取其灵巧；“鼍”有浮水之技，更有翻江倒海之力，取其翻裹之势；“鸡”有独立之长，兼有食米之巧，抖翎之威，争斗之勇，取其弹抖之劲；“鹞”有翻身之急，入林之疾，钻天之技，取其拧转翻钻之势；“燕”有抄水之巧，飞腾之妙；“蛇”有拨草之精，能自如屈伸缠绕，首尾相应，取其柔韧含展之形；“骀”有竖尾升空之能，落地捣物之力，取其合击之势；“鹰”击长空，捉物准狠，“熊”有沉稳之态，又有抽肩调膀之劲，鹰熊竞志，取法为拳，阴阳相合，形意之源，取其起落伸缩之势。功法在保持“形意十二形拳”的形意合一、形神兼备、刚柔相济和各动物形态特征的基础上，将动作简化精炼、突出特点、化刚为柔、转急为缓、势势连绵、圆活自然、灵便顺畅，使之更加符合易学易练、运动全面、效果显著的健身要求。

整套功法共十二式，具有动作舒展、对称协调、柔缓匀速、优美别致、风格突出、简单易学的特点。其中每一式由 2～4 个动作组成，分左右式各练习 3～6 遍。锻炼时架势可高可低，幅度可大可小，运动量适中，适合各个不同年龄层的人锻炼。长期锻炼，可以达到舒筋活血、安神益智、扶正祛邪、内壮外强、延年益寿的目的，对人体中枢神经系统、心血管系统、呼吸系统、运动系统、消化系统都有很高的锻炼价值。

一、“形意强身功”动作说明

（一）基本动作

1.手型

（1）拳：小指、无名指、中指、食指依次卷曲握紧，拇指压在食指和中指第二指节上，形成螺旋拳，如图 10-1-1 所示。

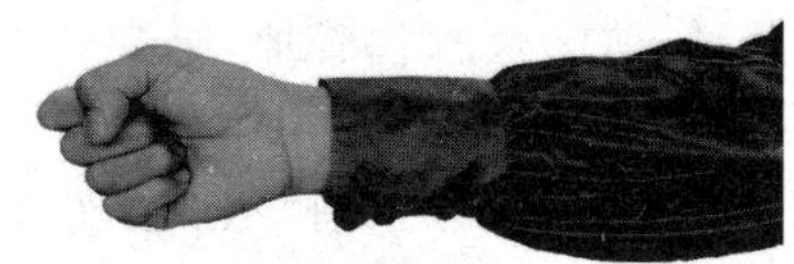

图 10-1-1　拳

(2)掌:

①竖掌——掌指朝上,五指自然舒张,拇指外展,食指上挑,屈腕,如图 10-1-2 所示。

②横掌——手掌横向,手指向左或向右,拇指外展,直腕,如图 10-1-3 所示。

③倒掌——手臂内旋,掌心朝外,掌指朝下,屈腕使掌根外突,如图 10-1-4 所示。

④斜掌——两前臂稍内旋,手掌斜向前方,掌心朝外,拇指成一字形,如图 10-1-5 所示。

图 10-1-2　竖掌

图 10-1-3　横掌

图 10-1-4　倒掌

图 10-1-5　斜掌

(3)爪:五指分开,虎口撑圆,第一、二手指关节弯曲,塌腕,如图 10-1-6 所示。

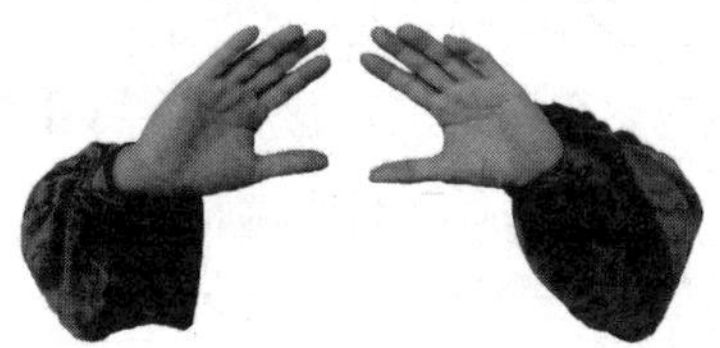

图 10-1-6　爪

2.步型

(1)马步:两脚左右开立约为脚长的 3 倍,屈膝半蹲,大腿接近水平,如图 10-1-7 所示。

(2)半马步:两脚左右开立,相距约为脚长的 3 倍,屈膝半蹲,大腿接近水平,左(右)脚脚尖外展,身体重心略偏于右(左)腿,如图 10-1-8 所示。

(3)三体步:是形意拳三体式的典型步型。前腿稍屈,脚尖向前,后腿半蹲,脚尖外展约 45°,两脚前后开立,相距约为脚长的 2 倍,重心偏于后腿,比例约前 3 后 7 或前 4 后 6,如图 10-1-9 所示。

图 10-1-7　马步

图 10-1-8　半马步

图 10-1-9　三体步

(4)弓步:两腿前后开立,前腿屈膝半蹲,后腿挺膝伸直,全脚掌着地,如图 10-1-10 所示。

(5)歇步:两腿交叉屈膝全蹲,前脚全脚掌着地,脚尖外展,后脚脚跟离地,臀部坐在小腿上,如图 10-1-11 所示。

(6)点步:一腿屈膝半蹲,另一腿收拢,以脚前掌点地,如图 10-1-12 所示。

图 10-1-10　弓步

图 10-1-11　歇步

图 10-1-12　点步

(二)动作名称

预备式							
1	第一式:推山入海	2	第二式:鹰熊竞斗	3	第三式:猛虎出林	4	第四式:野马闯槽
5	第五式:鼍戏江水	6	第六式:猿猴挂印	7	第七式:鲐撞金钟	8	第八式:雏燕展翅
9	第九式:锦鸡报晓	10	第十式:鹞子翻身	11	第十一式:金蛇拨草	12	第十二式:苍龙出海
收势							

(三)动作图解

1.预备式

①并步立正,两手垂于大腿外侧;头颈正直,下颏微收,目视前方。

②左脚向左开立,略比肩宽;两臂由体侧缓缓上举,高与肩齐;接着,两臂向内向前合拢握拳,随即两拳向下按于腹前,拳面相对,拳心向下,目视前方(视频 10-1-1)。

视频 10-1-1　形意强身功预备式

要点:身体舒松,呼吸自然,意识集中。

教法:自然站立,身体放松,采用腹式呼吸,注意力集中。

2.第一式:推山入海(视频 10-1-2)

(1)左式推山入海:

①两腿屈膝下蹲,两拳上提抱握于腰间,拳心向上,目视前方。

②紧接着身体左转,重心移至右腿;左脚向左前方迈出半步成三体步;同时两拳经腹、胸变掌内旋缓缓向前推出,左掌在前,右掌在后,掌心斜向前,手臂微屈,目视手掌。

③身体略向右转,两臂外旋,两肘贴着肋部缓缓收回腹前,眼随手动;然后蹬腿拧腰,双掌经胸前内旋缓缓向前推出,左掌在前,右掌在后,手臂微屈,掌心斜向前,目视手掌。

④连续做 3 遍后,左脚内扣,右脚外摆,身体转向右后方,同时重心移至左腿成三体步,两掌随转体向右平摆。

(2)右式推山入海:动作同左式,唯左右相反。

(3)收势:连续做 3 遍后,两臂随身体左转平摆至正前方;右脚内收半步,两掌缓缓下按落至体侧。

视频 10-1-2 推山入海

要点:两掌收回时手臂要贴腰,配合吸气;推掌时想象着力由脚跟而发,通过蹬腿拧腰达于手掌,同时呼气;此时,上体与后腿呈斜形;动作要柔和连贯、舒松自然。左右式各做 3～6 遍。

作用:凝聚精神,调整气息,固本培元,锻炼腰、腿、肩、臂的力量。

3.第二式:鹰熊竞斗(视频 10-1-3)

(1)熊形左式:两腿屈膝下蹲,两手抱拳于腰间;随后身体右转,重心移至左腿,右脚尖外展成三体步;左拳经腹、胸向口前上方钻出,肘部弯曲,前臂外旋,拳眼朝外,目视左拳上方。

(2)鹰形右式:身体左转,重心移至右腿;右脚尖内扣,左脚尖外展;同时右拳贴着腹、胸经左前臂内侧向上伸出,左拳内旋收回至右肘内侧,两拳变掌向下捋按,左掌收至左腰侧,右掌按至体前方;目视右掌前方。

(3)熊形右式:两掌变拳,右拳经腹、胸向口前上方钻出,肘部弯曲,前臂外旋,拳眼朝外,目视右拳上方。

(4)鹰形左式:与鹰形右式动作同,唯左右相反。

(5)收势:连续做 3 遍后,两臂随身体左转平摆至正前方;右脚内收半步,两掌缓缓下按落至体侧。

要点:做熊形时须拧腰转体,顺肩旋臂拳上钻;做鹰形时手掌要坐腕扣指如鹰爪;步型转换

视频 10-1-3 鹰熊竞斗

应与手法协调一致，眼随手动，注意与呼吸配合。

作用：能使阴阳二气相接，气血通畅，精力充沛，目光敏锐，手脚灵活。

4.第三式：猛虎出林（视频 10-1-4）

（1）左式猛虎出林：

①两腿屈膝下蹲，两手抱拳于腰间；随后身体左转，重心移至右腿；左脚向左侧迈出半步成三体步；同时两拳经腹、胸、口向前上方钻出，然后立刻变掌向前扑按，两臂成弧形，两掌心斜向前，目视左前方。

②两掌变拳抓握收至腰间，重心移至右脚，左脚收扣于右膝窝处；随后两拳经腹、胸向上方钻出，两臂屈于胸前，拳心向上、向内；目视左前方。

③两拳经口向前上方钻出，然后立刻变掌向前扑按，两臂成弧形，两掌心斜向前，目视左前方。

④左式结束后，身体向右后方转，左脚尖内扣，右脚尖外展，重心移至左腿；同时两掌随转体摆至右前方。

（2）右式猛虎出林：动作同左式，唯左右相反。

（3）收势：连续做 3 遍后，两臂随身体左转平摆至正前方；右脚内收半步，两掌缓缓下按落至体侧。

视频 10-1-4　猛虎出林

要点：两手回抓与前扑的路线要呈弧形；回抓与收脚扣膝要一致，口要闭，齿要扣，臀要敛，吸气；落步与按掌时吐气，动作要上下协调，完整一致。

作用：虎形练骨，久练可通督任，壮腰肾，聪耳目，健脑髓，调和心肾，身坚体壮。

5.第四式：野马闯槽（视频 10-1-5）

（1）左式野马闯槽：

①两腿屈膝下蹲，两手抱拳于腰间；随后身体左转，左脚向左前方迈出半步，重心移至右腿成三体步；同时两拳提至胸前向前撞出，左拳在前，右拳附于左肘内侧，手臂弯曲；目视左拳。

②两拳变掌，向下、向内弧形抓握拳至腹前，然后再向左前方撞出，左拳在前，右拳附于左肘内侧，手臂弯曲，拳心朝下；同时重心左移，左腿独立，右腿在身后提起屈膝勾脚；目视左拳。

（2）右式野马闯槽：

①左式结束后，右脚下落，两拳收回至腰间，左脚尖内扣，身体右转，重心移至左腿，右脚向右侧迈半步；同时两拳向右前方撞出，右拳在前，左拳附于右肘内侧，手臂弯曲，拳心朝下；目视右拳。

视频 10-1-5　野马闯槽

②两拳变掌向下、向内弧形抓握拳回收至腰间，然后再向右前方撞出，右拳在前，左拳附于右肘内侧，手臂弯曲，拳心朝下；同时重心前移，右腿独立，左腿在身后提起屈膝勾脚；目视右拳。

③右脚在身后落步成三体步，同时两拳收回腰间，再向右前方撞出，右拳在前，左拳在后，拳心朝下；目视右拳。

(3)收势：连续做 3 遍后，两臂随身体左转平摆至正前方；右脚内收半步，两掌缓缓下按落至体侧。

要点：两手回抓时两前臂要紧贴着腰，要拧腰坐胯，同时吸气；两拳撞出时要保持一前一后，肘部弯曲，同时呼气；后提腿与双撞拳要同时一致，上体前倾，保持平衡。

作用：促进气血通畅，丹田气足，五脏调和，有效提高下肢力量和平衡能力。

6.第五式：鼍戏江水(视频 10-1-6)

(1)左式鼍戏江水：

①两腿屈膝下蹲，两掌从体侧提至腹前，左掌在上，右掌在下，两掌掌心向上；身体左转，左脚向左前方迈半步成三体步；同时左掌向上经胸、口向前翻裹，掌心朝外，拇指朝下，高与肩平；目视左掌。

②重心前移至左脚，右脚收贴于左膝窝；同时左掌经前向下翻裹至腹前，掌心朝上；右掌经胸、口向前翻裹，掌心朝外，拇指朝下，高与肩平；目视右掌。

③动作同②，唯左右相反。

④动作同②，唯左右相反。

⑤左式结束时，身体右转，右掌随转体摆至右前方；右脚向右前方迈半步成三体步。

(2)右式：动作同左式，唯左右相反。

(3)收势：左脚向身后落步，两臂随身体左转平摆至正前方；右脚内收半步，两掌缓缓下按落至体侧。

视频 10-1-6　鼍戏江水

要点：以腰部拧转来带动四肢动作，两掌上下弧形翻裹，意在掌外沿；手、眼、身、步应与呼吸协调。

作用：强肾壮腰，舒肝、顺气、消食。久练可使人耳聪目明、体态轻灵、精神振奋。

7.第六式：猿猴挂印(视频 10-1-7)

(1)左式猿猴挂印：

①两腿屈膝下蹲，两手抱拳于腰间；重心移至右腿，身体右转，左腿屈膝向右前上方提起；同时左掌向下、向右、向上弧形抄起，掌心朝外，眼随手动；身体继续左转，左脚向左绕步落地成左弓步；左掌随身体转动向左划弧拨掌；目视左前方。

②重心后移至右腿，右腿屈膝半蹲，左脚收至右脚内侧屈膝半蹲，前脚掌点地成点步；同时左掌内旋收回至两膝前，掌心朝下，右拳变掌摆至左肩前，掌心朝外；目视左前方。

视频 10-1-7　猿猴挂印

③左脚向左前方迈出成左弓步；同时右掌向前、向下弧形按压于腹前，左掌由下经腹、胸向前伸探。

④紧接着右掌向前伸探，左掌收按于腹前；目视左前方。

(2)右式猿猴挂印：

①身体右转，重心移至右腿成右弓步，右掌随转体摆至右前方；目视右前方；紧接着身体左转，重心移至左腿，右腿屈膝向左前方提起；同时，右掌向下、向左、向上弧形抄起于左肩前，掌心朝外；目视正前方。

②身体右转，右脚向右绕步落地成右弓步，右掌随身体转动向右划弧拨掌；目视右前方。

③④⑤动作同左式②③④动作，唯左右相反。

(3)收势：连续做3遍后，两臂随身体左转平摆至正前方；右脚内收半步，两掌缓缓下按落至体侧。

要点：绕步、抄掌、外拨掌须协调一致，转身要到位，动作要轻灵、活泼、敏捷，眼随手动。

作用：猴形主练"一气之伸缩"，能通气血，活关节，增灵敏，使身手矫健，耳聪目明。

8.第七式：鲐撞金钟(视频 10-1-8)

(1)左式鲐撞金钟：

①两腿屈膝下蹲，两手抱拳于腰间；身体左转，左脚向左迈半步成三体步；同时两掌左上右下向左前方交叉伸出，眼看左前方；紧接着重心后移至右腿，左腿屈膝，左脚收扣于右膝窝；同时两掌交叉向头上方架起，再向下划弧变拳收于腰间；目视右侧方。

②左脚向左前落步成三体步；同时两拳向左前打出，两臂弯曲，拳心向上，两拳相距约10厘米；目视左前方。

③左式结束时，身体右后转，重心移至左腿成三体步，两拳随转体向右横摆；目视右前方。

(2)右式鲐撞金钟：动作同左式，唯左右相反。

(3)收势：连续做3遍后，两臂随身体左转平摆至正前方；右脚内收半步，两掌缓缓下按落至体侧。

要点：两臂绕环幅度不宜过大，扣脚抱拳与落步撞拳要整齐一致，两臂绕环时吸气，落步撞拳时吐气，做到势整气顺，眼随手动。

视频 10-1-8　鲐撞金钟

作用：强肾固本，养精益肝，润丹田，增力气，利关节。

9.第八式：雏燕展翅（视频10-1-9）

（1）左式雏燕展翅：

①两腿屈膝下蹲，两手抱拳于腰间；身体左转，左脚向左前迈半步成三体步；同时左掌由下向左前上方撩出，再向内按掌；右掌向前撩出，掌心朝前上方，左掌按于右前臂处；眼视右掌。

②两掌同时变拳，左上右下交叉向头前方上架；重心后移至右腿，左脚收扣于右膝窝；同时两拳经上向左右两侧分开下劈，高与肩平；目视右拳。

③右拳收回腰间；左脚向左前落步成三体步，同时右拳经腰间向前打出，左拳变掌按于右前臂内侧；目视左前方。

④左式结束后，身体右转约180°，重心移至左腿成三体步，同时左掌随转体向上、向下、向前划弧撩出，右拳变掌按于左前臂内侧。

（2）右式雏燕展翅：动作同左式，唯左右相反。

（3）收势：连续做3遍后，两臂随身体左转平摆至正前方；右脚内收半步，两掌缓缓下按落至体侧。

视频10-1-9　雏燕展翅

要点：练习时要轻、敏；腰要松，肩要活，扣脚与劈拳、落步与打拳都要协调一致。

作用：内可使心火下降，肾水上升，心肾相交，五脏调和；外可强腰腿，利关节，使人身轻体健。

10.第九式：锦鸡报晓（视频10-1-10）

（1）左式锦鸡报晓：

①两腿屈膝下蹲，两手抱拳于腰间；身体左转，左腿向左前方迈出一步，屈膝半蹲，右腿蹬直成左弓步；同时右拳从腰间向前打出，肘部弯曲，拳眼朝上；目视左前方。

②身体右转，两脚碾转成马步；同时右拳变掌向上撑架于头右上方，肘部弯曲，掌心朝前；左拳变掌，从腰间向外撑出，掌心朝斜下方；目视左前方。

③重心移至左腿，右脚收至左脚内侧成点步；同时右掌由上向下劈至两膝前，掌心朝外；左掌由下向上挑收于右肩前，掌心朝右；目视右前方。

④身体右转，右脚向右迈步成三体步；同时右掌由下向上挑起，手臂微屈，拇指朝上，与肩同高，左掌弧形向下按于左髋旁；目视右前方。

视频10-1-10　锦鸡报晓

(2)右式锦鸡报晓:动作同左式,唯左右相反。

(3)收势:连续做3遍后,两臂随身体左转平摆至正前方;右脚内收半步,两掌缓缓下按落至体侧。

要点:上架与下撑、收脚与劈掌、上步与挑掌要协调一致,上下相随,以腰带动动作。

作用:鸡形主练"一气之收纵",能养真气,润脾胃,盈五脏,利关节,壮腰健腿。

11.第十式:鹞子翻身(视频10-1-11)

(1)左式鹞子翻身:

①两掌变拳抱于腰间;左拳向左侧平冲,拳心朝下;目视左拳。

②身体左转,右脚后退半步,左腿弯曲成左弓步;同时右拳向左肘下方伸穿,左臂外旋,左拳心朝上,目视左前方。

③身体向右后方拧转,左腿蹬直,右腿弯曲成右弓步;同时右臂屈肘随转体向右翻转撑架于头右上方,左拳内旋贴肋向左下穿于大腿外侧;目视左前方。

④身体随之左转,重心稍左移成半马步;同时左拳继续下穿至膝关节时猛然向上翻挑,肘部弯曲,拳眼朝上,右拳收于腰间;目视左前方。

⑤左式结束时,右脚收回成开步站立;同时左拳收回腰间,目视前方。

(2)右式鹞子翻身:动作同左式,唯左右相反。

(3)收势:连续做3遍后,两臂随身体左转平摆至正前方;右脚内收半步,两掌缓缓下按落至体侧。

视频10-1-11　鹞子翻身

要点:两臂翻裹时要有上下对拉的力量,穿拳要贴身,腰部拧转要顺畅,翻挑与步型变化要一致。

作用:鹞形主要练翻、拧,对腰、肩以及腿部肌肉力量均有很好的锻炼作用。长期练习,能强腰健肾,舒筋坚骨,使四肢灵活,精神振奋。

12.第十一式:金蛇拨草(视频10-1-12)

(1)左式金蛇拨草:

①两臂前举,掌心相对;目视前方。

②上体微右转,重心移至右腿,屈膝半蹲,左脚收至右脚旁成点步;同时左掌稍向外划弧再从上向右下方斜砍,右掌向上摆起停在左肩前;含胸收腹、团背;目视左掌。

③ 左脚向左横开一大步,重心缓缓移向左腿,右腿蹬直,左腿弯曲成左弓步;同时左臂随

视频10-1-12　金蛇拨草

身体左转向左前上方摆动，掌心朝上；右掌向右下方撑按，掌心朝下；目视左掌。

(2)右式金蛇拨草：动作同左式，唯左右相反。

(3)收势：连续做3遍后，两臂随身体左转平摆至正前方；右脚内收半步，两掌缓缓下按落至体侧。

要点：动作要柔缓，收脚与砍掌协调一致，要含胸团背；蹬腿与拧腰分掌应连贯、圆活、舒展，重心移动平稳，以腰带动手臂，眼随手动。

作用：蛇形练气，能养肺固肾，使人体伸屈柔韧，身手灵活。

13.第十二势：苍龙出海(视频10-1-13)

(1)左式苍龙出海：

①两手握拳，左、右拳依次经腹、胸、口向头上方缓缓钻出，两拳在最高处变掌，掌心均朝外，右掌在上，左掌在下；同时两脚脚跟提起；目视右掌。

②身体左转，左脚尖外摆，两腿缓缓下蹲成歇步；同时两掌由上向左下捋按，左掌收至左腰间，右掌按于体前；目视右掌。

(2)右式苍龙出海：

①以两脚前脚掌为轴，身体右转向正前方，两腿缓缓站立；同时两掌变拳收至腰间，再从腰间经腰、胸、口依次向上缓缓钻出，两拳在最高处变掌，掌心均朝外，左掌在上，右掌在下；同时两脚脚跟提起；目视左掌。

②动作同左式②，唯左右相反。

(3)收势：连续做3遍后，两臂随身体左转平摆至正前方；右脚内收半步，两掌缓缓下按落至体侧。

视频10-1-13　苍龙出海

要点：动作柔和，两拳上钻时两脚跟尽量提起，两臂尽量向上伸展；歇步下蹲与两掌下按协调一致。动作上升时吸气，下降时呼气。

作用：龙形练神，有“力起源泉，通督通任，心火下降，肾水上升”之功效，心肾相交，润气宁神，内可清虚，外可健体，关节灵活，固身轻松。

14.收势(视频10-1-14)

①身体自然站立，两臂由体侧缓缓上举，高与肩齐，然后向内、向前合拢握拳，随即向下按于腹前，拳面相对，拳心朝下；目视前方。

视频10-1-14　形意强身功收势收势

②两拳变掌，轻贴于两腿外侧；随后左脚收回，并步站立，目视前方。

二、考试内容及评分标准

（一）考试内容

形意强身功全套动作。

（二）考试办法及评分标准

评分标准（按100分）见表10-1-1。

表10-1-1　形意强身功评分标准

分值区间	评分标准
85分以上	动作姿势、动作幅度、动作路线和动作起止点符合功法动作要求；动作与队形整齐，动作与音乐和谐一致；劲力顺达、虚实分明、动作协调；呼吸顺畅、意念集中，眼神运用符合功法动作要求
75～84分	动作姿势、动作幅度、动作路线和动作起止点较符合功法动作要求；动作与队形较整齐，动作与音乐配合较一致；劲力较顺达，虚实较分明，动作较协调；呼吸较顺畅，意念较集中，眼神运用较符合功法动作要求
60～74分	动作姿势、动作幅度、动作路线和动作起止点尚符合功法动作要求；演练质量一般，手眼呼吸配合一般
60分以下	动作姿势、动作幅度、动作路线和动作起止点不符合功法动作要求，套路不熟练（有遗忘现象，不能独立完成），演练质量差

参考文献

[1]林建华.形意强身功[M].北京：人民体育出版社，2008.

第二节　健身气功

健身气功是自身形体活动、呼吸吐纳、心理调节相结合为主要运动形式的民族传统体育项目，是中华悠久文化的重要组成部分。习练健身气功对增强心理素质，改善生理功能，提高生存质量，提高道德修养等具有独特的作用。2003年2月，国家体育总局将健身气功确立为第97个体育运动项目。在新的历史时期，为了满足广大群众强身健体的需要，进一步弘扬中华民族优秀传统文化。中国健身气功协会组织各方面专家，在挖掘整理各种传统养生功法的基础上，创编了健身气功·易筋经、健身气功·五禽戏、健身气功·六字诀、健身气功·八段锦、健身气功·十二段锦、健身气功·大舞、健身气功·导引养生功十二法、健身气功·马王堆导引术、健身气功·太极养生杖等功法。下面我们主要介绍前面四套功法，简称“易、五、六、八”，取其谐音为“1568”。

国家体育总局健身气功管理中心推出的“1568”四种健身气功，就是在传统易筋经、五禽戏、六字诀、八段锦的基础上，吸收各流派所长，遵照中国传统养生、保健理念，结合现代生命科学理论，集众人体智慧编创而成。这四种健身气功在保留了传统功法精髓的基础上，又增加了符合时代特色的新内容。在编创过程中，课题组聘请了戏曲、舞蹈、体育、运动医学等方面的专家，就功法动作的艺术性、健身性、科学性等方面进行了认真探讨，在继承传统功法动作的基础上，按照传统与现代相结合的理念，对这四种功法做了整理和创新，既体现了健身气功的时代特征，又展现出传统气功的神韵。这四种功法各具特色，健身气功·易筋经是在传统易筋经十二式精要基础上，按照现代健身理论和方法编创而成，整套动作自然流畅，刚柔并济，美观大方。健身气功·五禽戏动作中蕴含着“五禽”的神韵，仿效虎之威猛、鹿之安舒、熊之沉稳、猿之灵巧、鸟之轻捷，动作柔和舒展，协调匀称，新颖优美。健身气功·六字诀中“嘘、呵、呼、呬、吹、嘻”六个字诀之间既是一个统一的整体，又各具独立性，既可以同时练六个字诀，也可以单独练某一个字诀；在吐气发声的同时，辅以简单的肢体导引，对健身、养生、康复有一定的作用。健身气功·八段锦动作圆活连贯，舒展大方，动静相兼。四种健身气功动作舒缓，姿态优美，简单易学，展现出健身气功独特的魅力。

厦门大学自 2007 年开始将健身气功·八段锦纳入体育保健课，与太极拳一起作为保健课学生学习的主要内容，初衷也是为了帮助身体情况欠佳或不适宜进行正常强度体育学习的学生进行适量运动。2012 年，学校教学大纲进行重新修订，在体育保健课上开设四个教学内容，即健身气功·易筋经、健身气功·五禽戏、健身气功·六字诀、健身气功·八段锦，除了动作学习之外，还教授功法原理、功法特点，每个内容配合简单的身体素质练习，深受保健班同学的喜爱。在大纲重新修订时也开始启动健身气功体育课程建设，将健身气功纳入正常的教学班，主要采用分层次教学模式，开设基础班（主要教授健身气功·六字诀和健身气功·八段锦）和提高班（主要教授健身气功·易筋经和健身气功·五禽戏），主要教授健身气功的基本理论、健身养生功法、传统体育健身养生保健常识等内容。以下为这四套健身气功的详细介绍。

一、健身气功·易筋经

“易”为改变、变化、变易之意；“筋”有筋骨、筋肉、筋脉、筋经、筋别等含义，可以引申为整个身体的意思；“经”是经典的意思。

易筋经源自我国古代导引术，历史悠久。据考证，导引是由原始社会的“巫舞”发展而来，到春秋战国时期已为养生家所必习。《庄子·刻意篇》中记载：“吹响呼吸，吐故纳新，熊经鸟申（伸），为寿而已矣。此导引之士，养形之人，彭祖寿考者之所好也。”《汉书·艺文志》中也载有《黄帝杂子步引》《黄帝岐伯按摩》等有关导引的内容，说明汉代各类导引术曾兴盛一时。另外，湖南长沙马王堆汉墓出土的帛画《导引图》中有 40 多幅各种姿势的导引动作，分解这些姿势可以发现，现今流传的易筋经基本动作都能从中找到原型。这些都表明，易筋经源自中国传统文化。

易筋经是一种以抻筋拔骨、柔筋健骨、强筋壮骨为主的古老健身术，关于它的起源有许多优美动人的传说，功法流传也极其广泛。相传，易筋经、洗髓经、少林武术等为达摩所创，他看见僧侣大多以静坐为主，坐久则气血阏滞，须以武术、导引术来活动筋骨、行气活血、柔筋健骨、强壮身体。易筋经为何人所创，历来众说纷纭，也有学者认为，明代天启年间，天台山的紫凝道人创编了易筋经。迄今为止，流传的最早的易筋经十二式版本，载于清代咸丰八年潘蔚辑录的《内功图说》中。总的来看，传统易筋经侧重于从宗教、中医、阴阳五行学说等视角对功理、功法进行阐述，并且形成了不同流派，收录于不同著作中。

“健身气功·易筋经”继承了传统易筋经十二式的精要，融科学性与普及性于一体，其格调古朴，蕴含新意。各式动作是连贯的有机整体，整套动作舒展，注重脊柱的扭转屈伸、抻筋拔骨；动作变化过程清晰，柔和匀称，协调美观。练习时需循序渐进，个别动作需配合发音，舒展连绵，刚柔并济；呼吸上要求自然，动息相融，并以形导气，意随形走；易学易练，健身效果明显。

健身气功·易筋经动作说明如下所示。

(一)基本手型

(1)握固：大拇指抵掐无名指根节，其余四指屈拢收于掌心(图 10-2-1)。

(2)荷叶掌：五指伸直，张开(图 10-2-2)。

(3)柳叶掌：五指伸直，并拢(图 10-2-3)。

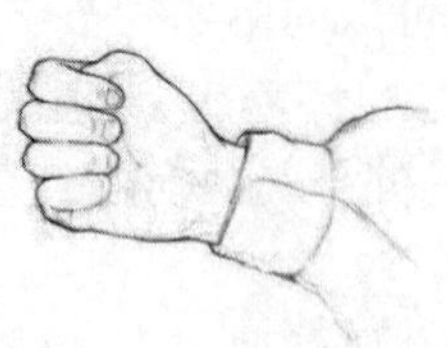

图 10-2-1　握固

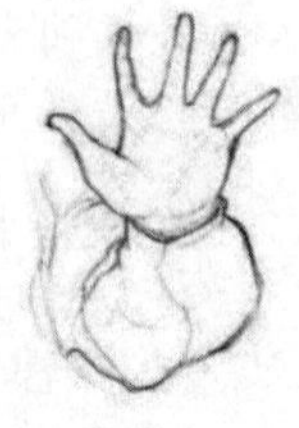

图 10-2-2　荷叶掌

图 10-2-3　柳叶掌

(4)龙爪：五指伸直、分开，拇指、食指、无名指、小指内收(图 10-2-4)。

(5)虎爪：五指分开，虎口撑圆，第一、二指关节弯曲内扣(图 10-2-5)。

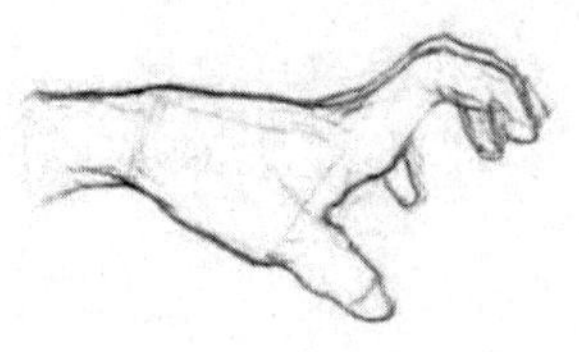

图 10-2-4　龙爪

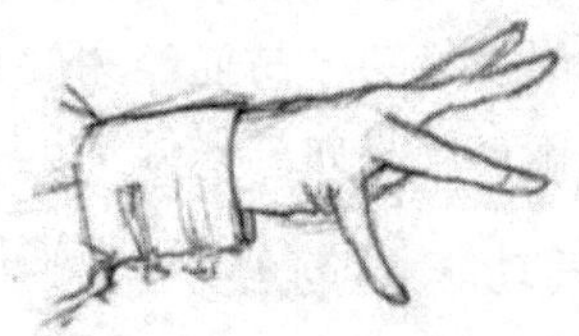

图 10-2-5　虎爪

(二)基本步型

(1)弓步：两腿前后分开一大步，横向之间保持一定宽度，前腿屈膝前弓，大腿斜向地面，膝与脚尖上下相对，脚尖微内扣；后腿自然伸直，脚跟蹬地，脚尖微内扣，全脚掌着地(图 10-2-6)。

(2)丁步：两脚左右分开，间距 10～20 厘米。两腿屈膝下蹲，前腿脚跟提起，脚尖着地，虚点地面，置于后脚足弓处；后腿全脚掌着地(图 10-2-7)。

(3)马步：开步站立，两脚间距为本人脚长的 2～3 倍，屈膝半蹲，大腿略高于水平(图 10-2-8)。

图 10-2-6　弓步

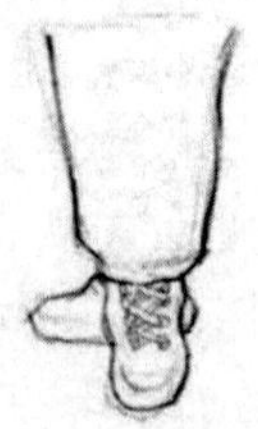

图 10-2-7　丁步

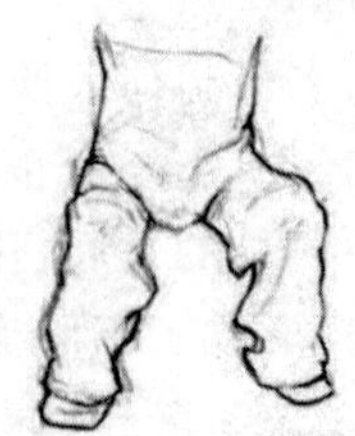

图 10-2-8　马步

（三）动作说明

1.预备式

（1）并步站立，两手自然垂于体侧；下颏微收，百会虚领，身体中正，舌抵上腭；目视前方。

（2）功理与作用：宁静心神，调整呼吸，内安五脏，端正身形。

2.第一式：韦驮献杵第一式

（1）左脚向左侧开步，约与肩同宽，两膝微屈，两手自然垂于体侧，目视前方。两臂自体侧掌心相对前平举，指尖向前。

（2）两臂屈肘、合掌收于胸前，掌根与膻中穴同高，指尖指向斜前上方约 30 度，虚腋；目视前下方，动作稍停（视频 10-2-1）。

（3）功理与作用：

①古人云："神住气自回。"神敛和两掌相合的动作，可起到气定神敛、均衡身体左右气机的作用。

②可改善神经、体液调节功能，有助于促进血液循环，消除疲劳。

3.第二式：韦驮献杵第二式

（1）两肘抬起，两掌平伸，手指相对，掌心向下，掌臂约与肩平。

（2）两掌指尖向前伸展，然后向两侧分开至两臂侧平举，掌心向下，指尖向外（视频 10-2-1）。

（3）五指自然并拢，坐腕立掌；目视前下方。

（4）功理与作用：

①伸展上肢和立掌外撑的动作导引，可起到疏理上肢等经络的作用，并具有调练心、肺之气，改善呼吸功能及促进气血运行的作用。

②可提高肩、臂的肌肉力量，有助于改善肩关节的活动功能。

4.第三式：韦驮献杵第三式

（1）接上式。松腕，同时两臂向前平举内收至胸前平屈，掌心向下，掌与胸相距约一拳；目视前下方。

（2）两掌同时内旋，翻掌至耳垂下，掌心向上，虎口相对，两肘外展，约与肩平。

（3）身体重心前移至前脚掌，提踵；同时，两掌上托至头顶，掌心向上，展肩伸肘；微收下颏，舌抵上腭，咬紧牙关，静立片刻（视频 10-2-1）。

视频 10-2-1　韦驮献杵第一式、韦驮献杵第二式、韦驮献杵第三式

(4)功理与作用：

①上肢撑举和下肢提踵的动作导引，可调理上、中、下三焦之气，并且将三焦[①]及手足三阴五脏之气全部发动。

②可改善肩关节活动功能及提高上下肢的肌肉力量，促进全身血液循环。

5.第四式：摘星换斗势

(1)左摘星换斗势：

①接上式。两脚跟缓缓落地；同时，两手握拳下落至两臂侧上举。随后两拳变掌，掌心斜向下，全身放松；目视前下方。身体左转；屈膝；同时，右臂上举经体前下摆至左髋关节外侧“摘星”，右掌自然张开；左臂经体侧下摆至体后，左手背轻贴命门；目视右掌。

②直膝，身体转正；同时，右手经体前向额上摆至头顶右上方，松腕，肘微屈，掌心向下，手指向左，中指尖垂直于肩髃穴，眼随手动，定势后目视掌心；左手背轻贴命门，意注命门（视频10-2-2）。静立片刻，然后两臂向体侧自然伸展。

(2)右摘星换斗势：

右摘星换斗势与左摘星换斗势动作相同，唯方向相反（视频10-2-2）。

功理与作用：

①通过本势阳掌转阴掌（掌心向下）的动作导引，目视掌心，意存腰间命门，将发动的真气收敛，下沉入腰间两肾及命门，可达到壮腰健肾、延缓衰老的功效。

②可增加颈、肩、腰等部位的活动功能。

视频 10-2-2　摘星换斗势

6.第五式：倒拽九牛尾势

(1)右倒拽九牛尾势：

①接上式。双膝微屈，身体重心右移，左脚向左侧后方约45度撤步；右脚跟内转，右腿屈膝成右弓步；同时，左手内旋，向前、向下划弧后伸，右手向前上方划弧，两手小指到拇指逐个相握成拳，拳心向上；右拳稍高于肩；目视右拳。

②身体重心后移，左膝微屈；腰稍右转，以腰带肩，以肩带臂；右臂外旋，左臂内旋，屈肘内收；目视右拳（视频10-2-3）。

③身体重心前移，屈膝成右弓步；腰稍左转，以腰带肩，以肩带臂，两臂放松前后伸展；目视右拳。

④身体重心前移至右脚，左脚收回，右脚尖转正，成开立姿势；同时，两臂自然垂于体侧；目视前下方。

---

① 三焦：为六腑之一，是上焦、中焦、下焦的合称，纵贯于人体的上、中、下三部，有总领五脏六腑经络、内外、上下之气的功能，五脏六腑的气化功能都是通过三焦来实现的。

(2)左倒拽九牛尾势:

左倒拽九牛尾势与右倒拽九牛尾势动作相同,唯方向相反(视频 10-2-3)。

功理与作用:

①通过腰的扭动,带动肩胛活动,可刺激背部夹脊[①]、肺俞[②]、心俞[③]等穴,达到疏通夹脊和调练心肺之作用。

②通过四肢上下协调活动,改善软组织血液循环,提高四肢肌肉力量及活动功能。

7.第六式:出爪亮翅势

(1)接上式。身体重心移至左脚,右脚收回开步站立;同时,两臂内外旋至两掌心向前,侧平举,然后环抱至体前,随之两臂屈肘内收,两手变柳叶掌立于云门穴[④]前,掌心相对,指尖向上;目视前下方。

(2)展肩扩胸,然后松肩,两臂缓缓前伸,并逐渐转掌心向前,成荷叶掌,指尖向上;瞪目。松腕,屈肘,收臂,立柳叶掌于云门穴;目视前下方(视频 10-2-3)。

功理与作用:

①中医认为"肺主气,司呼吸"。通过伸臂推掌、屈臂收掌、展肩扩胸的动作导引,可反复启闭云门、中府等穴,促进自然之清气与人体之真气在胸中交汇融合,达到改善呼吸功能及促进全身气血运行的作用。

②可提高胸背部及上肢肌肉力量。

视频 10-2-3　倒拽九牛尾势、出爪亮翅势

8.第七式:九鬼拔马刀势

(1)右九鬼拔马刀势:

①接上式。躯干右转。同时,右手外旋,掌心向上;左手内旋,掌心向下。随后右手由胸前内收经右腋下后伸,掌心向外;同时,左手由胸前伸至前上方,掌心向外。躯干稍左转;同时,右手经体侧向前上摆至头前上方后屈肘,由后向左绕头半周,掌心掩耳;左手经体左侧下摆至左后,屈肘,手背贴于脊柱,掌心向后,指尖向上;头右转,右手中指按压耳廓,手掌扶按玉枕[⑤];目随右手动,定势后视左后方。身体右转,展臂扩胸;目视右上方,动作稍停。

②屈膝;同时上体左转,右臂内收,含胸;左手沿脊柱尽量上推;目视右脚跟,动作稍停。直膝,身体转正;两手摆至侧平举,两掌心向下;目视前下方(视频 10-2-4)。

(2)左九鬼拔马刀势:

---

① 夹脊:为道家丹门术语。两肩胛辅夹其脊,形成一夹道,故名夹脊。

② 肺俞穴:在背上部,当身柱穴(第三与第四胸椎棘突之间凹陷处)的外侧一寸五分处。

③ 心俞穴:在背中部,当神道穴(第五与第六胸椎棘突之间凹陷处)的外侧一寸五分处。

④ 云门穴:在锁骨之下,肩胛骨喙突内方的凹陷处。

⑤ 玉枕穴:在头后部,当脑户穴(枕外隆凸上缘)的外侧一寸五分处。

左九鬼拔马刀势与右九鬼拔马刀势相同，唯方向相反(视频 10-2-4)。

功理与作用：

①通过身体的扭曲、伸展等运动，使全身真气开、合、启、闭，脾胃得到摩动，肾得以强健；并能够疏通玉枕关、夹脊关等要穴。

②可提高颈肩部，腰背部肌肉力量，有助于改善人体各关节的活动功能。

9.第八式：三盘落地势

(1)左脚向左侧开半步，宽于肩，脚尖向前；目视前下方。屈膝下蹲时，沉肩、坠肘、松腰、裹臀，两掌如负重物下按至约与环跳穴同高，两肘微屈，掌心向下，指尖向外；目视前下方。同时，口吐“嗨”音，音吐尽时，舌抵上颚，终止吐音，身体中正。

(2)翻掌心向上，肘微屈，缓缓起身直立，两掌如托千斤重物至侧平举；目视前方。此动作可重复做三遍：第一遍微蹲；第二遍半蹲；第三遍全蹲，或者做一遍直接全蹲(视频 10-2-4)。

功理与作用：

①通过下肢的屈伸活动，配合口吐“嗨”音，使体内真气在胸腹间相应地降、升，达到心肾相交、水火既济。

②可增强腰腹及下肢力量，起到壮丹田之气、强腰固肾的作用。

视频 10-2-4　九鬼拔马刀势、三盘落地势

10.第九式：青龙探爪势

(1)左青龙探爪势：

①左脚收回开步站立；双手握固收于腰间章门穴[①]，拳心向上；目视前下方。然后右拳变掌，右臂伸直，经下向右侧外展，略低于肩，掌心向上；目随手动。

②右臂屈肘、屈腕，右掌变“龙爪”，指尖向左，经下颏向身体左侧水平伸出，目随手动；躯干随之向左转约 90 度；目视右掌指所指方向。

③“右爪”变掌，随之身体左前屈，掌心向下按至左脚外侧；目视下方。躯干由左前屈转至右前屈，并带动右手经左膝或左脚前划弧至右膝或右脚外侧，手臂外旋，掌心向前，握固；目随手动视下方。

④上体抬起，直立；右拳随上体抬起收于腰间章门穴，拳心向上；目视前下方(视频 10-2-5)。

(2)右青龙探爪势：

右青龙探爪势与左青龙探爪势动作相同，唯方向相反(视频 10-2-5)。

功理与作用：

①中医认为“两胁属肝”“肝藏血，肾藏精”，二者同源。通过转身、左右探爪及身体前屈，可使两胁交替松紧开合，达到疏肝理气、调畅情志的功效。

---

① 章门穴：在腹侧部，第十一肋游离端稍下方处。

②可改善腰部及下肢肌肉的活动功能。

视频 10-2-5　青龙探爪势

11.第十式:卧虎扑食势

(1)左卧虎扑食势:

①接上式。右脚尖内扣约 45 度,左脚收至右脚内侧成丁步;同时,身体左转约 90 度;两手握固收于腰间章门穴;目随转体视左前方。

②左脚向前迈一大步,成左弓步;同时,两拳提至肩部云门穴,并内旋变“虎爪”,向前扑按,如虎扑食,肘稍屈;目视前方。然后躯干由腰到胸逐节屈伸,重心随之前后适度移动;同时,两手随躯干屈伸向下、向后、向上、向前绕环一周再做向前扑按。

③随后上体下俯,两“爪”下按,十指着地;后腿屈膝,脚趾着地;前脚跟稍抬起;随后塌腰、挺胸、抬头、瞪目;动作稍停,目视前上方。起身,双手握固收于腰间章门穴;身体重心后移,左脚尖内扣约 135 度;身体重心左移;同时,身体右转 180 度,右脚收至左脚内侧成丁步(视频 10-2-6)。

(2)右卧虎扑食势:

右卧虎扑食势与左卧虎扑食势动作相同,唯方向相反(视频 10-2-6)。

功理与作用:

①中医认为“任脉[①]为阴脉之海”,统领全身阴经之气。通过虎扑之势,身体的后仰,胸腹的伸展,可使任脉得以疏伸及调养,同时可以调和手足三阴之气。

②改善腰腿肌肉活动功能,起到强健腰腿的作用。

视频 10-2-6　左卧虎扑食势

12.第十一式:打躬势

(1)接上式。起身,身体重心后移,随之身体转正;右脚尖内扣,脚尖向前,左脚收回,成开立姿势;同时,两手随身体左转放松,外旋,掌心向前,外展至侧平举后,两臂屈肘,两掌掩耳,十指扶按枕部,指尖相对,以两手食指弹拨中指击打枕部 7 次(即鸣天鼓);目视前下方。

---

① 任脉:奇经八脉之一,起始于中极之下的会阴部分,上至毛际而入腹内,沿前正中线到达咽喉,上行颏下,循面部而进入目内。

(2)身体前俯由头经颈椎、胸椎、腰椎、骶椎，由上向下逐节缓缓牵引前屈，两腿伸直；目视脚尖，停留片刻。由骶椎至腰椎、胸椎、颈椎、头，由下向上依次缓缓逐节伸直后成直立；同时两掌掩耳，十指扶按枕部，指尖相对；目视前下方。此动作可以重复三遍，逐渐加大身体前屈幅度，并稍停。第一遍前屈小于 90 度，第二遍前屈约 90 度，第三遍前屈大于 90 度；或者直接前屈大于 90 度(视频 10-2-7)。

(3)功理与作用：

①中医认为"督脉[①]为阳脉之海"，总督一身阳经之气。通过头、颈、胸、腰、骶椎逐节牵引、屈、伸，背部的督脉得到充分锻炼，可使全身经气发动，阳气充足，身体强健。

②可改善腰背及下肢的活动功能，强健腰腿。

③"鸣天鼓"有醒脑、聪耳、改善内耳循环、消除大脑疲劳的功效。

13.第十二式：掉尾势

(1)接上式。起身直立，手臂自然前伸，十指交叉相握，掌心向内。屈肘，翻掌前伸，掌心向外。然后屈肘，转掌心向下、向内收于胸前；身体前屈塌腰、抬头，两手交叉缓缓下按；目视前方。体弱者身体前屈，抬头，两掌缓缓下按至膝前即可。

(2)头向左后转，同时，臀向左前扭动；目视尾闾。两手交叉不动，放松还原至体前屈。头向右后转，同时，臀向右前扭动；目视尾闾。两手交叉不动，放松还原至体前屈(视频 10-2-7)。

(3)功理与作用：

①通过体前屈及抬头、掉尾的左右屈伸运动，可使任、督二脉及全身气脉在此前各式动作锻炼的基础上得以调和，练功后全身舒适、轻松。

②可强化腰背肌肉力量的锻炼，有助于改善脊柱各关节和肌肉的活动功能。

14.收势

(1)接上式。上体缓缓直立，两手松开，两臂外旋、伸直外展成侧平举，掌心向上，随后两臂上举，肘微屈，掌心向下；目视前下方。松肩，屈肘，两臂内收，两掌掌心向下，经头、面、胸前，下引至腹部时转掌心向内，稍停静养，目视前下方。两臂放松还原，自然垂于体侧；左脚收回，并步站立；舌抵上腭，目视前方(视频 10-2-7)。

(2)功理和作用：

①通过上肢的上抱下引动作，引气回归于丹田。

②可使全身肌肉、关节放松。

视频 10-2-7　打躬势、掉尾势、收势

---

① 督脉：奇经八脉之一，起于胞中，下出会阴，经尾闾沿脊柱上行，至项后风池穴进入脑内，沿头部正中线经头顶、前额、鼻至龈交穴止。

15.健身气功·易筋经完整动作演练

健身气功·易筋经完整动作演练见视频 10-2-8。

视频 10-2-8　健身气功·易筋经完整动作演练

二、健身气功·五禽戏

古人认为某些动物能够长寿,与其动作有直接关系。于是人们模仿这些动物的神态和动作,创造出一些“舞蹈”作为强身健体之用。五禽戏是古代养生术的重要内容,它是一种模仿五种动物的动作和神态的锻炼方法,相传为东汉人华佗所创。《后汉书·华佗传》称“华语普曰:‘吾有一术,名五禽之戏:一曰虎,二曰鹿,三曰熊,四曰猿,五曰鸟。亦以除疾,并利蹄足,以当导引。体有不快,起作一禽之戏,怡而汗出,因以着粉,身体轻便而欲饮食。’”传说其弟子吴普天天练习五禽戏,活到 90 多岁,还耳聪目明、牙齿完好。由于这五种动物的生活习性不同,生存环境、活动方式各异,其动作、神态或雄劲豪迈,或轻捷灵敏,或沉稳厚重,或变化万端,或独立高飞。五禽戏将它们的不同侧重和特点,组合形成一个整体,成为一套系统完整的锻炼方法。中医学认为,人以五禽戏锻炼身体,可以收到涵养精神、调节气血、益润脏腑、畅达经络、舒活筋骨、利通关节的功效;人通过模仿这五种动物的肢体运动进行锻炼,可以促进全身气血通畅,达到强体健身、消除疾病、延年益寿的目的。

健身气功·五禽戏的动作编排按照《三国志·华佗传》的记载,顺序为虎、鹿、熊、猿、鸟;动作简便易学,数量沿用了陶弘景《养性延命录》中的描述,为 10 个动作,每戏二动,并在功法的开始和结束增加了起势调息和引气归元,体现了形、意、气的合一,符合习练者的运动规律;动作素材来源于传统,在相关古代文献的基础上,汲取精华,加以提炼、改进;动作设计与形体美学、现代人体运动学有机结合,体现时代特征和科学健身理念;功法符合中医基础理论、五禽的秉性特点,配合中医脏腑、经络学说,既有整体的健身作用,又有每一戏的特定功效;动作仿效虎之威猛、鹿之安舒、熊之沉稳、猿之灵巧,鸟之轻捷,力求蕴含“五禽”的神韵,其功法特点:安全易学,左右对称,引伸肢体,动诸关节,动静结合,练养相兼,外导内引,形松意充,形神兼备,意气相随,内外合一。

健身气功·五禽戏动作说明如下所示。

(一)基本手型

(1)虎爪:五指张开,虎口撑圆,第一、二指关节弯曲内扣(图 10-2-9)。

(2)鹿角:拇指伸直外张,食指、小指伸直,中指、无名指弯曲内扣(图 10-2-10)。

(3)熊掌:拇指压在食指指端上,其余四指并拢弯曲,虎口撑圆(图 10-2-11)。

(4)猿钩:五指指腹捏拢,屈腕(图 10-2-12)。

(5)鸟翅:五指伸直,拇指、食指、小指向上翘起,无名指、中指并拢向下(图 10-2-13)。

(6)握固:拇指抵掐无名指根节内侧,其余四指屈拢收于掌心(图 10-2-14)。

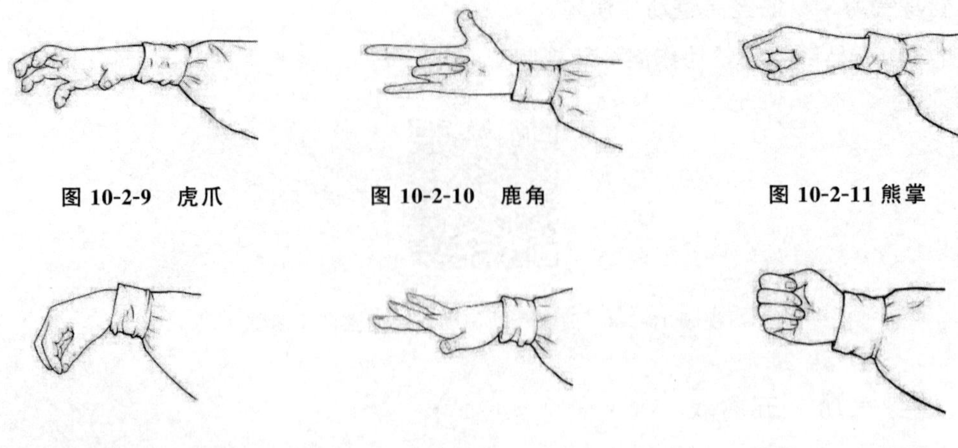

图 10-2-9 虎爪　图 10-2-10 鹿角　图 10-2-11 熊掌

图 10-2-12 猿钩　图 10-2-13 鸟翅　图 10-2-14 握固

(二)基本步型

(1)弓步:两腿前后分开一大步,横向之间保持一定宽度,右(左)腿屈膝前弓,大腿斜向地面,膝与脚尖上下相对,脚尖微内扣;左(右)腿自然伸直,脚跟蹬地,脚尖稍内扣,全脚掌着地(图 10-2-15)。

(2)虚步:右(左)脚向前迈出,脚跟着地,脚尖上翘,膝微屈;左(右)腿屈膝下蹲,全脚掌着地,脚尖斜向前方,臀部与脚跟上下相对。身体重心落于左(右)腿(图 10-2-16)。

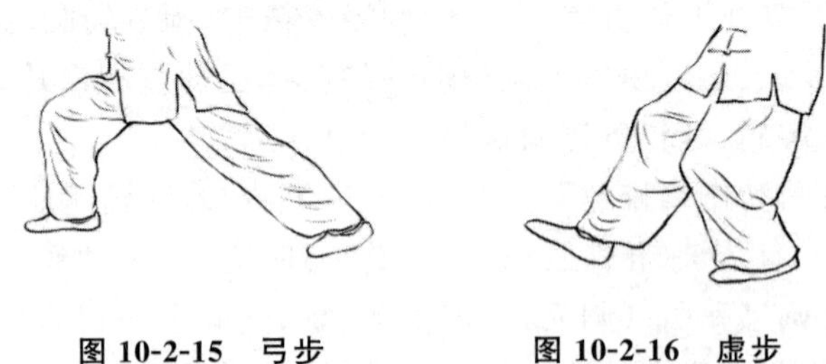

图 10-2-15 弓步　图 10-2-16 虚步

(3)丁步:两脚左右分开,间距 10～20 厘米,两腿屈膝下蹲,左(右)脚脚跟提起,脚尖着地,虚点地面,置于右(左)脚脚弓处,右(左)腿全脚掌着地(图 10-2-17)。

(4)提膝平衡:左(右)腿直立站稳,上体正直;右(左)腿在体前屈膝上提,小腿自然下垂,脚尖向下(图 10-2-18)。

(5)后举腿平衡:右(左)腿蹬直站稳,左(右)腿伸直,向体后举起,脚面绷平,脚尖向下(图 10-2-19)。

图 10-2-17 丁步　图 10-2-18 提膝平衡　图 10-2-19 后举腿平衡

（三）动作说明

预备式：起势调息，并步站立，两手自然垂于体侧；胸腹放松，头项正直，下颏微收，舌抵上腭，目视前方；然后左脚向左平开一步，稍宽于肩，两膝微屈，松静站立，调息数次，意守丹田；肘微屈，两臂在体前向上、向前平托至与肩同高时两肘下垂外展，两掌向内翻转，并缓慢下按于腹前，目视前方；然后两手自然垂于体侧。

功理与作用：

①排除杂念，诱导入静，调和气息，宁心安神。

②吐故纳新，升清降浊，调理气机。

1.虎戏（视频 10-2-9）

（1）第一式，虎举：

①接上式。两手掌心向下，十指撑开，再弯曲成虎爪状；目视两掌。随后，两手外旋，由小指开始依次弯曲后握拳，两拳沿体前缓慢上提至肩前时，十指撑开，举至头上方再弯曲成虎爪状；目视两掌。

②两掌外旋握拳，拳心相对，目视两拳；随后两拳下拉至肩前时，变掌下按；沿体前下落至腹前，十指撑开，掌心向下；目视两掌。

③重复四遍后，两手自然垂于体侧，目视前方。

④功理与作用：

（a）两掌举起，吸入清气；两掌下按，呼出浊气。两掌一升一降，疏通三焦气机，调理三焦功能。

（b）手成“虎爪”变拳，可增强握力，改善上肢远端关节的血液循环。

（2）第二式，虎扑：

①接上式。两手握空拳，沿身体两侧上提至肩前上方后两手向上、向前划弧，十指弯曲成“虎爪”，掌心向下；同时上体前俯，挺胸塌腰；目视前方。

②两腿屈膝下蹲，收腹含胸；同时，两手下按至两膝侧，掌心向下；目视前下方。随后，两腿伸膝，送髋，挺腹，后仰；同时两掌握空拳，沿体侧向上提至胸侧；目视前上方。

③左腿屈膝提起，两手上举。左脚向前迈出一步，脚跟着地，右腿屈膝下蹲，成左虚步；同时上体前倾，两拳变“虎爪”向前、向下扑至膝前两侧，掌心向下；目视前下方。随后上体抬起，左脚收回，开步站立；两手自然下落于体侧；目视前方。

④此动作一左一右为一遍，共做两遍。做完两遍做一次调息动作，两掌向身体侧前方举起，与胸同高，掌心向上，目视前方。两臂屈肘，两掌内合下按，自然垂于体侧，目视前方。

⑤功理与作用：

（a）虎扑动作形成了脊柱的前后伸展折叠运动，尤其是引腰前伸，增加了脊柱各关节的柔韧性和伸展度，可使脊柱保持正常的生理弧度。

视频 10-2-9　虎戏

(b)脊柱运动能增强腰部肌肉力量，对常见的腰部疾病，如腰肌劳损、习惯性腰扭伤等症有防治作用。

(c)督脉行于背部正中，任脉行于腹部正中。脊柱的前后伸展折叠，牵动任、督二脉，起到调理阴阳、疏通经络、活跃气血的作用。

2.鹿戏(视频 10-2-10)

(1)第三式，鹿抵：

①接上式。两腿微屈，身体重心移至右腿，左脚向左前方迈步，脚跟着地；同时，身体稍右转；两掌握空拳，向右侧摆起，拳心向下，高与肩平；目随手动，视右拳。

②身体重心前移；左腿屈膝，脚尖外展踏实；右腿伸直蹬实；同时，身体左转，两掌成"鹿角"，向上、向左、向后画弧，掌心向外，指尖朝后，左臂弯曲外展平伸，肘抵靠左腰侧；右臂举至头前，向左后方伸抵，掌心向外，指尖朝后；目视右脚跟。

③随后，身体右转，左脚收回，开步站立；同时两手向上、向右、向下画弧，两掌握空拳下落于体前；目视前下方。

④此动作一左一右为一遍，共做两遍。

⑤功理与作用：

(a)腰部的侧屈拧转，使整个脊椎充分旋转，可增强腰部的肌肉力量，也可防治腰部的脂肪囤积。

(b)目视后脚脚跟，加大腰部在拧转时的侧屈程度，可防治腰椎小关节紊乱等症。

(c)中医认为，"腰为肾之府"。尾闾运转，可起到强腰补肾、强筋健骨的功效。

(2)第四式，鹿奔：

①接上式。左脚向前跨一步，屈膝，右腿伸直成左弓步；同时，两手握空拳，向上、向前划弧至体前，屈腕，高与肩平，与肩同宽，拳心向下；目视前方。

②身体重心后移；左膝伸直，全脚掌着地；右腿屈膝；低头，弓背，收腹；同时，两臂内旋，两掌前伸，掌背相对，拳变"鹿角"。

③身体重心前移，上体抬起；右腿伸直，左腿屈膝，成左弓步；松肩沉肘，两臂外旋，"鹿角"变空拳，高与肩平，拳心向下；目视前方。左脚收回，开步站立；两拳变掌，回落于体侧；目视前方。

④此动作一左一右为一遍，共做两遍。做完两遍做一次调息动作，两掌向身体侧前方举起，与胸同高，掌心向上；目视前方。两臂屈肘，两掌内合下按，自然垂于体侧；目视前方。

⑤功理与作用：

(a)两臂内旋前伸，肩、背部肌肉得到牵拉，对颈肩综合征、肩关节周围炎等症有防治作用；躯干弓背收腹，能矫正脊柱畸形，增强腰、背部肌肉力量。

视频 10-2-10　鹿戏

(b)向前落步时,气沉丹田。身体重心后坐时,气运命门,加强了人的先天与后天之气的交流。尤其是重心后坐,整条脊柱后弯,内夹尾闾,后命门,打开大椎,意在疏通督脉经气,具有提升全身阳气的作用。

3.熊戏(视频 10-2-11)

(1)第五式,熊运:

①两掌握空拳成"熊掌",拳眼相对,垂于下腹部;目视两拳。以腰、腹为轴,上体做顺时针摇晃;同时,两拳随之沿右肋部、上腹部、左肋部、下腹部画圆;目随上体摇晃环视。此动作顺时针摇晃两周后再逆时针摇晃两周,做完最后一个动作,两拳变掌下落,自然垂于体侧,目视前方。

②功理与作用:

(a)活动腰部关节和肌肉,可防治腰肌劳损及软组织损伤。

(b)腰腹转动,两掌画圆,引导内气运行,可加强脾、胃的运化功能。

(c)运用腰、腹摇晃,对消化器官进行体内按摩,可防治消化不良、腹胀纳呆、便秘腹泻等症。

(2)第六式,熊晃:

①身体重心右移;左髋上提,牵动左脚离地,再微屈左膝;两掌握空拳成"熊掌";目视左前方。身体重心前移;左脚向左前方落地踏实,脚尖朝前,右腿伸直;身体右转,左臂内旋前靠,左拳摆至左膝前上方,拳心朝左;右掌摆至体后,拳心朝后;目视左前方。

②身体左转,重心后坐;右腿屈膝,左腿伸直;拧腰晃肩,带动两臂前后弧形摆动;右拳摆至左膝前上方,拳心朝右;左拳摆至体后,拳心朝后;目视左前方。身体右转,重心前移;左腿屈膝,右腿伸直;同时,左臂内旋前靠,左拳摆至左膝前上方,拳心朝左;右拳摆至体后,拳心朝后;目视左前方。

③此动作一左一右为一遍,共做两遍。做完最后一遍,左脚上步,开步站立;同时,两手自然垂于体侧。然后做一次调息动作,两掌向身体侧前方举起,与胸同高,掌心向上,目视前方。两臂屈肘,两掌内合下按,自然垂于体侧,目视前方。

④功理与作用:

(a)身体左右晃动,意在两胁,调理肝脾。

(b)提髋行走,加上落步的微震,可增强髋关节周围肌肉的力量,提高平衡能力,有助于防治下肢无力、髋关节损伤、膝痛等症。

视频 10-2-11　熊戏

4.猿戏(视频 10-2-12)

(1)第七式,猿提:

①两掌在体前,手指伸直分开,再屈腕捏紧成"猿钩"。两掌上提至胸,两肩上耸,收腹提

肛；同时，脚跟提起，头向左转；目随头动，视身体左侧。

②头转正，两肩下沉，松腹落肛，脚跟着地；“猿钩”变掌，掌心向下；目视前方。两掌沿体前下按落于体侧，目视前方。

③此动作一左一右为一遍，共做两遍。

④功理与作用：

(a)“猿钩”的快速变化，意在增强神经—肌肉反应的灵敏性。

(b)两掌上提时，缩项，耸肩，团胸吸气，挤压胸腔和颈部血管；两掌下按时，伸颈，沉肩，松腹，扩大胸腔容积，可增强呼吸，按摩心脏，改善脑部供血。

(c)提踵直立，可增强腿部力量，提高平衡能力。

(2)第八式，猿摘：

①接上式。左脚向左后方退步，脚尖点地，右腿屈膝，重心落于右腿；同时，左臂屈肘，左掌成“猿钩”收至左腰侧；右掌向右前方自然摆起，掌心向下。

②身体重心后移；左脚踏实，屈膝下蹲，右脚收至左脚内侧，脚尖点地，成右丁步；同时，右掌向下经腹前向左上方画弧至头左侧，掌心对太阳穴[①]；左顾右盼。

③右掌内旋，掌心向下，沿体侧下按至左髋侧；目视右掌。右脚向右前方迈出一大步，左腿蹬伸，身体重心前移；右腿伸直，左脚脚尖点地；同时，右掌经体前向右上方画弧，举至右上侧变“猿钩”，稍高于肩；左掌向前、向上伸举，屈腕撮钩，成采摘势；目视左掌。

④身体重心后移；左掌由“猿钩”变为“握固”；右手变掌，自然回落于体前，虎口朝前。随后，左腿屈膝下蹲，右脚收至左脚内侧，脚尖点地，成右丁步；同时，左臂屈肘收至左耳旁，掌指分开，掌心向上，成托桃状；右掌经体前向左画弧至左肘下捧托；目视左掌。

⑤此动作一左一右为一遍，共做两遍。做完最后一遍，左脚向左横开一步，两腿直立；同时，两手自然垂于体侧。然后做一次调息动作，两掌向身体侧前方举起，与胸同高，掌心向上，目视前方。屈肘，两掌内合下按，自然垂于体侧，目视前方。

⑥功理与作用：

(a)眼神的左顾右盼，有利于颈部运动，可促进脑部的血液循环。

(b)动作的多样性体现了神经系统和肢体运动的协调性，模拟猿猴在采摘桃果时愉悦的心情，可减轻大脑神经系统的紧张度，对神经紧张、精神忧郁等症有防治作用。

视频 10-2-12　猿戏

5.鸟戏(视频 10-2-13)

(1)第九式，鸟伸：

①接上式，两腿屈膝下蹲，两掌在腹前相叠后向上举至头前上方，掌心向下，指尖向前；身体直立微前倾，提肩，缩项，挺胸，塌腰；目视前下方。

---

① 太阳穴：在头侧，眉梢与目外眦之间向后约 1 寸凹陷处。

②两腿微屈下蹲；同时，两掌相叠下按至腹前；目视两掌。身体重心右移；右腿蹬直，左腿伸直向后抬起；同时，两掌左右分开，掌成"鸟翅"，向体侧后方摆起，掌心向上；抬头，伸颈，挺胸，塌腰；目视前方。

③此动作一左一右为一遍，共做两遍。最后一遍，左脚下落，两脚开步站立，两手自然垂于体侧，目视前方。

④功理与作用：

(a)两掌上举吸气，扩大胸腔；两手下按，气沉丹田，呼出浊气，可加强肺的吐故纳新功能，增加肺活量，改善慢性支气管炎、肺气肿等病的症状。

(b)两掌上举，作用于大椎与尾闾，督脉得到牵动；两掌后摆，身体成反弓状，任脉得到拉伸。这种松紧交替的练习方法，可增强疏通任、督二脉经气的作用。

(2)第十式，鸟飞：

①两腿微屈；两掌成"鸟翅"合于腹前，掌心相对；目视前下方。右腿伸直独立，左腿屈膝提起，小腿自然下垂，脚尖朝下；同时，两掌成展翅状，在体侧平举向上，稍高于肩，掌心向下；目视前方。

②左脚下落至右脚旁，脚尖着地，两腿微屈；同时，两掌合于腹前，掌心相对；目视前下方。右腿伸直独立，左腿屈膝提起，小腿自然下垂，脚尖朝下；同时，两掌经体侧，向上举至头顶上方，掌背相对，指尖向上；目视前方。左脚下落在右脚旁，全脚掌着地，两腿微屈；同时，两掌合于腹前，掌心相对；目视前下方。

③此动作一左一右为一遍，共做两遍。两遍后做一次调息，两掌向身体侧前方举起，与胸同高，掌心向上，目视前方。屈肘，两掌内合下按，自然垂于体侧，目视前方。

④功理与作用：

(a)两臂的上下运动可改变胸腔容积，若配合呼吸运动可起到按摩心肺的作用，增强血氧交换能力。

(b)拇指、食指的上翘紧绷，意在刺激手太阴肺经[①]，加强肺经经气的流通，提高心肺功能。

(c)提膝独立，可提高人体平衡能力。

6.收势，引气归元(视频 10-2-13)

①两掌经体侧上举至头顶上方，掌心向下。两掌指尖相对，沿体前缓慢下按至腹前，目视前方。此动作重复 3 遍后两手缓慢在体前划平弧，掌心相对，高与脐平。

②两手在腹前合拢，虎口交叉，叠掌；眼微闭静养，调匀呼吸，意守丹田。数分钟后，两眼慢慢睁开，两手合掌，在胸前搓擦至热。掌贴面部，上、下擦摩，浴面 3～5 遍，两掌向后沿头顶、耳后、胸前下落，自然垂于体侧。左脚提起向右脚并拢，前脚掌先着地，随之全脚踏实，恢复成预备式。

③功理与作用：

(a)引气归元就是使气息逐渐平和，意将练功时所得体内、体外之气，导引归入丹田，起到和气血、通经脉、理脏腑的功效。

(b)通过搓手、浴面，恢复常态，收功。

---

① 手太阳肺经：为人体十二经脉之一。起于中焦，体表部分循行于上肢内侧前缘，止于拇指和十指端。

视频 10-2-13　鸟戏、收势

视频 10-2-14　五禽戏完整演练

三、健身气功·六字诀

六字诀,即六字诀养生法,是我国古代流传下来的一种养生方法,为吐纳法。它的最大特点是:强化人体内部的组织机能,通过呼吸导引,充分诱发和调动脏腑的潜在能力来抵抗疾病的侵袭,防止随着人的年龄增长而出现过早衰老现象。

历代文献对此有不少论述,秦汉的《吕氏春秋》中就有关于用导引呼吸治病的论述。《庄子·刻意篇》中说:"吹呴呼吸,吐故纳新,熊径鸟伸,为寿而已矣。"六字诀现存文献最早见于陶弘景所著《养性延命录》中,陶弘景(456—536 年)是道教茅山派代表人物之一,同时也是著明的中医学家。隋代佛教天台宗高僧智顗在《童蒙止观》中将六字诀用于佛学坐禅止观法门。唐代著名医学家孙思邈在《备急千金要方》中将陶氏六字诀的吐纳法进行延伸和发扬。唐代道教学者胡愔在其《黄庭内景五脏六腑补泄图》中改变六字诀与五脏的配合方式。宋代邹朴庵的《太上玉轴六字诀》对六字诀理论和方法的论述是历史上最详细的。

明代以前,六字诀不配合肢体动作,只是单纯的吐纳功夫。明代以后,六字诀开始配上肢体动作,将吐纳与导引结合起来。今人马礼堂"养生功六字诀"在社会上有广泛影响。目前"健身气功·六字诀"是国家体育总局认可并成为比赛项目的一套健身气功功法。

(一)六字的脏腑归属、习练顺序、呼吸方法、功法特点

综合有关文献,根据《河洛精蕴》五音五行五脏的论述,我们认为六字诀与脏腑的对应关系应为:呵为舌音,对应于心——火;呼为喉音,对应于脾——土;吹为唇音,对应于肾——水;嘘(嘻)为牙音,对应于肝(胆)——木;呬为齿音,对应于肺——金。"嘻"通少阳经脉,既可疏通胆经,又可疏通三焦经脉。中医认为"少阳为枢",通少阳可调理全身气机,三焦的作用正是通行全身诸气。因此,在六字的脏腑对应上,"呵——心,呬——肺,嘘——肝,呼——脾,吹——肾,嘻——三焦"是合理而规范的。

在六字诀的习练顺序上,历史上也有不同的论述,若以治病为主要目的,应以五行相克的顺序练习:呵——呬——嘘——呼——吹——嘻。若以养生为主要目的进行长期习练,则应按五行相生的顺序练习:嘘——呵——呼——呬——吹——嘻。"健身气功·六字诀"用后者。

传统六字诀文献中对呼吸方法的介绍主要集中在"鼻吸口吐"、吐气有声或无声上,对呼吸方法则没有具体论述。而根据气功养生的基本原则和六字诀要求深长细柔的呼吸要领来分析,应为"腹式呼吸",在"健身气功·六字诀"中,主要运用逆腹式呼吸方法,配合圆缓的以肚脐为中心的升降开合动作。动作开合与内气的呼吸开合相应,能进一步调动人体内气的平衡,使"健身气功·六字诀"更具有养生健身的特色。要求初学时用自然呼吸法,待动作熟练后再采用逆腹式呼吸法。鼻吸气时,胸腔上升并向外扩张,腹部随之内收,吸"气"感觉直达小腹(丹田),同时,舌抵上腭,意念放在命门处,且微微收提肛门;口呼气时则与此相反,胸腔下降及内收,腹部则往外扩张,同时,放松肛门,舌头也随之放平。

健身气功·六字诀功法特点：读音口型，系统规范；吐纳导引，内外兼修；舒缓圆活，动静结合；简单易学，安全有效。

（二）动作说明

1.预备式（视频10-2-15）

两脚平行站立，约与肩同宽，两膝微屈；头正颈直，下颏微收，竖脊含胸；两臂自然下垂，周身中正；唇齿合拢，舌尖放平，轻贴上腭；目视前下方。

功理与作用：

①可使练习者身体放松，心平气和，渐入练功状态，并且具有沟通任、督二脉，促进全身气血运行的作用。

②可起到集中注意力，养气安神，消除疲劳及缓解内心焦虑的作用。

2.起势（视频10-2-15）

（1）两手体前指尖相对，掌心向上，屈肘缓缓上托至胸前，约与两乳同高；目视前方；然后两掌内翻，掌心向下，缓缓下按至肚脐前；目视前下方。

（2）微屈膝下蹲，身体后坐时，两掌内旋外翻，缓缓向前拨出至两臂成圆；两掌外旋内翻，掌心向内。

（3）起身，两掌缓缓收拢至肚脐前，虎口交叉叠掌，轻覆肚脐；静养片刻，自然呼吸；目视前下方。

功理与作用：

①通过两掌托、按、拨、拢及下肢的节律性屈伸，同时配合呼吸，外导内引，可以协调人体"内气"的升、降、开、合，并且有促进全身气血畅旺的作用，同时也为以下各式的习练做好准备。

②腰膝关节柔和的节律运动，有利于改善和增强腰膝关节功能。

3.第一式　嘘（xū）字诀（视频10-2-15）

（1）两手松开，掌心向上，小指侧轻贴腰际，向后收到腰间；目视前下方。两脚不动，身体左转90度；同时，右掌由腰间缓缓向左侧穿出，约与肩同高，并配合口吐"嘘"字音；双目渐渐圆睁，目视右掌伸出方向。

（2）右掌沿原路收回腰间；同时身体转回正前方；目视前下方。本式一左一右为一遍，共做3遍，共吐"嘘"字音6次。

（3）"嘘"字吐气法："嘘"字音"xū"，为牙音，发音吐气时，嘴角后引，槽牙上下平对，中留缝隙，槽牙与舌边亦有空隙。发声吐气时，气从槽牙间、舌两边的空隙中呼出体外（图10-2-20）。

视频10-2-15　嘘（xū）字诀

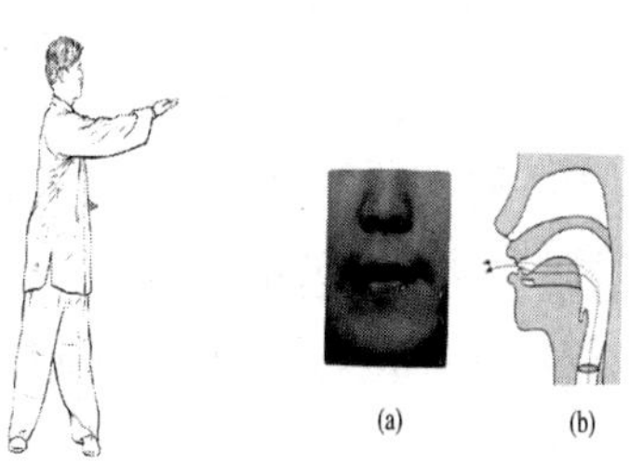

图10-2-20　"嘘"字吐气法

功理与作用：

①中医认为，“嘘”字诀与肝相应。口吐“嘘”字具有泄出肝之浊气、调理肝脏功能的作用。同时，配合双目圆睁，还可起到疏肝明目的功效。

②掌心向上从腰间向对侧穿出，一左一右，交替练习，外导内引，使肝气升发，气血调和。

③身体的左右旋转，使腰部及腹内的组织器官得到锻炼，不仅能提高人体的腰膝及消化功能，而且还能使人体的带脉①得到疏通与调节，全身气机得以顺利升降。

4.第二式 呵(hē)字诀(视频 10-2-16)

(1)接上式。随着吸气两手微上提，指尖朝向斜下方；目视前下方；屈膝下蹲，同时，两掌缓缓向前下约 45 度方向插出，两臂微屈；目视两掌。微微屈肘收臂，两掌小指一侧相靠，掌心向上，成“捧掌”，约与肚脐相平；目视两掌心。

(2)挺膝伸直；两手屈肘捧掌至胸前，掌心向内，两中指约与下颏同高；目视前下方。两肘外展，约与肩同高；同时，两掌内翻，掌指朝下，掌背相靠；然后，两掌缓缓下插，目视前下方。从插掌开始，口吐“呵”字音。

(3)两掌下插至肚脐前时，微屈膝下蹲；同时，两掌内旋外翻，掌心向外，缓缓向前拨出，至两臂成圆；目视前下方。

(4)两掌外旋内翻，掌心向上，于腹前成“捧掌”；目视两掌心。

(5)重复(2)～(4)动作 5 遍，共做 6 遍，共吐“呵”字音 6 次。第六遍最后一动为两掌内旋外翻，掌心向外，缓缓向前拨出至两臂成圆。

(6)“呵”字吐气法：“呵”音“hē”，为舌音，发声吐气时，舌体上拱，舌边轻贴上槽牙，气从舌与上腭之间缓缓吐出体外(图 10-2-21)。

视频 10-2-16　呵(hē)字诀

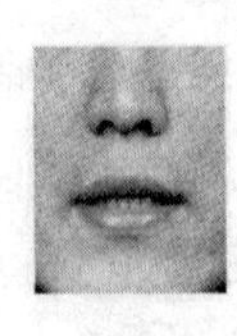

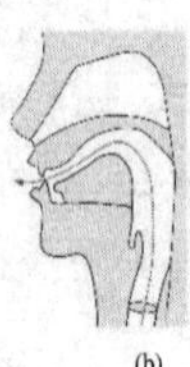

图 10-2-21　“呵”字吐气法

功理与作用：

①中医认为，“呵”字诀与心相应。口吐“呵”字具有泄出心之浊气、调理心脏功能的作用。

②通过捧掌上升、翻掌下插，外导内引，使肾水上升，以制心火；使心火下降，以温肾水，达到心肾相交、水火既济，调理心肾功能的作用。

③两掌的捧、翻、插、拨，肩、肘、腕、指各个关节柔和连续地屈伸旋转运动，锻炼了上肢关节的柔韧性、功能的协调性，有利于防治上肢骨关节的相关病症。

5.第三式 呼(hū)字诀(视频 10-2-17)

(1)当上式最后一动两掌向前拨出后，外旋内翻，转掌心向内对肚脐，指尖斜相对，五指自

① 带脉：人体奇经八脉之一。它环腰一周，如腰束带，是全身二十部经脉中唯一一条横行的经脉，在人体中具有约束其他经脉的作用。

然张开，两掌心间距与掌心至肚脐的距离相等；目视前下方。

(2)两膝缓缓伸直；同时，两掌缓缓向肚脐方向合拢，至肚脐前约10厘米。微屈膝下蹲；同时，两掌向外展开至两掌心间距与掌心至肚脐的距离相等，两臂成圆形，并口吐“呼”字音；目视前下方。重复此动作6遍，共吐“呼”字音6次。

(3)“呼”字吐气法：“呼”音“hū”，为喉音，发声吐气时，舌两侧上卷，口唇撮圆，气从喉出后，在口腔中形成一股中间气流，经撮圆的口唇呼出体外(图10-2-22)。

视频10-2-17　呼(hū)字诀

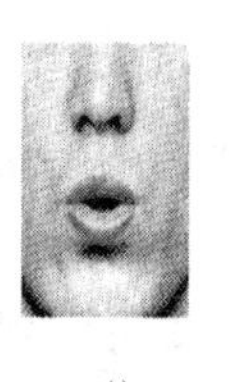

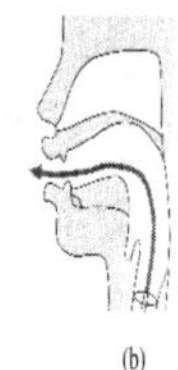

(a)　(b)

图10-2-22　“呼”字吐气法

功理与作用：

①中医认为，“呼”字诀与脾脏相应。口吐“呼”字具有泄出脾胃之浊气、调理脾胃功能的作用。

②通过两掌与肚脐之间的开合，外导内引，使整个腹腔进行较大幅度的舒缩运动，具有促进肠胃蠕动、健脾和胃、消食导滞的作用。

6.第四式　呬(sī)字诀(视频10-2-18)

(1)接上式。两掌自然下落，掌心向上，十指相对；目视前下方。然后挺膝伸直，两掌缓缓向上托至胸前，约与两乳同高；目视前下方。

(2)两肘下落夹肋，两手顺势立掌于肩前，掌心相对，指尖向上。两肩胛骨向脊柱靠拢，展肩扩胸，藏头缩项；目视斜前上方。

(3)微屈膝下蹲；同时，松肩伸项，两掌缓缓向前平推逐渐转成掌心向前亮掌，同时口吐“呬”字音，目视前方。

(4)两掌外旋腕，转至掌心向内，指尖相对，约与肩宽。两膝缓缓伸直；同时屈肘，两掌缓缓收拢至胸前约10厘米，指尖相对；目视前下方。

(5)重复(2)～(4)动作5遍，共做6遍，共吐“呬”字音6次。

(6)“呬”字吐气法：“呬”字音“sī”，为齿音。发声吐气时，上下门牙对齐，留有狭缝，舌尖轻抵下齿，气从齿间呼出体外(图10-2-23)。

视频10-2-18　呬(sī)字诀

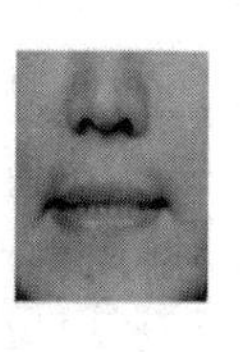

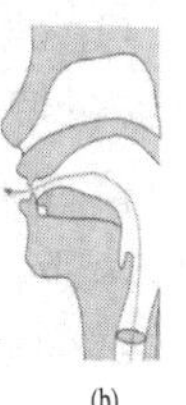

(a)　(b)

图10-2-23　“呬”字吐气法

功理与作用：

①中医认为，“呬”字诀与肺相应。口吐“呬”字具有泄出肺之浊气、调理肺脏功能的作用。

②通过展肩扩胸、藏头缩项的锻炼，使吸入的大自然之清气布满胸腔，同时小腹内收，使丹田之气也上升到胸中。先天、后天二气在胸中汇合，具有锻炼肺的呼吸功能，促进气血在肺内充分融合和促进气体交换的作用。

③立掌展肩与松肩推掌，可以刺激颈项、肩背部周围的穴位，并能有效地解除颈、肩、背部的肌肉和关节疲劳，防治颈椎病、肩周炎和背部肌肉劳损等病症。

7.第五式　吹(chuī)字诀(视频 10-2-19)

(1)接上式。两掌前推，随后松腕伸掌，指尖向前，掌心向下。两臂向左右分开成侧平举，掌心斜向后，指尖向外。

(2)两臂内旋，两掌向后划弧至腰部，掌心轻贴腰眼，指尖斜向下；目视前下方。

(3)微屈膝下蹲；同时，两掌向下沿腰骶、两大腿外侧下滑，后屈肘提臂环抱于腹前，掌心向内，指尖相对，约与脐平；目视前下方。两掌从腰部下滑时，口吐“吹”字音。两膝缓缓伸直；同时，两掌缓缓收回，轻抚腹部，指尖斜向下，虎口相对；目视前下方。两掌沿带脉向后摩运至后腰部，然后重复动作到口吐“吹”音。共做 6 遍，共吐“吹”字音 6 次。

(4)“吹”字吐气法：“吹”字音“chuī”，为唇音。发声吐气时，舌体、嘴角后引，槽牙相对，两唇向两侧拉开收紧，气从喉出后，从舌两边绕舌下，经唇间缓缓呼出体外(图 10-2-24)。

视频 10-2-19　吹(chuī)字诀

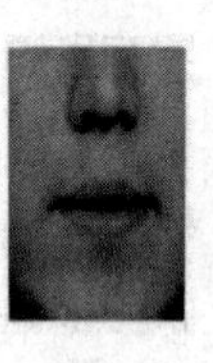

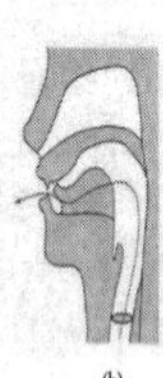

图 10-2-24　“吹”字吐气法

功理与作用：

①中医认为，“吹”字诀与肾相应。口吐“吹”字具有泄出肾之浊气、调理肾脏功能的作用。

②“腰为肾之府。”肾位于腰部脊柱两侧，腰部功能的强弱与肾气的盛衰息息相关。本式动作通过两手对腰腹部的摩按，起到壮腰健肾、增强腰肾功能和预防衰老的作用。

8.第六式　嘻(xī)字诀(视频 10-2-20)

(1)接上式。两掌环抱，自然下落于体前；目视前下方。两掌内旋外翻，掌背相对，掌心向外，指尖向下；目视两掌。

(2)两膝缓缓伸直；同时，提肘带手，经体前上提至胸。随后，两手继续上提至面前，分掌、外开、上举，两臂成弧形，掌心斜向上；目视前上方。

(3)屈肘，两手经面部前回收至胸前，约与肩同高，指尖相对，掌心向下；目视前下方。然后，微屈膝下蹲；同时，两掌缓缓下按至肚脐前。两掌继续向下、向左右外分至左右髋旁约 15 厘米处，掌心向外，指尖向下；目视前下方。从屈膝下蹲，两掌下按开始配合口吐“嘻”字音。

(4)两手回落于小腹前，掌背相对，掌心向外合，指尖向下；目视两掌。然后重复提肘带手到口吐“嘻”字音完成动作，共做 6 遍，共吐“嘻”字音 6 次。

(5)“嘻”字吐气法:“嘻”字音“xī”,为牙音,发声吐气时,舌尖轻抵下齿,嘴角略后引并上翘,槽牙上下轻轻咬合,呼气时使气从槽牙边的空隙中经过呼出体外(图 10-2-25)。

功理与作用:

①中医认为,“嘻”字诀与少阳三焦之气相应。口吐“嘻”字有疏通少阳经脉、调和全身气机的作用。

②通过提手、分掌、外开、上举和内合、下按、松垂、外开一系列连贯的动作,来升开与肃降全身气机。二者相反相成,共同达到调和全身气血的功效。

9.收势(视频 10-2-20)

接上式。两手外旋内翻,转掌心向内,缓缓抱于腹前,虎口交叉相握,轻覆肚脐;同时两膝缓缓伸直;目视前下方;静养片刻。两掌以肚脐为中心揉腹,顺时针 6 圈,逆时针 6 圈。两掌松开,两臂自然垂于体侧,目视前下方。

视频 10-2-20　嘻(xī)字诀

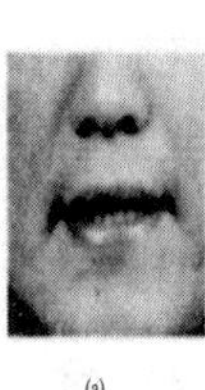

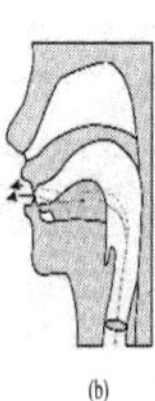

图 10-2-25　“嘻”字吐气法

功理与作用:通过收气静养、按揉脐腹,由炼气转为养气,可以达到引气归元的作用,进而使习练者从练功状态恢复到正常状态。

10.健身气功·六字诀完整动作演练

健身气功·六字诀完整动作演练见视频 10-2-21。

视频 10-2-21　健身气功·六字诀完整动作演练

四、健身气功·八段锦

“八段锦”是我国历史上流传最广的传统养生导引术之一,至今已有上千年的历史,其健身效果显著,是中华传统养生文化中的瑰宝。它兴于宋元年间,成熟并盛行于明清两代,其养生、祛疾、抗衰老效果久经历史验证,受广大养生家所喜爱。八段锦的“八”字,不是单指段、节和八个动作,而是表示其功法有多种要素,相互制约,相互联系,循环运转。正如明朝高濂在其所著《遵生八笺》的“八段锦导引法”中所讲:“子后午前做,造化合乾坤。循环次第转,八卦是良因。”“锦”字,是由“金”“帛”组成,表示精美华贵。除此之外,“锦”字还可理解为单个导引术式的汇集,如丝锦那样连绵不断,是一套完整的健身方法,并有坐势和立势之分,健身气功·八段锦是以立势八段锦为蓝本进行挖掘整理和创编的。八段锦的运动强度和动作的编排次序符合运动学和生理学规律，属于有氧运动，安全可靠。整套功法增加了预备式和收势，使套路更加完整规范。健身气功·八段锦功法特点：柔和缓慢，圆活连贯；松紧结合，动静相兼；神与形合，气寓其中。

（一）基本手型

(1)拳：大拇指抵掐无名指根节内侧，其余四指屈拢收于掌心，即握固（图 10-2-26）。

(2)掌一：五指微屈，稍分开，掌心微含（图 10-2-27）。

(3)掌二：拇指与食指竖直分开成八字状，其余三指第一、二指节屈收，掌心微含（图 10-2-28）。

(4)爪：五指并拢，大拇指第一指节和其余四指第一、二指节屈收扣紧，手腕伸直（图 10-2-29）。

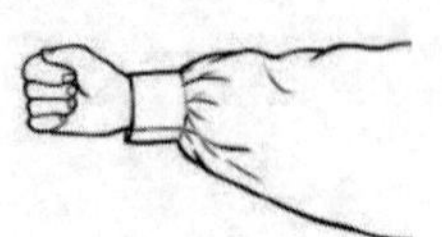

图 10-2-26　拳

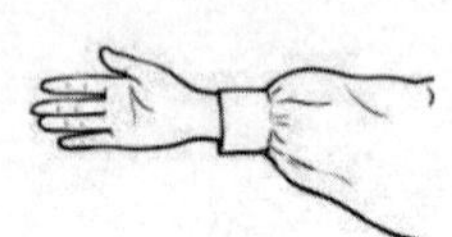

图 10-2-27　掌一

图 10-2-28　掌二

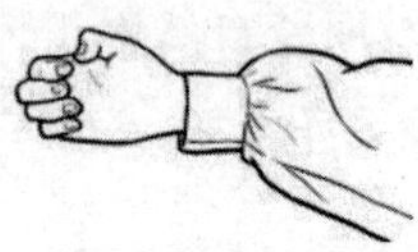

图 10-2-29　爪

（二）基本步型

马步：开步站立，两腿间距为足长的 2～3 倍，屈膝半蹲，大腿略高于水平（图 10-2-30）。

图 10-2-30　马步

（三）动作说明

1.预备式（视频 10-2-22）

两腿并步站立，两臂自然垂于体侧，身体中正，舌抵上颚，目视前方；左腿向左侧开步，脚尖朝前，约与肩同宽，两臂内旋，两掌分别向两侧摆起，约与髋同高，掌心向后；屈膝下蹲，两臂外旋，向前合抱于腹前呈圆弧形，与脐同高，掌心向内，两掌指间距约 10 厘米；目视前方。

2.第一式　两手托天理三焦（视频 10-2-22）

(1)两臂外旋微下落，两掌五指分开在腹前交叉，掌心向上，目视前方。

(2)两膝徐缓伸直；同时两掌经胸前向上托起，掌心向上；抬头，目视两掌。上动不停，两臂继续上托，肘关节伸直；同时，下颌内收，动作略停；目视前方。

(3)身体重心缓缓下降；两膝微屈；同时，十指慢慢分开，两臂分别向身体两侧下落，两掌捧于腹前，掌心向上；目视前方。

(4)此动作一上一下为一遍，共做 6 遍。

功理与作用：

①通过两手交叉上托，缓慢用力，保持抻拉，可使“三焦”通畅、气血调和。

②拉长躯干与上肢各关节周围的肌肉、韧带及关节软组织，对防治肩部疾患、预防颈椎病等具有良好的作用。

视频 10-2-22　两手托天理三焦

3.第二式　左右开弓似射雕(视频 10-2-23)

(1)身体重心右移；左脚向左侧开步，站直，同时，两掌向上交叉于胸前，左掌在外，两掌心向内；目视前方。

(2)随后两腿屈膝半蹲成马步，右掌屈指成“爪”，向右拉至肩前；左掌成八字掌，左臂内旋，向左侧推出，与肩同高，坐腕(掌根下沉，腕关节向手背、虎口一侧自然屈起，手指微微上翘，但不可用力)，掌心向左，犹如拉弓射箭之势；动作略停，目视左掌方向。

(3)然后身体重心右移；同时，右手五指伸开成掌，向上、向右划弧，与肩同高，指尖朝上，掌心斜向前；左手指伸开成掌，掌心斜向后；目视右掌。

(4)重心继续右移；左脚回收成并步站立；同时，两掌分别由两侧下落，捧于腹前，指尖相对，掌心向上；目视前方。

(5)本式一左一右为一遍，共做 3 遍，最后一动右脚回收成开步站立。

视频 10-2-23　左右开弓似射雕

功理与作用：

①展肩扩胸，可以刺激督脉和背部俞穴，同时刺激手三阴三阳经等，可调节手太阳肺经等经脉之气。

②可有效发展下肢肌肉力量，提高平衡和协调能力，同时增加前臂和手部肌肉的力量，提高手腕关节及指关节的灵活性。

③有利于矫正如驼背、含胸等不良姿势，很好地预防肩、颈疾病等。

4.第三式　调理脾胃须单举(视频 10-2-24)

(1)两腿挺膝伸直；同时，左掌上托，右臂外旋经面前上穿，随之臂内旋上举至头右上方，肘关节微屈，力达掌根，掌心向上，掌指向左；同时，左掌微上托，随之臂内旋下按至左髋旁，肘关节微屈，力达掌根，掌心向下，掌指向前，动作略停；目视前方。

(2)松腰沉髋,屈膝微下蹲,同时,右臂屈肘外旋,右掌经面前下落于腹前,掌心向上;左臂外旋,左掌向上捧于腹前,两掌指尖相对,相距约10厘米,掌心向上;目视前方。

(3)本式一右一左为一遍,共做3遍,最后一动,两腿膝关节微屈;同时,右臂屈肘,右掌下按于右髋旁,掌心向下,掌指向前。

视频10-2-24　调理脾胃须单举

功理与作用:

①通过左右上肢一松一紧的上下对拉(静力牵张),可以牵拉腹腔,对脾胃、中焦、肝胆起到按摩作用;同时可以刺激位于腹、胸、胁部的相关经络以及背部的俞穴等,达到调理脾胃(肝胆)和脏腑经络的作用。

②可使脊柱内各椎骨间的小关节及小肌肉得到锻炼,从而增强脊柱的灵活性与稳定性,有利于预防和治疗肩、颈疾病。

5.第四式　五劳七伤往后瞧(视频10-2-25)

(1)两腿挺膝伸直;同时,两臂伸直,掌心向后,指尖向下,目视前方。上动不停,两臂充分外旋,掌心向外;头向左后转,动作略停;目视左斜后方。

(2)松腰沉髋,屈膝微下蹲;同时,两臂内旋按于髋旁,掌心向下,指尖向前;目视前方。

(3)本式一左一右为一遍,共做三遍,最后一动,两腿膝关节微屈;同时,两掌捧于腹前,指尖相对,掌心向上;目视前方。

视频10-2-25　五劳七伤往后瞧

功理与作用:

①"五劳"指心、肝、脾、肺、肾五脏劳损;"七伤"指喜、怒、悲、忧、恐、惊、思七情伤害。本式动作通过上肢伸直外旋扭转的静力牵张作用,来扩张牵拉胸腔、腹腔内的腑脏。

②往后瞧的转头动作,可刺激颈部大椎穴[①],达到防治"五劳七伤"的目的。

③可增强颈部及肩关节周围参与运动的肌群的收缩力,增加颈部运动幅度,活动眼肌,预防眼肌疲劳以及肩、颈与背部的疾患。同时,改善颈部及脑部血液循环,有助于解除中枢神经系统疲劳。

---

① 大椎穴:位于背上部,第一胸椎棘突之上与第七颈椎棘突之间的凹陷处。

6.第五式　摇头摆尾去心火(视频10-2-26)

(1)身体重心左移;右脚向右开步站直,两掌上托与胸同高同时翻掌继续上托至头上方,肘关节微屈,掌心向上,指尖相对;目视前方。

(2)两腿屈膝半蹲成马步;同时,两臂向两侧下落,两掌扶于膝关节上方,肘关节微屈,小指侧向前;目视前方。

(3)身体重心向上稍升起,而后右移;上体先向右倾,随之俯身;目视右脚。上动不停,身体重心左移;同时,上体由右向前、向左旋转;目视右脚。

(4)身体重心右移,成马步;同时,头向后摇,上体立起,随之下颌微收;目视前方。

(5)动作同(3)和(4),方向相反。

(6)本式一右一左为一遍,共做3遍,做完三遍后,身体重心左移,右脚回收成开步站立,与肩同宽;同时,两掌向外经两侧上举,掌心相对;目视前方。随后松腰沉髋,屈膝下蹲,两手屈肘经面前下按至腹前,掌心向下,指尖相对;目视前方。

视频10-2-26　摇头摆尾去心火

功理与作用:

①心火,即心热火旺的疾症,属阳热内盛的病机。两腿下蹲,摆动尾闾,可刺激脊柱、督脉等;摇头可刺激大椎穴,从而达到疏经泄热的作用,有助于去除心火。

②在摇头摆尾过程中,脊柱腰段、颈段大幅度侧屈、环转及回旋,可使整个脊柱的头颈段、腰腹及臀、股部肌群参与收缩,即增强了颈、腰、髋的关节灵活性,也增强了这些部位的肌力。

7.第六式　两手攀足固肾腰(视频10-2-27)

(1)两腿挺膝伸直站立;同时,两手指尖向前,向上举起,肘关节伸直,掌心向前;目视前方。

(2)两臂内旋至掌心相对,屈肘,两掌下按至胸前翻掌,随之两掌掌指顺腋下向后插;目视前方。

(3)两掌心向内沿脊柱两侧向下摩运至臀部;随之上体前俯,两掌继续沿后腿向下摩运,经脚两侧置于脚面;抬头,动作略停;目视前下方。

(4)本式一上一下为一遍,共做6遍。做完6遍后,上体立起;同时,两臂向前、向上举起,肘关节伸直,掌心向前;目视前方。随后松腰沉髋,屈膝下蹲,两掌向前下按至腹前,掌心向下,指尖向前;目视前方。

视频10-2-27　两手攀足固肾腰

功理与作用：

①躯干的前屈后伸可以刺激脊柱、督脉以及命门、阳关、委中等穴有助于防治生殖泌尿系统方面的慢性病，达到固肾壮腰的目的。

②脊柱的大幅度前屈后伸，可有效发展躯干前、后伸屈脊柱肌群的力量与伸展性，同时对腰部的肾、肾上腺、输尿管等器官有良好的牵拉、按摩作用，可以改善其功能，刺激其活动。

8.第七式　攥拳怒目增气力（视频 10-2-28）

(1)身体重心右移，左脚向左开步；屈膝半蹲成马步；同时两手握固抱于腰侧，拳眼朝上；目视前方。

(2)左拳缓慢用力向前冲出，与肩同高，拳眼朝上；瞪目，视左拳冲出方向。左臂内旋，左拳变掌，虎口朝下；目视左掌。左臂外旋，肘关节微屈；同时左掌向左缠绕，掌心向上后握固；目视左拳。

(3)屈肘，回收左拳至腰侧，拳眼朝上；目视前方。

(4)本式一左一右为一遍，共做 3 遍。做完 3 遍后，身体重心右移，左脚回收成并步站立；同时，两拳变掌，自然垂于体侧；目视前方。

视频 10-2-28　攥拳怒目增气力

功理与作用：

①中医认为，“肝主筋，开窍于目”。本式中的“怒目瞪眼”可刺激肝经，使肝血充盈，肝气疏泻，有强健筋骨的作用。

②两腿下蹲，十趾抓地，双手攥拳、旋腕，手指逐节强力抓握等动作，可刺激手、足三阴三阳十二经脉的俞穴和督脉等；同时，使全身肌肉、经脉受到静力牵张刺激，长期锻炼可使全身筋肉结实，气力增加。

9.第八式　背后七颠百病消（视频 10-2-29）

(1)两脚跟提起，头上顶，动作略停；目视前方；两脚跟下落，轻震地面；目视前方。

(2)本式一起一落为一遍，共做 7 遍。

视频 10-2-29　背后七颠百病消与收势

功理与作用：

①脚趾为足三阴、足三阳经交汇之处，脚十趾抓地，可刺激足部有关经脉，调节相应脏腑的功能；同时，颠足可刺激脊柱与督脉，使全身脏腑经络气血通畅，阴阳平衡。

②颠足而立可发展小腿后部肌群力量，拉长足底肌肉、韧带，提高人体的平衡能力。

③落地震动可轻度刺激下肢及脊柱各关节内外结构，并使全身肌肉得到放松复位，有助于解除肌肉紧张。

10.收势(视频 10-2-29)

两臂内旋，向两侧摆起，与髋同高，掌心向后，目视前方。两臂屈肘，两掌相叠置于丹田处(男性左手在内，女性右手在内)，目视前方，稍停，然后两臂自然下落，两掌轻贴于腿外侧；目视前方。

功理与作用：气息归元，放松肢体肌肉，愉悦心情，进一步巩固练功效果，逐渐恢复到练功前安静时的状态。

11.健身气功·八段锦完整动作演练

健身气功·八段锦完整动作演练见视频 10-2-30。

视频 10-2-30　健身气功·八段锦完整动作演练

五、健身气功考试内容及评分标准

(一)考试内容

1.健身气功选项课

专项考试共 100 分。

(1)基础班：健身气功·六字诀(50 分)和健身气功·八段锦(50 分)。

(2)提高班：健身气功·易筋经(50 分)和健身气功·五禽戏(50 分)。

2.康复保健体育课

专项考试共 100 分(每学期教授一套健身气功功法)。

(二)考试办法及评分标准

(1)考试时以 4～6 人为一小组进行测试，测试时兼顾小组与个人的表现情况评定成绩。

(2)评分标准(按 100 分)见表 10-2-1。

表 10-2-1　健身气功评分标准

分值	完成动作
85 分以上	动作姿势、动作幅度、动作路线和动作起止点符合功法动作要求；动作与队形整齐，动作与音乐和谐一致；劲力顺达、虚实分明、动作协调；呼吸顺畅、意念集中，眼神运用符合功法动作要求
75～84 分	动作姿势、动作幅度、动作路线和动作起止点较符合功法动作要求；动作与队形较整齐，动作与音乐配合较一致；劲力较顺达、虚实较分明、动作较协调；呼吸较顺畅、意念较集中，眼神运用较符合功法动作要求

续表

分值	完成动作
60～74分	动作姿势、动作幅度、动作路线和动作起止点尚符合功法动作要求；演练质量一般、手眼呼吸配合一般
60分以下	动作姿势、动作幅度、动作路线和动作起止点不符合功法动作要求，套路不熟练（有遗忘现象，不能独立完成），演练质量差

参考文献

[1]国家体育总局健身气功管理中心.健身气功社会体育指导员培训教材[M].北京：人民体育出版社，2017.

[2]东方早报.六字诀·呵字诀[EB/OL].http//news.ifeng.com/gundong/detail_2012_05/12/14479128_0.shtml

推荐网站

中国健身气功协会：http://www.chqa.org.cn/index.php